最爱先生古道长

『吴宓日记续编』研究

王本朝 著

九州出版社 JIUZHOUPRESS | 全国百佳图书出版单位

图书在版编目（CIP）数据

最爱先生古道长：《吴宓日记续编》研究 / 王本朝
著 . --北京：九州出版社，2022.4
ISBN 978-7-5225-0854-2

Ⅰ . ①最… Ⅱ . ①王… Ⅲ . ①吴宓（1894-1978）—
人物研究 Ⅳ . ①K825.46

中国版本图书馆 CIP 数据核字（2022）第 053433 号

最爱先生古道长：《吴宓日记续编》研究

作　　者　王本朝　著
责任编辑　姬登杰
出版发行　九州出版社
地　　址　北京市西城区阜外大街甲 35 号（100037）
发行电话　（010）68992190/3/5/6
网　　址　www.jiuzhoupress.com
印　　刷　北京洲际印刷有限责任公司
开　　本　710 毫米×1000 毫米　　16 开
印　　张　24.5
字　　数　300 千字
版　　次　2022 年 4 月第 1 版
印　　次　2022 年 6 月第 1 次印刷
书　　号　ISBN 978-7-5225-0854-2
定　　价　69.00 元

目　录

第一辑

日常生活

第一章　顺时安命：雅俗之间

　　吴宓遭受磨难不断，深感"人之祸福，以及境之逆顺，事之难易，变化迅速，末由窥测，只可归诸命运，吾侪则尊曰天命"[1]。这是晚年吴宓的真心话，被社会时代折腾几十年，天命如此，人又能怎样？他的日记里还有这样一段文字："宓之知命信佛、轻生死、乐消闲，宓之不肯写白话简字文章刊布，宓不愿在新时代得名受誉，宓不愿居住辇毂之下，与当代名流周旋，宓之许由与伯夷、叔齐思想，'天子不得而臣，诸侯不得而友'，岂甘特制新衫，以干谒学术界之新贵人，容悦居上流之旧友生，以为宓进身扬名之地哉？"[2] "轻生死、乐消闲"，死都不怕，还怕活着？！不进身扬名，不居上流，不"特制新衫"，不做"新贵人"。吴宓内心坚毅，守雌安弱，守住底线。这也是吴宓的精神人格，说不上高大上，却很有力量。在日常生活里，吴宓也是一个俗人，不太讲究吃穿住行，但也求生活之雅。他的内心是一雅人，诗词相伴，但总被俗事纠缠，生活就变成了一地鸡毛。世事变易，只能顺时安命，乃至苟活偷生。1971年1月21日，他在日记里写道："目前宓之生活，甚

---

[1]《吴宓日记续编》第9册，生活·读书·新知三联书店，2006年，第210页。
[2]《吴宓日记续编》第5册，生活·读书·新知三联书店，2006年，第134页。

为平静，即此是福，由天赐。惟当静居俟命，以每日能读书自愉自乐，则但觉时日之飞逝而已！"[1] "静居俟命""读书自乐"是他最理想的生活方式。

一、世之雅事：风景美食

吴宓的生活单调，但他乐在其中，因为他对生活本身要求就不高。实际上，他还比较古板，并不是一个十分有情趣的人，只是仍存古雅之风，爱美，爱诗，包括美景、美食、美人和美诗，向往大自然和诗意之美。他"能随处发现大自然之美并沉醉于其中"[2]，还向往乡民和市民生活的散漫、自在而自得，"乡野之农民，大城市之人力车夫，虽劳苦穷困，然其每日工作毕后，必坦腹列坐，吸旱烟，饮清茶，共相谈笑，有栩栩然自得之乐，不知周秦楚汉，何分南北新旧，更不问君主与民权，尔时酣嬉休暇之愉快畅适，熟知我者，此乃真自由，真平等，真幸福矣"。时代变了，人们"工作皆极紧张，其生活乃极严肃，其心情乃极烦苦，特相互竞赛、相互监视，随众依式，莫敢自陈而已"，男女老少"皆学得残虐斗杀之心情，愤戾骄横之姿态，嗔目切齿，闭唇握拳，而中国数千年温厚祥和之风，优游暇豫之容，从此永绝矣"[3]。他以白描之笔勾勒两幅画像，一幅"坦腹列坐，吸旱烟，饮清茶，共相谈笑，有栩栩然自得之乐"，一幅"愤戾骄横之姿态，嗔目切齿，闭唇握拳"，形象逼真。1961 年 5 月 13 日，在潘家坪招待所（今渝州宾馆），他

---

[1]《吴宓日记续编》第 9 册，生活·读书·新知三联书店，2006 年，第 171 页。
[2] 孙法理：《回忆吴宓先生——一个把一切都给了别人的人》，载《第一届吴宓学术研讨会论文选集》，陕西人民出版社，1992 年，124 页。
[3]《吴宓日记续编》第 2 册，生活·读书·新知三联书店，2006 年，第 163 页。

与女儿吴学昭见面一小时。吴学昭劝他夏天出游，探访旧友，亦可商量调离重庆回北京，发挥特长，"完成个人有系统之长篇著作，胜似在西南师院仅以教课之余事，作附属性之研究（如今之注释）而不为人所重"[1]。第二天，在返校路上，他就被沿途风景和校园美景吸引住了。"午饭后，深阴欲雨，车行途中则大风。此时忽放晴，远看四山青碧如画，西南师院山坡草木绿被如细毡。入校，则清幽整洁，真觉不忍离去此地，况吾生已成若干阶段，今之末段，岂容插入'京国集'中，而乱我之步骤，违我之情志耶？学昭之议，宓似弗能从，终留此为佳耳矣！"[2] 吴宓在1925—1928年间著有诗集《京国集》，这段时间，他经历王国维自杀，与陈心一离婚，对毛彦文的苦恋等伤心事。吴宓不愿离开，说乱步骤是假，违其情志是真。吴宓喜静不爱动，喜爱校园环境。"宓最喜安居，而最畏外出旅行。"[3] 当然，也有他个人的担心和顾虑。读《吴宓日记续编》，感其命运多舛，不自觉地也会生出这样的感受，假如吴宓真是回到北京，或在1949年后留在北京或到其他城市，他的命运会怎样？

吴宓对北碚及西南师范学院校园之美赞赏有加。他曾带着学生在校园里广柑树林里欣赏风景，"我喜欢在春天的黎明时来这里散步。薄雾香花，绿叶素荣，可真是个人世的伊甸园"[4]。1960年，学校10周年校庆，他撰写的祝词很美，"十年树木已成林，楼阁峥嵘气象新"，"济济良师从此出，山如画黛水鸣琴"[5]。1962年，

[1] 《吴宓日记续编》第5册，生活·读书·新知三联书店，2006年，第87页。
[2] 同上书，第88页。
[3] 《吴宓日记续编》第7册，生活·读书·新知三联书店，2006年，第253页。
[4] 孙法理：《回忆吴宓先生——一个把一切都给了别人的人》，载《第一届吴宓学术研讨会论文选集》，陕西人民出版社，1992年，第124页。
[5] 吴宓：《院庆十周年祝辞》，载《吴宓诗集》，商务印书馆，2004年，第507页。

他在给学生李赋宁的信中说："宓老年心境平和，乐天知命，对人有恩无怨，在此与各方面关系均好。北碚为山水窟，风景极美"，"故宓决愿终老此地"，"葬于北碚峡口之山巅（公墓），山水、烟云、风景至美。"[1]"山水窟"言山水绝佳之处，苏轼诗《将之湖州戏赠莘老》云："余杭自是山水窟，仄闻吴兴更清绝。"[2] 1964年3月15日，吴宓大病初愈，与雪（张宗芬）和小孩到嘉陵江边观江水，捡石子，在石滩上看轮渡，"嘉陵江水犹碧绿，春景至美"。3月29日，受蓝仁哲之邀，到北碚歇马场四川外语学院校园，欣赏美丽春景，"绿水垂杨，风景静美，既入校，穿葡萄架长路，而至教学楼前，则见红、绯、白色之桃花树多株，杂以李花树，密植路之两侧。花既盛开，而落英缤纷覆路，实甚美观"。一路上有雪（张宗芬）及子女伴游，因临时有事回学校，未能前往磨滩观赏瀑布"奇景"，"宓今日之游殊乐，身体甚觉舒适"[3]。

1971年3月17日，春天到了，吴宓感受到春天的气息，"昨今两日，宓始注意到桃花已开，桃花瓣飞落路上。阳景春浓，宓极欲步行至李园湖畔，观赏两年前所识之春景，而唐、曾及其他友人均戒宓'勿外出走动，免为人所注意，而招来祸患'，故终迟惑不敢径行"[4]。这时，吴宓的腿脚不便，身份又特殊，外出有意外麻烦，吴宓喜欢自然美景，没有办法，只能远观或想象春天。这里的"唐、曾"即曾先后帮助吴宓做家务的女工唐昌敏和曾婆婆。时间最长是唐昌敏，她承担了吴宓全部家务工作，从食堂取饭、烧开

[1] 吴宓：《致李赋宁》，载《吴宓书信集》，生活·读书·新知三联书店，2011年，第382-383页。
[2] 苏轼：《将之湖州戏赠莘老》，载张志烈、马德富、周裕锴校注《苏轼全集校注·诗集》第8卷，河北人民出版社，2010年，第783页。
[3] 《吴宓日记续编》第6册，生活·读书·新知三联书店，2006年，第187页。
[4] 《吴宓日记续编》第9册，生活·读书·新知三联书店，2006年，第222页。

水、做菜、洗衣、打扫卫生、领取票证，甚至代吴宓寄信、汇款、存款、取款……成为吴宓生活中离不开的重要角色。她的丈夫贺文彬还到吴宓家中请教诗歌、外语和借书。"文革"中校园发生武斗，学校食堂厨工被拘押，"多人无所得食"，吴宓有赖唐昌敏，"仍可得美食如恒"[1]。吴宓在"劳改队"劳动或学习期间，唐昌敏继续为他做家务，并不因他是"罪人"而回避，吴宓对其制作饮食很满意。"午餐，米饭三两，唐昌敏自制豆腐、鸡蛋、鲜笋汤（二角），宓喜其素淡，叹以为美味。"[2] 1968 年 6 月 18 日，吴宓被批斗、挨打，回到家中，他将痛苦和怨愤向唐昌敏倾诉，"以所历简告唐昌敏。视表，正夕 5 时。所历共只 3—5 两小时，而在台前曲躬俯立，则觉其长且久也！又按，宓自 1904 冬夜，为祖母痛打一次之后，一生未受鞭笞如今日者矣！"[3] 次日，唐昌敏以药敷吴宓伤处。1969 年，吴宓在被批斗时腿骨跌断，在其养伤期间，也"幸得女工唐昌敏忠勤服侍，仍得过安适闲静之生活，有如死去复生"[4]。

从 1961 年 8 月 23 日至 9 月 23 日，吴宓外出探亲访友，从重庆到武汉，再到广州，再转到北京，后经西安返回重庆，整整一个月时间。他的精神情感得到慰藉，还欣赏到沿途美景。如过万县，"两岸山渐高，江面渐狭"，"日出云中，映江面成火柱，略似瑞士日内瓦湖景"；入瞿塘峡，"峭壁有直而平如刀削者，且削处成方片，有斧镶痕，灏谓由水成岩之突降，宓则疑是禹治水之民夫用手斧削成者"；过宜昌，"江宽而水平，两岸平夷成一线，已似长江下

[1]《吴宓日记续编》第 7 册，生活·读书·新知三联书店，2006 年，第 547 页。
[2]《吴宓日记续编》第 8 册，生活·读书·新知三联书店，2006 年，第 112 页。
[3] 同上书，第 482 页。
[4]《吴宓日记续编》第 9 册，生活·读书·新知三联书店，2006 年，第 127 页。

游之景象矣"[1]。到了武汉大学，游东湖，"波涛汹涌，水绿且黑，浪花翻白，极似大海之景色"[2]。过长江大桥，"景色美朗，气象宽宏"[3]。从西安返回重庆的火车上，过广元，"河水曲折依高山流，数十里，山多树，映水成深碧，景至美"[4]。

吴宓不仅喜爱美景，还爱好美食。1961年8月，吴宓出游武汉，不但欣赏到美景，也品尝了美食。他的口味清淡，不习惯刘永济教授家招待的油腻食物，却对何君超家的素菜、肉羹汤赞不绝口。在刘永济教授宅聚餐，"具鱼肉及菜肴甚多，而宓食之殊不适口，勉食一碗米饭及一粗馒"[5]。第二天中午，何君超教授家的饭菜甚合他的口味，"一大碗肉汤，肉肥瘦兼，极新鲜。加海带，四大盘，（一）炒泡菜丁，加红辣椒丝（二）南瓜（三）炒豇豆（四）鸡蛋炒洋葱片，均素淡而软洁，宓食之至甘"。自云："熟谙宓之口味一切求合，确极佳美。"[6] 晚上，菜略同午餐，"惟肉汤易以丝瓜素汤，菜三盘，宓食之甘美"[7]。1961年9月8日，在北京钱锺书家，也是"宅宴，甚精美，进酒"，"久谈，甚洽"[8]。

吴宓喜欢与三两知己聚餐或茗谈。吴宓能喝酒，爱品茶，却讨厌抽烟，对抽烟者深恶痛绝[9]。他的酒量不大，三两知己聚在一起，主要是以酒助话，以酒解闷，没菜时，将就鸡蛋、馒头也可喝

[1] 《吴宓日记续编》第5册，生活·读书·新知三联书店，2006年，第146-147页。
[2] 同上书，第152页。
[3] 同上书，第150页。
[4] 同上书，第189页。
[5] 同上书，第151页。
[6] 同上书，第152页。
[7] 同上书，第153页。
[8] 同上书，第173页。
[9] 李鲸石：《回忆吴宓教授》，载北塔《情痴诗僧吴宓传》，团结出版社，2000年，第4页。

上几口。1971年9月8日，他在梁平曾将就一枚煮鸡蛋饮白酒；9日，靠一枚馒头饮白酒；10日，"一馒有半，饮白酒，食煮卵一枚"；11日，仍用鸡蛋馒头饮白酒，饮酒解愁，他内心藏有需排遣的苦闷。高兴时他也饮酒。1972年元旦，那是一个极为平淡的新年，"无庆祝大会，无团拜，亦无私人拜年，亦无乐歌"，"新年第一日，宓平安无事，且能安静读书"，一早"红日如火球，为之欣快"，早餐食花卷和鸡蛋，"饮白酒甚多"[1]。

在生活料理上，吴宓"远不如常人，有时甚至显得幼稚可笑"[2]。他不会做饭，常去同事朋友家，"久坐"，"论学"，友人热情招待，喝酒成自然之事，在他的日记中，有不少"饮白酒一杯"的记录。1951年1月12日上午小组学习，会后吴宓访穆济波，"饮广柑酒"，以诗唱和[3]，享受诗酒人生。13日晚，又去穆济波家，同周邦式饮白酒，"谈诗及佛教"[4]。1月22日，饮广柑酒。2月2日，去李源澄家饮白酒。4月2日，在周邦式家，"饮茅台酒半钟"，周还帮吴宓修改诗歌[5]。1952年11月2日，在北碚公园附近的"对又来"酒店，饮白花露、葡萄酒、大曲酒共3小杯。1962年9月22日，他还购得五粮液一瓶，价格4.5元。1963年10月11日，友人在北碚下半城松鹤楼为吴宓祝70岁寿辰，他与其他两位共饮五粮液3两。1961年4月30日，吴宓分得五月饭菜证，"今晚遂得食米饭三两及蔬菜，得饱"，还分得一大瓶五粮液，"遂以牛皮菜下酒，独饮一杯"。拌牛皮菜喝五粮液，虽有些浪费，但

[1] 《吴宓日记续编》第10册，生活·读书·新知三联书店，2006年，第3页。
[2] 徐洪火：《吴宓在西师中文系》，载王泉根主编《多维视野中的吴宓》，重庆出版社，2001年，第141页。
[3] 《吴宓日记续编》第1册，生活·读书·新知三联书店，2006年，第33页。
[4] 同上书，第33页。
[5] 同上书，第103页。

也毫无办法。吴宓饮酒后也常后悔。1971年7月23日，"得大曲酒三两，饮，佐以南瓜。粥一两"。翌日，"晨6时入（如）厕，和适。7：00至8：30中文系劳动。感饮多乱性，晨倾倒大曲酒二两于沟中，甚悔"[1]。

吴宓不喜欢人多的社会活动，但喜赴宴和聚餐。他多次到西南农学院张劲公宅吃饭，"肴馔颇丰"[2]。1956年9月6日又赴宴，菜肴丰盛，饮葡萄酒，7日再与人合请对方，肴馔丰美，进广柑酒和白酒。12月9日，又与几位同事到张劲公吃饭，"是日肴馔尤精美，进桑葚酒，食米饭、馒头，深醋饱"[3]。1958年，张劲公调至江苏师院，不再有记录。1959年7月3日，中午赴赵少咸、庞石帚宴请，宾主九人，吴宓对菜肴印象深刻，"肴馔丰美，海参席，以奶汤鱼肚及软炸鸡肝、葱、酱二味为最佳（席费十五元云）。宓得尝此席，如地狱中人重来人间天上，遂恣食，饮白酒数杯，半醉矣"[4]。吴宓自己不会弄饭菜，却啖美食，喜品各种美味，吃到美味，犹如从地狱中"重来人间天上"。1960年5月9日，参加省政协委员视察活动，给他最大的感受是吃得好，"肴馔更丰盛，致多食"。白天看麦田、玉米地、学校，看养猪场，看拖拉机耕地，晚上俱乐会，会中吴宓受邀请讲述《红楼梦》，"宓坚辞，以学猫叫得免。又被邀以秦音及京语，歌颂毛主席《蝶恋花》两次"。"此次政协委员参观，实游玩与饮食享受而已。幸甚。"[5] 为什么吴宓不谈《红楼梦》？也许是心有余悸。他非常详细地记录了每顿饭菜的种类以及自己的感受，他好长时间没吃到这样的美食了！

---

[1] 《吴宓日记续编》第9册，生活·读书·新知三联书店，2006年，第298页。
[2] 《吴宓日记续编》第2册，生活·读书·新知三联书店，2006年，第465页。
[3] 同上书，第571页。
[4] 《吴宓日记续编》第4册，生活·读书·新知三联书店，2006年，第119页。
[5] 同上书，第332页。

1961 年 3 月 10 日，他在日记里感叹："近数月来，'吃饭'遂成为人生最重要之事，一般人每日所思、所谈、所计议、所注意奔赴者，惟此一事。其上街买菜，争购副食品，燃煤炉、煮菜饭，终日劳忙（如开桂等人）者，无论已；即我辈最受优待而确能饱食之高等知识分子、老教授，亦惟长日营营于此事：三餐早趋食堂，鹄立待时，鱼贯取菜饭，既得则就桌而食，急吞大嚼，专心致志，无暇交言，且除一二人外，皆嘴唇上下合触'翩翩'有声，加以'齿决'，其人昔年或亦是少年美姿容而注重风度礼节者，今则一切尽忘，万事不顾，甘为伏枥之群马。啗食刍秣，但求腹实，而不计算其余矣。呜呼，此亦世变中之生活体验，宓至老乃始遇之者也！"[1] 如此细致地描述食堂"吃饭"众生相，无论老少贫富，各色人等都把吃饭当作"人生最重要之事"，的确有些斯文扫地，因为那是一个刚刚受饥挨饿的年份，人口多，吃不饱，油水少，劳累多，怎能讲斯文？在他的日记里，也记录每日三餐饭菜，多素少荤，如"淡煮牛皮菜"，"淡煮豆腐及莴笋一碗"。1964 年 9 月 14 日，与朋友聚餐，有诗句"最爱家厨特馔美"[2]。1965 年 7 月 11 日，到重庆师专周邦式宅，周邦式夫妇热情招待，其夫人盛载筠忙着"治馔"，"手制肴馔丰盛，皆宓平日所嗜者，冷碟四：松花皮蛋、豆腐干、烧鸡、泡姜。热菜三：红烧猪肉、香菇豆腐，丝瓜豆腐汤，广柑酒。镇江金山牌之名醋"。可惜"美味太多"，让他"应接不暇"，又逢"天热"，各述近况，说话多，他"仅进米饭小半碗，但共式饮广柑酒罄半瓶"[3]。经历大半年运动，他身心疲惫，能有闲暇见到老朋友，还有好菜好酒招待，吴宓的愉快心情可

[1]《吴宓日记续编》第 5 册，生活·读书·新知三联书店，2006 年，第 53-54 页。
[2]《吴宓日记续编》第 6 册，生活·读书·新知三联书店，2006 年，第 336 页。
[3]《吴宓日记续编》第 7 册，生活·读书·新知三联书店，2006 年，第 172 页。

想而知。只是周夫人劝他，在邹开桂遣返乡下后，可与邹家断绝来往，也勿与妇女多交际，他却"沉默未答"，知道自己做不到。

吴宓不仅喜爱美景、美食，还喜欢美女。吴宓爱美，毫不讳言记录在日记里，甚至还有些以貌取人。1951年1月9日，有男生女生报名参军，说到某女生，吴宓认为她是"本年级最美之女生"，却哭泣不止，由另一女生代读志愿书，另一女生也是"明媚鲜妍，有才，通达而大方"[1]。他眼中的女学生主席，却"貌最平庸"，但"深沉老辣、坚决明细"，为国家需要之"标准人物"[2]。让人有些讶异的是，吴宓在日记里喜欢记录学生、邻居和同事女儿之美貌。如在批斗会上，看到女生发言者，说她虽"明眸皓齿，燕语莺声"，却"作出狰狞凶悍之貌，噍厉杀伐之声"，让"久恋女子"的吴宓也深感"厌离"，而叹为观止、不可理解[3]。人们私下津津乐道的一段故事，就是吴宓与雪（张宗芬）的情感纠葛，他们交往从红颜知己到红颜不知己，吴宓在她身上投入了太多的感情、时间和金钱，同情其命运，自是主要原因，也还有另外因素，就是吴宓内心藏有美女情结。在刚刚认识时，吴宓认为她是"全校女员女生中最美之人"[4]。1952年12月14日，到礼堂听报告，看到她坐在左后排，也觉得她"美艳绝伦，全校之盛饰华服之太太小姐为之减色"，"会散"后，"又见雪与女同事二人，左右夹持，连手俯身，冲大风，疾驰而过，出宓等之前，宓怜其衣薄而居远"[5]。吴宓真是多情的种子，已近六十之人，仍有如此浪漫心情。1958年6月28日，吴宓参加学校歌咏晚会，登台站在第三排中间位置，唱了

---

[1] 《吴宓日记续编》第1册，生活·读书·新知三联书店，2006年，第28页。
[2] 同上书，第29页。
[3] 同上书，第36页。
[4] 同上书，第91页。
[5] 同上书，第475页。

四首歌，"随众应景"，当看到"雪"（张宗芬），虽容华大损，仍觉是地理系之美人[1]。1973年1月14日，雪来"久坐"，已至52岁的她，在吴宓眼里，仍"白润丰美，视为青年女子，且情意似甚殷挚"，只是感到"其思想，则趋时从新不喜旧"[2]。

　　1964年9月13日，他观看电影《北国江南》，秦怡饰女主角银花，其美貌让吴宓想起了学生吴静文[3]。吴静文外形漂亮，此时正在合川参加"四清"运动。1955年5月10日日记有记载，吴宓讲课时，"见史三女生吴静文坐前排正中，两年不觌，惊其美。第七节续讲，伊已远去，岂有觉而为之欤"[4]。"史三"即历史系三年级。1956年9月27日记载，吴静文一毕业就与历史系秘书郑亚宇结婚，吴宓送礼金一元。1962年9月2日，吴静文从贵阳回校，还带给吴宓两包酥糖，顺便"问学"吴宓，他以《诗义会通》、《诗经》大序和自己所撰《诗经》提要、《字形改革表》、《说文》部首送读，希望她研读今《字典》部首之"说文"来源[5]。这样的读书及研究指导取了一条传统治学路径，对象和切口小，但若缺乏传统诗文知识和兴趣，显然难有学问进展。9月8日，吴静文还书，约定每周四下午辅导其自修《文言文导读》。9月13日（周四），她果然来了，吴宓"答释近世字典214部首（字形）"。9月20日（周四），授吴宓自编"中国字音之改变及研究表"。9月27日，以王力《中国音韵学》二册和高元白《汉字之起源发展及改革》一册转借与读，并讲授吴宓自己阅读王力著作的笔记。10月4日（周四），不讲课，自读，吴宓去图书馆帮她借

---

[1]　《吴宓日记续编》第3册，生活·读书·新知三联书店，2006年，第359页。
[2]　《吴宓日记续编》第10册，生活·读书·新知三联书店，2006年，第281页。
[3]　《吴宓日记续编》第6册，生活·读书·新知三联书店，2006年，第335页。
[4]　《吴宓日记续编》第2册，生活·读书·新知三联书店，2006年，第175页。
[5]　《吴宓日记续编》第5册，生活·读书·新知三联书店，2006年，第415-416页。

阅黎锦熙的《五十年中国语文变化沿革图》。10月11日，讲中国文字之文学功能。10月18日，讲《易经》，课间述说晚清时局及清华1925—1926年风潮，两个半小时，让吴宓感到"费时过多，且徒劳无益，后宜切戒"[1]。10月25日，讲完经史子集。11月1日，讲吴宓自己所撰"文学之研究及创造"，还要求抄写。11月8日，讲了古今人四诗：王维《夷门行》、陶潜《咏荆轲》、温庭筠《苏武庙》和黄稚荃《戴亮吉属题曾季硕寄外诗手写笺》，还让其阅读冼玉清的《流离百咏》和《更生记》。其中有今人黄稚荃和冼玉清，都是才高八斗的女诗人。黄稚荃（1908—1993），四川江安人。诗人、书法家、画家，有"蜀中才女"之誉。曾任四川省政协常委、四川诗词学会名誉会长等，著有《杜诗在中国诗史上的地位》《杜诗札记》《李清照著作十论》《杜邻存稿》等。冼玉清（1894—1965），广东南海人，中山大学教授，集诗人、画家、学者、收藏家于一身，长于文史和金石考证、鉴赏，被称为岭南女博学家。陈寅恪之父陈三立评价其诗风是，淡雅疏朗，秀骨亭亭，不假雕饰，自饶机趣。

11月15日，本来该授课，却因学校缩减人员，吴静文夫妇被调往合川中学担任教师。吴静文来告别，甚是悲泣，"泣时，愈增其美，宓不忍视"，吴宓也很伤感，"勉慰之"。他认为，学校只重视其英文和西洋文学，不知他还深通并能教授中国古典文学，"独有吴静文者，自愿专从宓学此科，其人又和善而极美，深惬宓心"。由此，他还回想起吴芳吉所说："异日能传中国诗文之精神及材料，而继承吾辈之志业者，惟有女生，故宜妙选女生而勤教之。"吴宓把吴静文看作理想学生，"正思考进一步之教法"，她却忽遭调职，

---

[1]《吴宓日记续编》第5册，生活·读书·新知三联书店，2006年，第451页。

"宓之伤感悲愤，实不减于郑亚宇及吴静文夫妇本身者矣！"[1] 从已授十次课的内容看，都偏重经史子集，注重基础性知识和古诗词修养，缺乏系统性讲授和问题引导。这里，吴宓说到女生适宜研究中国文学。今日高校中文研究生女生几乎占去大半，情况又如何？吴宓或为己悦者教学，属于典型的传统带徒弟方式，而非现代大学体制化培养方式。吴静文夫妇离校辞行前，来还吴宓书，写诗，"呈俪影一方"，吴宓粘存。到了 1963 年 11 月 30 日，美术系一美女老师因下放来辞行，也让他想起吴静文夫妇，感叹："今已一载，甚矣，美人才士之多薄命也。"[2]

1965 年 5 月 5 日，他说："宓在解放前，心中亦喜聪明俊秀之男生，偶亦特喜美慧之女生，但宓之义务心、责任心 Duty，使宓对所有之男女学生皆尽心教导，给予成绩分数，亦毫无偏私。总之，平等对待，大公无私"，还说"惟真爱才者乃能大公耳"[3]。吴宓爱美，也爱才。他喜欢"美"而有智慧的女性，就是女性劳动者，吴宓也是欣羡不已。9 月 25 日晚，有一群女同志在吴宓的室外做清洁，他担心她们不方便，于是高举电灯远照，并"感佩诸女同志工作、劳动之勤奋忠诚，又喜见其姿态、动作之美，欣视久之"[4]。1973 年 1 月 18 日，"上午 9—11 此间第一美人钱国昌来，第二美人刘哲志亦携幼女钟一清来，宓幸而由二美人陪导、护卫同出，由解放路折入中山路而抵百货商店"买棉鞋[5]。"第一美人""第二美人"之说近似玩笑话，却堂而皇之地出现在吴宓日记里，可见吴宓

[1]《吴宓日记续编》第 5 册，生活·读书·新知三联书店，2006 年，第 477 页。

[2]《吴宓日记续编》第 6 册，生活·读书·新知三联书店，2006 年，第 103 页。

[3]《吴宓日记续编》第 7 册，生活·读书·新知三联书店，2006 年，第 108 页。

[4] 同上书，第 230-231 页。

[5]《吴宓日记续编》第 10 册，生活·读书·新知三联书店，2006 年，第 285 页。

对美女之钟爱，还为美女打等级。1 月 26 日，访钱泰奇、孙荃夫妇，"初见其长女钱小萍，美而白皙"。钱小萍、钱国昌都是雕塑家钱泰奇的女儿，其子钱国华还随吴宓学过外语，听过吴宓讲《红楼梦》。1973 年 6 月 2 日，又说钱小萍"甚美秀"，钱国昌"则丰艳"[1]。10 月 1 日，他带吴须曼拜访钱泰奇夫妇，见钱小萍"毫不装饰，而宓益觉其美"[2]。12 月 19 日，刘玉琼来，求吴宓讲毛主席诗词，"此女亦秀美可爱，然不注意听讲，亦不热心向学，不可教也"[3]。人虽秀美，却不好学，让吴宓感到没法"教"。吴宓喜欢美而好学之女性，所谓"红颜知己"者也。当然，那个时代纯属吴宓个人之奢求。他率真而坦诚地说出内心的真实想法，一种不带邪念和欲望的欣赏，也让人十分敬佩。

事实上，吴宓生性浪漫，喜爱美女由来已久，自幼养成习惯。他的"自编年谱"，在记录长辈、同辈乃至女仆时，也常出现"美女"记忆，如说女仆"刘妈不识字，然貌端秀"[4]，五姨妈"为宓幼年所见妇女之最美者。亦为宓一生所见最美者之一"[5]。在看戏《法门寺降香》时，他看到戏里有"一美丽之少女，绿衣黄里，植立高处"，"裙裾迎风飘曳，轻盈缥缈，神态至美"，让吴宓"观之魂消，多日见于梦寐"，还想也"化身为女子"[6]。在清华读书时，在他眼里的美国教师 Julia S. Pickett 女士，也是"长身玉立，服装倩雅，为美国女教师中之最美者"[7]。他担任东南大学英语系

---

[1]　《吴宓日记续编》第 10 册，生活·读书·新知三联书店，2006 年，第 401 页。
[2]　同上书，第 492 页。
[3]　同上书，第 553 页。
[4]　《吴宓自编年谱》，生活·读书·新知三联书店，1995 年，第 19 页。
[5]　同上书，第 24 页。
[6]　同上书，第 47 页。
[7]　同上书，第 129 页。

教师，他班上的 20 余名学生中，有女生 6 人，他感觉她们也是"姿态、神情殊美"，"貌最美"[1]。吴宓评价事物，常持人文主义的道德眼光，让人惊讶的是，"美"也是他欣赏自然、品尝饮食、接触女性的尺度。

二、雅人之俗：日常琐屑

吴宓性子急，易怒，说话急，还跺脚，晚年还时不时自言自语。他有一套自己的语言，如不说手电筒，说电炬；不说鸡蛋，说鸡卵；不说散步，说游步；不说边走边谈，说步谈。他喜欢安静，不喜欢小孩，怕吵闹。1971 年 12 月 11 日，与吴宓同室的苏鸿昌、杜方庠、杨向东、苟运昌等，在本室喧闹，"拉胡琴，大声唱京戏，全无格调，惟更求大声以互相压倒，如野兽之咆哮。至 11：00 乃去。电灯灭"[2]。他实在是受不了。1973 年 6 月 23 日，吴宓邻居刘尊一的孙女来玩闹，吴宓大怒，"提其两臂，驱出室外，关门，加键"[3]。他对生活没什么特殊嗜好，但有自己的生活习惯："定时睡眠，多喝开水，多走路。"[4] 1958 年 12 月 24 日，他与杨欣安下棋。1959 年 1 月 26 日，在中文系与老师打乒乓球。1957 年上半年的 2 月到 5 月，练了一段时间太极拳。1954 年 9 月，吴宓几乎是天天"作诗作文"，"诵佛经"，"祈祷"，写信写日记，读书备课，能"就枕即入寐，一觉直睡到天明"。后与邹兰芳结婚，因生活习惯不同，吴宓每天走步，邹兰芳却不爱动，生活被打乱了，他却极

[1]《吴宓自编年谱》，生活·读书·新知三联书店，1995 年，第 223 页。
[2]《吴宓日记续编》第 9 册，生活·读书·新知三联书店，2006 年，第 372 页。
[3]《吴宓日记续编》第 10 册，生活·读书·新知三联书店，2006 年，第 416 页。
[4]《吴宓日记续编》第 6 册，生活·读书·新知三联书店，2006 年，第 454 页。

不习惯[1]。1956年9月16日，邹兰芳去世后，却活在了吴宓的记忆里，"处处皆忆及兰芳生时之事实情景，哀感于心。如餐厅、公园、门诊部。以及百货公司、药店、果摊等，无不有宓偕兰徘徊流连之踪迹。道旁售柚者多，兰所嗜食。今宓过糖果店及百物肆，皆觉其与我无缘。惘惘而归"[2]。在一起生活时，多有不满和抱怨，离别之后却成思念。人们喜欢生活在记忆里，因为记忆比现实少困扰和麻烦，何况记忆还可以想象和打扮，弥补现实的缺憾。这是人之常见心理，在吴宓身上也比较突出。邹兰芳之死，让吴宓有更多自责，觉得没尽到责任，对不起她，"深恨宓无处事应变之才，而误兰之生命也"[3]，经常到墓前祭拜。1957年10月31日重阳节，吴宓首次独自上山祭奠邹兰芳，返回时遇一秀美农家女拾柴火，伴他下山，走了捷径，他还臆想"负薪女郎岂兰之化身，以指示宓得捷径欤？"[4] 邹兰芳所遗手表，稍一拨动就行走如常，他疑其是"兰芳之灵为之也"，"此兰之灵意无疑"[5]。手表并非神灵附体，人确有些走火入魔。

吴宓自小受祖母宠爱，"纵容过甚"，"养成宓之许多不良的性行、习惯"，如自我中心，做事固执，感情冲动，"往往以一时之感情所激，固执己见，孤行己意，不辨是非，不计利害（后乃后悔）。又自己勤奋劳苦，而不知如何寻欢求乐。无逸豫之情，少怡悦之意"，"对人，则太多计较与责难"[6]。处事犹豫不决，优柔寡断，率性而为，嗣后又后悔，缺少韧性和刚毅。他的独立生活能力弱，

［1］《吴宓日记续编》第2册，生活·读书·新知三联书店，2006年，第57页。
［2］同上书，第512页。
［3］同上书，第529页。
［4］《吴宓日记续编》第3册，生活·读书·新知三联书店，2006年，第198页。
［5］《吴宓日记续编》第4册，生活·读书·新知三联书店，2006年，第341页。
［6］吴宓：《吴宓自编年谱》，生活·读书·新知三联书店，1995年，第29-30页。

洗衣做饭，缝补衣服都需要帮手。在与邹兰芳结婚后，有人劝他专雇一女仆自己开伙，吴宓"厌为之"，担心女佣来后，他不会安排调度，"在他家则勤劳，在宓处则骄懒"[1]。他想一个人图清静安乐。他将邹兰芳侄子邹开桂放在身边，照顾生活，给其钱物，平常生活中也常有抵牾和冲突，学校拟遣回原籍，吴宓还去请求将其留在身边。他的心理比较奇特，既讨厌又离不开他。1965 年 6 月 3 日，邹开桂回乡后第二天，他就在日记里感叹："开桂伺宓十二年。兰殁后，1960 年初迁来文化村一舍，自是宓与开桂又同此一居室，仅分前（外）后（内）间，今于其去后，顿觉物在影存，室迩人远，不胜凄悲。1956 送兰入土，今 1965 送开桂回乡，此宅留宓一人，思想感情复与全世违异，居此殆如在生圹中。然每日上班、开会、批判、学习，夕晚归来，尚能书城坐拥，此间又是宓惟一之乐园，舍此又将安归？古贤与文学师友（亡多存少）而外，又将谁亲耶？"吴宓留恋旧情，特别是年岁渐老，"物在影存"，一旦失去，就让他非常失落，加之在"半年有余之运动中，每日紧张忧惧，万事都忘。近日运动将终，开会较少，平日亦多暇时，虽上班，而可自由读书，于是顿觉松弛，乃宓当此际，反更感空虚与悲哀"[2]。吴宓如"在生圹中"之说，一下就让人感受到了孤寂和悲哀所带来的凄凉。邹开桂返乡后，吴宓也知晓邹开桂人品一般，奢侈放纵懒惰，对宓亦不忠，但吴宓仍每月资助他 40 元，以后每月资助 30 元或 20 元不等。

他的优柔寡断事例数不胜数，如 1964 年 8 月 1 日，告知亲友，准备再次出游，7 日又改变主意，8 月 17 日收到陈心一 8 月 10 日

---

［1］《吴宓日记续编》第 1 册，生活·读书·新知三联书店，2006 年，第 545 页。
［2］《吴宓日记续编》第 7 册，生活·读书·新知三联书店，2006 年，第 163 页。

来信，信中劝说吴宓不宜出行，大家都有任务，"不能随时有闲招待，即招待亦未必出于自然"，希望他看问题宜长远、全面些，"一切要我们自觉，自觉者能处处想着别人的处境与一切"，"凡事未经充分考虑，不忙作决定，以免刚一决定，立即变更、出尔反尔"，到时就会"苦人苦己"。她也不赞同将《吴宓诗集》送给杨橐吾阅读，一个"86 岁人，何能读书?"并且，"如被人拿来作落后材料展览批评，多一次不良影响，大可不必"。她还好心地说道："您心是善意的，但思想、行动有时模糊不清。虽然跟着时代走，比较慢些，得能跟上形势才是。"[1] 陈心一信中所说合情合理，也有真情实感，特别提到吴宓考虑事情欠周全，决定事情不慎重，结果是"苦人苦己"。吴宓读了来信，却"痛苦久久"，晚上还邀钱泰奇到操场步谈，重述与陈心一、毛彦文的老故事。

吴宓性情敏感而纤细，因长期独居，孤独而寂寞，每至郁闷，必邀友生，或宴聚，或步谈，也常说到自己的感情秘史，他的学生和同事都曾不无嘲讽地谈到他在爱情上的"呆"。当然，吴宓也有不被理解的痛苦。8 月 18 日，吴宓给陈心一回信。他托陈心一送书给杨橐吾，只是代办一件小事，如她不愿意，他自己直接邮寄。《吴宓诗集》并没有被作为反动、落后读物，"各校仍搜求购置"。吴宓还旧事重提，说陈心一过去就不支持《学衡》，不宝爱《诗集》，说明他们精神上"相去甚远"。关于自己的思想改造，"领导上亦知：每人改造只能到某一定程度，而不过分责求"，心一和女儿们积极进步，他完全赞同，"然而各人功过得失应自己负责"，自己的思想虽然落后，但"自知改造"，"勿督促过甚"[2]。吴宓的

---

[1]《吴宓日记续编》第 6 册，生活·读书·新知三联书店，2006 年，第 302 页。
[2] 同上书，第 303 页。

回复有些孩子气，带个人情绪，所说并不完全符合事实，如领导也不知道思想改造程度，没有完成时，只有进行时，思想改造是长期的，用今天的话是永远在路上，吴宓将面临更为严苛的要求。

至于说《吴宓诗集》已被"各校仍搜求购置"，并非来自校方，而是诗友间的索求和交流。吴宓不懂社会形势，也不了解身边环境。1966年2月2日，他到系里口头申请提前退休，第二日即反悔，又说不想提前退休。细想自己的行为，"狐埋狐揎，出尔反尔"，疑虑过多，不能成事，"素性轻躁，缺乏凝重安慎之德，所言所行，足招人之轻贱，自己徒增烦恼，悔恨何如!"[1] 晚上被告知，学校和系里不同意他退休，而希望他发挥所长，自由做科学研究，整理旧稿，多作讲演，以所成果公之于古典文学教研组。当拿不定主意时，他希望他人给出意见，有了意见，他也不一定完全遵守。实在不行，就翻书占卜。1954年10月16日，他很烦恼，翻四书五经，得《易经·坤卦》"六四括囊，无咎可誉。象曰：……慎不害也。文言曰：……盖言谨也"，即"退藏于密"之意，吴宓觉得应"谨肃含默，当可免祸"[2]。11月19日，重庆市文联批判俞平伯《红楼梦》思想，吴宓解放后绝口不谈"红楼梦"，免祸。又卜《易经》卦。说到吴宓的卜卦，亦颇神秘。他多次在日记里测算自己的死期，如1972年3月8日说："宓自信定可寿至八十四岁，1977年终。"[3] 他逝世于1978年1月17日，确实大致不差。

吴宓讲究传统礼节，如祭拜、拜年，但社会急遽变化，变得"人之无情，事不相助，食不相让，即虚礼亦废矣"[4]。即使是

[1] 《吴宓日记续编》第7册，生活·读书·新知三联书店，2006年，第361页。
[2] 《吴宓日记续编》第2册，生活·读书·新知三联书店，2006年，第63页。
[3] 《吴宓日记续编》第10册，生活·读书·新知三联书店，2006年，第56页。
[4] 同上书，第40页。

"虚礼"，对吴宓也很重要。每到新年或新春佳节，他都要出门拜年，或留在家里接待朋友学生。1957年元旦，他与历史系领导一起给学校领导拜年。1月31日，农历正月初一，也去拜年，一团热闹。1961年2月15日春节，上午随郭豫才、张宗禹、许可经（分别为历史系、美术系、音乐系主任）到学校领导家里拜年，下午学校领导六人又回拜吴宓，中文系书记、系主任、教研室主任、教学秘书四人和个人朋友八人特来拜年。这算是吴宓解放后在新春佳节过得最为荣光的一天。吴宓还喜欢祭拜，祭祀亲人或朋友，只要条件许可，每年在内室设位，焚香祭拜，行三跪九叩之礼。如1964年12月31日，上午到教研室做清洁，中午被告知，邹开桂被遣回原籍。下午到大操场听市委统战部副部长作报告。午餐两个馒头和菠菜豆腐汤，晚餐素面四两，两个鸡蛋。晚上，他悄悄地做了一件事，"今岁不敢拈香祭祀。（亦无香可买）夜10：30，熄舍内电灯，宓于黑暗中，叩呼父及碧柳、兰芳之灵，而恭肃祭拜，行四跪十二叩礼。又分别乞求护佑，诉说心情。礼毕，乃复开灯，续完日记。11时寝。1964年终"[1]。1965年2月1日除夕，不准祭祀父友及邹兰芳，他"特觉凄恻"，不设像位，只行四跪十二礼。1965年6月25日，他的父亲去世15周年祭日，不敢设位，只"望空行四跪十二叩礼"。1966年6月25日，其父去世16周年，祈父保佑自己平安度过此次运动。1972年元旦，仍是一个平淡新年，"无庆祝大会，无团拜，亦无私人拜年，亦无乐歌"，"新年第一日，宓平安无事，且能安静读书"，有中文系青年教师一齐斥责吴宓为"一贯反动、顽固、罪行极多之人"，"将要斗争他"，吴宓只好"呜呼，

---

[1]《吴宓日记续编》第6册，生活·读书·新知三联书店，2006年，第462页。

难言!"[1]

吴宓平常孤独寂寞，渴望亲情，但又害怕亲情，不敢过于亲近。时间越长，越喜欢一个人生活。一旦有机会，他也是乐在心里，喜在脸上。1961年8月8日晚9：30，吴学昭乘小车来学校见吴宓，劝他离开重庆。翌日上午到校园和北碚公园，午餐后离开。吴宓感到女儿并不理解他，怕见她，"总是促我思想改造"[2]。不同时代处境、不同人生经验很容易固化或遮蔽认知，人很难超越所处时代去认识现实或评价历史。吴宓的思想和感受，当时的女儿并不完全能理解。吴宓担心女儿看到他的日记，所记之事"不可对人言"，还有那"《忏悔录》式"的个人心理，若被女儿知道，"不知将惊诧危惧至何地矣"[3]。1973年8月17日，吴宓80生辰，次女吴学文及女婿陈维堃、外孙陈捷、陈挚分别从厦门来电祝福他80寿辰，吴宓在电报上批注每个人的名字，"甚喜"。对吴宓而言，这样的家庭之乐实在是太少了。

吴宓喜欢安静，"最喜安居，而最畏外出旅行"[4]，但他又怕孤独，喜欢找人聊天。1955年10月9日，星期天，中午他到北碚公园最高处旧时茶楼，则发现"楼窗楼门皆关闭，冷落无人"，他"不知外境之变，不感气候之异"，还邀约朋友会晤，"实愚且自私，后此宜改之"。实际上，他所约朋友也忙于政治学习，"安能赴宓约？"[5] 在这里，有两处值得一说，一是社会气候变化，人哪有闲情逸致去娱乐？二是在如此政治环境下，谁还敢去娱乐？当然，

[1]《吴宓日记续编》第10册，生活·读书·新知三联书店，2006年，第3页。

[2] 吴宓：《致吴学淑、吴学文、陈心一》，载《吴宓书信集》，生活·读书·新知三联书店，2011年，第431页。

[3]《吴宓日记续编》第5册，生活·读书·新知三联书店，2006年，第134页。

[4]《吴宓日记续编》第7册，生活·读书·新知三联书店，2006年，第253页。

[5]《吴宓日记续编》第2册，生活·读书·新知三联书店，2006年，第290页。

最后他发觉是自己把路线搞错了，朋友仍赴约了。找人聊天和散步也是化解烦恼的好办法。1955年12月8日，吴宓因教学任务繁忙劳苦，与邹兰芳一起生活，以及厉行简化字等种种烦恼，当晚与钱泰奇"在操场散步，久谈，甚洽"，"以文人艺术家仁侠多情之性行，彼此互能了解而倾佩也"。闲谈些什么呢？先谈张宗芬与张东晓的情事，再谈自己与卢葆华之旧情，最后听钱泰奇叙述自己的经历[1]。这里有三个片段，涉及同事之情事、本人情事以及个人史。拉拉杂杂，就这样聊了一个晚上。这就是吴宓，在风声甚紧的岁月，与朋友同事聊天也是十分惬意之事。12月11日，又到钱泰奇处，翻阅日本出版的《世界裸体美术全集》，从上午11时到下午，可见其兴致之浓。在当时环境里，读什么书都有风险。他早年日记记录在美国看到女性裸体，就大为震惊，而在此时却有某种突破禁忌、故意犯规之意。

吴宓聊天，谈论最多的是陈寅恪和吴芳吉，偶尔也评论同事和四川人。他认为四川人"男女皆富于情，敏于感。蜀士率读诗多而能吟咏"[2]，才情有余而品性不足。川籍学生人本"聪明"，"性于文艺为近"，擅长图画，对传统诗词韵律，"无人教授，少人通晓"，也就"难言"文学之成绩，"前途亦极黯淡也"[3]。说到蜀中"五老七贤"之一的赵熙，认为他的诗写得好，他的书法却"极恶劣丑怪，今蜀人犹多效之者，误也"[4]。就是对他极为赞赏的吴芳吉，也认为他有四川人之通病，"四川人皆轻躁。碧柳尤喜动，恒无计划、无希望"[5]。实际上，他说的是四川人，也是在说

[1] 《吴宓日记续编》第2册，生活·读书·新知三联书店，2006年，第330页。
[2] 同上书，第583页。
[3] 《吴宓日记续编》第4册，生活·读书·新知三联书店，2006年，第7页
[4] 《吴宓日记续编》第6册，生活·读书·新知三联书店，2006年，第282页。
[5] 《吴宓自编年谱》，生活·读书·新知三联书店，1995年，第147页。

他自己。吴宓也常犯轻躁之病，常订计划，但多不执行，只是在口头说说，或记录在日记里而已。他不但评论四川人，还评论其同事，如认为西南师范学院中文系"四老"之一的赖以庄，生平甚用功，能博览，然"无卓越之品格，圆滑应世，又无坚定之宗旨，惟喜述说人之科名家世及著作轶事等，若持与碧柳较，实有霄壤之悬隔也矣"[1]。与人散步聊天，他往往说得多，听别人说的少，事后又常常后悔，"损人亦自损"。他的私淑弟子蓝仁哲曾经也劝他与人聊天要分亲疏，不要谈自己的思想和生活，也不宜交往过于密切，容易招来祸害。并且说，"宓负高名，闻知宓之人多，而真敬爱宓者则甚少，除二三知己之友生外，与许多人亲近，坦怀相对，不设城府，大非宓之利也"，他"深韪而谢之"[2]，却始终改不了，遇到友人或学生，照样会将古典诗词、《红楼梦》搅拌在生活琐碎和逸闻趣事里，一个劲儿说上半天。对他而言，不在于说什么，而在于享受着自己的言说。

三、周旋俗事：一地鸡毛

阅读吴宓日记，印象最深的是学习改造不间断，其次是文化坚守，再次是世俗琐事的纠缠，陷入一地鸡毛。吴宓为人诚实，考虑具体事情不免带个人情绪，待人接物却非常忠厚。1971年1月4日，他不小心折断开门钥匙，下乡青年机智将其打开，吴宓"惊喜过望"，奖励他5元钱[3]。对待如此小事，他也极其认真。自1960年春迁至文化村一舍后，他在屋外悬挂一大木牌，"便利校外来访

[1]《吴宓日记续编》第3册，生活·读书·新知三联书店，2006年，第159页。
[2]《吴宓日记续编》第6册，生活·读书·新知三联书店，2006年，第197页。
[3]《吴宓日记续编》第9册，生活·读书·新知三联书店，2006年，第153页。

之客人，访寻易知所趋"，每隔半年，还用红漆描涂其字，使其"常新而显"，谁知木牌被学校总务处收走，改为在各家门框上横悬一小木牌。吴宓却嫌其字迹太小，"如樱桃大，远望何能得见"，他还托人找总务处重新悬挂，要么将原木牌赠予或卖给他，以"留作纪念"[1]。可见，他是一个做事多么认真而执着的人。再举一例，他参加劳动，从胡豆秆上摘取胡豆荚，每天摘去多少荚，他都边摘边计数，真是把小事情当作学术去做。因他为人忠厚，也有被骗经历。1961年7月12日，有学生强卖两只死兔子给他，让他感到"今日一切人之好利而贪食也"[2]。1972年7月31日，他到重庆第九人民医院看病，也被骗去2.5元。

最让吴宓闹心的不是吃穿住行，而是资助和借贷。他的工资待遇高，时遭妒忌，不时被他人以各种政治运动发难。他乐于资助他人，也被人索取资助，甚至很贪婪地索取，不无抱怨不满乃至恐吓威胁。他的工资收入不低，生活却异常节俭。他花在自己身上的钱并不多，除吃饭外，几乎没有什么花费。他的生活质量不高，也没几件像样的衣服，有几件质料好的，也显破旧，被多次缝缝补补，连他女儿吴学昭也看不过眼，在来信中屡次提醒穿着上应讲究点，体面些，不至于被他人看不起。人们不禁要问，作为二级教授的吴宓为何过得如此清贫？细读日记，方才恍然大悟，他本不是一个惜钱如命的人，也不是懒于修饰的邋遢老人，而是一个慷慨仗义之人。他的学生孙法理教授曾撰文《亦狂亦侠亦温文》[3]，说他说话待人"温文尔雅"，写诗谈红学不无狂放之时，"侠义"处在于他

---

[1]　《吴宓日记续编》第6册，生活·读书·新知三联书店，2006年，第117页。

[2]　《吴宓日记续编》第5册，生活·读书·新知三联书店，2006年，第115页。

[3]　孙法理：《亦狂亦侠亦温文》，载《第四届吴宓学术研讨会论文选集》，西安地图出版社，2005年，第264-294页。

对朋友的慷慨，凡朋友同事有难，他都会慷慨相助，每个月工资收入的大部分都用来资助亲戚朋友，受他人牵制。在他的日记里，随处可见资助和借钱事。如1951年4月26日，学生叶发林来，索去5万元。该生并不是他喜爱的，"学业上亦不能有成"，也获过学校助学金和家中汇款，"自视甚矜且傲，而以权术待人"，他还希望吴宓能每月支助10万元，直到毕业。此人此事，让吴宓"实苦之"[1]。5月23日，该生又来，吴宓"付三万元，无言可说!"[2]当晚，学生杨溪来，"述痛苦"，吴宓"赐以二万元"。5月26日，叶发林又"取去三万元"。在吴宓的生活里，时常出现某同事和朋友刚拿到钱离开，又有人来借钱求资助，他似乎成了摇钱树，"以钱财助人，反致宓多烦虑而受困窘"[3]。他给钱后也时时后悔，如资助雪（张宗芬）10万元，她却拿去买化妆品，他感到"实甚错误"[4]。10万元是多少钱？在吴宓日记里，对1950年代初物价有记录。如照顾吴宓生活的杨嫂用5000元购买15个鸡蛋[5]，买10个鸡蛋3300[6]。1951年7月21日，他领到西南师范学院月薪1175000元，从重庆大学领薪494850元，两校共计薪水1607400元，交工会费16074元，捐飞机大炮献款20万元。1956年12月10日，吴宓评上二级教授，从此，他每月领取二级教授工资265元，后为272元。他感到"得此厚薪，中心伤痛"[7]，他主要担心自己做不了事，树大招风，会招来妒忌，带来麻烦——事实也确是

［1］《吴宓日记续编》第1册，生活·读书·新知三联书店，2006年，第123页。
［2］同上书，第134页。
［3］同上书，第125页。
［4］同上书，第126页。
［5］同上书，第141页。
［6］同上书，第150页。
［7］《吴宓日记续编》第2册，生活·读书·新知三联书店，2006年，第572页。

如此。

　　吴宓资助或借钱与人，对象多种多样，时间长短不一。长期资助的有吴芳吉后人、邹兰芳家族和陕西吴家，短期的有同事、学生或学者，多出于责任和义务，帮护助困，或解一时之难。在这些受助者里面，有两人比较特殊，吴宓资助不少，其过程和结果却让人唏嘘。一个是日记里称为"雪"的女人，另一个是陈道荣。前者始出于情，后者始出于义，最终结果都有些薄情寡义，说起来一言难尽，一地鸡毛。自1950年代到1970年代，日记记录吴宓资助雪之钱款有多次，至于具体数目，如果作统计，估计不是一个小数。如1963年12月14日，雪来要钱，从月助30元改为60元，"雪之贪鄙实为可厌"，连邹开桂也明白："每来宓处，必是为得钱，斯皆甚确。"[1] 以1964年4月为例，5日，给雪10元；10日，领4月薪272.5元，扣除房租2.52元，家具租0.98元，自来水0.40元，电灯1.51元，膳费22.33元（代开桂垫支膳费及厨工费3.71），定期储蓄120元，清洁费0.50元，实领124.35元。11日，日记缺失。12日，雪来索助20元。13日，让开桂代其在北碚街宴请邹家客人花费7.63元。15—16日，日记缺失。19日，主动给雪20元，助其家用。5月9日，雪再索款30元，吴宓允20元。10日，送去20元。还汇给邹家30元。5月12日，取1964年1月存单120元，本息计121.05元，随即汇与引妹50元，须妹40元，简采芝20元，"以上本月汇助亲友已160元矣"[2]。一个月就资助雪50元。她丈夫岳君每月才给她10元。她对吴宓却仍有不满，9月2日，怪罪吴宓帮助太少，给他人钱多了，要挟说："欲与宓断绝往来。"张东晓

---

［1］《吴宓日记续编》第6册，生活·读书·新知三联书店，2006年，第113页。
［2］同上书，第229页。

曾告诉吴宓,此人性贪,多索钱物,"宓久知其然",却仍对雪说:"君需钱多少,可随时告宓,宓即奉与,不必注意宓对其他人之事也。"[1] 1964年10月1日,雪嫌吴宓资助钱少,在两人分别时,还"搜宓衣袋(共八元余)",吴宓提出给4元,雪却"强取六元去","呜呼,雪贪鄙如此,焉可与为友?"[2] 此人之具体情形,他也知晓,话也说了,怨气也表达了,下次还是照样。在雪面前,吴宓似乎是有苦难言。为情,好像有些乖张;为义,似乎也有些牵强。吴宓资助他人,还要承担风险。12月2日,学校开展"社会主义教育活动",有人就在学习会上公开攻讦吴宓支助"反革命家庭"出身的"雪"钱款,邹开桂也劝吴宓需承认此事,不然"无以塞群众之疑心与多口"。1966年1月7日,雪再来索钱,每月不少60元,否则一文不受,他再次觉得雪"对宓实无友情,只有经济之利益"[3]。

1966年1月10日,领工资272.50元,扣除有关费用,实领得253.52元。11日,汇助亲友各款,引妹,吴芳吉家、罗文坝等共250元,"将近宓每月薪津收入之总数矣"。他自己计算1965年汇助亲友款项总数,新增弟妹项1340元,其他略如往年之定额,"今日汇出各款后,宓手中现金及活期存折共只要19元,决不足供宓下月领薪前(2月10日以前)之生活交际用费,故即作短函与陈道荣,记其由吴适均处,取回昨所带交之20元,由邮汇交宓收(由是可免借债)"[4]。1月27日再取存款40元,2月6日付雪30元,而她却为钱少而抱怨,"宓知雪所重惟在钱财耳",但仍表

---

[1] 《吴宓日记续编》第6册,生活·读书·新知三联书店,2006年,第320页。
[2] 同上书,第358页。
[3] 《吴宓日记续编》第7册,生活·读书·新知三联书店,2006年,第332页。
[4] 同上书,第336页。

示："君有困难及需要，宓莫不奉助者矣。"[1] 1973 年 3 月 10 日，雪来函以忘年交之名索钱两千元，吴宓复函 5 月 50 元，6 月 110 元，以后长期每月 20～30 元。而雪每每向吴宓求助不成，或是没满足愿望，就迁怒于他。1973 年 12 月 23 日，"7—8 雪持电炬来，宓甫言'宓 1974 年元月份财窘甚'"，"雪遽大怒，谓'宓每月以巨款助友，有多至百元者。而对雪恒言财困，是诚何心哉！'遂以绝宓而去"[2]。吴宓与雪感情事，纠缠甚久，在钱款上的给予与索取、抱怨与嗔怪，其原因何在？学校民间也有传说，外人不明就里，也不好评价。他们的交往只是应验了一句俗语："真感情要命，假感情要钱。"

如果说，吴宓与雪的交往始于情终于财的话，吴宓与陈道荣的交往则始于义而终于诈。自 1962 年结识以来，吴宓视其为有学有识，志同道合，可以授业之学生门人，可以谈心论事之知交朋友。认为他年富力强，有才干能负责，可以办事之人，曾将近人之诗词、吴宓日记信函文稿三大木箱托付给他，以后也拟将其他书物著作委托与他。他们开始交往时，吴宓还常给他讲讲诗词经史，如1966 年 1 月 10 日，为其讲《中国诗之格律》《人生哲学大纲》和《一多总表》，但到 1970 年代，此人就以吴宓所托之物作要挟，索取钱财。读 1973 年吴宓日记，最让吴宓伤心的就是陈道荣。他已 39 岁，未婚，无家累，每月还得重钢工资 39 元，生活无问题，却强索吴宓钱物，吴宓心里似乎很有些怕他。

1973 年 2 月 16 日，与陈道荣谈判，"宓对荣视之如是之高，望之如是之深，倚之如是之重，乃不意今晨以区区之一二十元人民币

---

[1] 《吴宓日记续编》第 7 册，生活·读书·新知三联书店，2006 年，第 365 页。
[2] 《吴宓日记续编》第 10 册，生活·读书·新知三联书店，2006 年，第 556－557 页。

之差，荣竟有绝交之表示，使宓痛感幻灭（Disillusion）与失望，至为伤心"[1]。其他诸友已告知吴宓，陈道荣"并无过人之长处"，与吴宓交往，"只为钱财"，吴宓决定当如旧和好，继续资助他，想将三大箱书籍文件全部收回，却被陈道荣作为要挟之物。吴宓资助亲友，陈道荣最多，自1966年以来每年120~160元[2]。谈判的结果，吴宓仍需"长期、永久，每月资助荣之数目，荣提出30元整。宓嫌太多，然宓懦弱，未与辩争，求核减，遂定为30元矣"，他们一同到银行取款，吴宓"回舍，写日记，对荣深为厌恨，视若（1）扰梦之恶魔，（2）劫财之贼盗"[3]。他的朋友均发现其"阴险、横暴"，"宜慎防"，"宓之生命则当保也"[4]。这时的吴宓已是79岁的老人了，竟遇到这种人。陈道荣狮子大开口，以自己成婚安家为借口，要挟吴宓一次性给他1000元。他还请来烟酒不离口的军师赖启宁，赖启宁在背后为之设计，得到钱后，需给赖启宁一份。1973年4月15日，陈道荣送还保存资料，索取款项，自表功德，说1965—1968年间，他人不与吴宓来往，只有他来看望慰问，并保存其资料，归还无损失。5月23日，吴宓应允给陈道荣1000元。7月18日，陈还来《辞海》，仅仅一周时间，又以还书为名再索去钱财，吴宓为了支付其路费和生活费，从银行取出存款2元，仅余0.74元，倾囊所有1.70元，共3.70元，赠予陈道荣，作为归途路费。他离开时，还商定8月12日来领取7月20元，8月30元，同时另领取结婚安家费1000元，1973年9、10、11、12月，每月给30元，"不再谈经济问题，不再有银钱交涉"[5]。这简

［1］ 《吴宓日记续编》第10册，生活·读书·新知三联书店，2006年，第310页。
［2］ 同上书，第324页。
［3］ 同上书，第326页，
［4］ 同上书，第328页。
［5］ 同上书，第434页。

直就是"劫财之贼盗"行为，敲诈勒索，吴宓却依然照办。他的确是一个性情真率之人，"无奈大事小事，他往往率性而为，至于后果他是不管的"[1]。在他给陈道荣、杨宗富等人钱财后，被同事批评用了工人农民的血汗钱去赞助小人，实犯政治之罪[2]，"有人攻击他用人民的血汗去资助'牛鬼蛇神'"[3]。但吴宓却毫无改变，依然我行我素。

实际上，吴宓一个月工资除去各种开支和资助他人，已所剩不多。1964年7月10日，他领取7月工资272.5元，扣除房租、家具租、自来水、电灯、小灶膳费、三个月定期存储、牛乳等等，实领得122.16元。回到宿舍，支付邹开桂7月薪津40元，开水煤炭费2.6元，上缴工会费2.72元，只余总数的四分之一，于是，他又感叹："今之来接近宓者，无论其为亲戚友生，几于皆以得钱求财为目的，若夫雪，则诚如晓所评'务求得钱，决不宽假'者。今昔多年，其性行固未改变也。"[4] 明知他人以"得钱求财"为目的，但他还是被各色人等借钱索物。给了他人，他连生活也困难，不得不又去向同事和邻居借钱，或者把刚存入银行10多天的取出来，得利息一角多。甚至出现此种情形，他人来向他借钱，他身无分文，却去向邻居和同事借来，再转给求助者。不知这出于什么原因？有什么样的心理？1973年4月8日，陈新友求赠助15元，吴宓无钱，只好向唐季华借15元转借给他。梅葆琛出游，想借吴宓100元，吴宓此月已无余钱，却应允下两个月分别支付30元和70

---

［1］ 徐洪火：《吴宓在西师中文系》，载王泉根主编《多维视野中的吴宓》，重庆出版社，2001年，第138页。
［2］ 《吴宓日记续编》第10册，生活·读书·新知三联书店，2006年，第428页。
［3］ 徐洪火：《吴宓在西师中文系》，载王泉根主编《多维视野中的吴宓》，重庆出版社，2001年，第139页。
［4］ 《吴宓日记续编》第6册，生活·读书·新知三联书店，2006年，第56页。

元。"至此，四月份宓薪，已全用去，仅余四元九角矣。"[1] 既知如此，何必当初？上个月把下个月的工资都预支了，把自己弄到寅吃卯粮的窘境。细想起来，他既然知道自己生活的难处，为何不说，为何不可以不做呢？这是何苦！的确让人哭笑不得。1966年2月7日晚上，吴宓想到自己毫无积蓄，他人"不思宓月薪能有若干，焉能应付？""对宓，只视为经济钱财之来源，苟不给钱，则于宓之生死存亡不关心"，"如雪对宓何尝有真感情"，于是，决定自此开始减少亲友助款，"不必求得对方之同意与谅解"[2]。但是，当他人来宅或来函索取资助事，他似乎又忘记了曾经的决定。

吴宓工资高，一个人生活，花钱不多，身边无人帮他理财，管钱。他又心地善良，为人诚厚，这或许早被人所熟知，所以，认识不认识的都来借钱。1972年2月29日下午，一年约40岁中年人，刚来即索纸烟，说是贫农出身，在交通部门工作，供有五个孩子，学费不足，"久闻宓慷慨喜助人，故述其艰困，望宓救助云云"[3]，絮絮不休，久坐不走，吴宓没有办法，说这个月他仅领到35元，此人才离开。这是陌生人为孩子学费来求支助，也还有其他理由。1973年4月6日，吴汉驺来，述其20岁之子在农村与21岁女喻某相悦私合，导致女有身孕，两家父母不同意，决计为女堕胎，需旅费和手术费100元，"求宓赐给，以保两家之名誉而免子女于罪罚"，"宓只得应允"[4]。吴汉驺为吴芳吉之女，这个情分吴宓要认。果然，4月7日领得4月薪水272.62元，即付给100元。4月27日又得函，知堕胎之苦痛，让吴宓无法安睡，怜悯女之身体和

[1]《吴宓日记续编》第10册，生活·读书·新知三联书店，2006年，第355页。
[2]《吴宓日记续编》第7册，生活·读书·新知三联书店，2006年，第366页。
[3]《吴宓日记续编》第10册，生活·读书·新知三联书店，2006年，第47页。
[4] 同上书，第353页。

心理，于是拟汇赐学校补发款项两千元给他，还以"仁心""人道"之说，劝其停止引产，等待结婚，"如是计划决定后，乃始入寐"[1]。好在后来此事被邻居劝止。吴宓待人接物情绪化，行事多草率，爱冲动。5月31日，再接吴汉驷函，抱怨吴宓资助他人钱多，资助她太少。吴宓发怒了，觉得自1966年以来，他赐予吴汉驷钱时间最久，数量亦最多，直接回函断绝关系，以后来信也不复，要钱分文不给，拟停止与其通信。

1973年4月，当人们不知从何处知晓，吴宓将被返还自1970年冬少发以及欠付工资积款13600元，5月来函或直接登门索钱人数众多。到了5月8日，已支出280元，"超过宓五月份之全部工资收入"[2]，他感到，"五月份之生活用度及唐昌敏、曾婆之工资，皆无从取得。宓甚以为忧"[3]，不得不去向他人借助。6月17日付120元，给杨溪女儿买手表。也有同事求资助，成文辉、张正东求赞助100元。杨宗富7月5日来函说，6月14日所给70元，在路上被扒走，求再给40元，不知是真是假。7月17日，感叹"自奉甚俭，不食营养，而恒以全部薪入济助亲戚、友、生"，自己还有不少借债，甚至出现"姨妈"故事，被"传为笑谈"[4]。7月18日，他被作奸犯科之陈新友以母殇骗去20元。8月9日，再索走10元。10月19日，还来索钱，自云姓刘，宓几不识，"宓举袋中所有钱出示，仅有6元，付与2元而去"[5]。1973年7月20日，邹果求助50元。7月26日，杨宗富带来陈道荣长函，诉冤加恐吓，吴宓不为所动，他还算清醒。8月11日，给周锡光回成都路费25

［1］《吴宓日记续编》第10册，生活·读书·新知三联书店，2006年，第372页。
［2］ 同上书，第382页。
［3］ 同上书，第384页。
［4］ 同上书，第435页。
［5］ 同上书，第506页。

元。8月30日，回信给杨宗富，拒绝拜访，以送礼之名索钱，他再不买账。9月8日，领薪津271.67元，偿还借款，支出救济和护理工资，仅余17元。9月10日，成文辉因其长子婚事求支助40元，吴宓与其商议，叫他先向中文系其他老师借40元。10月份，吴宓再赠助成文辉40元，用来还他的借账。事情做得有些拐弯抹角，吴宓成了负债者，真乃怪事一桩。在吴宓日记里，可以看到陈道荣、杨宗富、赖启宁和程蓓蒂等等一长串名字以各种理由来向吴宓索取钱财，连生活中的普通交往也冲着吴宓的钱去。9月20日，吴宓受邀到张正东母亲家吃饭，饭一吃，事情来了，求资助500元，用来给张紫葛治疗盲疾。吴宓哪有这么多钱，只"允量力助给一部分"[1]。

在《吴宓日记续编》第10册，处处可见借钱之事，不同人等，各有手段，络绎不绝，读来全是一地鸡毛。仅取1973年12月下半月看看当时的借钱情形。1973年12月，吴宓受批判时间相对少些，闲了下来，22日接邹果、蓓蒂函，求宓1974年资助15元，"宓即批复，允如数资助，每月15元，命果于二、四、七、十月十日前后之星期日分四次来取。每次45元，全年180元"[2]。又接陕西老家人来函求资助，吴宓批复无钱。23日，"上午10至11：30李端深、熊家璧夫妇来，涕泣求资助，以李端深现患冠心病即'冠状动脉左胸部硬化'，长期病假，工资（月薪）已由59元减至53元，若再不痊愈，则将降至40元亦。家有三孩，棉衣未制云云。宓遂决定（如其所求）于1974年二月十日前后，赠助予50元整。由熊家璧（现在本校膳食科，专办补助粮事）来领取。以后再议定每月

---

[1] 《吴宓日记续编》第10册，生活·读书·新知三联书店，2006年，第484页。
[2] 同上书，第556页。

长期资助之数。——李、熊夫妇携赠宓杂糖一包"[1]。李端深为李源澄之弟。李源澄为吴宓好友，师从蒙文通、廖平、章太炎、欧阳竟无等先生，先后在四川大学、西南师范大学任教，解放后任西南师范学院副教务长兼历史系教授，1957年被错划成"右派"，1958年5月4日病逝。出版有著作《诸子概论》《学术论著初稿》《经学通论》《秦汉史》等。吴宓爽快资助李端深，定是看在他与李源澄的情谊之上。当天晚上，张宗芬来找吴宓，以资助钱少，没他人多而"绝宓而去"。24日，制订1974年元月、二月支出预算表，"拟不向外借款"[2]。25日，就有邻居家孩子来乞求百元买提琴，吴宓立即出示支出预算表，没有同意。29日，同事傅启群、凌道新来分别求他资助10元和30元，吴宓出示预算表也未应允。31日，他又决定从1974年元月份起，每月济助凌道新营养费30元、傅启群营养费20元，凌道新向吴宓陈述自己"生命已至临危，上下楼极感困难"[3]。短短半个月时间，他完全被索钱者围困，没有个人生活的自主性，人与人的交往，除了钱，已没有什么真实感情。

为什么有这么多人，总是求吴宓支助钱物？他们或虚以客套，或直接索取；或动之以情，或恐吓以威。在那个时代，社会贫穷，家庭贫困，许多家庭不得不依靠借贷度日，这也是事实，但在吴宓周围出现这样多借钱或求资助者，的确有些匪夷所思。这是一篇大文章，由吴宓的工资借助现象，可以观察日常生活、社会情状和人与人关系，可以分析吴宓的情感心理、社会关系和人性伦理。吴宓善良懦弱，讲道义重然诺，为人处世方法简单，易被他人利用其性

---

[1]《吴宓日记续编》第10册，生活·读书·新知三联书店，2006年，第556页。

[2] 同上书，第557页。

[3] 同上书，第563页。

格心理。或投其所好，或转弯抹角，三番五次，吴宓出于情义，或碍于面子，减少烦恼，给钱了事。殊不知，这件事刚了结，下一个借钱的信函和人，已在路上或已到门外来了。何况吴宓年老，害怕伤害，素不看重钱财等身外之物，只要理由充分，如关系生计，牵涉情感，事关道德，一旦求助或索取，他都会慷慨解囊，甚至用自己负债去完成他人请托，其中的苦处和难处，只有他自己知道。

第二章 观看电影：思想教育

看电影，吴宓有个人的娱乐喜好，也有思想改造的要求，还有历史认知的选择。从电影里，他投射了自我体验，也感受到世界的陌生。吴宓不但看电影，而且还不时发表评论，表达他的思想认识和情趣个性。观看电影使吴宓在学院派人生体验之外，还累积了丰富的影像经验，丰富了他的日常生活，也是他认识社会、改造自我的途径和方式。这一观看行为本身与其知识、思想和情感都发生了或多或少的关联，显示了吴宓的传统思想和唯美的情趣取向。

一、生活娱乐和情感需要

吴宓的思想趋于传统、保守，甚至有些刻板，但他的生活并不缺少情趣和意兴。他喜静不爱动，休闲方式简单，多为交友、散步、茗谈之类，看电影也是其生活方式之一种。翻阅《吴宓日记》及其"续编"，可以看到吴宓接触电影的时间非常早。1920 年 5 月 2 日，"午后，陈、张二君，在宓室中谈美国电影 Movies。二君常看戏，故于电影剧中之故实，及著名之男女优伶 Movie Actors & Actresses 极为熟悉，累累言之，如数家珍。美国电影中，常多作践中国人之处，形容污秽凶毒之状，殊非事实；令人观之愤不可遏，心绪恶劣者多日。而日本人则以有政府之资助图谋，及名优某、某等之效力，故电影中专叙日本之好处，其山川之秀丽，风俗之醇美，其人之急公好义、多情尚勇。美人观剧者，啧啧称羡，自谓望尘不及。呜呼，世事如棋总不平，亦可谓无微不至矣"[1]。"陈"即陈宏振，"张"即张可治，他们都是吴宓在美国求学时的同学。与鲁迅在仙台观看"幻灯片"事件相似，吴宓从美国电影里也看到了美国电影"多作践中国人"，而有"世事不平"之感。日本则以"政府之资助"方式，介绍国民的"急公好义、多情尚勇"和"山川之秀丽，风俗之醇美"，建构日本的国家形象。可见，电影背后的国家战略，作为弱国子民的吴宓，甚感"世事如棋总不平"。第二天饭后，吴宓又与同学们一起看电影 *Dr. Jekyll & Mr. Hyde*（from the story by R. L. Stevenson），（《杰基尔博士和海德先生》，编自斯蒂文森的故事）。他介绍说，该电影原为道德劝诫寓言，在改编成电影之后，"多增情节，专描叙狎邪之事。盖今美国之戏，非多叙狎邪猥亵之事，即不能畅行卖座。看'风月鉴'者，只照反面"。并且，在放电影之前，还有歌舞杂耍表演，表演少女"脱去外衣，仅余短裤，上及腰，下仅达股际，余均裸露"，"看此戏者千万人，积年累月而不厌"，他却觉得"群俗之事，未可理求也"，"多俗鄙无味"。美国人对电影已"司空见惯"，它专门设有表演舞蹈的戏院，名为"腿戏"（Legshow），"下等工人最嗜赏之"，他们"终日孜孜"于劳工或营业，"头昏脑倦，力尽筋疲。至晚，必需此等粗浅消遣之戏，观之以解烦闷而息精神，其他均非所计"。吴宓"平时不多看戏"，看了这些，"殊不舒适"。他觉得"吾国患贫，而美国则患富，货财积聚过多，无术消费，则奢侈之风，日盛

---

[1]《吴宓日记》第2册，生活·读书·新知三联书店，1998年，第162页。

一日。荒淫沉湎，人欲横流。妄费物力，奇异怪癖之事日多。如此而求快乐，直如缘木求鱼，且有后灾"。这些判断，显然带有道德眼光，而非历史性尺度，体现了晚清以降传统知识分子的共识，国人虽贫穷但有道德，美国虽富却无伦理，他们找到了心理平衡。于是，他说："其中先觉，靡不怒焉忧之"，连他的老师白璧德，也"著书立说，以召其国人，其效久后必大，而目前则甚微"[1]。由此，他还批评国人"妄学美国"，"用美货"，他深感"可堪痛哭也哉"[2]。他对生活娱乐一直不太有兴趣和热情，1931年，他在巴黎受邀欣赏舞剧表演，仍觉"殊嫌卑俗"[3]。他始终坚守传统伦理道德，生活方式也刻板单调，在生活里，是一个"孤独的人物"[4]。

1925年4月26日，吴宓观电影"*White Sister*《空门遗恨》"[5]。8月10日晚饭后，又与女儿学淑看"儿童电影"[6]。1937年2月24日3：30，到"平安电影院观影片《画圣情痴》*Rembrandt*"，即伦勃朗的故事，"见剧中人先盛后衰，晚虽潦倒，而早年则受艳妻爱人之恩惠甚厚，又为宓所不及，而自伤者也"[7]。由物及人，由事及己，他看电影里发现了自我，感动而"自伤"，发生审美移情作用。1941年5月28日，吴宓追求张尔琼，张尔琼"喜游宴娱乐（如电影、戏剧、音乐等），多有各种消

[1] 《吴宓日记》第2册，生活・读书・新知三联书店，1998年，第163页。
[2] 同上书，第164页。
[3] 《吴宓日记》第5册，生活・读书・新知三联书店，1998年，第204页。
[4] 温源宁：《吴宓：一个学者和一个君子》，《世界与中国》第1卷第2期，1946年3月11日。
[5] 《吴宓日记》第3册，生活・读书・新知三联书店，1998年，第19页。
[6] 同上书，第55页。
[7] 《吴宓日记》第6册，生活・读书・新知三联书店，1998年，第78页。

遣"[1]，不喜欢游玩的吴宓却邀请张尔琼看电影，看电影成了吴宓谈恋爱的方式，很有摩登的派头。他给张尔琼在写情书，提到曾邀请张奚若教授全家看电影《万世师表》[2]。《万世师表》是1939年5月15日由美国导演山姆·伍德执导，罗伯特·多纳特、葛丽亚·嘉逊等主演的电影，描述一个叫奇普斯的年轻人被英国一学校聘请为教员，由于缺乏教学经验，学生们不太喜欢他。历经20年，奇普斯仍不受学生欢迎，于是到奥地利旅游休假，认识了温柔而通情达理的凯蒂。在恋爱中，奇普斯也学会了如何与学生相处，很快融入学生之中，并被委任为学监和校长。谁知祸福难料，凯蒂因难产而死，奇普斯悲痛欲绝，请求退休，但没被同意，继续在学校工作，默默无闻地教书，直至退休。电影故事平淡，叙事则淋漓尽致，呈现了奇普斯20岁到83岁的平凡人生。该电影在第12届奥斯卡电影节上曾获多种奖项提名，但仅荣获最佳男主角金像奖。这样的故事，一点不吸引人，吴宓却从电影里发现了自己和自己的生活，也有人说吴宓"甚肖剧中人"[3]。

1941年8月16日，吴宓代购《大地》电影票，当晚就与林文铮、张尔琼一同观看电影到半夜12时，"倦极思睡"，最后将张尔琼送回宿舍[4]。该影片1937年由美国米高梅电影公司出品，它根据赛珍珠同名小说改编，主要讲述中国农民王龙和妻子阿兰如何凭借自己的勤劳和坚韧，战胜贫穷和天灾，从赤贫走向富裕的故事。小说曾荣获普利策奖和诺贝尔文学奖。电影音乐采用中国《茉莉花》，注重细节画面，如逃荒、抢大户等场景，展示了中国底层人

---

［1］《吴宓日记》第8册，生活·读书·新知三联书店，1998年，第137页。
［2］同上书，第87页。
［3］《吴宓日记》第9册，生活·读书·新知三联书店，1998年，第23页。
［4］《吴宓日记》第8册，生活·读书·新知三联书店，1998年，第154页。

们的生存意志。电影主角由美国人扮演，显得有些不伦不类。吴宓的生活经历和故事人物有差异，完全是两个世界，不知吴宓是否理解了故事的寓意。12月7日，又与张尔琼去看动画滑稽电影《小人国》，电影一结束，张尔琼即起身离开，让吴宓甚感不快[1]。前一部影片内容过于沉重，这一部又太轻松，似乎没有踩准爱情的痛点，吴宓看电影谈恋爱，也没有成功。1942年7月8日，吴宓再邀张尔琼观看电影《翠堤春晓》，该影片主要描述奥地利作曲家小约翰·施特劳斯的故事，是一部高雅的艺术片。10月24日，他请朋友看了电影《乱世英雄》[2]。1943年2月10日，他又与邵可侣、关懿娴一起观看俄国电影《大地怒吼》，叙述"最近战争实况"，他为故事内容而"惨目惊心"[3]。吴宓性情温顺、胆小，没有经历血与火的革命和战争洗礼，不喜欢看战争故事片。4月3日，吴宓到学校服务社理发，将获赠的两张电影票送给了邵可侣和关懿娴。7月14日，关懿娴又请吴宓观看由英国著名演员费雯·丽主演的电影《英雄美人》。12月16日，他约邵可侣、关懿娴观看电影《友邦义举》（*The Amazing Mrs. Holiday*）。吴宓说它是"谐剧而已"，散场后，邵可侣和关懿娴"偎拥并行，唧唧情话"，"留宓独归，益感凄凉"[4]。这些小事，吴宓也上心，说明他多么敏感。吴宓不喜欢血腥惨烈的电影，也不喜欢诙谐幽默的电影。为了摆脱生活的单调和情感的孤独，他去看电影，看完后又徒增感伤和孤单。1945年3月19日，郭斌龢还邀请吴宓观赏印度电影《西竺丽姝》。

---

[1] 《吴宓日记》第8册，生活·读书·新知三联书店，1998年，第209页。
[2] 同上书，第403页。
[3] 《吴宓日记》第9册，生活·读书·新知三联书店，1998年，第25页。
[4] 同上书，第164页。

二、作为思想教育的电影

1949 年以后，观看电影成为吴宓接受思想教育和思想改造的重要方式。他观看电影的机会比以前更多了，形式也多种多样，有"赠票"，有"奉命"，也有自己购票，故事内容多为思想教育材料，或是作为批判对象。他有时将获赠电影票转送他人，有其个人喜好，更多时候则是工会组织和安排。他能看到什么电影，或不让他看电影，都有一定的制约和思想改造的需要。1950 年代以来，学校工会虽被作为群众组织，带有民间性质，实际上，它发挥的作用与"其他国家组织没什么区别"[1]。吴宓也知道学校"藉工会完成本校每一教职员'意识改造，阶级转变'之事"[2]，工会组织拥有多项社会职能，满足群众利益，表达社会愿望，完成政治要求等等，都包含其中[3]。据《吴宓日记》，1951 年 3 月 26 日，他"填写西师教育工会入会志愿书三份"[4]，申请加入工会，5 月 16 日获通过，成为工会会员。

1951 年 1 月 12 日日记记录，"今日学生奉令步行入城，观《解放了的中国》等电影。寒雨泥途，甚矣其劳苦也！"[5] 吴宓是否同去，没见记录。5 月 3 日，吴宓以特邀代表身份参加重庆市第一届文学艺术工作者代表大会，8 日晚上，会议安排大家看由高尔

---

[1] 〔美〕詹姆斯·R. 汤森、布兰特利·沃玛克：《中国政治》，江苏人民出版社，2003 年，第 73 页。

[2] 《吴宓日记续编》第 1 册，生活·读书·新知三联书店，2006 年，第 125 页。

[3] 邱少晖：《二十世纪中国工会法变迁研究》，中国政法大学出版社，2013 年，第 161 页。

[4] 《吴宓日记续编》第 1 册，生活·读书·新知三联书店，2006 年，第 99 页。

[5] 同上书，第 33 页。

基《我的大学》和《保尔·柯察金》改编的同名电影，吴宓担心大雨未前往。10月3日，晚上"撰日记"，"未如命往重大观《白毛女》电影"[1]。他没去看电影，却将此事记录在案，有"未如命"的言外之意，或因个人喜好。10月19日，参加市文联主办的纪念鲁迅70诞辰逝世15周年纪念大会，中午看电影，除时事风物片之外，还有苏联电影《幸福的儿童》。12月16日，所有教职员工奉命看电影《青年进行曲》，吴宓没去。17日，学生看电影，吴宓的《世界文学史》停课。1952年5月5日，纪念五四青年节，吴宓观看学生的朗诵诗、短剧、合唱，感到"千篇一律"，生气了，"不观电影即寝"[2]。7月13日，吴宓观看"电影《斯维尔德洛夫》"[3]。该影片1940年由苏联儿童电影制片厂出品，由中央电影局东北电影制片厂1951年译制。它主要叙述苏联共产党组织者和苏维埃国家缔造者之一的斯维尔德洛夫，具有不屈不挠的精神和机智勇敢的斗志，为点燃革命燎原之火而斗争，具有鲜明的革命意识和教育意义。从该年11月开始，学校就组织连续观看"中苏友好月"宣传电影，共6场，吴宓"奉命"看了5场。11月8日，吴宓将第一场电影票送给了他人；11月12日，看了第二场《在和平的日子里》；17日，看了第三场《春天的故事》；20日，看了第四场《俄罗斯航空之父》；23日，看了第五场《金星英雄》；28日，看了第六场《繁荣的乌克兰》。1955年7月6日，同学校师生奉命观苏联电影《伟大的公民》，"叙1928至1934苏联大运河建设及特务活动事"[4]。在解放后很长一段时间，吴宓已逐渐意识到社

---

[1]《吴宓日记续编》第1册，生活·读书·新知三联书店，2006年，第222页。
[2] 同上书，第342页。
[3] 同上书，第381页。
[4]《吴宓日记续编》第2册，生活·读书·新知三联书店，2006年，第214页。

会发展，"无事不遵依苏俄，为苏俄效力共命"，"无时无地无一事一人非宣传。以宣传巩固政权，推进军事，以宣传为文化教育"[1]。对此单一仿苏方式，他多有怨言，认为"中国近日所励行之政治、经济、教育等改革办法，无非抄袭苏俄，一切恪遵照办，而中国及中国文化已亡，所不待言者矣！哀哉！"[2] 20 世纪 50 年代，全中国都在学习苏俄模式，教育和工业领域自然也是积极"学习苏联"，"模仿苏联模式"[3]。吴宓认为，它将中国社会文化引向极端化，忽略了苏俄之外的社会文化。这是吴宓一贯主张，他在五四时期就曾批评新文化运动"专取一家之邪说，于西洋之文化，未示其涯略，未取其精髓，万不足代表西洋文化全体之真相"，提出应取"融化"新学，"昌明"传统的"补偏救正"之路[4]。7 月 30 日，吴宓还步行两小时到学校附近农村宣传中苏友好，"无所言"，却听到农民诉说"生活并未多胜于前，苦重税，不能营副业"之累[5]。

　　1953 年 11 月 11 日，他看电影《北冰洋》。1955 年 5 月 15 日，看苏联电影《一件不能忘记的事》。9 月 18 日，看由果戈理编剧的电影《钦差大臣》。1956 年元月 2 日，看印度电影《暴风雨》。1 月 21 日，看电影《安娜·卡列尼娜》。1957 年 11 月 11 日，工会赠电影票《十月革命》，吴宓没有去，而让服侍他生活的邹开桂前往。1959 年 2 月 9 日，观看苏联电影《诗人莱尼斯》。该影片 1949 年由苏联里加艺术新闻制片厂出品，1950 年 3 月，由中央电影局东

［1］《吴宓日记续编》第 1 册，生活·读书·新知三联书店，2006 年，第 341 页。
［2］同上书，第 74 页。
［3］〔美〕麦克法夸尔、费正清：《剑桥中华人民共和国史》（1949—1965 年），中国社会科学出版社，1998 年，第 206 页。
［4］吴宓：《论新文化运动》，《学衡》第 4 期，1922 年 4 月。
［5］《吴宓日记续编》第 1 册，生活·读书·新知三联书店，2006 年，第 467 页。

北电影制片厂译制。它主要叙述十月革命之前，拉脱维亚诗人莱尼斯领导人们与沙皇政府做斗争的故事。在吴宓日记里，仅记一句话，说它"叙十月革命后英法等国干涉时期红白党军往复攻守秘谋及战士事"[1]。内容精当，吴宓真是看懂了。3月14日，又观看苏联电影《堂吉诃德先生》，看到堂吉诃德临终，"不胜自悲"，想到"宓1934年诗中曾自比若而人也，今则更觉我生悔恨无及。又唐吉诃德病床遗言有云：'冷静安详是老人之本分。'可为宓之指箴"[2]。5月28日，由工会请看宣传电影"全国皆兵""三届首次政协会"和"平定西藏叛乱"。三个短片仅用时一小时，纯是宣传教育，而非艺术欣赏。10月3日，又获工会赠票，与全校教职工同看《回民支队》。8月4日，看工会赠送电影《党的女儿》，叙述红军从江西撤离后，红军之妻子继续奋斗，后被杀害，20年后，其女儿与父亲团聚。吴宓认为女主人公虽是英雄，但"无母女之情，无仁柔之性，使全国全世之女子皆如此，男子更有过于此者，人世尚可一日居乎？"觉得"影片内容过度紧张"，看后"殊不舒也"[3]。吴宓不理解影片主人公的无性别差异及英雄行为。

10月16日，由工会赠票，"奉命"观看电影《风暴》，日记有较详细的记录，说它"描述1923二月七日吴佩孚在汉口解散京汉铁路总工会，枪决工人代表林祥谦等及律师施洋事，未必合当时实情，而表演恶战与惨杀，宓闭目不忍睹"。他不喜欢血腥场面，也缺乏相关人生经验，自然理解不了暴力革命的方式和意义，所以才有这样的记录和感叹："今已无娱乐可言，一切是政治教育与宣传，

[1] 《吴宓日记续编》第4册，生活·读书·新知三联书店，2006年，第33页。
[2] 同上书，第56页。
[3] 同上书，第145页。

使宓等更不堪承受耳，踏月，回校，即寝。"[1] 在一个不断操控思想的时代，人们的生活和工作都与教育和宣传有关，观看电影也是接受教育的一种方式，自然"无娱乐可言"，吴宓"不堪承受"，所以，他"踏月，回校，即寝"，简洁的文字里不无怒气和怨言。1960 年 3 月 8 日，工会再请观看电影，但"宓未得票，在舍燃灯写日记"[2]。6 月 23 日，他参加四川省政协会，在招待所大会堂连放四场电影。吴宓只看了"五一节北京庆祝游行""重庆七星岗人民公社"、《春色满园》三场，即归寝。8 月 14 日，他将中文系工会所赠《海上雄鹰》电影票转送他人，自己却在家阅读拉丁文。10 月 3 日，"奉命"观看科学技术电影，"叙上海科学仪器厂之少年工人高某某制成先进仪器之英雄事迹"[3]。吴宓连主人公和片名都没记住，只记录有这件事而已。

10 月 29 日，看电影《虎口余生》，"演波兰二次大战中德军俘去波兰兵一名，逃回，投某媪，求避匿，媪之女与相爱，引入煤矿坑底，德军到处追索，女导兵备历艰险，幸得脱走"。他对故事情节的叙述非常简洁清晰，表明他确是看懂了。12 月 10 日，工会发票看《黑山阻击战》，写"1949 辽沈战役事迹，为《毛选》四卷之参考"[4]。1961 年 1 月 5 日，工会赠票《以革命的名义》，吴宓的理解是"中国人扮列宁，演 1918 苏俄故事，大旨是'忘记过去，即是背叛'"[5]。8 日，工会组织座谈讨论，吴宓第二个发言，说"苏联革命之初，内战外寇扰乱多年，其主政者之困危，人民之痛

[1] 《吴宓日记续编》第 4 册，生活·读书·新知三联书店，2006 年，第 197 页。
[2] 同上书，第 320 页。
[3] 同上书，第 438 页。
[4] 同上书，第 488 页。
[5] 《吴宓日记续编》第 5 册，生活·读书·新知三联书店，2006 年，第 6 页。

苦，远过于我中国，即以粮食之窘乏而论，读瞿秋白之《赤都心史》可知当时彼国实况，而中国则自解放以来，恒处丰裕，仅最近二三年，以天灾略有困难，然以党之英明政策与迅速措置，人民所受损害极小，尤其对我辈老教师之生活，照顾周至，近日尤优厚，绝无如《以革命的名义》中所描写之儿童久饿而争面包之情形，然在今中国仍有专重个人之贪欲及私利，而不安分守己以恪遵党国之政令者，若辈有愧于此电影剧中之二童子多矣。故以阶级斗争及粮食问题为主题，《以革命的名义》电影，对我国今日之观众，实最富于教育之意义及影响者也"[1]。这是吴宓第一次参加电影讨论会，有立场站位，拿捏准确，能结合电影内容，联系社会现实，作表态性发言。他在经历多次学习教育之后，也逐渐学会了如何结合现实，联系自己作发言。他还将电影与瞿秋白作品内容作比照，肯定并理解现实中的问题，表达了深受教育之目的。

1961年2月9日，吴宓与朋友一起观看电影《聂耳》。2月16日，工会又请观看《黄浦江》，吴宓害怕泥雨，将票送人，第二天，去看工会电影《十二次列车》。4月9日，观看由曲波小说改编的同名电影《林海雪原》。4月28日，工会请看《革命家庭》。吴宓对电影人物、情节和细节均作了详细叙述，说它"叙共产党要员，1927在长沙被蒋反共杀害，党救其妻及子女至汉口，再至上海，先在纺纱工厂苦作。后得党派与职务，妻入党后，却充女仆，后为富商夫人，实则为共产党机关任联络通信及文书宣传工作。某年，被侦知，捕入狱，妻坚持'不认识'其长子，宁视长子被枪决（实未死），妻旋释出，至1937国共联合抗日，在上海组织红旗游

[1]《吴宓日记续编》第5册，生活·读书·新知三联书店，2006年，第9页。

行，母子重遇，庆更生，此时党召其全家母子四人往延安。剧终"[1]。他描述影片故事情节，文笔简洁、生动，跃然纸上，如在现场。8月10日，获工会赠票，"命观电影《红旗谱》"，吴宓却"以为时太迟，未往"[2]。他对革命历史题材影片兴趣不高。12月9日，工会赠票看电影《洪湖赤卫队》，他只作了寥寥记录，"原系歌剧，演1927至1930年鄂西事，剧终主角为党委书记韩英"[3]。12月22日，吴宓因肩痛到西南医院住院，由医生陪护看彩色电影《林则徐》。1962年元旦，西南医院放映电影《复活》，吴宓未往观之。2月18日，周末上街买票看《三八线上》。8月11日，获工会赠票观看《光荣的历程》，表现北京市女民众参观历史博物馆之所见，"自1840鸦片战争至1949中华人民共和国宣布成立之重要史绩（由共产党之观点与立场），略参活动数景，余皆静图"[4]。8月20日，观电影《人民公敌蒋介石》，"仅为若干幅讽刺画及报纸照片之汇集"，"满场皆幼童幼女"[5]。10月21日，看工会赠票《东进序曲》电影。11月5日，邻居钱泰奇请吴宓观看电影《健美体操》及《1962欢度国庆》，11月27日，参加重庆市委统战部报告会，会议期间"乘车出看电影，至则大雨，路湿水，履未透"[6]，他没有记录该电影片名。29日，再到政协礼堂观看电影，仅记其事。

1963年1月26日，获工会赠票看《李双双》，吴宓叙述了他的观后感。认为它"借孙喜旺与李双双夫妇二人，写农村中

[1]《吴宓日记续编》第5册，生活·读书·新知三联书店，2006年，第78页。
[2] 同上书，第135页。
[3] 同上书，第235页。
[4] 同上书，第396页。
[5] 同上书，第404页。
[6] 同上书，第491页。

（1）资本主义、个人主义（2）社会主义、集体主义两条路线之斗争"，他还特别加了一条注释，"参阅1963一月二十三日《重庆日报》所载甘犁《为李双双拍手赞好》一文"[1]，他没有发表个人感受，只抄录他人意见，或许为了应付有关检查。3月7日，观看工会赠票电影《南海潮》，电影情节有"以刺刀戮死妇孺，详细描摹其凶残之情景"，"宓观之极为难受，甚悔来观此电影"，因是"工会赠票，故遵命来观"[2]。他为何后悔，其原因与观看其他战争片一样，他心地善良，仁慈宽厚，不喜欢电影中的惨烈场面。7月27日，观看由屠格涅夫小说改编的《前夜》，也未作只言片语的评论。8月10日，看电影《时事新闻》。10月24日，被外语系学生邀往观看英文电影《冰海沉船》，即后来的《泰坦尼克号》。12月11日，观看电影"1963八月河北省及天津市军民人众防洪斗争"。12月23日，观看电影《跟踪追击》。它是珠江电影制片厂1963年摄制的反特故事片。由上影导演卢珏执导，他前一年拍摄《羊城暗哨》，声名鹊起，1958年珠江电影制片厂成立，将其借调到广州担纲拍摄。它主要叙述深圳边防检查站发生的一桩可疑的提包案件及其破案的故事，情节惊险曲折，却没有引起吴宓的兴致，他只看不说，不著一字评语。这也是吴宓看电影的方式，"奉命"观看，不作置评。他完成了观看电影的行为，但没有产生思想情感变化。也许有变化，只是他不愿意多说。

1964年，社会大环境生变，吴宓也感受到了。元旦清冷，学校号召"公私皆不拜年"，"拜年之客人甚少"，吴宓素遵传统礼节，看重人情交往。到了元旦春节，常设父位及碧柳、邹兰芳像祭

---

［1］《吴宓日记续编》第6册，生活·读书·新知三联书店，2006年，第13页。
［2］同上书，第45页。

拜，行跪拜之礼，还出门拜访学校领导和朋友。这年的元旦，吴宓到电影院看了一场电影，反特片《特殊任务》，也不作片言语感受。1964 年 4 月 20 日，吴宓"携电炬及伞，着皮鞋"，冒雨到街上观看电影短片《矿山血泪》《曹雪芹纪念》和《江山如画》。6 月 7 日，由其助教告之，邀约钱泰奇教授同看电影"周总理访问阿尔巴尼亚、埃及、阿尔及利亚、摩洛哥、突尼斯"[1]。6 月 19 日，吴宓下午送走蓝仁哲后，独自去看电影"周总理访问西非、东非"，票价两角。6 月 28 日，看"周总理访问东南亚各国"电影。8 月 11 日，工会赠票，看电影歌剧《革命历史歌曲》，以毛泽东诗词为背景，抒发从长征到延安的感受。9 月 4 日，奉命观看时事新闻纪录片，如周总理阅兵，苏联的有关情况。10 月 2 日，又看由胡万春小说改编的电影《家庭问题》，发现剧中扮演大姨妈形象的演员为刊于 1950 年《人物杂志》上的吴茵，回舍后还翻阅了《大众电影》杂志。

10 月 9 日，到成都参加四川省政协会，会间观看电影《天山上的红花》，觉得演员"彩色服饰奇艳"[2]。16 日，观看《中国经济建设展览会在马里》《兵临城下》《几内亚》。11 月 28 日，观看《光辉的节日》（1964 年国庆节），放正片前还加映了《不能忘记的地方》（中美合作所）。12 月 27 日，上午看"1964 巴拿马反美斗争""解放军生活"和"1964 年 11、12 月北京及各地声援刚果反美侵略之示威游行"等有关时事记录短片，只是"观者寥寥"[3]。1965 年 2 月 4 日，观看工会赠票电影《丰收之后》，叙述 1962 年夏，山东一大队支部书记赵五婶"忠且智"，如何与投机分子、盗

---

[1] 《吴宓日记续编》第 6 册，生活·读书·新知三联书店，2006 年，第 246 页。
[2] 同上书，第 367 页。
[3] 同上书，第 456 页。

窃分子和个人主义做斗争，主张售粮给国家，最终获得胜利。其丈夫一时有糊涂，"终亦悔悟"。吴宓对其评价是"全剧之结构与枢机，与宓1964在成都所观之《天山红花》电影，极相类似"[1]。2月10日，将系工会电影票《红管家》送给了邻居钱泰奇教授。4月11日，"上午，入碚市，奉命持票，在人民会堂看《怎样计划生育》电影，与澄家旧仆杨嫂同坐"[2]。"澄"即历史系李源澄教授，1957年因"反右"去世，已71岁的吴宓还奉命观看"计划生育"电影，且遇见了一熟识的乡下妇女，看似荒诞，在那个时代却属正常之事。5月2日，吴宓自己买票观看《红色娘子军》，他详尽地叙述电影内容梗概，并与《洪湖赤卫队》作了比较。7月23日，上午观看电影《烈火中永生》，晚上又看内部电影"（一）《海上练兵》，（二）《山东民兵比武》"。吴宓有过一次看两部或多部电影的经历，却没有一天连看两次电影，其劳累可想而知，显然，它也是组织安排的活动。9月11日，他自己购票观看电影《人民战争胜利万岁》（纪念抗日战争胜利二十周年）。11月1日，参加重庆市委统战部组织的政协委员到自贡参观。11月6日，被安排观看电影，吴宓看了《盐工血泪仇》和《南海的早晨》，第三部属彩色歌剧，嫌其"重复，冗长"[3]，提前离开，连片名也不提及。

　　1966年元旦，吴宓与同事观看越南反美影片《椰林怒火》，他感觉与中国的《东方红》一个模式，"出场之人数众多，其中十之八九皆妇女，以歌舞为主，无故事可言"[4]。2月9日，购票先看新闻片《公祭黄炎培》《王杰班命名》《一片红心为人民》，又看

————————

[1]　《吴宓日记续编》第7册，生活·读书·新知三联书店，2006年，第39页。
[2]　同上书，第88页。
[3]　同上书，第271页。
[4]　同上书，第327页。

《清华大学民兵训练》，他看到"全是'备战'之新世界"，清华大学的"旧址只能见大校门、大礼堂、圆明园石柱而已"[1]，熟悉的风景全没有了，开天辟地，换了人间。最后，看电影正片《百万雄师下江南》。耗时两个多小时，居然还能承受下来。2月19日，看电影《全国人民学王杰》和《第一届中日青年联欢会》。3月8日，观看工会赠票的《柜台》，它据高国思话剧改编，叙述杨桂香不甘做皮鞋售货员，在闹出种种笑话之后，吸取父亲教训，并受师傅教导，"尤其由阶级矛盾、新旧社会对比而后悔，得成一改造完善之女营业员"[2]。显然，吴宓理解了影片中新旧社会和阶级矛盾的寓意，也许历经多年的政治学习和思想教育，他已逐渐熟悉当代电影背后的政治密码。4月17日，观看北京电影制片厂制作的《红岩》；4月26日，再"奉命"观看"批判电影"《兵临城下》，未作内容记录；29日，观看城市人民防空和消防电影。5月20日，观看由夏衍指导、谢晋编导的"批判电影《舞台姐妹》"[3]；第二天上午，中文系组织讨论，同时学习《重庆日报》转自《人民日报》署名东锋的《三十年代电影的借尸还魂——评影片〈舞台姐妹〉》[4]；25日，文艺理论、古典文学和现代文学三个教研室联合组织讨论批判《舞台姐妹》，吴宓第一个发言。6月25日，被组织观看批判电影《逆风千里》，7月24日，观看批判电影《桃花扇》（由欧阳予倩原编，孙敬导演）。虽是被作为有关"批判电影"，吴宓观看后也未作评论，他有顾忌。

　　1968年1月16日，同事同去观看电影《怒潮》，他却因"反

[1]　《吴宓日记续编》第7册，生活·读书·新知三联书店，2006年，第368页。
[2]　同上书，第389页。
[3]　同上书，第437页。
[4]　同上书，第438页。

动学术权威"身份，"不许往观此电影"，并被告知反动学术权威在被"批判、斗争"时，也"只须忍受"[1]。吴宓也因阶级身份问题，不允许看电影，说是政治斗争需要。在特定时期，鼓励、允许或禁止做什么事，或者说什么的话，都有其特殊背景和组织要求，被组织化的生活本身，也是改变人们思维方式与生活方式的巨大力量。不能去看电影，但还可以阅读电影剧本。3月15日，中文系办公室给吴宓送来"毒草"电影剧本《青春之歌》油印本，16号字，吴宓很快将剧本读完。1969年2月1日，学校教职工同往观看电影"1963年刘少奇主席及夫人访问印度尼西亚"，吴宓因曾受斗争，"恐革命群众见宓或加侮殴，故不令宓往观电影"[2]。他已失去了看电影的自由。2月23日，观看有关"氢弹"电影，"宓已得票，旋诸君谓'宓与樊不宜往看'"[3]，不得不将票交还。"樊"既曹慕樊。1971年9月22日，"众观电影。宓10时寝"[4]。这时，吴宓身在西南师范学院梁平分院，他的腿被摔折了，行动不便，不能去看电影了。从"不准看"到"不能看"，吴宓只能看同事"众观电影"，成了旁观者，去不了电影院，也就无法完成观看行为。当他作为被斗争对象，不允许看电影，他被批斗，被摔折腿，看不了电影，但他依然在日记里记录他人看电影之事。10月4日，"众看电影。宓不得早寝。奉命扣关外室门而坐守，以俟彼等之归，而为立刻开门，故宓守至9：30乃得寝"[5]。同室的人都去看电影了，他待在家守门，等候观看者回宿舍，于是，他也有了

---

[1] 《吴宓日记续编》第8册，生活·读书·新知三联书店，2006年，第355页。

[2] 《吴宓日记续编》第9册，生活·读书·新知三联书店，2006年，第38页。

[3] 同上书，第64页。

[4] 同上书，第326页。

[5] 同上书，第331页。

"守门"者的身份和经历。11月4日,"众看电影9:15归,宓守门"[1]。11月22日,"众出,观电影,宓守门"[2]。12月3日,"晚,众往观电影,宓守门。9时众归,宓寝"。12月8日,小组学习,同室的人们"围炉烤火而闲谈,由球赛至电影"[3],吴宓插不上话,因为他不熟悉谈话内容。12月29日,众观电影,这次没让吴宓守门,他早睡,"9时寝"。1972年1月10日记载,"众观电影。鼍兽独鸣"[4]。这里的"鼍兽独鸣"表达是写实,也不无象征,表达了他的愤怒和恐惧感。3月20日,"宓寝后,众往观电影(京剧《沙家浜》),近11时,始归。又煮食、谈说,致宓大失眠"[5]。5月23日,"晚,众往观电影,邀宓7—9往守护队室"。1973年3月31日,吴宓由邻居之女钱国昌护助观看彩色电影《中国乒乓球访问墨西哥、加拿大、美国进行友谊比赛》。吴宓已多年不看电影,这次尽管多有不便,但他行动"甚速",行抵已开演,他"挤入,伫立而观,旋得座位"[6]。尽管多艰难,仍可满足他的心愿。4月15日,由钱国昌买票,再约吴宓观看电影"中国学生团赴阿尔巴尼亚参观访问",表演"山女郎之舞剧"。5月15日,吴宓购得一张法国电影《火山爆烈》票,票价一角二,规定只准许教职工本人观看,不得携带家属,不准儿童观看,因"夜间无人陪伴",他个人不方便去观看,只好放弃[7]。9月14日,由邻居之子钱国华护送,冒雨观看朝鲜电影《卖花女》,他"甚不喜该片,

[1] 《吴宓日记续编》第9册,生活·读书·新知三联书店,2006年,第345页。
[2] 同上书,第357页。
[3] 同上书,第369页。
[4] 《吴宓日记续编》第10册,生活·读书·新知三联书店,2006年,第9页。
[5] 同上书,第67页。
[6] 同上书,第348页。
[7] 同上书,第389页。

以为无结构，又无意义"[1]。

三、艺术欣赏的电影

吴宓观看电影，可作为艺术行为。文学行为是社会和个人活动的重要内容，但它并不完全是个人行为，有社会时代大背景；也不完全是艺术欣赏，而是思想文化教育事件。吴宓观看电影，不仅仅在"观看"行为本身，而是借助"观看"行为，转换生成观看者的思想、情感和心理。吴宓奉命观看电影，还发表了相关议论，从中也可看到他的思想立场和艺术趣味。1949年以前，吴宓所看电影几乎都是西方译制片或原声电影，属于世界电影中的经典之作，在观看之后，并没有发表更多评论，反而在1949年之后，他获"赠票"而"奉命"看电影，却对这些带有教育和宣传性质的电影时有评点，虽是只言片语，缺乏深度分析，但也有多重含义和意图。看电影本来应是日常生活，吴宓看电影却超出了日常生活体验，而与社会时代发生关联，与他的知识背景和思想情感也有联系。

1955年11月6日，吴宓观看苏联纪录片《激流之歌》，引出了他的一番感慨和忧虑。该片1954年由原民主德国新闻纪录电影制片出品，1955年由上海电影制片厂译制，由曾荣获国际和平奖的荷兰电影导演尤里斯·伊文思执导，主要记录世界工会联合会第三次代表大会。它的构思比较巧妙，将宏大主题融入自然风景，以密西西比河、长江、恒河、伏尔加河、尼罗河和亚马孙河等六条河流为背景，拍摄沿河人民生活，表达工人阶级的两种生活命运，一

---

[1] 《吴宓日记续编》第10册，生活·读书·新知三联书店，2006年，第479页。

是受资本主义压榨剥削者正为争取自己的幸福而斗争，二是被解放者则成了命运的主人，最后，希望全世界无产阶级团结起来，如同不可阻挡的激流，改变世界的面貌。影片将自然风光与政治主题结合起来，把世界火热的革命斗争融入优美的自然风景，带有鲜明的诗化电影特点[1]，易引起观众产生赏心悦目或激情澎湃的感受。吴宓却从影片里发现了言外之意，认为它"就五大洲之各大河（中国之长江是其一）之实景，而描叙今日全世界劳动人民革命胜利与成功者也。宓所感者，此革命必成功，其大势已定，无可逃免。但成功之后，全世界之人，皆丰衣足食，工作享乐；然而无文化、无礼教、无感情、无历史、无宗教信仰。若人性不变，久之必乱，将何以治之？彼以党及主义为治者，其党之纪律与组织，其主义之真实性与煽惑性，又岂能维持统束全世之人于千百年之久，而不懈不弛、不衰不敝者乎？故若由长久以观，未来之情形仍不堪设想者也"[2]。他为革命成功之后，人们生活富足，却无文化道德和感情信仰而担心，还批评电影主题的非生活化，还以自己对传统文化的崇奉为例，认为它可为治世良药，可作为人们的道德信仰。"宓近数年之思想，终信中国之文化基本精神，即孔孟之儒教，实为政教之圭臬、万世之良药。盖中国古人之宇宙、人生观，皆实事求是，凭经验、重实行，与唯物论相近。但又'极高明而道中庸'，上达于至高之理想，有唯物论之长而无其短。且唯心唯物，是一是二，并无矛盾，亦不分割。又中国人之道德法律风俗教育，皆情智双融，不畸偏，不过度，而厘然有当于人心。"[3] 吴宓对社会现实和

[1] 有关苏联诗派电影，参见张万晨：《现代电影思潮》，辽宁教育出版社，1989年，第93-98页。
[2] 《吴宓日记》第2册，生活·读书·新知三联书店，1998年，第307页。
[3] 同上书，第307-308页。

传统文化的忧思，特别是对社会统束导致精神衰敝，出现中国文化失衡、道德风俗偏至趋势，提出了自己的看法，主张应注重长远，兼容传统的社会发展之路。这些观念，素为吴宓终生信仰。他是一个有文化定力的人，一旦认定某种思想观念，一辈子也不会改变。他的人生不是一条河，而像一座山。

1955 年 11 月 13 日，吴宓观看苏联电影《忠实的朋友》，它叙述某生物学博士"虚惿而疏傲，不解女子心性致负其所爱之女子，女别嫁后多年再逢，女仍对彼钟情，而彼轻弃之，复又悔恨莫及"。电影"触动"了他对毛彦文的"旧情"，而"不甚怅惘"[1]。1956 年 11 月 10 日，奉令看据高尔基小说改编之电影《母亲》。在回来的路上想念邹兰芳，"婚后三载，未多享受，即电影亦未与宓偕观一次"[2]。1957 年 2 月 9 日，观看电影《孤星血泪》，该影片改自狄更斯小说，又名《远大前程》。1958 年 1 月 3 日，与邻居钱泰奇教授同看苏联电影《天职》，吴宓"感动流泪"[3]。该影片是 1957 年开始上映的音乐电影。

1963 年 7 月 31 日，他托人买电影票，无回音。8 月 2 日晚上，他自己上街买得转售票，看了越剧彩色电影《红楼梦》，认为："前半详，后半则自'辉紫鹃情辞试莽玉'直接'瞒消息凤姐设奇谋'，急转直下，至'病神瑛泪洒相思地'终"，"其方式及演员，皆《柳毅传书》之旧云。"[4]"柳毅传书"系唐李朝威作传奇小说《柳毅传》中之故事，叙写男主人公柳毅传书搭救洞庭龙女，后结为夫妻。吴宓熟悉《红楼梦》故事人物，对电影故事情节也了如指

［1］《吴宓日记续编》第 2 册，生活·读书·新知三联书店，2006 年，第 312 页。
［2］同上书，第 555 页。
［3］《吴宓日记续编》第 3 册，生活·读书·新知三联书店，2006 年，第 222 页。
［4］《吴宓日记续编》第 6 册，生活·读书·新知三联书店，2006 年，第 62 页。

掌。四天后的晚上，受陕西老乡荀运昌之邀，再去观看《红楼梦》。徐玉兰饰贾宝玉，王文娟饰林黛玉。因座位适中，"观听皆清晰，故益能欣赏，末段至'病神瑛泪洒相思地'，宓亦泪落不止矣！月色淡黄而明亮，偕荀君归，寝"[1]。1964年7月3日，观看《青年鲁班》，叙"忆苦思甜"，"不学而孤贫之青年建筑工人，其聪慧智巧乃出专家、学者、技师之上，卓然有所发明，不学而能"[2]。字里行间隐含着吴宓的价值判断，他并不赞同影片表达的"不学而能"弃智主题。9月13日，观看电影《北国江南》，吴宓在日记里特别标注，"编剧阳翰笙，导演沈浮，女主角银花由秦怡饰，面貌有时极似吴静文"[3]。《北国江南》1963年由上海电影制片厂摄制，由沈浮导演和阳翰笙编剧，秦怡、蒋天流和仲星火担任主演，叙述塞北黄土屯农业社主任吴大成与妻子银花打井造林，因反革命分子钱三泰暗中移动了井眼标志，而使工程受挫，银花因受刺激而双目失明。富裕中农董子章也搞投机买卖，由吴大成一手养大的小旺到城里找工作，银花的一番肺腑之言感动了他，董子章揭发了钱三泰的阴谋诡计，最后，吴大成打井成功，银花的眼睛也被治愈，黄土屯走上了富裕之路。这是典型的社会主义道路教育电影。吴宓参加中文系组织的政治学习，讨论批判该电影的资产阶级人性论及人道主义思想，他首先发言，没有谈论影片的主题内容，只说影片内容表现解放前，而非解放后之社会，同时，认为"此电影剧本缺乏思想内容，无主题亦乏结构，而只注重三四个别人物（尤其银花）之描写。即在演员之艺术表现上，亦只注重若干镜头（如秦怡饰银花之盲目泪流等）特写，而不顾全部之情节、动作。由是，其

---

[1] 《吴宓日记续编》第6册，生活·读书·新知三联书店，2006年，第65页。
[2] 同上书，第261页。
[3] 同上书，第335页。

大悖于今日阶级斗争之思想观点与为工农兵服务之艺术要求，不待言矣。各报所载，诸多批判《北国江南》之文章，宓皆已细读过，兹不重复引述，云云"[1]。在这里，吴宓首次谈论到电影艺术手法，涉及电影结构、镜头、情节及其动作，均属典型的电影术语，尽管他的评价稍嫌粗略，也还是像模像样，还特别强调电影叙事结构的连贯和紧凑。从评论看，他作为一个普通电影爱好者，希望电影吸引人，有艺术性，表明他有电影的基本素养。当然，他也可能参阅了相关资料。

1964 年 9 月 17 日，吴宓观看电影《早春二月》。它改编自柔石小说《二月》，被誉为中国意境电影的经典之作。由谢铁骊执导，孙道临、谢芳、上官云珠主演，1963 年 7 月上映，影响很大。它主要讲述因对革命失望的萧涧秋，应好友陶慕侃之邀来到芙蓉镇教书，知晓老同学李志豪在战场上牺牲之后，留下一双儿女和文嫂，他主动承担照顾他们的生活，同时也与陶慕侃之妹陶岚产生了感情。萧涧秋关心文嫂的行为带来不少流言蜚语，文嫂之子因病去世，她失去了生存下去的欲望。萧涧秋决定放弃陶岚而娶文嫂为妻，招来了更大的非议。文嫂不堪承受而自杀，萧涧秋毅然离开了芙蓉镇，投身到革命洪流之中。小说和影片都大胆切入并思考社会伦理与个人爱情的冲突矛盾，电影拥有优美的音乐和画面感，江南水乡的宁静，小桥、流水、桃林和房屋构成唯美之画面，加以精致写意的摄影，长镜头、空镜头的巧妙使用，如诗如画。演员们高超的表演，更神奇而精妙地演绎出萧涧秋的儒雅、陶岚的美丽以及文嫂和孩子们的沉重。它具有丰富而独特的人性人情之美，这与当时的阶级斗争主旋律格格不入，被批判被斗争也是自然的事了。吴宓

---

[1]《吴宓日记续编》第 6 册，生活·读书·新知三联书店，2006 年，第 340 页。

认为该片"形象及表演甚美,剧中主角萧涧秋,似屠格涅夫小说中所写之"多余之人"(有感情,而实无用)。本可娶陶岚而助李文嫂母女,人我皆安,自获幸福,胡乃造成悲剧耶?宓有感于1928处心一与彦之间,自伤亦是萧涧秋一类人。自己错误、失败、吃亏,幸未对人有大损耳"[1]。吴宓并不理解萧涧秋舍弃爱情而遵从道义的行为,他庆幸自己没有出现萧涧秋似的悲剧命运。由电影人物联想到自己,将个人情感和经历代入电影欣赏。9月27日,教研组组织讨论,吴宓首先发言,叙述直接观感,认为:"此影片甚美,富迷人之力,有如含毒之酒。就其剧情论,彼萧涧秋,舍极美而多情之陶岚而娶憔悴贫穷之寡妇李文嫂,殊非人情,若仅为救助文嫂母女,则当如碧柳昔年之助李淑仪者,引其由湘至蓉,教书自活,斯为善道,何必强爱之而适以害之。至若随缘救护共产党人,则当如宓1925春在清华夜赠雷从敏(陕生)三十元,以后永不闻问可也。且剧中人物情事,本皆与共产党、社会主义、无产阶级革命相离甚远,何必'贴上标签',使投身'时代洪流',以提高其声价,以遂成'四不像'之局面,允当批判,殊属多事也矣。"[2]吴宓肯定了影片的"迷人之力",又说它"如含毒之酒",于是,艺术感受和价值判断有了矛盾。他认为萧涧秋不娶美丽而多情的陶岚,而娶憔悴贫穷的寡妇李文嫂,"殊非人情",反而害了她,不是善道,认为电影将爱情故事"革命"标签化,遂成"四不像"局面,应该受到批判。吴宓对故事人物之间的复杂感情有着切身感受,他的批判主要从道德立场,有意掩藏了电影独具的艺术魅力。

看电影,是吴宓的日常生活,有娱乐消遣成分,也是社会政治

---

[1]《吴宓日记续编》第6册,生活·读书·新知三联书店,2006年,第341页。
[2]同上书,第354页。

的要求，他不得不奉命观影。在他的"看"和"评"电影行为背后，有他的思想情感、伦理情结和唯美取向。由此，他认识了现代社会革命，顺应了思想改造的诉求。吴宓的电影行为，只是他生活中的点点滴滴和只言片语，也从一个侧面显现了吴宓的生存方式、情感状态和审美能力。

第三章　读书治学：述而不作

　　吴宓除日记外，没有留下鸿篇巨制，目前在报刊上可搜集到三百多篇文章，几乎都是 1949 年前所撰写，解放后没有留下学术文章，思想汇报材料倒是不少，如 1967 年 9 月 22 日日记记载，自1966 年 9 月至 1967 年 4 月，他写述说、批判自己的文章，就有数十万言。1971 年 12 月，写交代材料 26 页，也有 1 万字。这些东西如泥牛入海，当时重要无比，事后却无片纸。在我看来，吴宓一生贡献主要在四个方面：创办《学衡》，形成学派；从事教学，培养人才；开展学术研究，率先采取比较方法研究"红学"和诗学；再就是旧体诗写作。他的学生则认为，吴宓"最丰富扎实、最有说服力、最能得到学术界公认的"，还是"作为一个诲人不倦的大学教授"。吴宓的诗人、教授身份举世公认，成就也最高。创办《学衡》并形成文化保守主义思潮，影响深远，他也功不可没。那么，吴宓的学术成就到底怎样？有人说他是"国学大师"，显然是"过誉之辞"。作家叶兆言认为，他的"旧学根底和大十多岁的鲁迅不能比，和大三四岁的陈寅恪和胡适，也无法匹敌。就其性格而言，吴宓身上更多浪漫成分，根本不擅长做死学问，对于旧文化的钻研，他和新派的胡适、顾颉刚之间的差距，随着时间发展，也只能是越来越大"[1]。旧学肯定比不过王国维、梁启超、陈寅恪，新学自然是比不了鲁迅和胡适，拿来比较的都是旧学和新学大佬，吴宓在学术上无法与他们匹敌。1996年，刘梦溪主编《中国现代学术经典》丛书，35卷，河北教育出版社出版，收录了40位现代学术名家的经典之作。编写体例有一人一卷，一人两卷，两人一卷，三人一卷和四人一卷等不同情形。如梁启超、章太炎、康有为、严复、赵元任、陈寅恪、董作宾、顾颉刚、郭沫若、汤用彤、萧公权、马一浮、方东美、傅斯年、梁漱溟、唐君毅、陈垣、熊十力、李济、蔡元培、钱基博、张君劢、太虚、胡适等为单独成卷；钱宾四、金岳霖和冯友兰各为上下卷；黄侃和刘师培，洪业和杨联陞，廖平和蒙文通，余嘉锡和杨树达均为二人合卷；杨文会、欧阳渐、吕澂为三人合卷；最有意思的是，鲁迅、吴宓、吴梅和陈师曾四人合一卷。这样的编法是否合理，也有可商榷的地方，它至少也说明吴宓在学术上的地位。当然，能与鲁迅的学术排在一起，也算是不错的评价。至于叶兆言说吴宓为"中国比较文学鼻祖"，"是一种站不住脚的夸大其辞"[2]，则是完全不符合事实。也有评论认为："他集苦难和风流于一身，融古典主义、新人文主义思想与浪漫主义诗情为一体，有严重的精神、人格分裂行为，学术成就平常，是一位以日记传世的自传体作家。重感情，讲道义，自己却陷入感情与道义纠缠不清的泥淖之中。"[3] 说他的"学术成就平常"，如果指1949年后尚可，指以前则有些偏低。

1949年前，吴宓本来对学术就有些松懈，在美留学时，汤用彤就曾批评他过分"关心俗务"，"娴习交际"，"读书少而心志分，

---

[1] 叶兆言：《阅读吴宓》，《收获》，2000年第2期。
[2] 同上。
[3] 沈卫威：《"学衡派"编年文事》，南京大学出版社，2015年，第41页。

64 | 最爱先生古道长——《吴宓日记续编》研究

殊可惋惜"[1]。解放后，学术环境变化了，学术荒芜，他的学术研究几近荒疏，多为私下交流谈话，凭文化信念和心性发表议论，不少论述呈现碎片化，且多重复言说。对于学术，他实有不少顾虑。孙法理教授在《亦狂亦侠亦温文》一文里说："有一次我曾建议他再写文章，特别是有关'红学'的。他的回答是，'我现在要持盈保泰，以不写为宜'。他用'持盈保泰'四个字至今记忆犹新，可见他对自己当时的地位感到难得，也很珍惜，不愿写文章冒风险。"[2] 说这话是 20 世纪 60 年代初，吴宓还受优待。但他深知处境尴尬，必须谨小慎微，持盈保泰是自我保护，即在极盛时也要谦虚谨慎以保平安，免生祸害。《围炉夜话》说："守分安贫，何等清闲，而好事者偏自寻烦恼；持盈保泰，总须忍让，而恃强者乃自取灭亡。"[3] 所说即是此理。当环境变化和个人兴趣发生冲突，读书治学和述而不作却不失为明哲保身和安身立命的生存策略。如想到他后半生的处境，"读书且不能，遑言著作？自适且不能，遑言益世？牺牲一切，放弃百事，只办得全身苟活（免祸，以获善终）而已"[4]。我们就不能过高要求，更不应过多责备了。

实际上，他对学术研究一直持有谦虚而严苛的态度。1927 年 10 月 31 日，他"与寅恪谈，并与他人较。自觉（一）我犹未免为乡人也。其识见之偏狭，行事之朴陋，虽自诩真诚，而常为通人（如寅恪、宏度等）所笑。（二）我腹中空空，毫无实学。但务虚理空说，而绝少真获。既不通西国古今文字，又少读中国书籍。

[1] 《吴宓日记》第 2 册，生活·读书·新知三联书店，1998 年，第 112 页。
[2] 孙法理：《亦狂亦侠亦温文》，载《第四届吴宓学术研讨会论文选集》，西安地图出版社，2005 年，第 289 页。
[3] 王永彬：《围炉夜话》，中华书局，2015 年，第 105 页。
[4] 《吴宓日记续编》第 3 册，生活·读书·新知三联书店，2006 年，第 120 页。

（三）我之所思所行，劳精疲神者，皆无益事，皆不可告人之事。宜痛改之"[1]。陈寅恪的学术成就世所公认，也一直是吴宓的崇拜对象，相对陈寅恪学术研究的博大精深，吴宓的确有些浅陋偏狭，他有独特的生命体验和个人气质，也有学术的真诚和鲜活。他曾谦虚地评价自己："论做学问，宓不及王观堂（国维）、陈寅恪；论佛学，不及熊十力；论经学，不及杜钢百；论作诗，不及'白屋诗人'，故而从不敢以'名人'自诩，更遑论'名教授'。"[2] 杜钢百教授为吴宓主持清华国学研究院时的第一届研究生，与吴宓在西南师范学院共事多年，他认为吴宓"岂止是红学家，他乃一代大儒"[3]，还评价说："雨僧一生，以忠贞事民族，以诚信待朋友，学贯中西，自成一家。惜乎解放后多是述而不著"，"世人著书妄也，雨僧不著吝也！"[4]"吝"这里指不舍、吝惜和以为耻之意。

吴宓不完全是书斋型的学问家，也不是沉思型的思想者，而是感悟型的批评家。他喜欢与人交谈，善口述但不著述，亦可称为述而不作。他喜爱关注社会历史文化的宏大问题，如"文化""道德""人生"和"诗律"之内涵和意义等，不作专家之学和精深之问。这或是性格使然，或由旧学浮泛。他想做通家之学，但缺乏自治，关心俗务，沉于感情，哪有时间和心力，去专攻一家？当然，他也有自己的理由，如认为："今世思想学问事业过于繁杂，人各治专门之学，其结果，人之才性日益偏狭，而人与人之间，分别部居，划成町畦，各不相通。治专门之学，操专门之业者，误认为其中片段之道理及假定之学说为全部永久之真理，以其一偏之见解武

[1]　《吴宓日记》第3册，生活·读书·新知三联书店，1998年，第429页。

[2]　刘达灿：《国学大师吴宓漫谈录——吴宓小友的追忆》，新疆人民出版社，2003年，第104页。

[3]　同上书，第2页。

[4]　刘达灿：《吴宓轶闻轶事》，《重庆教育学院学报》，1999年第2期。

断一切，于是科学家与科学家争，科学家又与宗教家、文学家、艺术家各各互争。争益乱，争益盲，于是真理益晦，理智益泊，而无复心性之可言矣。是故欲救今世之弊，惟当尊崇理智，保持心性。"[1] 这些道理，说起来都是切中时弊，可谓洞中肯綮之见，但要解决问题，则不是说说而已。正如《学衡》所主张的"昌明国粹，融化新知"一样，理论上很完美，实践起来却极其不容易，因为"国粹"和"新知"多数时候是矛盾对立、相互排斥的。本来，两种事物可以融合，盐可溶于水，如果换成油就不行了。所以，"学衡派"的主张很光亮，也很有道理，若实践起来，可真不容易。

　　吴宓痴迷读书，钟情典籍，将学术研究融入日常生活，包括课堂教学、个人读书和与人谈话。读书是他的日常生活，并且，他的学术活动、日常生活、教书育人和安身立命相互统一，不可分离。日常生活疲惫不堪，教学工作则戴着镣铐跳舞，安身立命身处风雨飘摇，学术活动则述而不作。尽管他坚持"不能放弃学术思考和研究，把自己还原成动物"，即使被批斗，"被人批孔子，我却在背《论语》"[2]。个人虽努力，但学术环境已变化，加上他用心用力不专一，过于分散精力，难有大成就。他曾评价自己"用情不专，一分为三"[3]，除在教学上用力用心比较专注外，学术研究也存在"用心不专，一分为三"的情形。在1950—1978年间，社会大环境众所周知，学校小环境也是运动不断，吴宓的身份和声誉鹤立鸡群，他个人的时间和精力主要放在了读书、教学、交友和写诗上，

[1] 吴宓：《韦拉里论理智之危机·译者按语》，《学衡》第62期，1928年6月。

[2] 刘达灿：《国学大师吴宓漫谈录——吴宓小友的追忆》，新疆人民出版社，2003年，第69页。

[3] 同上书，第29页。该书内容比较散乱，有关吴宓的谈话更像写作者的个人表述，叙述时只有自然环境，如"一个细雨濛濛的秋野"，无具体的时间地点，也就少了些现场感和历史感。

哪有条件、时间和愿望去著书立说？他的学术成果偏少，虽不无遗憾，但也完全正常。它主要由社会环境所决定，也与吴宓的性情有关。这个时期的钱穆却在香港和台湾开坛讲学，撰写了不少名篇名作，如《文化学大义》《中国历史精神》《人生十论》《中国历代政治得失》《中国思想通俗讲话》《论语新解》《孔子传》，等等，足见学术环境之可贵。陈寅恪虽目盲体残，却仍坚持写作《柳如是别传》，由此可见，学术意志对学术研究的重要性。

吴宓时时怀念起《学衡》时期，"所从事之学问何等博大，所尽力之事业何等高贵"，"而今则至极卑屈沉沦微细粗浅不足道，一切所不忍言，岂堪回首，中怀之恻怆深矣"[1]。每当翻阅《学衡》杂志，他就会想起过去的学术生涯，"六十年中所事所为，惟编辑《学衡》尚可称许，此自为宓今生惟一之功绩"，后来，由于"坚毅之力则乏"，"精诚毅力不足，且不足远甚"，"温柔敦厚失之愚"，"文章学问事业道德爱情以至佛教之修持，皆由此限制而遂无成就"[2]。他既悲伤，又有说不出的无奈。旧时代已绝，"学问云乎哉？"[3] 怀念逝去的日子，而生活在记忆里，虽不无遗憾，但总比现实好。1955 年 1 月 9 日，翻读抗战时期昆明日记，反省自己"无处世"之才，"既乏决断，又不守信义"，浪费掉好多机会，实为"下愚之尤者"，以至"上不能'穷老益力'成其志业之大；中不能读书养志，完其学术之功、著述之愿；下亦不能遂情怡神、领受家庭婚姻之幸福"，而今只有"一部《吴宓诗集》与多年之吴宓日记，仅成此一下愚可怜之人之写照。再则叙记杂事琐闻，可供史

---

［1］《吴宓日记续编》第 1 册，生活·读书·新知三联书店，2006 年，第 538 页。
［2］《吴宓日记续编》第 2 册，生活·读书·新知三联书店，2006 年，第 4 页。
［3］ 同上书，第 128 页。

料，可资谈助而已。呜呼哀哉，斯世之大变更无论已！"[1] 他为自己的"可怜"而悲伤。吴宓学术著述偏少，尤其是经典性和代表性著作少，的确是不假之事实。他对自己一直不满意，为此，常常自省自责。1959 年 3 月 4 日，他再检讨自己，"思我之一生，荒废已完。其大误，在宓不集中精力于文学著作之正业，而对平日所遇之俗人琐事，悉以深情对待之，分析之，究论之，且以文章写述之，成为日记和信函，其结果，乃至两失。（1）多生活之烦恼；（2）无行动之能力"[2]。随着年岁渐高，他越来越自责自谴，觉得把机会和时间浪费了，处事少决断，做事欠毅力，热情有余，却用错了地方。应该说，他的自我批判还是比较到位的。

一、学术环境

接下来细说。先说吴宓面临的学术环境，包括社会大环境和学校小环境。吴宓对学术也曾经有过信心。1951 年 2 月 12 日，他给弟子李赋宁写信，叮嘱李赋宁两件事：一件事是目前英国文学与西洋文学虽不被重视，形同无用之知识，但要相信："我辈生平所学得之全部学问，均确有价值。应有自信力，应宝爱其所学。他日政府有暇及此，一般人民之文化进步，此等学问仍必见重。故在此绝续转变之际，必须有耐心，守护其所学，更时时求进益，以为他日用我之所学，报效政府与人民之用。"二是鉴于目前传统文化不受重视，旧日典籍惨遭销毁或以废纸出售，"英国文学及西洋文学、哲学、史学旧书籍，亦无人愿存，更无人愿购"，但也要坚信"然

---

[1]《吴宓日记续编》第 2 册，生活·读书·新知三联书店，2006 年，第 95-96 页。
[2]《吴宓日记续编》第 4 册，生活·读书·新知三联书店，2006 年，第 49 页。

他日一时风气已过去，政府与人民必重视而搜求此类佳书，学者文士，更必珍宝视之。故我等（至少宓与宁）断不可弃书，断不可卖书。宁受人讥骂，亦必大量细心保存书籍"[1]。吴宓在信里告诫弟子要相信学术，保存书籍文献，以待将来，他是一位坚韧而有盼望的学者。后来，社会变化完全出乎吴宓的预料之外，他虽然坚持"守护其所学"，也想"用我之所学，报效政府与人民之用"，但机会和境遇让他不可能拥有真正意义上的学术活动。除了教授身份外，他的学术研究几近荒芜，学术工作只有读书和谈话。

1951 年 2 月 23 日，他与学生座谈，说是"自我检讨"，实为"互相批评"，学生"责难"教师，他"心存畏惧，唯恐受讥惹祸"，心生"学问无所施，聪明不敢用，呆滞不灵，才情尽失，反致动辄得咎"，希望学生"勿以片义只词，深文入罪"，觉得"今后教授益不易充当，不但品质不分，抑且愆尤丛集，吾侪将至置身无地、偷生乏术"[2] 处境。"学问无所施"，"动辄得咎"，"深文入罪"就是吴宓感受到的环境和形势。1953 年 5 月 2 日，他写诗，"万事皆空，唯有文学好。一切无关，著作吾事了。恋爱休谈，六十身已老。辛苦为人，只自增烦恼"[3]。万事皆空，何况学术？著作自然也"事了"。1955 年 4 月 17 日，他在阅读徐中玉《鲁迅生平思想及其代表作研究》之后，觉得"今之书籍报章、巨著杂文，辄觉其千篇一律。同述一事，同陈一义，如嚼砂砾，如食辣椒，其苦弥甚。而回忆平生所能诵之中西典籍诗文，则觉其言之有物，胜境无穷。如食珍馐，如饮甘露，乐亦哉！"[4] 选题雷同化、方法模

[1] 吴宓：《致李赋宁》，载《吴宓书信集》，生活·读书·新知三联书店，2011 年，第 370 页。
[2] 《吴宓日记续编》第 1 册，生活·读书·新知三联书店，2006 年，第 73 页。
[3] 同上书，第 525 页。
[4] 《吴宓日记续编》第 2 册，生活·读书·新知三联书店，2006 年，第 153 页。

式化、观点同质化的学术论著，肯定没有"如食珍馐，如饮甘露"的阅读效果。《鲁迅生平思想及其代表作研究》1954年1月由上海自由出版社初版，同年2月再版，为徐中玉在华东师大中文系主讲"现代中国文学"之讲稿修改补充而成。

1959年12月27日，适值岁暮，再反思自己，觉得自己在"学问与著作"上，不但过去"无可言"，"今后著作更不能言"，社会没有环境，个人也无精力，"更无抒情述事之自由"，"科学研究"只是"敷衍成篇"，"但求不犯规，不贾祸，遑言其他！"[1] 外部环境、主体意志已缺乏从事学问的条件，还没有"抒情述事之自由"，学术表达受限制，说话都可能获罪，何况白纸黑字的文章。这是吴宓感受到的学术环境。1962年8月30日，他与孙培良也谈到，"当局不重视学术，不奖励真正研究"，怎么办呢？只能"乘暇自读书为学，博览深造，于此中，求自得之乐"[2]。"读书为学"，这实际上是吴宓的治学方式，他"在任何时地，但能自己读书，别无目的，亦甚乐且适也"[3]。在读书中治学，不求达人，只求自得，不在刊发，而求自乐。读书和治学成为生活方式，为了满足个人的心情愉快。1964年1月8日，他参加政治学习活动，讨论教学活动需要实现政治与学术的结合，吴宓表态在行动上完全服从，学术上"则甚难"，讲巴黎公社可行，谈论李商隐之诗、李易安之词，则"不敢轻言"。他还指出学术方法之失误，"近五十年之论著，大率议论多、批判多，而知识与材料太少"，"中国古史旧学"研究也存在明显不足，对"西国古今要籍原书"的了解"极有限"，于是，他提出愿在学术研究的"工具、方法、材料"上对

---

[1]《吴宓日记续编》第4册，生活·读书·新知三联书店，2006年，第259页。

[2]《吴宓日记续编》第5册，生活·读书·新知三联书店，2006年，第412页。

[3] 同上书，第43页。

青年人"作指助"[1]。现代学术研究论多于史,不通西方典籍等,确是准确判断。至于他个人想担任青年学者的指导,并不由他个人愿望所能决定。

这里有一个问题需要讨论。吴宓为什么不离开重庆,离开西南师范学院?季羡林曾说:"雨僧先生留在四川,没有回来。其中原因,我不清楚,也没有认真去打听。"[2] 赵瑞蕻也曾有疑问:"又听说他最后转到重庆西南师范学院教书了。那时我有点奇怪,心想抗战胜利后联大结束复员,吴先生为什么不回到清华园,重新住进'藤影荷声之馆'呢?"[3] 实际上,1949 年 4 月 29 日,他离开武汉大学到重庆,6 月份就后悔了。他给吴协曼写信:"甚悔不应轻离武大,此时欲归不得,前途又无善计。"[4] 后来,他一想起 4 月 29 日,就感叹不已。1952 年作诗:"岂竟余生老蜀川,忧危困辱已三年。全身污渎哀心死,恋旧明时恨物迁。渐习核词同伪语,独持深意对浮妍,慰情至计依红袖,梦里生涯便是仙。"[5] 1959 年 4 月 29 日,再作感怀之作,"堕地飞花已十年。人间何处着啼鹃。旧交纵在非同道,新曲难工只自怜。秘记楹书愁付托,离鸾寡鹄怅琴弦。溪山大好绿如许,急锻密耕少墓田"[6]。在"自编年谱"里,他也感叹:"1949 年四月,不回清华,又离弃武汉大学而来渝碚,

[1]《吴宓日记续编》第 6 册,生活·读书·新知三联书店,2006 年,第 133 页。

[2] 季羡林:《〈回忆吴宓先生〉序》,载黄世坦编《回忆吴宓先生》,陕西人民出版社,1990 年,第 2 页。

[3] 赵瑞蕻:《从一首怀念吴宓先生的小诗说起》,载黄世坦编《回忆吴宓先生》,陕西人民出版社,1990 年,第 82 页。

[4] 吴宓:《致吴协曼》,载《吴宓书信集》,生活·读书·新知三联书店,2011 年,第 350 页。

[5] 吴宓:《四月二十九日为宓由武汉飞渝满三年之期感成一首》,载《吴宓诗集》,商务印书馆,2004 年,第 469—470 页。

[6] 吴宓:《堕地》,载《吴宓诗集》,商务印书馆,2004 年,第 501 页。

遂走入相辉，编入西师"，"举动之极端错误，而祸害久长者
也。"[1] 1969 年 12 月，他给郭斌龢写信，谈到自己遭受批斗，真
恨"不能早死"，"甚悔前多年，不去清华、北大、陕西师大而留
在西南师院，受此种种"[2]。他真后悔自己的选择。他的同事也认
为："就他在西南师院任教的 28 年来说，无论在外语系、历史系，
还是中文系，都未能用其所长，尽其全才。"[3] 我有时想，如果吴宓
不在西南师范学院，到其他高校或研究机构，他的境遇和命运是
不是会好些？1961 年 9 月，吴宓在陕西师范学院见到朱宝昌，此时
的他正被学校批判，在陕西师院讲学却"未受轻侮"，感觉该校作
风"大异西师"[4]。1964 年 11 月 18 日，开展"社教运动"，吴宓
同事耿振华批评学校领导思想保守、放纵，教学不重思想只重知
识。吴宓的感受却正好相反，"宓昔恒以西南师院太重政治，用法
过严酷。其处罚右派之重且多，冠于全国各校，与耿君所评则适
反，可怪也！"[5] 学校小环境来自大环境，跟随大环境，还跟得
紧，有样学样，甚至有过之而无不及。任继愈也认为："吴宓偏偏
被安排在最轻视知识的环境中。赶上视人才如草芥的年月。"[6]
"轻视知识的环境"是大环境，也是小环境。

　　1961 年，吴宓女儿吴学昭两次到重庆和学校看望他，5 月在重
庆渝州宾馆匆匆见面，就劝说吴宓探访旧友和调离重庆，可"发挥

[1]　吴宓：《吴宓自编年谱》，生活·读书·新知三联书店，1995 年，第 199 页。
[2]　吴宓：《致郭斌龢》，载《吴宓书信集》，生活·读书·新知三联书店，2011 年，
　　　第 428 页。
[3]　彭维金：《我的邻居吴宓先生》，载王泉根主编《多维视野中的吴宓》，重庆出版
　　　社，2001 年，第 102 页。
[4]　《吴宓日记续编》第 9 册，生活·读书·新知三联书店，2006 年，第 210 页。
[5]　《吴宓日记续编》第 6 册，生活·读书·新知三联书店，2006 年，第 407 页。
[6]　任继愈：《〈第三届吴宓学术研讨会论文选集〉序》，载《第三届吴宓学术研讨会
　　　论文选集》，西安地图出版社，2005 年，第 5 页。

宓之所学就特长，完成个人有系统之长篇著作，胜似在西南师院仅以教课之余事，作附属性之研究（如今之注释）而不为人所重"[1]。8月，在学校见面，继续关心吴宓的生活和学术著述环境，为"生活之丰裕安适"和"著作之自由方便"[2] 考虑，她希望父亲能调职（或退休）移居北京，他在重庆的"居处、饮食、生活种种简陋粗秽，远不如北京安适"[3]，如到北京，可"在文化潮流之中心魇饫图书载籍，先得见科学之新资料，更与学者文士往来切磋，则编述与创作两可有成"，可将"所知旧时代之生活、旧学术之精华，尽详尽多写出，留作后代宝贵之资料"，也可"进行自己之创作"，认为吴宓珍爱的《吴宓诗集》，"其效果极微，若夫宓昔拟撰之《人生哲学》及长篇小说《新旧因缘》仍可作出，但观点立场须作相当修改"[4]，总之，应"心情开朗，态度积极，多写作，多刊发文章，但不拟发刊而藏留于后世之著作，亦可撰写"。她还希望父亲写文章，以引起学术争鸣，并建议他"出游各地，以新耳目"，多与新旧学者朋友"谈论"和"切磋"，即使不考虑调离，也"必须从事并发表其著作"，"改其久久沉默之态度，以文章著作多与世人相见"，这样，才可"对新中国、对社会主义文化有贡献，亦可不负宓自己之一生也"[5]。

吴学昭劝了父亲一天一晚，吴宓却不为所动，真乃道不同，不相为谋。他不愿离开重庆，已习惯了这里的生活，如"环境改变，人事生疏，精力衰耗，应付难周，当局实难位置宓，宓亦更难于自

［1］《吴宓日记续编》第 5 册，生活·读书·新知三联书店，2006 年，第 87 页。
［2］ 同上书，第 133 页。
［3］ 同上书，第 130 页。
［4］ 同上书，第 133 页。
［5］ 同上书，第 131 页。

处"[1]。他还有更多隐忧和担心。女儿建议他去北京，其母陈心一可为吴宓"抄写书稿、担任助理编辑"，这是吴宓内心极不情愿的事，他不愿意与陈心一复婚，除了日记，也没什么稿子需抄写。他一个人生活习惯了，对两人在一起生活心有恐惧，在他的内心依然保持对毛彦文的美好印象。到了北京，虽好友多了，让他担心、害怕的事也多了。1962年，在给李赋宁的信里，他就解释了其中原因。他深知"到北京之好处，不待细说"，仍决定"无论如何，不长居北京，不在北京工作"，理由是"（1）首都政治空气太浓，人事太繁。（2）宓最怕被命追随冯、朱、贺三公，成为'职业改造家'，须不断地发表文章，批判自己之过去，斥骂我平生所敬爱之师友"。（3）已有友生"督责"自己改造，若居京，"反与友生暌违"。（4）北京大学教授中的李赋宁、王佐良、杨周翰等的马列主义学习好，西洋文学知识、学问，"其生动之文笔、著作，远非宓能及"，"宓来北大，成为无用之人，有如一位贫穷的老姑太太，回到贾府受王熙凤等之……"。另外，还有一条理由，"家中人均进步，长年同居，反多心情上之碍与语言行动之不自由（服从党团之政令及思想，此则全国无异）"[2]。他特别顾虑北京的政治环境和思想运动，不愿成为冯友兰、朱光潜和贺麟等人那样的"职业改造家"，也不愿意待在家里，因自己思想落后还要接受家人的思想教育。

　　也许换一个环境，他的生活和命运会好一些，当然这也只是假设。吴宓在学校犹如鹤立鸡群，每遇利害斗争，都会找上吴宓。他还有更大的"孤悚隐衷"，"宓之知命信佛，轻生死、乐消闲，宓

［1］《吴宓日记续编》第5册，生活·读书·新知三联书店，2006年，第130页。
［2］吴宓：《致李赋宁》，载《吴宓书信集》，生活·读书·新知三联书店，2011年，第384页。

之不肯写白话简字文章刊布，宓不愿在新时代得名受誉，宓不愿居住辇毂之下，与当代名流周旋，宓之许由与伯夷、叔齐思想，'天子不得而臣，诸侯不得而友'，岂甘特制新衫，以干谒学术界之新贵人，容悦居上流之旧友生，以为宓进身扬名之地哉？"[1] 其志向如此，何谈移居？至于吴学昭建议的多刊发学术著述，多与名家交往，更是吴宓心存恐惧和反感之事，他愿意交往的大都是有独立人格、不与时代合作的旧派人物，学术著述更是不愿刊布，即使去了北京，他也没有什么热情和兴趣。在民国时期，吴宓对学术研究都不算勤勉上进的，何况在这个时候，他的心思早不在此，而放在写作"日记"上了。但他听从了出游的建议，说不上可"新耳目"，却可见见老友，以解多年相思之苦。

从1961年8月23日至9月22日，外出一个月，先下武汉，转广州，再北上北京，后从西安返回重庆，受到了朋友和亲人的热情款待。此行意在探亲访友，也是学术之旅。在武汉大学与刘永济相见，"互述改造、工作、生活"及"若干熟人之遭遇及变迁"[2]，感觉刘永济"生活之供应、心情之舒畅、改造之积极、对党之赞颂与服膺，皆远在宓以上"[3]。在广州与陈寅恪交谈，"寅恪兄之思想及主张，毫未改变，即仍遵守昔年'中学为体，西学为用'之说（中国文化本位论）"[4]。陈寅恪还是当年的陈寅恪，依然坚守传统文化，执着学术研究，"安居自守，乐其所乐，不降志，不辱身"[5]。在人格气节上，吴宓和陈寅恪都深有同感，"虽危行言殆，但屹立不动，决不从时俗为转移"，不学趋时先进人士"逢迎贪鄙

---

［1］《吴宓日记续编》第5册，生活·读书·新知三联书店，2006年，第134页。
［2］同上书，第150页。
［3］同上书，第151页。
［4］同上书，第160页。
［5］同上书，第161页。

之情态"[1]。陈寅恪还细述柳如是研究，他也感觉到陈寅恪"有深意存焉"，绝非写"消闲、风流之行事"[2]。后来，他又转到北京，见了家人和好友，多谈旧事，借阅书籍，相谈甚洽，相待甚殷。友人中，变化大者，如赵紫宸"已完全改造"[3]，郑之蕃对"史学用功之深且勤"[4]。有意思的是，9月11日上午11：30，吴宓去北京大学拜访老友汤用彤夫妇，日记特别提及其"副校长"身份，余下记录是，"相见执手并坐甚亲，貌似古僧，短发尽白，不留须；欲留宓午餐（面），宓坚辞，出"[5]。多了些客套，却少谈话内容；只见外貌，无心深谈，"坚辞"午餐，12：30赶到学生李赋宁家吃去，其中亦有深意存焉。1950年代，汤用彤曾写过思想检查文章，提到当年参加《学衡》就是一个错误。9月19日，受陕西师范学院中文系主任高元白之邀，到学校做讲座，高元白介绍吴宓解放后学习改造的热心和进步，《吴宓诗集》和《红楼梦》研究以及歌颂时代之旧诗，还宣布讲座内容为"杂谈中国古典文学中之技巧"。当主持人介绍完后，吴宓上台，却忽然宣布改讲"近体诗之平仄规律"和"由个人之经验和体会，谈读诗、作诗（古典诗、旧体诗）之方法"。也许他觉得"古典文学中之技巧"过于宏观，古典文学属于学科规范的说法，不如古诗文明确。前一个选题曾有讲义，后一个选题先读诗，以曹丕《燕歌行》、曹植《高台多恶风》、杜甫《闻官军收河南河北》等，分析从人物到环境，从事实到感情，如何生成诗歌内容，再以他自创的"翻译法"朗诵他的

---

［1］ 《吴宓日记续编》第5册，生活·读书·新知三联书店，2006年，第160页。

［2］ 同上书，第163页。

［3］ 同上书，第174页。

［4］ 同上书，第177页。

［5］ 同上。

诗歌。总体上，他的讲述简洁清晰，没作其他牵扯，时间控制比较好，效果不错，"众鼓掌久久"。高元白最后作总结，赞扬吴宓待人"热情"，为公"黾勉尽职"，"精神老而健"[1]。

二、读书治学

读书是吴宓的生活，也是他的生命，"生性自乐静居读书，不与人事"[2]。他说自己"五十年一贯不改之性情行事，即真而不伪，读书自愉而罕与人接，且厌闻一般人之得失恩怨、生活琐事"[3]。即使在严酷的 20 世纪 70 年代，能让读书，就是他最幸福、最惬意的生活，"目前宓之生活，甚为平静，即此是福，由天赐。惟当静居俟命，以每日能读书自愉自乐，则但觉时日之飞逝而已！"[4] 他也曾感叹，不作诗，不读书，就如病人一个，"诗不作，课外之书不读，更不亲圣贤典籍、古典名著"，就会出现神智不清、身弱目眩等病态情形，"尚为不足为重轻者矣"[5]。吴宓读书多，种类杂，又偏于诗文。如《散原精舍诗》《蒹葭楼诗》《审安斋诗集》《惠风词话》《人间词话》《玉谿生年谱会笺》《孱守斋日记》《遁堪文集》《杜甫诗集》《李义山诗集》《五言楼诗》《自苏室烬余稿》《古诗源》《顾亭林诗集》《懋斋诗抄》《四松堂集》《春柳堂诗稿》《信芳集》《瓠庵诗存》《瘉壄堂诗集》，等等。也有随便翻翻的，如《中国电影史》。

吴宓一生与书相伴，在教授、诗人和学者身份中，读书人最为

[1]《吴宓日记续编》第 5 册，生活·读书·新知三联书店，2006 年，第 185 页。
[2]《吴宓日记续编》第 7 册，生活·读书·新知三联书店，2006 年，第 477 页。
[3]《吴宓日记续编》第 6 册，生活·读书·新知三联书店，2006 年，第 407 页。
[4]《吴宓日记续编》第 9 册，生活·读书·新知三联书店，2006 年，第 171 页。
[5]《吴宓日记续编》第 2 册，生活·读书·新知三联书店，2006 年，第 132 页。

恰切。他希望自己"作真读书人"[1]，认为天下非无士也，似士非士杂之，有士如无士也。真读书人有真知，有道义，而非伪士。鲁迅早年也批评伪士问题，提出"伪士当去，迷信可存，今日之急也"[2]。鲁迅所说的"伪士"主要指操持种种口号、学说和思想而无"坚信""无特操"之人。伊藤虎丸对"伪士"有经典的描述，认为"（1）其论议基于科学、进化论等新的思想，是正确的；（2）但其精神态度却如'万喙同鸣'，不是出于自己真实的内心，唯顺大势而发声；（3）同时，是如'掩诸色以晦暗'，企图扼杀他人的自我、个性的'无信仰的知识人'。也就是，'伪士'之所以'伪'，是其所言正确（且新颖），但其正确性其实依据于多数或外来权威而非依据自己或民族的内心"[3]。在批判伪士的无特操、无信仰这一点上，吴宓和鲁迅却有相通之处，所以，无论提倡什么，"革命"也好，"自由"也罢，最重要的是真信仰，而不是故意操弄，当作摆设。

吴宓讲究读书即治学，它的意思有两解，读书中治学，治学须读书。1955年10月7日，他教学生读书之法，认为"中西古来皆重诵读古籍名篇，就文字精心用功，故名治学曰'读书'。盖由书籍文字之功夫，以求锻炼心智，察辨事理，进而治国安民，从政治军，兴业致富。其技术方法之取得与熟习，以及藏息精神、陶冶性情于诗乐画诸艺，其根本之训练与培养，莫不自文字中出也。近世妄人，始轻文字而重实际劳动与生活经验，更倡为通俗文学、'白

---

[1] 刘达灿：《国学大师吴宓漫谈录——吴宓小友的追忆》，新疆人民出版社，2003年，第104页。

[2] 鲁迅：《颇恶声论》，《鲁迅全集》第8卷，人民文学出版社，2005年，第30页。

[3] 伊藤虎丸：《鲁迅、创造社与日本文学：中日近现代比较文学初探》，孙猛等译，北京大学出版社，1995年，第17页。

话文学'之说，其结果，惟能使人皆不读书、不识字、不作文，而成为浅薄庸妄之徒"[1]。如同在五四时期一样，提到白话文学，他仍是满腔怒火，称它是"妄人"和"浅薄庸妄之徒"所为。他所说的"读书治学"，主要指乾嘉之学，也就是传统小学，从文字开始，再到炼心智，辨事理，藏精神，陶性情，直至治国安邦。它起于小学，终于经学。显然，他将传统学术之汉学、玄学、理学和小学等不同方法和价值混在一起，统称为读书治学。只是，他强调回到文献，从读书开始治学，在治学中读书，还是有道理的。1962年8月30日，与孙培良谈，"述当局不重视学术，不奖励真正研究，良不满意"，"遂欲为僧或请退休"，吴宓则劝他"安分自守，乘暇自读书为学，博览深造，于此中，求自得之乐"[2]。以读书为学，求自得之乐，这就是吴宓的治学路径。以读书为治学，由读书而自得。读书和治学成为吴宓一种生活方式。1971年，吴宓在梁平就时常"苦于无书可读，亦无报可读！"[3]

读书自得只是治学的开始，真正有所成，还得费时费力，吴宓却有些身不由己。1963年8月1日，读《史记》，发现"近年宓之感觉，不但读书最乐，开卷有益身心健康，而且中国之经史子集，下至诗词小说，任何部分，宓偶费时力不多，稍事研读，即有心得，若继续用功，定可获发明与结论，惟伤古稀之年，时不我待，读书之快乐与成绩皆不得享有耳"[4]。读书时，能"稍事研读，即有心得"，确实幸福，读书就是享受。1967年3月15日，他读Logan Pearsall Smith（1965— ）著 *Milton & His Modern Critics*

---

[1]《吴宓日记续编》第2册，生活·读书·新知三联书店，2006年，第286-287页。
[2]《吴宓日记续编》第5册，生活·读书·新知三联书店，2006年，第412页。
[3]《吴宓日记续编》第9册，生活·读书·新知三联书店，2006年，第315页。
[4]《吴宓日记续编》第6册，生活·读书·新知三联书店，2006年，第61页。

（1941）一书，"得益不少"，"自1966年九月得罪以来，惕与'破四旧'，不敢读任何中西古今之旧书，精神干枯已极。今偶读此书，乃获滋润，慰乐无穷。决更多读，对应付人事，即对'思想改造'亦必有益，可断言也"[1]。读书可获慰乐，滋润精神，是否可应付人事，有益思想改造，那倒不敢说。每遇生活困厄，精神忧惧，他就沉入书本，自得其乐。只是，读书似乎并不能帮助他应付人事，反而更为迂阔和固执。1971年1月6日，"今后宓决定安静待时，恭默自守，不忧不急，不请不问，而饱食足眠，读书为乐"[2]。这是多么美好的愿望，能在安静待时、恭默自守和饱食足眠的条件下读书，当然是世界上最快乐的事了。但他很快就感觉到"一切处于被动"，需"力戒妄请妄行"，再次提醒自己，"力求沉默，并寡言"，"安居待时，不为过度之忧惧，在久眠饱餐中，寻取快乐，再则随意读书，以自适为主"[3]。

1月17日，重读郑文焯《樵风乐府》，撰一评注及跋。他发现自己的读书过程与一般人不同，他们"读书、积学，率皆由古迄今，自旧至新，惟宓适反"，而"宓所行所历，大抵由阅读杂志报章、小说笔记，终底于经史要籍"[4]。吴宓与同辈学者相比，他的旧学功底略显不足，尤其在治学上，沉潜工夫不足，他为小学张目，如与黄侃、刘师培相比，却有差距。这主要是他的"童子功"下得不够，他很早就阅读仲旗公从上海寄回的白话书报，如《新民丛报》《新小说》《民报》《上海白话报》，喜欢新小说。于是，经小说上溯经史，从白话再回到文言，所以，与其他学问家相比，他

[1]《吴宓日记续编》第8册，生活·读书·新知三联书店，2006年，第68页。
[2]《吴宓日记续编》第9册，生活·读书·新知三联书店，2006年，第154页。
[3] 同上书，第164页。
[4] 同上书，第166页。

的经学功底和小学工夫就有些不厚实。他曾经给学生周锡光题词作纪念，其中列"固须博览，多看杂书"[1]，在所开列的书单里，有四书五经、《史记》《汉书》《资治通鉴》，也有他自己和吴芳吉的诗集，红学著述，还有晚清小说和白话报刊，并不是正宗的学问家眼光，反而有明显的个人偏好。1962年10月7日，他给蓝仁哲讲治学方法，提到"（1）养成良好之生活习惯。（2）先完成本单位之政治、学习、劳动任务，在本校各门取得优异成绩。（3）须有远大之规模及全部计划，但必须由一字、一句、一事、一物逐步切实学起，切忌空泛无恒。（4）胸中眼前，恒有一中国地图、世界地图及中西历史大事年表，将所读所得知之人物事实，随时放置其中，俾位置与关系皆了然于心目"[2]。有关"习惯""计划""任务"和"序列"，实是读书之法，也是做事的方法，但它们只能算治学起步，还谈不上真正的治学，治学还需要有"个人兴趣""文献史料""怀疑思维"和"钻研精神"，等等。

吴宓读书杂乱，多凭个人兴趣，在学术专题上也用力不够。如1959年4月26日，上午"读杜诗，又读《外国文学参考资料》"，"下午寝息。起读谢无量《佛学大纲》。又读常任侠《佛经故事选注》"[3]。晚上还出门拜访，一天读书四册，哪能做到细读，至多是浏览翻阅，感受多，体验切，深思熟虑却稀少。1964年12月21日，在古代文学及现代文学教研组合并小组活动座谈会上，就有人攻讦吴宓，说他不是学者，因无著作，仅有一部《吴宓诗集》；也有人说他讲《红楼梦》主张精神恋爱有裨于节制生育政策[4]。吴

---

[1] 周锡光：《追记吴宓教授》，载黄世坦编《回忆吴宓先生》，陕西人民出版社，1990年，第165页。
[2] 《吴宓日记续编》第5册，生活·读书·新知三联书店，2006年，第440页。
[3] 《吴宓日记续编》第4册，生活·读书·新知三联书店，2006年，第74页。
[4] 《吴宓日记续编》第6册，生活·读书·新知三联书店，2006年，第449页。

宓是有人格的学者，也有真才实学，至于是不是大学者，或者如今天人们所说的国学大师，则要看什么标准，与什么人放在一起，还有在什么范围（时间空间）里来作评判。

那么，吴宓是如何读书治学的呢？在他看来，"学问无论大小，都要辨其真伪。'学'以能解'问'者，其学才算是真"[1]。可解问之学，在吴宓那里，主要是文字训诂"小学"和历史人物或典故，做学问讲究"勤读勤记，博而能约"[2]。如"不齿"，非看不起，而是不与同列。"道可道，非常道；名可名，非常名"，应为"道，可道，非常道；名，可名，非常名"[3]。实际上，"问"有疑问、反问和追问，不应只在字句间，还有人生大道和学科知识。吴宓解放后的学问主要在读书中发现，针对社会现实有感而发。吴宓日记有不少学术的只言片语，也可见出他的学术观点和看法。比如1955年10月7日，他在日记里写下了一大段思考和感受："中西文字显然有别。中文重形西文重声。中文入于目而止于心，西文出于口而纳于耳。中文近图画，西文近音乐。古希腊先有演说（雄辩），后乃成为修辞（文章）学。中国则诏令奏疏文露布，一切皆笔写之文章，更以文字本质之不同，养成中西人数千年不同之习性。故在中国，凡百学术思想更不能脱离文字书籍。而中国人运用文字表达自己之能力，实远在其用言辞表达之上。昔人谓'中国以文字立国'，诚非虚语。而文言废、汉字灭，今之中国乃真亡矣！"他还对学习苏联教育，自左到右的书写方式提出批评，"一切脱离文字，脱离书籍。呜呼，如此安言'学术'？安言'教育'？"[4]

---

[1] 刘达灿：《国学大师吴宓漫谈录——吴宓小友的追忆》，新疆人民出版社，2003年，第105页。

[2] 同上书，第106页。

[3] 同上书，第102页。

[4] 《吴宓日记续编》第2册，生活·读书·新知三联书店，2006年，第287页。

他还认为，施行简体字、俗体字，易导致"离奇混乱"，包括书写格式也"混淆不清"，"每观壁上标语及眼前书报，使宓痛愤难遏！"著译作品"不知作文造句用字之法，虚耗读者之时力与心力"，"其句法之冗长枝蔓，其文法之颠倒悖谬，其用字之过多而费解"[1]。

以上引文和概述，涉及吴宓对汉字特点、功能及治学方法的看法，他提出汉字为中国文化及学术之根本，具有不同于西方文字的象形特征及图画性，拥有自己的用法和文法，且已形成独特的书写传统。由此，中国的学术和教育都从文字开始，"莫不自文字中出也"。需要补充说明的是，有关汉字地位和特点的论断，也是吴宓长期坚持的观点，他在五四时期的《论新文化运动》已有相近的看法。另外，他的看法有当时的社会背景。1955 年，国家倡导文字改革，当年的 10 月 15 日至 23 日在北京举行了全国文字改革会议，改革委员会主任吴玉章和教育部部长张奚若均作了报告，会议还讨论了《汉字简化方案修正草案》和《第一批异体字整理表草案》，认为汉字必须改革，要走世界文字共同的拼音化方向，大力推广汉民族共同语——普通话。当时有 28 个省市 207 名代表参加会议，有 38 名代表发言，包括老舍、陈望道、王力、魏传统等，吴宓所在的西南师范学院也有徐德庵教授作为代表参加，华为总裁任正非的父亲任摩逊当时也作为贵州省两名代表之一参加了会议，时为贵州镇宁民族中学校长。吴宓对汉字改革一直持反对态度。他在日记里有感而发，坚持自己的观点，几十年不变，也令人十分敬佩。

---

[1]《吴宓日记续编》第 2 册，生活·读书·新知三联书店，2006 年，第 288 页。

三、《红楼梦》情结

说到吴宓学术成就，主要在"红学"、诗学和比较文学方面。解放后，吴宓依然写诗，但已无新的诗论和诗学主张，比较文学也毫无进展，上外国文学课就已困难，还谈什么比较文学学科和课程设计。"红学"研究尚存余烬之星火。作为红学家的吴宓，喜欢《石头记》，他首先是被《红楼梦》感动的读者，又是研究者，撰文章，做讲座。1949 年前的日记有多处记载，1939 年 9 月 14 日，"郁郁且困倦，不能有所为。8—9 谢文通来。读《石头记》，益觉其悲而真"[1]。1942 年 4 月 27 日，上课"讲《石头记》回目之美"，28 日，"下午及晚，读《石头记》。流泪，多身世之感。拟抛弃一切，赶撰《新旧因缘》云"[2]。1943 年 11 月 7 日，"读《石头记》抄家一段，泪下如雨。""晚读《石头记》最后二十回，至深夜。泪下极多。"[3] 1949 年以后，《石头记》也依然伴其左右。1957 年 4 月 16 日，"晚饭后，赖澄来，为讲国学研究法，借与谢无量《中国大文学史》一册。续读《石头记》尤二姐一段，流泪不止。早寝"[4]。1958 年 8 月 8 日，"读《石头记》，觉其中人物乃如父、碧柳、心一、彦等之一样真实，开卷任意读一段，涕泪交流矣"[5]。1964 年 11 月 4 日晚，"读《石头记》第十七回园景题联，第十八回省亲欢庆，顿觉神怡心安。入（如）厕。10 时寝"。第二天"下午 1—5 读《石头记》二尤故事始末。又断续翻阅至晴、黛

［1］《吴宓日记》第 7 册，生活·读书·新知三联书店，1998 年，第 70 页。
［2］《吴宓日记》第 8 册，生活·读书·新知三联书店，1998 年，第 287 页。
［3］《吴宓日记》第 9 册，生活·读书·新知三联书店，1998 年，第 145 页。
［4］《吴宓日记续编》第 3 册，生活·读书·新知三联书店，2006 年，第 53-54 页。
［5］同上书，第 449 页。

之死，念兰，流泪甚多"[1]。1966年1月15日晚，"久读《石头记》抄家前后若干回，与解放土改等比较，伤心落泪不止"[2]。1967年3月21日，"偶读《石头记》，愈见其'极真、极惨、极美'，读至林黛玉病深、焚稿等回，直不忍重读，即在平淡闲叙处，亦感其精当细密，叹观止矣"[3]。1967年4月3日，"读《石头记》43—44回。流泪，觉甚舒适（宓此情形，少至老不异）。下午2—5覆衾酣寝"[4]。吴宓读《红楼梦》体察很细，情到深处，泪流不止，真乃"不是情人不泪流"。

吴宓有他的《红楼梦》世界，他将《红楼梦》现实化和自我化，作个人联想和自我类比。1939年7月14日下午出门，"先至一丘田12号，访吴达元，以清华下年聘书交付，应聘书签章携回。盖暑中陈福田回檀香山，命宓代理清华外文系主任职务。宓遂不得不躬亲琐事，如分发全系教授、教员聘书，是其一耳。又昨函荐殷炎麟任呈贡昆华女中英文教员，亦其一事。余不悉记。宓自伤如《石头记》中，假设王熙凤殁，秋桐扶为贾琏正室，宓则如平儿，今日不得不服侍秋桐。宁非冤屈?"[5]吴宓自比《红楼梦》里的平儿，平儿是王熙凤的丫鬟，又是贾琏的妾。她聪明、清俊，为人和善，处世平稳，能得体处理复杂的人际关系。在她身上显现出人性的光亮和悲悯情怀。吴宓多次说自己是平儿，可比心地善良，处世上则不可相比。第二天上午晤叶公超，"殊为郁愤"，"宓平日对超极厚。至于请宴，更不知若干次。超每于群众中，把臂附耳，外

[1]《吴宓日记续编》第6册，生活·读书·新知三联书店，2006年，第393页。
[2]《吴宓日记续编》第7册，生活·读书·新知三联书店，2006年，第343页。
[3]《吴宓日记续编》第8册，生活·读书·新知三联书店，2006年，第75页。
[4]同上书，第91页。
[5]《吴宓日记》第7册，生活·读书·新知三联书店，1998年，第30页。

示与宓亲厚，宓完全在其掌握。而实则对宓既亵侮，又不利。如课程则强宓从彼，不许授《文学与人生》。又命与叶榿、杨西崑同为超治家具。于其迎妻子归抵昆明之日，烹茶热水以俟，俾一到可以喂小孩乳。今于此事，又如斯相待。可不谓'人之无良'耶？宓如李纨，超如王熙凤。宓如陈宫，超如曹操。昔 1928 黄华曾诫宓勿全信托此人"[1]。在他眼里，小说和生活，小说人物和现实人物可自如互通，毫无阻隔。写文章可以，如将文学想象转化成现实，就会怪异无常。

1941 年 9 月 24 日下午，吴宓到螺翠山庄赴水约茶叙，"席间，以《石头记》人物比拟。巽谓琼宜比黛玉或惜春。我方自拟紫鹃之忠诚，而琼乃再三以宓比拟贾赦。宓颇不怿。琼盖以鸳鸯自寓者。按铮曾以琼比鸳鸯，将以孤居没世耳！"[2] 紫鹃是《红楼梦》中林黛玉的丫鬟，聪明灵慧，和黛玉情同姐妹。贾赦是贾府长房，荒淫好色，为人贪婪，行为不检，曾想强纳鸳鸯为小妾，有"鸳鸯拒婚"的情节。鸳鸯是贾母房中丫鬟，家生奴，甚受信任，她自重自爱，不自傲，不欺人，深得上下各色人等的尊重。张尔琼将吴宓比作贾赦，可见吴宓在她心目中的印象之劣。1942 年 9 月 3 日到朋友家，燕树棠提到部聘教授，"不无忌嫉讥讽之意。宓答言甚为愤激，谓联大同人如视宓为教育部之'汉奸'，宓即可离校他适云云。夫宓自觉此事得与寅恪、彤并列，正如探春受命陪钗、黛谒见南安太妃（七十一回）。而教授同人之忌妒刻薄，乃过于怡红院中诸婢之不满于小红、五儿等之偶获倒茶侍应宝玉也"[3]。吴宓常将自己和他人代入《红楼梦》，以某事、某人或自己与《红楼梦》作比譬，

[1]《吴宓日记》第 7 册，生活·读书·新知三联书店，1998 年，第 31 页。
[2]《吴宓日记》第 8 册，生活·读书·新知三联书店，1998 年，第 177 页。
[3] 同上书，第 374 页。

相信"人生真无异于小说也"[1]，将文本和现实人事等同，不无文本现实化或现实文本化的穿凿附会。

1949年以后，他依然在现实、自我和文本中寻找印证。1951年6月9日，他关心张宗芬，在她面前谈论《红楼梦》，"自言昔为贾宝玉、柳湘莲，而今则为甄士隐与警幻仙姑一流人物，盖乃注重道德之高僧与侠士"[2]。把自己比作贾宝玉，谁是林黛玉？显然是想让听话人去想象了，称自己是"侠士"，更是男人在女人面前的自我幻觉。1967年2月12日，他发现自己的人生与《红楼梦》相重合，"昔刘文典以宓拟妙玉，而1941宓遂改《石头记》之《世难容》曲以自悼。解放后，宓审知'风尘肮脏违心愿'及下句皆指解放后宓降志苟活，接受思想改造。最近始悟：下一句'美玉陷泥'乃指宓1966成为'劳动改造'之罪人（牛鬼蛇神），与上句各指一事一境，而叹文章之神奇又精确也"[3]。吴宓将自己与《红楼梦》中的平儿、李纨、紫鹃、探春、小红、五儿等人物都做过比拟，表达自己卑微勤苦的生活状态，他人也曾以贾宝玉、柳湘莲和妙玉比拟吴宓，凸显他不同流俗之品行。实际上，无论怎么比拟，小说是小说，吴宓还是吴宓。将自我或他人与文学人物或内容，都是些文字游戏。

吴宓迷恋《石头记》，也是最为持久的研究者。他倾注其中，沉迷其间，不能自拔，常将自己的人生，尤其是将爱情婚姻和佛教信念投入文本，使个人精神情感和小说人物完全合一，分不清小说人物与实际生活的差别，还将《红楼梦》作为个人生活目标，在小说里寻找爱情婚姻的依据。当有人疑其爱情婚姻，他申诉道："世

---

［1］《吴宓日记》第8册，生活·读书·新知三联书店，1998年，第319页。

［2］《吴宓日记续编》第1册，生活·读书·新知三联书店，2006年，第151页。

［3］《吴宓日记续编》第8册，生活·读书·新知三联书店，2006年，第40页。

人乃疑宓又将与心一复合，视宓之爱彦仅为伉俪生活外之偶尔游戏一场；此宓所极愤恨者。譬诸贾宝玉之出家，岂可云为宝钗，而抹杀黛玉之关系耶?"[1]他把自己比作贾宝玉，"宓无富贵之境遇，又无俊逸之形貌，而有贾宝玉之性情，此实宓生之大不幸与悲剧。则宓亦只能效法宝玉之佛性而出家，而终不能窃比宝玉之色情而求爱。成败短长，具尽于是"[2]。他行事也依从小说人物之性行，他追求张尔琼，"回舍后，作长函致琼。大旨表示宓爱琼之心与日俱深。视琼如宝之视黛"[3]。效仿小说人物去生活，这是吴宓的可爱处，也是其人生悲剧特别是情感悲剧的原因之一。文学有诗意，生活在此处。将生活文学化，这是创作之道。将生活文学化，则会带来悲喜剧。吴宓在爱情上发"呆"即是一例证。1999 年，沈卫威在台北向毛彦文问起与吴宓事时，已 101 岁高龄的毛彦文说吴宓之爱是单方面的，"吴宓是一位书呆子"。由此，沈卫威认为吴宓与毛彦文是"媒人跳进花轿里"的悲剧[4]。

吴宓经常做《红楼梦》讲座。1942 年 4 月 29 日日记："下午，寝息。读《石头记》。有得于贾宝玉悟道出家。""晚 7—10 在南区第十教室，应中国文学会之邀（范宁生主席），演讲《红楼梦》。听者填塞室内外。宓略讲《石头记评赞》中六、七两段，继则答问。因畅叙一己之感慨，及恋爱婚姻之意见，冀以爱情之理想灌输于诸生。而词意姿态未免狂放，有失检束，不异饮酒至醉云。"[5]讲《红楼梦》，又讲爱情，他的词意姿态不狂放才怪，哪会受检束？吴宓讲《红楼梦》，也是在讲自己的故事。5 月 6 日，到电台讲

---

［１］《吴宓日记》第 6 册，生活·读书·新知三联书店，1998 年，第 28-29 页。

［２］《吴宓日记》第 8 册，生活·读书·新知三联书店，1998 年，第 52 页。

［３］同上书，第 72 页。

［４］沈卫威：《情僧苦行：吴宓传》，东方出版社，2000 年，第 114 页。

［５］《吴宓日记》第 8 册，生活·读书·新知三联书店，1998 年，第 287-288 页。

"《红楼梦》之文学价值"，7月29日，上"《红楼梦》讲谈"，分析喜欢《红楼梦》的理由和动机。同年8月5日日记："9—10在校中北区5甲教室，续讲《〈红楼梦〉与现代生活》。听者三四十人。宓假述今世有如贾宝玉、曹雪芹之性行者，其生活爱情经验，及著作小说之方法，应为如何。并述《红楼梦》与今世爱情小说之两大异点：（一）《红楼梦》以宝玉为中心，而诸女环拱之。如昔之地球中心说。今则多男多女，情势较复杂而错综牵掣，如地球绕日。而太阳系外，且有千百星系，互相吸引而平衡回旋。故以小说描写，决难统一、集中，而有整个之组织。充其量，只能写成'Vanity Fair'之三五男女爱情故事，牵连交互而已。（二）昔者女卑男尊，男选择而女竞争。今则男追求，视女为理想鹄的。女有教育男、引男向前向上之能力。男在追求女中，表现己之最优点。由追求女子以达于归依上帝。且男之一生固经历过诸多女子，而女之一生亦必经历过诸多男子。此亦较昔时复杂变化之处也。"[1] 从小说和现实，比较男女爱情之不同，仍是吴宓喜欢的老套路。1946年7月28日："下午蒲肇楷来，久坐。自言为碧柳成大学生，强邀至青年会演讲，恐宓脱逃，如捕贼盗。宓不得已，允之。按成都人士，惟知享乐，声色货利，酒博征逐。在此演讲，正言则不能入，而自见其愚。若再专讲《红楼梦》，则如优伶之贱，而宓深见愧耻，故宓极以演讲为苦也。""夕5—6访莱，谈。知济二十一二日已飞抵珞珈山。昌外出。次至新南门外江上村内竞成园赴姜履丰。宴燕大同事及校友。宴毕，在江上村茶座，谈《红楼梦》，黄克维医生夫妇所言最多，尚中肯。"[2] 引文中的蒲肇楷，当时为国民党九十

---

［1］《吴宓日记》第8册，生活·读书·新知三联书店，1998年，第355–356页。
［2］《吴宓日记》第10册，生活·读书·新知三联书店，1998年，第94页。

五军秘书,邀吴宓到青年会讲演,可见其《红楼梦》讲座的社会反响之大。他喜欢联系社会现实和自身情感经历作比较,又遇战争年代,人之命运多舛,情感无靠,很容易引起社会反响和观众的认同。

有学者统计,自1919年仲春吴宓在波士顿(Boston)首开红学讲座记录,至1963年暮春在重庆市川剧院二团为艺术家们分析晴雯形象、指导川剧《晴雯传》的改编工作,44年间,吴宓作了70多场红学讲座[1]。1963年6月23日,"在大客厅遇裴昌会、周钦岳、税西恒及刘连波、方镇华等。方君助宓作宴客布置。知宓所借读方君之《金陵春梦记》及《文史资料》各期已由眷交还方君妥收。方君又一再言,宓等讲《红楼梦》对重庆川剧院二团诸演员启发甚大,故《晴雯传》演出甚佳。此次荀慧生来渝,曾连观两次,甚为赞赏,回京携去剧本,拟改由京剧演出"[2]。吴宓大部分讲座都在1940年代,1949年讲座次数大为减少,1957年5月26日,为中文系三、四年级学生作"红楼梦讲谈","听众热烈鼓掌,表示满意"[3]。1953年2月,曾为《西南文艺》撰写《红楼梦》研究文章,认同曹雪芹版本,不认高鹗版本,说起"见解庸俗","雪芹原定之写法,固远胜于《后梦》《续补》等书,亦高出于高鹗之续作也",认为"宝玉出家,半由贫困,半由痛恨一般人情,非仅因失黛而厌世"[4]。从1950年到1978年的28年间,吴宓的处境艰难,心情苦闷,精神困顿,但他仍与同事、学生、友人和爱好者谈论《石头记》,次数不见减少,在寂寞和孤独中,也得到了

[1] 沈治钧:《吴宓红学讲座述略》,《红楼梦学刊》,2008年第5期。
[2] 《吴宓日记续编》第6册,生活·读书·新知三联书店,2006年,第47页。
[3] 《吴宓日记续编》第1册,生活·读书·新知三联书店,2006年,第93页。
[4] 同上书,第494页。

精神情感的慰藉，同时，对《石头记》也有更为深切的感受。吴宓还指导同事研究红学。林昭德是中文系的年轻教师，1962 年 4 月 26 日及 1965 年 1 月 23 日，他与吴宓多次讨论《石头记》。他在撰写红学讲稿时，吴宓还帮他查找引文、分析原著、解答疑惑、审阅初稿。1973 年初，林昭德撰写了论文《红楼梦简论》，登门造访吴宓请求审阅。吴宓认真校读，赠阅《增评补图石头记》《读敦敏等著作中述及曹雪芹事迹》等参考资料，还列出参考意见，讨论修改方案。可以说，林昭德的《红楼梦》研究，吴宓发挥了指导作用。

吴宓一直想模仿《石头记》创作小说《新旧因缘》。1943 年 7 月 23 日记载："沈君又力劝宓速撰作《新旧因缘》小说，叙述宓与彦事。即按事实详说，再插入各时各地之背景，已足成一部大书，而大可感人。且不必强效《石头记》，穿插入许多人物之事迹，反使结构不严整，宾主不分明。宜只叙述宓与彦之情史，便可成书，而能传世"，并且还想用小说感动毛彦文，再回到吴宓身边[1]。"沈君"即沈来秋。他们想把《红楼梦》搬进生活，在生活里重新演绎，可惜吴宓不是贾宝玉，毛彦文也不是林黛玉。1946 年 6 月 16 日，"宓偕济步至高宅，谈武大外文系等事。宓言，拟著作小说。（甲）途，用白话，仿《石头记》。（乙）途，用文言，仿《浮生六记》，以为后日文言示范。济劝决用（甲）途"[2]。刘永济为什么建议吴宓用白话写《新旧因缘》呢？在他看来，可"为后日文言示范"，则有些理想化。

《新旧因缘》是吴宓立志写作的三部著作之一，但终未写成。这也成了他的一块心病。1947 年 10 月 19 日，当他读了钱锺书小说

---

[1]《吴宓日记》第 9 册，生活·读书·新知三联书店，1998 年，第 81 页。
[2]《吴宓日记》第 10 册，生活·读书·新知三联书店，1998 年，第 68 页。

《围城》后，"殊佩。自恨此生无一真实成就。《新旧因缘》既未动笔，即论才力，亦谢钱君，焉得如《围城》之成绩也者？"他早已构思好了，"至所著之《新旧因缘》，当以佛教及柏拉图哲学为观察人生、描写人生之根据，而为融化无迹、自由改造之自传。举宓一生之小小知识、小小经验之精华，人生、爱情之心得，道德、宗教之企望，文章、诗词之成绩，全入其中"[1]。的确，他对小说写作过于理想化，在某种程度上，万幸的是他没有创作出来。1953年4月，拟专门撰小说《新旧因缘》，每日400字，10年可得120万字之大书，"庶不枉生一世"[2]。又说《新旧因缘》的书名应为"中国文化的衰退和没落"[3]。到了1956年9月，想在1960年退休，1957年元旦动笔，每日写200字，赶作长篇小说《新旧因缘》。1957年元旦，吴宓与历史系领导一起给学校领导拜年，忙得不可开交，哪还记得此事？只是半年后的6月18日，他感到"倦怠"，"精力大不如前"，又想起这件事来，"至于《新旧因缘》之撰作，曾下决心，而迟迟未动笔，盖已知其力之不能胜矣。呜呼，寿夭穷通，惟当恭俟天命"，"一切计虑，皆可不必矣"[4]。

吴宓心心念念《红楼梦》，他阅读或评价其他作品，《红楼梦》是其评价尺度和标准。吴宓认为《红楼梦》"小说技术至为完美。故为中国说部中登峰造极之作"[5]。其文学价值表现在对"（1）人生真象（2）爱情大全（3）文艺精华（4）宗教因缘"[6]的综

---

[1] 《吴宓日记》第10册，生活·读书·新知三联书店，1998年，第263页。

[2] 《吴宓日记续编》第1册，生活·读书·新知三联书店，2006年，第514页。

[3] 《吴宓日记续编》第2册，生活·读书·新知三联书店，2006年，第54页。

[4] 《吴宓日记续编》第3册，生活·读书·新知三联书店，2006年，第112页。

[5] 吴宓：《石头记评赞》，载吕启祥、林东海主编《红楼梦研究稀见资料汇编》，人民文学出版社，2006年，第856页。

[6] 吴宓：《红楼梦之文学价值》，载吕启祥、林东海主编《红楼梦研究稀见资料汇编》，人民文学出版社，2006年，第1075页。

合呈现。所以，他阅读评价中国或西方文学常与《红楼梦》相印证。1918 年 9 月 26 日，吴宓上《英文小说》课，每次读书 200～300 页，每星期读毕二书，"近读 Richardson's *Pamela* 及 *Clarissa* 二书，甚喜之。以为颇肖《石头记》也"[1]。谈论莎士比亚戏剧，"综贯天人，穷极物态，至理名言，层出叠见，阴阳消长之理，推考尤真"，"以此验诸《石头记》，而知其为小说巨擘，实非无因"[2]。读《金瓶梅》，也认为《石头记》"受此书之提示处极多"[3]。认为《金瓶梅》"写酒色财气，实叙大多数男女之恶劣性行，极真切深细"，"宓读《金瓶梅》，只感觉现实人物及生活之可憎可厌，男女淫乐之伤身耗精而无趣味，国家社会风俗败坏之不可挽救，终以佛教真理之为立身安命惟一良方而已"[4]。吴宓心里始终藏有《红楼梦》尺度，这是好事，也是坏事。看什么作品都想看到《红楼梦》的影子，这不坏事才怪。

吴宓曾喜欢和评价茅盾小说，其中也不无《红楼梦》眼光。1965 年 2 月 5 日，读茅盾小说《蚀》之《幻灭》，"觉其饶有趣味"[5]。学校领导要求从事古典文学者可多读现代文学作品。2 月 8 日，在资料室翻读《蚀》，被工作组询问，读何书？他无意识地回答"读旧小说"，工作组同志告知"此新小说也"[6]。吴宓把《蚀》视作旧小说，在其内心就有《红楼梦》的幻影。2 月 13 日，读《动摇》。14 日，读《追求》，认为："作者茅盾是曾参加且同情支持此革命者，然迥非后来之马列主义及中国共产党之观点、立

［１］《吴宓日记》第 2 册，生活·读书·新知三联书店，1998 年，第 15 页。
［２］吴宓：《余生随笔》，载《吴宓诗话》，商务印书馆，2005 年，第 27 页。
［３］《吴宓日记续编》第 1 册，生活·读书·新知三联书店，2006 年，第 158 页。
［４］同上书，第 164 页。
［５］《吴宓日记续编》第 7 册，生活·读书·新知三联书店，2006 年，第 40 页。
［６］同上书，第 42 页。

场，故尚能传述此时代中国之历史与社会真实。《蚀》足为有价值之历史小说，一也。此书兼写政治与恋爱，其写女性与恋爱处特多，可誉为'二十世纪之《红楼梦》'（规模之大则弗及）。故亦是有价值之爱情小说，二也。至其文笔，虽用当代之新体白话，然尚是中国文化人及曾读旧书之知识分子所写之白话，我辈读之，犹能领受、欣赏。（鲁迅、瞿秋白及《毛选》一、二卷之白话，亦不同近年之白话）三也。以上三者，为宓欣佩《蚀》之理由。按宓有志撰作小说，终于无成。《蚀》之作者，固是描写当时本地所见所知之人物情境，宓今以历史小说读之，参照宓尔时之生活、感情、著作，乃弥觉其趣味深长也矣。"[1] 吴宓充分肯定了《蚀》之历史、爱情和白话三大价值。令人惊讶的是，他认为茅盾写《蚀》三部曲，并非全以左翼立场，且有传统古白话文笔。在吴宓眼里，《蚀》是历史小说，也是爱情小说，所以，他用"趣味深长"表达了自己的真切感受，其所指就是《蚀》与《红楼梦》在爱情描写上的相似，可见，他评价小说的《红楼梦》标准。

1965 年 2 月 15 日，开始读《虹》。2 月 17 日—21 日，重读《子夜》，"仍深为吸引"[2]。"在舍续读小说《子夜》，趣味浓浓。茅盾（沈雁冰）（今卸去文化部长，专任全国政协副主席）诚不愧中国之巴尔扎克，有志欲作中国此时代之社会风俗史，惜所成书仅三四部耳。《子夜》一书，颇能综合表现 1930 夏全中国之真实概况，虽以经济（集中于上海市之交易所及工厂）为主，兼及政治、军事等。然国民党巨头（书中之赵伯韬定即宋子文）利用军政权，与美国人联合，用金融资本并吞、垄断工业、商业，打倒民族资产

---

[1]《吴宓日记续编》第 7 册，生活·读书·新知三联书店，2006 年，第 48-49 页。
[2] 同上书，第 50 页。

阶级（吴荪甫不知映射何人，当不是虞洽卿），摧毁民族工商业，造成'四大家族'之财富，致全国人民日益贫困，又有军阀大战，兵匪遍地，适足造成共产党方兴日大之势力。后来历史之趋势，中国之局面，已可由《子夜》一书得知其大概；惜宓在当时犹未能知，且不欲信，昏昏度日，苟偷至老。今兹回顾深思，既佩沈雁冰君描写之巧妙，尤服其观察之宏深矣。"[1] 吴宓称赞茅盾为中国之巴尔扎克，他取本事批评，从小说里发现历史。

解放前，吴宓对《子夜》就相当激赏。《子夜》1933年1月由开明书店出版，出版不过三个月，即1933年4月10日，吴宓就以笔名"云"在《大公报·文学副刊》上发表《茅盾著长篇小说〈子夜〉》一文，对《子夜》大加赞赏，称其为"近顷小说中最佳之作"。吴宓最为欣赏《子夜》"乃作者著作中结构最佳之书"，"善于表现现代中国之动摇，久为吾人所习知"，而此书则有大"进步"，"表现时代动摇之力，尤为深刻"。"此书写人物之典型性与个性皆极轩豁，而环境之配置亦殊入妙。吴荪甫之为人固最跃然如在吾人目前"，"笔势具如火如荼之美，醋恣喷薄，不可控搏。而其微细处复能宛委多姿，殊为难能而可贵"。另外，他还特别赞赏小说语言，"一种可读可听近于口语之文字"，这种"近于口语而有组织有锤炼之文字"，恰恰应为"新中国文艺之工具"。还特别认为小说所"写吴之空虚烦躁，则以小火轮上之纵酒狂欢为之对比，殊为有力。当荪甫为共工潮所逼焦灼失常之时，天色晦暝，独居一室，乃捕捉偶然入室送燕窝粥之王妈，为性的发泄。此等方法表现暴躁，可云妙绝"[2]。茅盾对吴宓的批评，特别对小说细节的

---

[1]《吴宓日记续编》第7册，生活·读书·新知三联书店，2006年，第52-52页。
[2] 吴宓：《茅盾著长篇小说〈子夜〉》，《大公报·文学副刊》，1933年4月10日，第8版。

精准把握甚感"意外"，却感欣喜和赞同，"不料吴宓看书也真细心，竟能领会此非闲笔"，"在《子夜》出版后半年内，评者极多，虽有亦及技巧者，都不如吴宓之能体会作者的匠心"[1]。吴宓曾认为《红楼梦》为中国小说之杰作，"其入人之深，构思之精，行文之妙，即求之西国小说中，亦罕见其匹"，具体表现在它"宗旨正大""范围宽广""结构谨严""事实繁多""情景逼真"和"人物生动"[2]等等方面。由此可见，他对《子夜》结构、语言、细节的赞赏，就有《红楼梦》的尺度和眼光。

吴宓也曾以《石头记》问卜。1965年2月3日，吴宓"悲痛之余，乃取《石头记》四十六七八回（鸳鸯女誓绝鸳鸯偶……）读之，以资消遣。11时寝。临寝，默祷，求父指示，以《石头记》一册卜，请问：宓今后应奠居何地，卜得一空白页，上画一小儿。父不肯示宓行止所向，无行亦无留止，窃意宓当在1968六月底以前（必须迁离此地之前，亦即卜得及父世寿之前）即死去矣，谨书以待验"[3]。《红楼梦》表达了曹雪芹的人生，也写贾宝玉和林黛玉的人生，并无吴宓的人生，吴宓却将自己与《红楼梦》重叠，用小说文本印证自己的生活。他可获得一定的心理安慰，却改变不了人生的不幸。所谓诗化人生、诗意人生，都是人生的理想，但诗和文学不能等同于生活，生活是生活，诗意是诗意，诗在远方，在人的梦里和心里，现实却实实在在，在人的当下和身边。爱情可有诗样的美好，但生活却是一篇冗杂无聊的散文。现代生活已无贾宝玉，也无林黛玉，更无《红楼梦》的诗意。

---

[1] 茅盾：《〈子夜〉写作的前前后后》，载《茅盾全集》第34卷《我走过的道路》，人民文学出版社，1997年，第515—516页。

[2] 吴宓：《石头记评赞》，载吕启祥、林东海主编《红楼梦研究稀见资料汇编》，人民文学出版社，2006年，第20页。

[3] 《吴宓日记续编》第7册，生活·读书·新知三联书店，2006年，第362页。

叶兆言曾评价说："吴宓就是吴宓，具有鲜明独特的个性。"他的保守固执和用情泛滥，客观上限制了他的个人成就，他也不是什么大师，用不着神话。吴宓的意义，在于他的坚定不移，在于他的执着追求，"他有一颗花岗岩一般顽固的脑袋，二十世纪的总趋势，是适者生存，是一变再变又变，占大便宜的往往是那些善变的知识分子。善变不是什么坏事，也不一定就是好事。顽固自有顽固的可爱之处，换句话说，活生生的吴宓，在个人事业和爱情上，都有其独特的东西，不是一个简单的好坏"[1]。这样的判断也不无道理。

四、诗文怡情

吴宓读书在性情。他说："人生难得全才，读书应本乎性情。"[2] 吴宓是诗人，写诗读诗谈诗都是家常便饭。他写诗有感而发，言为心声，不事雕琢，率真沉郁；爱读旧诗，对吴梅村、吴芳吉、张尔田、潘伯鹰等他喜欢的诗人的诗作都爱不释手，赞赏有加。他还与他人谈诗论诗，常将《吴宓诗集》和《吴白屋先生遗书》送与或借给友人和学生阅读。1956 年 11 月 2 日，他就将《白屋遗书》《吴宓诗集》赠送给曹慕樊。11 月 5 日，他还翻检所收藏的 87 部《吴宓诗集》，《吴白屋先生遗书》18 部，拟分别赠送友人和学生。可以说，诗已完全融入吴宓的情感世界和日常生活。在1950 年之后，他的生活虽毫无诗意，但他依然想生活在诗的世界里，诗文怡情，诗歌成为吴宓精神情感的能见度。

吴宓有诗情，行到乐处必有诗。1951 年 3 月，春天到了，他到

---

[1]　叶兆言：《阅读吴宓》，《收获》，2000 年第 2 期。
[2]　刘达灿：《国学大师吴宓漫谈录——吴宓小友的追忆》，新疆人民出版社，2003年，第 109 页。

嘉陵江边与友观景，即吟杜甫诗"山豁何时断，江平不肯流"及"对月那无酒，登楼况有江"，以为"正合斯景"，亦"叹诗句之美"[1]。3月11日，与周邦式饮酒便餐，"久谈诗"，诗酒人生，并说周"精研"杜诗，"工夫深到"，"宓深为佩服"[2]。1955年2月15日，与赖以庄、戴蕃瑨谈诗，读到杨椒山先生所作"皪皪清光上下通，风雷只在半天中，太虚云外依然静，谁道阴晴便不同"，认为"此诗乃见道极深之言，信仰坚笃，宓心实有深契"，还认为："当今世变至烈，一切无不彻底改变，然其变者，政治军事而已，法令威权而已。吾侪处此，应坚信'性不变，道亦不变'，人性不变，政治社会之根本道理亦不变，然后方可'见怪不怪，其怪自败'。而可语于'知者不惑'也。"[3]所引诗作者杨椒山，即杨继盛（1516—1555），明代著名谏臣，号椒山，直隶容城人，官至户部员外，因弹劾严嵩被诬陷而死，有《杨忠愍文集》。清人王士禛写于1663年的《登燕子矶记》文，描写金陵燕子矶，矶上有祠，有亭，壁上石刻有杨椒山此绝句。

吴宓曾说："古典文学只是我的偏爱，好的新文学和西方文学，我也喜欢。"[4]1942年，他追求张尔琼被拒，为自己言行错误而后悔，同事谢文通将其翻译的爱尔兰诗人叶芝的《格廉都华的溪水和阳光》（*Sun-light & Stream at Glendover*）示之于他，他将其第一、二首抄录在日记里，第一首："溪水和滑溜的阳光/演尽错杂的活动/而我心里似乎完全快意：/往日某回愚行，涌上/心头，又使它迷离。"第二首："悔恨仍把心淆乱；/但我是什么，竟敢/妄想我

［1］《吴宓日记续编》第1册，生活·读书·新知三联书店，2006年，第80页。
［2］同上书，第86页。
［3］《吴宓日记续编》第2册，生活·读书·新知三联书店，2006年，第123页。
［4］周锡光：《追记吴宓教授》，载黄世坦编《回忆吴宓先生》，陕西人民出版社，1990年，第161页。

能够处置/自己比个平常人妥善/或较他有见识?"[1] 叶芝的诗歌带有浪漫和神秘特点,有唯美、华丽风格,标志着从传统到现代的转变。所录之诗,正表达了吴宓当时的悔恨心理和迷离情绪。

就旧体诗词而言,他最爱阅读的还是吴芳吉的诗。吴芳吉是吴宓的同学,世称"两吴生",但吴宓自谦不如吴芳吉,"盖碧柳天才,及其诗之本质,固远非宓所及。即论旧诗之工力技术,碧柳之造诣亦较深。徒以宓有各种关系,多方面之综合,成宓之虚名,宓诗乃见知于世。然宓诗之粗浅生疏,则诸友生早已痛言之矣"[2]。吴芳吉曾被清华学校开除,吴宓觉得吴芳吉代自己受罚,心有愧疚。他认为吴芳吉是个天才,是中国的雪莱。吴宓崇拜拜伦,拜伦与雪莱是至交。吴宓惜才如命,愿意为吴芳吉做事。吴芳吉生前却直言不讳地指出吴宓诗歌的毛病,认为诗歌炼句之道在于"顺""熟""圆""化",他不担心吴宓诗堕于"滑",反而觉得他放不开,"造句多嫌生涩","如'未能入世先遗世,岂必触机始悟机'与子美'戎马不如归马逸,千家今有百家存''桃花细逐杨花落,黄鸟时兼百鸟飞'之句相似。但此类句法,最易生涩,不可取。又如子美《咏鸡》'纪德命标五,初鸣度必三'之句,故意强合,皆宜弃之"[3]。又指出引用典故宜"含浑自如,不可牵强",而吴宓诗之"《甲寅杂诗三十首》中,典故最多。如'兔死鸟飞剩只鸿''俗薄公输羞智巧''人以亲疏为去取,党分洛蜀自惊猜'诸句,皆不免牵强凑成。如'胡骑惊传飞海峤,汉廷竟议弃珠崖'。此类经营,斯上上矣。玉溪昌谷之诗,最喜用典,其隐僻不可探测,不

---

[1]《吴宓日记》第8册,生活·读书·新知三联书店,1998年,第338页。

[2]《吴宓日记》第10册,生活·读书·新知三联书店,1998年,第358页。

[3] 吴芳吉:《读雨僧诗稿答书》,载傅宏星编校《吴芳吉全集》(上),华东师范大学出版社,2014年,第294页。

似子美名贵。玉溪辈若以引典为作诗原料，子美仅以之点缀而已。"[1] 吴宓后来学杜诗能取其神而遗其貌，多得吴芳吉的指点。

有关他们之间的交往已有不少文章讨论。1949 年后，吴宓依然将吴芳吉作为情感依靠，作为诗歌神话。1951 年 7 月 17 日，吴芳吉孩子来看他，吴宓特别告之自己的身后事，将以僧服入殓，并葬在江津黑石山吴芳吉墓旁。1956 年 3 月 1 日，吴宓坐火车到成都参加四川省政协会，当火车路过江津白沙时，吴宓"特念碧柳"。13 日，返程路过江津火车站，特地下车专门去拜访吴芳吉寓宅和江津中学，怀念老朋友。1951 年 10 月 21 日，李思纯父子访吴宓，吴宓心怀思绪，很想与他畅谈，谁知李思纯提前离开，他无处倾诉，想起吴芳吉，"遂觉我生朋友惟碧柳为出类拔萃之天才、特立独行之志士，有气有情，真重视道德与文学者。其余虽富才学，皆不免世俗之人"[2]。今天人们常将日常生活中具超越性的人或事，称为"神话""传说"和"故事"，吴芳吉就是吴宓心中的诗歌神话，成了他心中的偶像，他确是吴芳吉的粉丝。李思纯也是吴宓和陈寅恪的好朋友，吴宓在编辑《学衡》时就欣赏李思纯之诗，主动给他写信。在他的心里，川中文人虽"资性聪明"却少有"特立独行者"，只有李思纯"尚能勉为真名士、真学者，笃于故旧之情，而气味渊雅，高出一切人上。为难能可贵矣"[3]。

1952 年 1 月 28 日到 3 月 2 日，吴宓读碧柳日记。1955 年 5 月 31 日，再读碧柳遗札。6 月 24 日，祭祀父亲，怀念吴芳吉，称他们为"殉道者"，为现实招人嫉恨而烦恼。第二天在日记里写道：

---

[1] 吴芳吉：《读雨僧诗稿答书》，载傅宏星编校《吴芳吉全集》（上），华东师范大学出版社，2014 年，第 296 页。
[2] 《吴宓日记续编》第 1 册，生活·读书·新知三联书店，2006 年，第 232 页。
[3] 《吴宓日记》第 9 册，生活·读书·新知三联书店，1998 年，第 385 页。

"即在此时此地，宓近年每值烦恼苦厄之末，惟有取四书《无量寿经》《印光法师文抄》《杜诗镜铨》《蒹葭楼诗》《白屋书牍》下及《吴宓诗集》而静心细读。读之至半时一时之久，便觉身心安和，岂但有消愁制怒之功哉？此宓修养之秘方、治病之良药也。"[1] 传统诗词包括《白屋书牍》，与佛经一样，在吴宓人生中，可消愁制怒，可治病疗伤，可称之为书疗，或是诗疗。是书和人，或书中理、人之情，使他祛除了烦恼，而身心安和。

1956 年 7 月 17 日，再读 1916—1917 年《碧柳日记》，"多所感发"。30 日，又读《碧柳日记》。11 月 1 日，评价许伯建诗歌，"若以碧柳及宓为大小诗人，许君犹未免为诗匠也"[2]。吴芳吉成为吴宓的诗歌尺度和标准。从 1957 年 8 月 23 日—9 月 2 日，他整理翻读碧柳日记，"感痛极深，涕泣久之"，觉得"新中国之物质娱乐，极其粗野，其势将日盛日广耳"[3]。他称《碧柳日记》为"世间之一伟著"，"二十世纪初叶中国之信史"，可见出吴芳吉"独具之毅力精神聪明道德"，"个人身心情智学术志业之变迁成长"，以及"家庭社会生活之因果实况"[4]，还可为吴芳吉诗集提供参证和注释。1959 年 2 月 28 日，为学生扈家骐讲解碧柳诗。7 月 29 日，吴宓与郑思虞一起散步，郑说："素佩碧柳与雨僧先生之感情真挚，行谊笃厚，力行道德，为不可及。蜀多学人与才士，而求其感情与道德能如碧柳者，则绝无，此非学之可得者也。"吴宓"窃韪其言"[5]。被别人肯定和赞赏，对自己也是一种鼓励。吴宓之所以不断向他人谈到自己与吴芳吉的情同手足关系，以及对吴芳吉诗

[1]《吴宓日记续编》第 2 册，生活·读书·新知三联书店，2006 年，第 207 页。
[2]同上书，第 548 页。
[3]《吴宓日记续编》第 3 册，生活·读书·新知三联书店，2006 年，第 158 页。
[4]吴宓：《空轩诗话》，载《吴宓诗话》，商务印书馆，2005 年，第 178 页。
[5]《吴宓日记续编》第 4 册，生活·读书·新知三联书店，2006 年，第 141 页。

歌的崇拜，实际上也是在塑造道德示范，相当于今天的道德楷模。

8月14日，他又与郑思虞谈论吴芳吉，郑思虞认为吴芳吉的"生活与其诗之创作，皆完全自由、独立，毫无依傍与束缚。其诗之内容，纯属现实，即描写中国人民之真实生活，而寄予极广大之人道主义之同情。其诗之格律形式，则由碧柳自造，任意采择新旧古今中外，而创为白屋之诗体，下开今后一代之诗型，且又多变化，每篇之形式恰与其内容相符合、相适应，此为碧柳独特之造诣。总之碧柳之精神与气魄，如天马行空，自行其所是，毫无顾忌，毫无惧怯，其勇毅实此时代之诗人文人所远莫能及者也。而其人及诗之伟大处亦正由于此"。吴宓认为郑思虞的评论，"最公正而精到，为宓所闻评碧柳与白屋诗者之上品，深为感动"[1]。吴宓也表示，自己"披肝沥胆"，"虽生如死"，"惟一往碧柳不至受宓之累，而白屋诗可以为世人所诵读，得长留于天地之间"。又说，假若吴芳吉能够活到解放后，他必"欢欣鼓舞"，"歌咏共产党之伟业"，但他不会改变崇敬孔子，宝爱中国文化和文字，因为他生性兀傲，不屑于卑谄虚伪之言行，最终也"将必成为右派分子，声誉骤落，终郁郁而死。由此观之，碧柳之早逝，实碧柳之大幸也"。他在表扬吴芳吉，也为其早逝而庆幸，他赞颂他的诗歌和人格，又推测其所为和所不为，既怀念吴芳吉，也为自己而悲伤。到了深夜，吴宓仍是"万感交集，犹不能入寐，遂又失眠"[2]。9月16日，对吴芳吉诗歌是浪漫主义还是现实主义，他与学生也有不同意见。

1960年5月31日，他向求教者介绍自己的看法，认为"碧柳

---

[1] 《吴宓日记续编》第4册，生活·读书·新知三联书店，2006年，第147页。
[2] 同上书，第148页。

是一诗人，非文学批评家。其人之感情与行动一致，即其诗与其生活一致，故当由细读其诗以深知其人，而不当注重其枝节之理论"。又"当据其诗之所蕴示而信其人是如此，勿顾他人之记叙（事实）与评论（思想）"。还说自己"与碧柳之关系，首在宓能确认碧柳为伟大之诗人，深惜其1932早死，而未能为解放后毛泽东时代之维吉尔 Virgil 云云"[1]。在吴宓眼里，吴芳吉是一位伟大的诗人，诗如其人，只是遗憾他没能成为毛泽东时代的维吉尔。维吉尔是古罗马时期的重要诗人，开创了一代史诗，他挣脱说唱性和集体性史诗传统而成文人史诗，对文艺复兴和古典主义文学产生了重要影响。吴宓在1932年6月20日的《大公报·文学副刊》上，刊发了吴芳吉的《论史诗计划书》，吴芳吉曾经想仿但丁《神曲》之例，创作一部从三千年前到三百年后18万字的史诗。他在"跋"里也提及此民族史诗，其义法同维吉尔，如成"其事"，亦"非碧柳莫能任"[2]。

1959年2月12日，到市里参观重庆市农业跃进丰收展览活动后，到邓均吾宅茗坐并晚饭，"菜有特备叉烧及豆腐乳等，甚佳。邓君并出竹叶青名酒，尤美"。大家也"多谈碧柳之为人与其诗，宓自言对碧柳有不良之影响，即使碧柳以感宓私人恩谊之故，倾倒于宓之封建、顽固、保守思想，而未能自由发展，类郭沫若之道路，成为毛泽东时代、社会主义中国之一主要文人、诗人，此宓殊愧负碧柳者也"。邓均吾听后沉默寡言，"虽赞碧柳之诗"，但"对宓之所言不置可否"，吴宓感到他是"岂疑宓言之不由衷也

[1]《吴宓日记续编》第4册，生活·读书·新知三联书店，2006年，第361页。
[2] 吴宓：《吴芳吉论史诗计划书跋》，载《吴宓诗话》，商务印书馆，2005年，第168页。

钦"[1]。邓均吾曾是创造社成员，与郭沫若、成仿吾和郁达夫一起编辑过《创造季刊》，1938年入党，1949年后，担任重庆市文联副主席，重庆市作协副主席，重庆市文史馆馆长。他听了吴宓的介绍不作回答，实际上也就是一种回答。吴宓的自责，虽是他的真实想法，他解放后经多次思想改造，或许已有醒悟和进步，在这种场合说这些话，确纯属多余。

　　1960年6月14日，吴宓由现实想到吴芳吉，"当今凡有才、有情、有气者，莫不遭惩受祸"，"若碧柳在，恐亦早成右派，安望其得为新中国之维吉尔（Virgil）也耶?"[2] 1963年10月4日，他借出和出售《吴宓诗集》和《白屋诗稿》，有的不还回，有的不付钱，觉得自己"最心爱之书籍、最需用之讲义，辄相继遗失，不知何人擅自取去，此令宓甚痛心之事也"[3]。10月5日，读碧柳诗和《吴宓诗集》，"直至深夜，如亲故人，顿觉气壮情舒云"[4]。12月4日，又读碧柳1913—1918年日记及致吴宓函，"深佩碧柳之天才及其精进工夫。在1918已专重身心性命之学，又志愿干大事、立大业"。当读到吴芳吉1918年寄给吴宓诗中谶语"国，谁之国?友，何处友? 万事伤心，一朝撒手"，他"不胜沧桑生死之悲感矣"[5]。1965年1月2日，他给吴芳吉长子吴汉骧写信，"羡碧柳之身名俱泰，志气不屈不辱，而伤宓之寿长、虚生，反遭此种种困厄，为大不幸也矣"[6]。吴芳吉是吴宓的一面镜子，他早逝的不幸反而成了他的幸运，不用像吴宓这样陷入种种困厄。吴宓还将吴芳

---

[1]《吴宓日记续编》第4册，生活·读书·新知三联书店，2006年，第36页。
[2] 同上书，第374页。
[3]《吴宓日记续编》第6册，生活·读书·新知三联书店，2006年，第85页。
[4] 同上书，第86页。
[5] 同上书，第106页。
[6]《吴宓日记续编》第7册，生活·读书·新知三联书店，2006年，第4页。

吉与其他四川诗人和文人作比较，认为"蜀士多资性聪明，而处境丰裕"，"奔走末职而洋洋得意"，"皆《浮华世界》（《名利场》）中之人物"，只有"碧柳乃真特立独行者"[1]。又说："宓观成都教员文士生活，亦不外美馔佳肴，痛饮连醉，再则赌博跳舞，全系享乐纵欲生活"，"至于爱情之理想与实际，亦非徒事享乐之名士所能知也。"[2] 1956 年 12 月 21 日，他认为："蜀男女皆富于情，敏于感。蜀士率读诗多而能吟咏"[3]，才情有余而品性不足。1957年 8 月 26 日，认为西南师院中文系"四老"之一赖以庄用功、博览，但"无卓越之品格，圆滑应世，又无坚定之宗旨，惟喜述说人之科名家世及著作轶事等，若持与碧柳较，实有霄壤之悬隔也矣"[4]。在吴宓心里，只有吴芳吉才是川人和诗人的标杆。

在吴宓喜爱和阅读的诗人群里，除吴芳吉以外，恐怕就算他自己的诗集了。1952 年 4 月 18 日，他向学生出示《吴宓诗集》，并讲述和毛彦文"合离经过"及原因。1953 年 2 月 8 日，有学生来访，又出示《诗集》，还说学生"彼等思想进步而意识均甚新，未可与言真正之文学也"[5]。吴宓心里还是希望有学生来访，来了也热情有加，但谈话后又很失望，他谈的都是旧人旧事，而这些学生都是些新式学生，持新思想、新感情，一部《吴宓诗集》怎能吸引住新式学生？1955 年 4 月 23 日，他"翻读旧作之诗"。5 月 17 日，潘伯鹰修改吴宓诗《吾生》，吴宓感觉"改得极好"，各条解释也"诗律精细"[6]。12 月 28 日，读《吴宓诗集》空轩诗话，"重温旧

[1]《吴宓日记》第 9 册，生活·读书·新知三联书店，1998 年，第 385 页。
[2]《吴宓日记》第 10 册，生活·读书·新知三联书店，1998 年，第 32-33 页。
[3]《吴宓日记续编》第 2 册，生活·读书·新知三联书店，2006 年，第 583 页。
[4]《吴宓日记续编》第 3 册，生活·读书·新知三联书店，2006 年，第 159 页。
[5]《吴宓日记续编》第 1 册，生活·读书·新知三联书店，2006 年，第 492 页。
[6]《吴宓日记续编》第 2 册，生活·读书·新知三联书店，2006 年，第 178 页。

梦"。29 日，专门从北京运来六大箱书籍，拟捐献给学校。1962 年
9 月 13 日，"感念往事，遂取《吴宓诗集》独坐读之，至夜半 12
时，寝"[1]。10 月 11 日，陈斯麟评论吴宓诗歌，"少壮阔奔放之
气势，又不关心世界国家民族之大事、大问题，而只作个人写
真"[2]。吴宓认为此论与 1939 年傅筑夫观点相同。傅筑夫是中国
经济史学家，1921 年考入北京师范大学化学系，后结识鲁迅，并
在鲁迅倡导和指导下，进行中国古代神话的搜集整理和研究工作，
为他后来大规模搜集经济史资料、从事经济史研究打下了基础。
1939 年 7 月至 1945 年 7 月，傅筑夫在重庆北碚的国立编译馆任编
纂，从事翻译和主持编辑经济科学各科名词。吴宓则辩解自己，
"才力及志节"，笃信力行"'保守主义'，故反对文字改革"，"此
正需要绝大之勇气与绝大之牺牲者，固非庸凡势利之人所能为、所
敢为者也"[3]。他并没直接回答友人批评，所说"勇气"与其诗
的小家子气并不是同一个问题。1964 年 8 月 5 日，穆济波评论吴宓
诗歌，"初读嫌其真实太甚，才气稍弱，似学究诗。经一再细读，
其真率处反更可爱，才情、学力二者俱有"[4]。1965 年 8 月 10 日，
他与唐昌敏丈夫贺文彬（北碚废品收购门市部主任）谈诗，贺在读
《吴宓诗集》之后找吴宓交流，吴宓也在寻找诗友。8 月 24 日，他
们再在一起谈论诗歌，他还将碧柳诗歌送给贺读。1967 年 3 月 19
日晚，"取箱中所藏《吴宓诗集》一部，翻读，如逢亲故"[5]。
1973 年 3 月 28 日，"上午 8—11 读《吴宓诗集》卷末《余生随笔》

---

[1] 《吴宓日记续编》第 5 册，生活·读书·新知三联书店，2006 年，第 426 页。
[2] 同上书，第 444 页。
[3] 同上书，第 444-445 页。
[4] 《吴宓日记续编》第 6 册，生活·读书·新知三联书店，2006 年，第 290 页。
[5] 《吴宓日记续编》第 8 册，生活·读书·新知三联书店，2006 年，第 73 页。

《空轩诗话》一过，感动流泪甚多"[1]。读诗成了他的生活，读他人的诗如见朋友，读自己的诗如见亲人。

吴宓还多次阅读黄节、潘伯鹰和陈涛诗歌。抗战期间，潘伯鹰曾在重庆发起并主持"饮河诗社"。该诗社由章士钊、沈尹默、乔大壮、江庸等人发起，1940 年创办于重庆。社名取庄子《逍遥游》之"偃鼠饮河，不过满腹"句，意思是田鼠到河边喝水，一会儿就喝饱了，形容胃口不大，要求不高，所需极有限。该社借此针砭时弊，反映民生疾苦，抒写爱国情怀。参与诗社者为著名学者和社会名流，如俞平伯、朱自清、缪钺、叶圣陶、郭绍虞、陈铭枢、萧公权、吴宓、谢稚柳、徐韬、黄稚荃、黄苗子、王季思、沙孟海、程千帆、沈祖棻、萧涤非、成惕轩、施蛰存、曹聚仁、萧赞育、叶恭绰、屈义林、陈寅恪、王蘧常、游国恩、谢无量、李思纯、夏承焘、浦江清、潘光旦、马一浮等。饮河社组织松散，凡在社刊《诗叶》《饮河集》《饮河》等刊物上发表作品者均为社员，作者有一百余人，通讯诗友遍及全国各地。社长章士钊、江庸，主编潘伯鹰，助理编务和杂务是许伯建。其《饮河集》分别在《中央日报》《扫荡报》《益世报》《时事新报》《世界日报》副刊上刊载，每半月或每周一期，共出刊 100 余期，1949 年底停刊。

1954 年 6 月 15 日，细读黄节《阮步兵咏怀诗注》，草成《鹧鸪天》，其中有"六十年间两世人，如真如梦忆前尘"，"平生行事原无悔，学道终力未至醇"[2]。1955 年 9 月 10 日，赞赏黄节诗，"有情有气"，"有志有学"[3]。1959 年 11 月 15 日，"读《蒹葭楼诗》，顿觉爽适"。16 日，读《唐诗别裁》，"多能背诵，宓一生诗

［1］《吴宓日记续编》第 10 册，生活·读书·新知三联书店，2006 年，第 345 页。
［2］《吴宓日记续编》第 2 册，生活·读书·新知三联书店，2006 年，第 37 页。
［3］同上书，第 265 页。

之工夫实基于此"[1]。1965 年 5 月 28 日，将黄节诗集《蒹葭楼诗》，《国风》半月刊、《黄师追悼会记》《摄堂诗选》等资料打包，拟托重庆大学林筱圃教授带给重庆师专的田楚侨阅读。在收捡时，他翻阅"重读"，"不禁涕泪滂沱"[2]。田楚侨是早期创造社成员，抗战时期饮河社社员，抗战胜利后，曾作《还都赋》，传诵一时，晚年在重庆师范大学任教。吴宓喜欢感伤而沉郁之诗，如吴梅村、顾炎武和杜甫等，尤其喜欢阅读遗民诗人之诗。1960 年 7 月 15—24 日，他读《居易堂集》，"深感必需以读书养气，守道持志自保自立"[3]。《居易堂集》是明末遗民徐枋的诗文汇编，所述遗民生活实录是研究明末清初历史的重要史料。"遗民"在中国传统文化中的特殊地位可谓源远流长。在宋元之际、明清之际两度遭受"亡天下"之痛，这造就了中国历史上最突出的"遗民"群落，他们对当时的文学艺术产生了深远影响。遗民不仅对前朝有留恋，更对政治威权保持怀疑、警惕与批判眼光。1961 年 12 月 14 日，又读《明遗民诗》。1971 年 1 月 13 日，读陈涛《审安斋诗集》《审安斋遗稿》及《六朝文絜》。陈伯澜是吴宓的姑丈，吴宓十几岁时就从陈伯澜学诗，深受其影响，崇唐诗，酷爱杜诗。吴宓早期诗歌多直白，不含蓄，缺乏韵味，陈伯澜纠其弊，教导他写诗"贵含蓄而忌直说"[4]。《六朝文絜》为骈文选集，由清代许梿编选。所选骈体文构思精练、修辞简洁、文笔优美、短小精悍。全书选入上起晋宋，下讫陈隋作者 36 人，骈文 72 篇，合为赋、诏、铭、令、表、书、启、论、碑等 18 类。在诗人梦里的六朝，总是烟波浩渺而又

[1]《吴宓日记续编》第 4 册，生活·读书·新知三联书店，2006 年，第 225 页。
[2]《吴宓日记续编》第 7 册，生活·读书·新知三联书店，2006 年，第 137 页。
[3]《吴宓日记续编》第 4 册，生活·读书·新知三联书店，2006 年，第 398 页。
[4]《吴宓日记》第 1 册，生活·读书·新知三联书店，1998 年，第 368 页。

余香缭绕，古有杜牧"江山九秋后，风月六朝余"的吟咏[1]，近有苏曼殊的"蝉翼轻纱束细腰，远山眉黛不能描。谁知词客蓬山里，烟雨楼台梦六朝"[2]的想象。实际上，六朝可谓"乱世"，朝荣夕败，命不由我，生亦何艰！这样的人生困窘，可满足吴宓的阅读兴趣。他喜欢的不是缘情而绮靡的骈体文，而是黯然神伤的销魂和痛苦。

吴宓还与他人写诗唱和，参加雅集活动。在他心里，"吟读中国古人之诗词，此为宓之最大快乐"[3]。即使一个人独处，"诗情美感，怀旧伤离，尽在衾枕或独步时一现于脑际心中耳"[4]。1956年11月24日，他读到潘伯鹰诗，其中提及《新旧因缘》，引起他的回忆，吴芳吉也曾在信中引用过《论语·里仁》之"古者言之不出，耻其躬之不逮"，意为古人不轻易把话说出口，并以说出却做不到为可耻，于是，他觉得"宓平生经验，凡预言其计划者，终必无成事。以是知宓撰作《新旧因缘》之徒为口说，而负伯鹰此诗也"[5]。1956年10月20日，接郭斌龢寄杜甫诗二首《江汉》和《秋野》，"细吟此二诗，觉其字字皆贴切洽周及宓等今日之情况。益叹杜公诗之神奇精工宏达也"[6]。1956年10月21日，周邦式示宓三首诗，吴宓评价"清稳""真切"和"精当卓绝"，并说其"诗法严密而整炼，又学道有得，其看似平常处自不可及，由熟读

[1] 杜牧：《许七侍御弃官东归潇洒江南颇闻自适高秋企望题诗寄赠十韵》，载《杜牧诗集》，上海古籍出版社，2015年，第109页。
[2] 苏曼殊：《东居》（十四），载《苏曼殊文集》（上），花城出版社，1991年，第48页。
[3] 《吴宓日记续编》第4册，生活·读书·新知三联书店，2006年，第177页。
[4] 吴宓：《致金月波》，载《吴宓书信集》，生活·读书·新知三联书店，2011年，第328页。
[5] 《吴宓日记续编》第2册，生活·读书·新知三联书店，2006年，第562页。
[6] 同上书，第539页。

杜诗有得也"[1]。

1950 年后，吴宓参加了 1954 年、1959 年和 1963 年三次雅集。第一次 1954 年 3 月 22 日在磁器口，参与宴聚的诗人有黄稚荃、谌志远、周邦式、许伯建等。吴宓因"易主田庐血染红"诗险遭厄运。第二次是 1959 年重阳节在鹅岭，据 10 月 11 日日记记载："茗坐轩中，出所携之诗词互读，以国庆十周年献礼之作为多，再则李胤昌社友挽诗或词（李君巴县人，民革成员，亦重庆文史馆馆员。年六十七，国庆日午病逝）。此外则旧作各体，以李仲咸之词为最多，虽多，颇逞才，然不及刘季善《挽李胤昌》七律一首之切挚也。"[2]"下午 2：00 入席，午宴，盖建之戚苏君在此主事，故得特备盛馔（鸡鸭鱼肉俱备，鱼肚席，值十五元）。于休息（游客尽去）不办公时以享我等。然肴馔不如成都群力饭店远甚。进泸州大曲，宓饮两大杯。众客各交粮票，始得食米饭一碗，宓则自食所携二馒。饭后，复坐轩中茗谈。宓以陈寅恪诗函授建留读。"[3] 这里的"建"即许伯建，著名书法家，也是抗战时期饮河诗社成员。第三次是 1963 年重阳节，在重庆饭店，由杜钢百带高梦兰手示相邀，9 月 22 日，诗友重阳聚会，吴宓以事忙未赴会，却参加了 10 月 27 日的补禊。吴宓 1963 年 10 月 20 日在致许伯建函中说："宓八月十八日赴成都，九月十一晚回磕。十四日上课"，"备课需时，故甚为忙碌"，"九月二十二日沙坪坝社集，竟不克赴，亦未及复函，至歉。""请问：重阳节附近，即下星期日（十月二十七日）是否有社集？倘有，祈速函示或片示，无论在城，在沙坪，宓定趋赴。（星期六有会集，不能外出，只可于星期日上午来，下午或晚须赶

[1] 《吴宓日记续编》第 2 册，生活·读书·新知三联书店，2006 年，第 540 页。
[2] 《吴宓日记续编》第 4 册，生活·读书·新知三联书店，2006 年，第 191 页。
[3] 同上书，第 192 页。

回磋。）俾藉此机缘，面述成都见诸友之详情，并以其诗篇呈阅。"[1] 这次雅集原定于 9 月 22 日在沙坪坝公园举行，多人因事未去，后改在重阳节后一日，吴宓参加了。诗人们以杜甫《九日》诗句"采花香泛泛，坐客醉纷纷"十字分韵赋诗。吴宓分韵得"客"字，作诗未成[2]。

吴宓以读书为生活，不仅喜读诗文，还读经史。读经明理，读史增智。《左传》是吴宓最喜欢的书籍之一，其诗文中的许多典故出自此书。1951 年 7 月 31 日，读《孟子》之告子孟子辩性善，认为告子心物分隔不能连贯，但不解不动心章。8 月 15 日，读毛泽东《实践论》，又读赵紫宸的《圣保罗传》。1961 年 3 月 5 日，向人传授处世之道，"教以庄子之道，即使此心超然物外，而随缘处顺，不忮不求，对人对事，则毫无我见，但求每一出戏演得（出）成功，则台下可各营得乐矣云云"[3]。1965 年 9 月，读《周易古经今注》。1971 年 1 月 6 日，读亚里士多德英文版《修辞学》，觉得"所谓《修辞学》，实为教人如何发言、致辞、作文，即是词令之工夫、游说之技术而已"[4]。但他自己却学不会，至少是不太懂修辞学。

吴宓喜读旧书，念往事，思古人。他的思想在别处，情感在书里，当进入现实世界就有些不合时宜。这与有些人不同，活在当下，活在现实里。1955 年 5 月 11 日，读《虞部新志》，"有明遗民故国之思"[5]。1962 年 8 月 18 日，读李源澄的《秦汉史》，"深佩

［1］ 吴宓：《致许伯建》，载《吴宓书信集》，生活·读书·新知三联书店，2011 年，第 411-412 页。
［2］ 张南：《吴宓在重庆的三次雅集》，《渝州》，2014 年第 4 期。
［3］ 《吴宓日记续编》第 5 册，生活·读书·新知三联书店，2006 年，第 51 页。
［4］ 《吴宓日记续编》第 9 册，生活·读书·新知三联书店，2006 年，第 155 页。
［5］ 《吴宓日记续编》第 2 册，生活·读书·新知三联书店，2006 年，第 176 页。

其论政理及史事之明通"[1]。1963 年 10 月 6 日，读缪钺《读史存稿》，"深感于其中颜之推年谱一篇"，"综其一生，宏识博学，自以在北方出仕为'穷'为'辱'，然犹孜孜于中国文化之保存，家门德教之延续，勤苦奋发，斯则为我辈之所钦仰而愧不及者矣"[2]。1964 年 12 月 4 日，读《鹤林玉露》十六卷完。"晴，初冬景色似秋，极美。"该书是宋代罗大经的一部文言逸事小说，分甲、乙、丙三编，共 18 卷。半数以上评述前代及宋代诗文，记述宋代文人逸事，有文学史料价值。如卷三《东坡文》一则，论苏轼文章深受《庄子》《战国策》影响，因为作者善文，其议论颇具眼力。1965 年 8 月 6 日，"读张舜徽著《清代文集别录》上下二册，甚佩。惟论罗、王两先生之忠于清室，为行事迂拙愚顽，见笑当世，云云。殆亦不得已而为此说欤？"[3] 显然，他不同意此说，正如我们说吴宓迂拙一样，他不会认为自己"愚顽"，而是勇毅，是"需要绝大之勇气与绝大之牺牲"的行为，而"非庸凡势利之人所能为、所敢为"[4]。所以，他是"迂"并不"拙"，是"顽"而不"愚"，是人生中的另一种智慧和勇气。1967 年 9 月 10 日，"上午，读《通鉴》卷九至十二。窃观春秋之末至汉初，为国立大功者，无不惨死或至族诛，其先由忌者、仇人害之，其后则由其所忠事之君主（皇帝）之尽杀功臣耳"[5]。1973 年 1 月 13 日，读《遁堪文集》，"佩其博古通今，论今世中国政、教及社会人事，尤通达合理"[6]。已近暮年的吴宓，依然坚持每天读书，虽申言恭默

［1］《吴宓日记续编》第 5 册，生活·读书·新知三联书店，2006 年，第 402 页。
［2］《吴宓日记续编》第 6 册，生活·读书·新知三联书店，2006 年，第 86-87 页。
［3］《吴宓日记续编》第 7 册，生活·读书·新知三联书店，2006 年，第 196 页。
［4］《吴宓日记续编》第 5 册，生活·读书·新知三联书店，2006 年，第 444-445 页。
［5］《吴宓日记续编》第 8 册，生活·读书·新知三联书店，2006 年，第 243 页。
［6］《吴宓日记续编》第 10 册，生活·读书·新知三联书店，2006 年，第 279 页。

自守，但只是说说而已。

吴宓阅读经史，有《呻吟语》。1951 年 3 月 25 日，读 "《呻吟语》全书毕"[1]。不见其何时开始，或因 1949 和 1950 年日记缺失不见记录。6 月 17 日记载 "虞赠宓《呻吟语》等书"[2]，此处 "虞" 即吴则虞教授。7 月 15 日，"读《荆园语录》。极佩。与《呻吟语》同一精警深到"[3]。8 月 31 日，叫学生帮忙购买《呻吟语》，书价 700 元。1959 年 7 月 30 日晚，"送《呻吟语》与新读"[4]，"新" 即凌道新。1973 年 4 月 1 日晚，凌道新来，半小时后即离开，吴宓 "读《呻吟语》"[5]。第二日上午再读，第三天续读。4 月 20 日下午，又 "读《呻吟语》"[6]。5 月 4 日上午，"读《呻吟语》，又读《人民日报》"[7]。5 月 31 日，借《呻吟语》给唐季华。1973 年 6 月 28 日下午，"读《呻吟语》卷三，天地、世运、圣贤节"[8]。7 月 1 日晚，"读《呻吟语》卷三《品藻》节完"。7 月 2 日晚，"读《呻吟语》至 10 时，寝"[9]。7 月 3 日从下午到晚上，都读《呻吟语》，7 月 4 日读完。8 月 12 日，将有关资料托周锡光永久保存，其中就有吴宓批注过的《呻吟语》一册。

《呻吟语》是明代学者吕坤之语录、箴言体小品文，积 30 年心血而成的 "疾痛语"。全书六卷，前三卷为内篇，后三卷为外篇，为数百则含意深刻、富有哲理的语录笔记。它谈人生，说哲理，抨

---

[1] 《吴宓日记续编》第 1 册，生活·读书·新知三联书店，2006 年，第 99 页。
[2] 同上书，第 157 页。
[3] 同上书，第 174 页。
[4] 《吴宓日记续编》第 4 册，生活·读书·新知三联书店，2006 年，第 132 页。
[5] 《吴宓日记续编》第 10 册，生活·读书·新知三联书店，2006 年，第 349 页。
[6] 同上书，第 365 页。
[7] 同上书，第 379 页。
[8] 同上书，第 420 页。
[9] 同上书，第 423 页。

时弊，涉及人生修养、处世原则、兴邦治国、养生之道。行文言简意赅，警言妙语，洞彻精微，影响很大。如修身，它说："沉静最是美质，盖心存而不放者。令人独居无事，已自岑寂难堪，才应事接人，便任口恣情，即是清狂，亦非蓄德之器。"[1] 沉心静气是人的美好品质，有此品质者，谨慎而不放任，任口恣情即是轻狂之人。关于慎独、慎言，《呻吟语》还有不少言说，如"言语不到千该万该，再休开口"[2]。它的文风朴实，全是平常话，却道出世间道理。吴宓自己一直以"慎重含默"为箴言。1962年9月25日，他参加院务会，传达中央及省高教局毕业分配工作精神及方案，吴宓发了言，但事后"仍悔失言，决再以'慎重含默'痛自铭箴"[3]。1962年7月23日，他向学校反映邹开桂种种缺失，"盼学校剔除其出校，毋以宓为虑"，当得知学校有关职能部门表示"以校中尊重宓，此事仍如宓意办理"，他又反悔了，说自己身体骤衰离不开他，"若学校非一般强制，则望能保留"，此人缺点虽多，他"当加以教责"，事后，"立即反悔"，觉得"宓多凭一时感愤，由其冲动而直情径行"。吴宓年幼时，其父就曾训诫批评，至老也未改变，"今忽又悔之，出尔反尔，既多事，又贾怒，懊恨无已。读书修学，实未得力与受用也"[4]。他发现所谓读书修学，"实未得力与受用"。他曾经也多次反省，"自知一生之大缺点，为多思虑而迟疑寡断，无当机立行之能力"[5]。吴宓处事冲动，情绪化，喜欢较真。如1973年9月11日，他所住宿舍楼道有人做清洁，门口洒水不便通行，"宓怒责之"，晚上又"大悔恨，自责。决心：今

---

［1］　吕坤：《呻吟语》（上），中华书局，2018年，第236页。
［2］　同上书，第357页。
［3］　《吴宓日记续编》第5册，生活·读书·新知三联书店，2006年，第431页。
［4］　同上书，第382页。
［5］　《吴宓日记续编》第1册，生活·读书·新知三联书店，2006年，第105页。

后（一）一切感想，存于我心中，而不出诸口。'Speech is silver; Silence is gold.'（二）事不干己，勿发言，勿评论他人之事"[1]。一些生活小事也会让他发怒，事后又悔恨不已。尽管他常常翻阅《呻吟语》，但似乎并没有起到多大作用。这是人的性格使然，也由社会情势造成。《呻吟语》讲"势之所在，天地圣人不能违也。势来时，即摧之未必遂坏；势去时，即挽之未必能回。然而圣人每与势忤而不肯甘心从之者，人事宜然也"[2]。情势多由社会历史环境形成和决定，人们常说，势大于人，个人难以改变和超越，圣人和伟人常逆势而行，而成大气候，创造大格局。吴宓何不知晓世运变迁，只是不肯甘心从之，最终成就了一种精神人格。

吴宓在读书中治学、怡情和修身，也为思想改造而读书，为教学而读书。1957 年 11 月 10 日，他读罗念生翻译的阿里斯托芬喜剧《骑士》，14 日读《俄狄浦斯王》，16 日读《美狄亚》和《云》，20 日读《财神》。这段时间连续读古希腊文学作品，因为要给中文系学生上"世界文学"课，还有编写讲义。从 1963 年 9 月 27 日到 10 月 3 日，10 月 11 日到 16 日，他都在读朱生豪翻译的莎士比亚戏剧，也是为了上"外国文学"课。1964 年 6 月，读《约翰·克利斯朵夫》。1972 年 3 月 31 日，读莎士比亚《李尔王》。1965 年 1 月 22 日，读《毛泽东选集》第 2 卷，23 日重读《毛泽东选集》第 1 卷。1968 年 9 月 2 日，到新华书店购得《毛主席语录》法文版、德文版、俄文版各一册，均精装红皮套，他以前藏有英文版，"晡夕，以各种外文版《语录》比较细读，深可玩味。平生用力之外文知识与组织学习、思想改造，两俱有益，诚乐事也"[3]。当然，吴

[1]《吴宓日记续编》第 10 册，生活·读书·新知三联书店，2006 年，第 477 页。
[2] 吕坤：《呻吟语》（下），中华书局，2018 年，第 629 页。
[3]《吴宓日记续编》第 8 册，生活·读书·新知三联书店，2006 年，第 547 页。

宓的阅读也有因世事变迁而了解相关知识内容，如 1952 年 11 月 5 日，读西师中文系第一任系主任林辰的《鲁迅传》，看到鲁迅恋爱婚姻"悲感甚深"[1]。吴宓不喜欢鲁迅，但却对他的爱情婚姻感同身受。1965 年 1 月，连续读《鲁迅全集》和《鲁迅日记》。1964 年 4 月 2 日，张宗芬来，"以改造进步、学习获益自喜，其实此皆末节"，8：30 离开后，吴宓读《雪莱诗集》到 11 时，并记录感受："宓少年极佩爱雪莱，今因授课复读雪莱之《诗集》，自恨一生未遇如玛丽者为妻为友。"[2]

事情也有意外。1958 年 12 月 24 日，他在图书馆阅读《译文》杂志所刊的苏联作家帕斯捷尔纳克的《日瓦戈医生》，还读了相关消息，"自悲屈辱苟活，同于帕氏及其书中之日瓦戈医生。而宓一己理想之高洁是否胜过日瓦戈，亦不敢言，但卑屈与怯懦，则实与彼同尔"[3]。1958 年，帕斯捷尔纳克获得诺贝尔文学奖。《日瓦戈医生》主要叙述出身于知识分子家庭的年轻外科医生日瓦戈，在第一次世界大战期间的沙皇军队供职，眼见沙皇的虚弱无能和旧军队的腐败，聪颖的心灵预感到革命力量的日趋成熟，期待革命给国家和人民带来新生，并以积极的行动拥护新政权。然而，国内战争的严酷现实，以及新政权随后的一系列政策实施，使这位诚实、正直的旧知识分子，对于暴力和集权产生了深切的怀疑和忧惧，在被迫而有系统的双重生活中，承受着巨大的压力。小说的另一条重要脉络是日瓦戈与拉拉之间曲折的爱情，他们在避难的瓦雷基诺有着短暂而闪光的生活和诗歌创作，日瓦戈称赞质朴宁静的俄罗斯品质，并向往安静的生活、优美的爱情，做有意义的工作，但不为社会现

---

[1]《吴宓日记续编》第 1 册，生活·读书·新知三联书店，2006 年，第 453 页。
[2]《吴宓日记续编》第 6 册，生活·读书·新知三联书店，2006 年，第 193 页。
[3]《吴宓日记续编》第 3 册，生活·读书·新知三联书店，2006 年，第 546 页。

实所接纳。《日瓦戈医生》反对极权与暴力，宣扬个性和自由，表达对个人与时代的独立思考。它能引起吴宓强烈的精神共鸣，表明伟大的思想还是相通的。

第二辑

———

生存境遇

第四章　礼遇甚优：统战对象

1949 年重庆解放前夕，吴宓决定不去台湾，而留在大陆喜迎解放。1950 年下半年第一次给教师评工资，他被评为全院最高级别却自请降低两级。1952 年，学院按职称分给他一套四的大房子，他坚决只要一半，将另一半让给了别人。他作为当时国内少有的二级教授，工资不低，只是他将其中大部分用来资助亲朋故旧及其遗属，甚至还遭恶人勒索，弄得自己的生活十分拮据。学院曾动员他申报一级教授，他一概婉拒，始终未能晋升。对此，许多人都纳闷不解。总的说来，吴宓在解放后的生活和待遇，以 1964 年为界，在这之前，虽有不少烦恼，但对他的生活影响并不大，之后则是痛苦不堪。他不适应社会变化，深感痛苦和郁闷，乃至想早死。实际上，吴宓一直都有抑郁、苦闷、焦虑、痛苦乃至自杀心理，并非1949 年后才出现，只是以前多来自个人，后来则多来自社会。

一、二级教授

一些回忆和传记将 1949 年后吴宓的生活描述为受难和折磨，显然不客观和确切。实际上，吴宓曾受学校和政府的礼遇。他自己曾说："解放后，承蒙党政校系，以及统战部之优礼厚待，直到

1965 年终，宓恒安富尊荣。1966 年'文化大革命'起，宓乃陷入罪戾。"[1] 他的同事曾说，1950 年代，"方敬在一次会上说：'吴宓等教授的猫上了房顶，你们（指后勤、教务职工）也要想法给他们捉下来！'这当然是诗人的形象说法，亦可见他对名教授的重视程度"[2]。方敬在学校"长期负责统战工作和教学行政工作；吴先生一直是西师最主要的统战工作对象"，方敬不但在政治上关心爱护吴宓，"在工作和生活上也尽可能地关照他"，吴宓也信任方敬，"遇到事情，无论大小，愿意找他商量，征求意见和看法"[3]。1951 年 5 月 3 日，吴宓就以特邀代表身份参加了重庆市第一届文学艺术工作者大部分大会。会间，还认识了艾芜、沙汀和邓均吾，听报告，"深感在今为一文学工作者之苦。宓即不自杀，亦必劳苦郁迫而死！"[4] 5 月 18 日，方敬告知他被选为西师校务委员，一共 13 人，方敬说明"当局借重虚名，不必实负责任"[5]。21 日，名单正式公布，却被秦荫人讥讽，秦毕业于北京大学化学系，时为西师外语系教授。当天晚上，吴宓称病没出席第一次院务会。吴宓日记多次记录他参加学校院务会议，如 1956 年 9 月 18 日参加院务会工作，1962 年 8 月 17 日参加学校院务会，9 月 25 日参加院务会，传达中央及省高教局毕业生分配工作之精神及方案，并研究本院各系之办法，吴宓发了言，只是事后"仍悔失言"[6]，害怕说错话。

［1］ 吴宓：《致郭斌龢》，载《吴宓书信集》，生活·读书·新知三联书店，2011 年，第 424 页。
［2］ 彭维金：《我的邻居吴宓先生》，载王泉根主编《多维视野中的吴宓》，重庆出版社，2001 年，第 103 页。
［3］ 方小早、方小明：《吴宓与方敬》，载王泉根主编《多维视野中的吴宓》，重庆出版社，2001 年，第 109 页。
［4］《吴宓日记续编》第 1 册，生活·读书·新知三联书店，2006 年，第 129 页。
［5］ 同上书，第 137 页。
［6］《吴宓日记续编》第 5 册，生活·读书·新知三联书店，2006 年，第 431 页。

1951 年 7 月 11 日，吴宓作为模范教师戴上红花，受邀坐上主席台，观看学生演剧。8 月 10 日，受邀到市政府听抗美援朝报告，任白戈和艾芜作报告。8 月 16 日，方敬到北京参加师范工作会，委托吴宓代系务。1956 年 11 月 9 日，被列为二级教授，"增薪"，工资 265 元，"以宓为'全国性教授'故崇之，而盼其起'带头作用'"[1]。全校只有两名二级教授，另一名为化学系的郑兰华，他忙表达"宓列新三级已极满意，祈万勿提宓至新二级，反致同人不融洽，宓亦不安心"[2]。1957 年 10 月 14 日，吴宓被通知到学校大校门，参与迎接捷克斯洛伐克议会主席及夫人来访，由全国人大常委会副委员长陈叔通，重庆市市长任白戈陪同。吴宓被选为欢迎人员，要求"服装整洁，态度热烈"，并"以其老"立校门右侧最前排之第一二处，女生献花，贵宾拥抱，吴宓在队列里看到"群拍手如雷"，"拍手欢送"，后又各自"散归"，吴宓没参加后面的有关活动。整场活动过程，吴宓虽是看客，被邀请也算受重视，只不过是装点门面。1959 年 12 月 9 日，给金月波写信说："宓近日忙极，但身体健康，心境平舒。今年六月，续任（二届）四川省政协委员，赴成都开会旬余，得晤旧日诗友数君。回校后，被命为中文系外国文学教研组主任，兼院务委员、系务委员。"[3] 还说："平日之学习、开会、劳动，宓皆积极参加（劳动只作种菜之插秧、除虫、拔草及扫除教研室拭桌椅门窗。余事宓皆以老免。校外之炼钢、修铁路、助农忙、修水库、运煤、挖红苕等，宓皆老全免）费时极多，所余编讲义之时间实甚少，故云忙极。"还表示："力求

<hr />

[1] 吴宓：《致黄有敏》，载《吴宓书信集》，生活·读书·新知三联书店，2011 年，第 403 页。

[2]《吴宓日记续编》第 2 册，生活·读书·新知三联书店，2006 年，第 554 页。

[3] 吴宓：《致金月波》，载《吴宓书信集》，生活·读书·新知三联书店，2011 年，第 327 页。

'无我'，事事'从命'"，"'愿听党的话'极力跃进，故在校、系颇受礼遇。即如劳动宽免，高薪未减，小灶膳食，配给牛乳、白糖、煤油（补电灯）等皆是。"[1] 1960 年 7 月，在给李赋宁信中，他对自己的工作安排和生活待遇总体上比较满意，"参加一切劳动、学习、会议及教改等运动。虽极劳忙，而未尝犯任何错误。上下对宓皆极好"，"宓仍任省政协委员、西南师院院务委员、中文系系务委员兼外国文学教研组主任。宓每逢年节、五一、十一等，必有短诗长诗，登院刊，为众传诵。自院长以下，对宓礼貌有加"[2]，"总之，宓在生活方面，乃至在工作方面，并无任何不满之感情及思想"[3]。到了 1962 年，他对自己的处境并无多大的怨言，"宓老年心境平和，乐天知命，对人有恩无怨，在此与各方面关系均好"[4]。

20 世纪 60 年代初是吴宓最受礼遇的时期。1961 年底，他生病住院 38 天，亦受厚待。12 月 15 日，他因肩痛住进北碚第九人民医院，16 日学校就派车将他转至西南医院。他在那里颇受尊重，医生护士服务态度好，称他为"吴教授"或"教授"或"老教授"[5]。还被邀请欣赏川剧和电影。当吴学昭在昆明出差，遇见学校副校长知晓了情况，还去医院看望吴宓，让吴宓享受到亲情之怡。这些都让吴宓很受用。学校校长专门打电话给医院院长代为问候，还委托校办主任亲自去医院看望。1962 年 1 月 23 日，学校用

[1] 吴宓：《致金月波》，载《吴宓书信集》，生活·读书·新知三联书店，2011 年，第 328 页。

[2] 吴宓：《致李赋宁》，载《吴宓书信集》，生活·读书·新知三联书店，2011 年，第 373 页。

[3] 同上书，第 378 页。

[4] 同上书，第 382 页。

[5] 《吴宓日记续编》第 5 册，生活·读书·新知三联书店，2006 年，第 246 页。

车将吴宓接回学校。吴宓出院时撰写了一千字的《住医院的感想》。整个住院，耗费医药费 98 元，住院费 23.4 元，共 121.4 元，吴宓只承担费用十分之一的 12.34 元，其余全由公费医疗报销。1964 年 2 月 14 日，吴宓再次生病，卧床，方敬还来家里看望。8 月 19 日，吴宓到学校，校长还问及萧光（即吴学昭）下放内江农村的事，希望吴宓去探视和参观。1964 年，学校为四位老教授修建一四合院新舍，吴宓"不往居住"，觉得"宓素性喜多任工作，而不在衣食住之享受"[1]。1964 年 11 月 8 日，吴宓在座谈会上发言，对学校党委及领导人没任何意见，"只觉院系党委及领导人皆甚好，尤其对老教师好。窃以待老教师之好者，莫如西师，如中文系钟老至殁，赖老久病，皆供养终身，从未动员其退休。今年对宓不令授课，尤感照顾之厚，窃以如此照顾或厚待老教师，只能使宓等深感党之厚恩，只思努力工作，以图报称，故有捐赠西书之举"[2]。12 月 5 日，他再次表示"仍欣住文化村一舍 106 室之旧宅"。1965 年 8 月 10 日，重庆市工会特邀教师在北温泉暑假休养，在第二批受邀教师里面就有吴宓，希望他前往休养两周，吴宓表示婉谢。10 月 25 日，学校安排他出去参观，吴宓亦婉拒，他给出的理由是："宓负才学而不得为师，且不得安居读书及休息，而必奔走酬应，参观开会，为宓所最不擅长而最以为苦之事。"[3]

二、政协委员

1949 年后，吴宓获得最高的政治礼遇是被作为统战对象，列

［1］《吴宓日记续编》第 6 册，生活·读书·新知三联书店，2006 年，第 401 页。
［2］同上书，第 407 页。
［3］《吴宓日记续编》第 7 册，生活·读书·新知三联书店，2006 年，第 258 页。

为四川省政协委员，参加每年的省政协会议。中国民主同盟重庆民盟组织也曾多次邀他入盟。按民主党派发展模式，先邀他参加有关会议，熟悉民主党派情况，了解有关历史，再根据个人意愿自主申请，再逐级推荐、审核和批准。一般情形是，民主党派要发展成员，也需要先征求单位统战部门意见，到加入时也会征求成员所在党组织意见。1951年10月23日下午，民盟邀约吴宓参加座谈会，讨论爱国主义，吴宓"辞未赴，而赴重大晤考"[1]。1952年10月31日，外语系要求老师表态是否申请加入共产党，"宓直言不愿加入"，"不拟申请加入共产党"，理由是"宓对共产主义信仰未深"，"缺乏斗争心，至今犹不许友家杀鸡以款待"，"愿在党外努力尽责"，还说"况有三女代我为党效力乎"。有朋友问是否愿意加入民盟，吴宓回答"不愿入"，理由是"素不喜政治及社交，为之亦不宜。故宁始终远避此类团体活动，而独行自乐耳"[2]。吴宓"不喜政治"是真话，至于说他的女儿已是中共党员，自己不需再入党，也是戏言，至少是不懂政治。吴宓之所以不愿入盟，可能有他的顾虑和偏见。如对政党本身，他就有偏见，认为"党者，皆假借之名词。一二明贤，以其德望，一二才杰，以其事功，震骇矜式，群争附骥。更相标榜，思欲别异于人，遂以党名"，而"天下古今，只有是非之争、邪正之争"，"生于自然，故无所谓党"，如"特以人为的界限""相群相别"而形成党争，则"害事深矣"[3]。12月26日，有同事又劝他加入民盟，吴宓仍然答复不加入。28日，俄语系主任赵维藩再劝吴宓加入民盟，"谓宓名足以动人，是盟所重。当不至多派给宓工作或干涉宓之私生活或婚姻问题云云"，他

---

［1］《吴宓日记续编》第1册，生活·读书·新知三联书店，2006年，第233页。

［2］同上书，第450页。

［3］吴宓：《余生随笔》，载《吴宓诗话》，商务印书馆，2005年，第38-39页。

听后"未作答"[1]。12 月 16 日，再次表示"不愿参加政治、入任何党派"。1953 年 3 月 1 日，北碚民盟北碚分部成立，有 37 人参会宣誓，吴宓作为来宾参加，在现场他却"昏倦思睡"[2]，的确不感兴趣。23 日，张晓又来问吴宓是否加入民盟，"宓答不拟加入"。4 月 2 日，他听说"本校教师半数以上均已加入民主党派，而续加入者尚多，不入反觉特异云"。在他眼里，"今对教职员之有民主党派，犹对学生之有团，以此团结控制指挥之"[3]。吴宓感到有些"特异"，属于少数未加入者，但为了不受控制仍不入盟。

吴宓虽没有加入民盟，1954 年 1 月 11 日，四川省委统战部发函，重庆市委统战部也发来会议通知，他被安排为四川省政协第一届委员会委员。当天晚上，他即去找历史系主任孙培良倾诉，"生平从未参加任何'政治'会议，思想改造虽勉为之，已极痛苦，但愿为教师，安心苟活；若省政协之委员，傀儡鹦鹉，附和传声，宓实羞为之，且厌为之。故欲辞去委员之聘，不往成都云云"。在他看来，担任委员可能会"傀儡鹦鹉，附和传声"，所以不愿受聘。孙培良劝他"随缘俯仰，遇事敷衍"，如关闭在家，心情郁闷，还不如"将此事视为到成都旅行游玩，自求愉乐，岂不美哉"。就寝后，吴宓仍"中心烦苦，久不成寐"，半夜醒来，觉得"数年来，大处早已堕落失志，今于小事何必认真，应认为'一切皆幻'，逢场作戏。至于奔波劳苦，只当一种训练或小小惩罚，坦然受之，斯为得耳。遂决从良劝，受聘前往"[4]。经过一番心里挣扎，第二天一早五点半，他就起床到学校大门口，准备乘学院院长小车一起

---

[1]《吴宓日记续编》第 1 册，生活·读书·新知三联书店，2006 年，第 484 页。
[2] 同上书，第 497 页。
[3] 同上书，第 507 页。
[4]《吴宓日记续编》第 2 册，生活·读书·新知三联书店，2006 年，第 98 页。

到市里开会，一直等到8点，也不见汽车来。翌日打听，才知学校领导也因公未赴会，只是没人通知他，让吴宓"徒饱看星月，久受风寒"[1]。吴宓自个儿在那里思前想后，踌躇半天，学校并没把吴宓政协委员当多大一回事儿。因要参加政协会议，他还须撰文，批判胡适《红楼梦》，作小组发言，他也"视如囚之陪受死刑"[2]。17日即从重庆乘火车，18日一早到了成都。20日，会议开幕，他写的稿子经统战部审查不合格，"命另作"，要求只谈《红楼梦》，不谈胡适，"亦不许自高自大"。他从晚上改稿到21日凌晨4点，题目为"我自己《红楼梦》研究的错误"。交统战部审查，回复意见是"此稿可用，汝即照此讲可也"[3]。

吴宓在成都，除了开政协会之外，其余时间都在寻访旧友，见了缪钺、向楚、庞俊、王恩洋、李思纯等，在与朋友的交谈里，吴宓放松了心情，排遣了情绪。会议形式相对比较自由，吴宓日记没记录他的发言情况，却记录了一件小事。吴宓见到女服务员，为他斟酒盛饭，劝酒甚殷，人亦颇美，像黎宪初，他"悯其不能同食，徒待宾客"[4]。在返程的火车上，也颇怜服务员的辛苦劳动。吴宓的确是一个温情主义者和浪漫主义者，但他对住在家里的邹兰芳侄儿却颇为愤怒，很有怨言。吴宓待人方式是不能亲近，只能远观，只在书里、在诗里相遇，不可在生活里相处。从1955年到1966年，吴宓连任三届四川省政协委员。对吴宓来说，政协委员是一种政治身份，自然有一份尊重和认同，当他正处于思想改造之中，这样的安排无疑也带有某种政治保护的意图。

---

[1]《吴宓日记续编》第2册，生活·读书·新知三联书店，2006年，第99页。
[2] 同上书，第101页。
[3] 同上书，第107页。
[4] 同上书，第109页。

从此直到"文革"开始，吴宓一直享受着政协委员的政治待遇。1955 年 2 月 20 日，人民币改新版，吴宓参加重庆市政协委员集中学习。1956 年 3 月 1 日，吴宓第二次参加四川省政协会，他坐火车到成都路过江津白沙，"特念碧柳"。3 月 4 日，在政协小组会上发言，谈到思想改造，他说经历了 1949 年的忧惧再到 1952 年的谨慎，又到 1956 年的爽直大胆，特别举出例证，那就是不赞成文字改革，之所以敢不赞成，是因为他相信共产党。在政协会议期间，时任重庆司法局局长的老报人王文彬又劝吴宓加入民盟，说只要将此意告诉方敬即可入盟，并且说："既入民盟，处处受照顾，活动力大，方可有所作为。例如宓欲撰写 1900 至 1950 之一部历史小说，必须作家协会之支持、审查，方可作出，更不言出版。倘宓一意孤行，只有处处碰壁而已。"他知道王文彬心意良厚，但"士各有志"，何况他"深痛""废汉字、文言，不读经史"之作为，还无不自负地想到，"即请宓入党，宓犹当拒之，况民盟乎？宓著作之心可不存，老年待死而已"[1]。3 月 10 日，讨论四川省委统战部长安法孝关于吸收知识分子入党讲话，吴宓发言，仍表示不愿入党，不愿做民主党派成员，理由是："不承认党章、党纲"，主张"心物同在"，"反对马克思主义"，"不愿也不能参加任何政治工作"，"仍残存地主（封建）与资产阶级（唯心论）思想作风"，"不赞成文字改革"，"不愿服从并遵守党之纪律"。如蒙"强迫"入党入盟，决心"投入嘉陵江而死"，"许我生则生，不许我生则乐死"[2]。最近，刘明华教授查阅资料发现，吴宓在 1953 年 1 月上旬，填写并上交了"入盟申请书"，认真填写了"思想认识"。

[1] 《吴宓日记续编》第 2 册，生活·读书·新知三联书店，2006 年，第 392 页。
[2] 同上书，第 396-197 页。

介绍人和民盟小组均已填写意见，只是没有"组委会意见"，终未同意其加入民盟[1]。因部分日记遗失，现存日记也隐去了相关记叙。这给吴宓内心带来巨大的伤害，或许也是他对入党入盟如此决绝的深层原因。

吴宓很自尊自傲。5月19日，与吴宓比较亲近的李源澄也询问他是否申请加入民盟，"宓答否"。5月27日，民盟邀请他参加会议，他也直接拒绝。7月15日，市政协来学校慰问吴宓，晚上还到北碚与政协及学校其他民主党派人士"茗谈"。8月14日，农工党重庆市委负责人刘宗宽夫妇还带着两个儿子拜访了吴宓。9月22日，民盟请任白戈做"长期共存，互相监督"讲座，特邀请吴宓听讲座，他担心又被邀请加入民盟，于是决定不予赴会。11月16日，重庆市政协召开常委扩大会，听取市委书记鲁大东报告中共八大情况，吴宓虽受邀却请辞未往。12月24日，吴宓在学校还见到罗隆基。

吴宓不愿加入民主党派，与其理想和政治信念有关。他一直坚持儒家君子"群而不党"行事原则，抱定宗旨，"无论何人，皆可与周旋共事，然吾决不能为一党派或一潮流所溺附、所牵绊。彼一党之人，其得失非吾之得失，其恩仇非吾之恩仇，故可望游泳自如，脱然绝累"[2]。吴宓一生都想远离政治，保持着中立态度，只求内心安宁，不愿参与任何党派争斗，"无偏无党，不激不随"是吴宓的行事原则。那么，他是不是为了维护思想自由和人格独立呢？也有其中因素，但也不全是，"惟宓殊恶参加党派团体"[3]，

---

[1] 刘明华：《吴宓申请加入民盟史实考释》，《后学衡》第四辑，巴蜀书社，2021年10月。

[2]《吴宓日记》第2册，生活·读书·新知三联书店，1998年，第45页。

[3]《吴宓日记续编》第1册，生活·读书·新知三联书店，2006年，第472页。

"因宓素不喜政治及社交，为之亦不宜。故宁始终远避此类团体活动，而独行自乐耳"[1]。"独行自乐"不失为一种自我保护。吴宓不加入政治团体，是其一贯态度和立场。他在给家人信里也说："宓年五十六，身非国民党员，又无政治兴趣，亦无活动经验，然以中西文学及历史道德之所昭示，由宓之愚，自愿在甲方局域中为一教员或民人。"[2] 他之所以留守大陆，也是因为热爱传统文化，而不是政治选择。在一次政治学习座谈会上，他也表达过同样的观点："宓一向不关心政治革命及经济情况，与夫个人享受，而惟念念在文化，尤其文字、文学。"[3] 语言文字以及文化才是他安身立命之所在。

1957 年"反右"让吴宓受到震动。2 月 16 日，他参加了北碚民盟座谈会。谁知 6 月 19 日，吴宓从报纸上读到领导讲话，在"大鸣大放"中民主党派有出格之言需作检讨，吴宓还为其辩护，认为这与以前宣传有出入，"倘早明白宣布，诸多放言越轨之人或可无罪"，如今做法，"未免近于孟子之所谓'罔民'矣"[4]。他感觉到"大鸣大放"背后的深算。6 月 28 日，学校陈东原、董时光、曹慕樊被划为右派，吴宓也有某种预感，他无可作为，只能记日记。7 月 2 日，学校领导对划分右派发表讲话。7 月 12 日，读报，"凡鸣放中略抒感愤不平者，悉为罪人矣。此次鸣放及反击右派，只为侦察不轨，铲除异己，并坚定全国知识分子之社会主义立场，加强其思想改造而已，整风徒托辞耳。即如本校中文系之腐败与改良办法，樊既以此获罪，谁敢复言之耶？"[5] 想不到吴宓当时

[1]《吴宓日记续编》第 1 册，生活·读书·新知三联书店，2006 年，第 450 页。

[2] 吴学昭：《吴宓书信集》，生活·读书·新知三联书店，2011 年，第 361 页。

[3]《吴宓日记续编》第 4 册，生活·读书·新知三联书店，2006 年，第 166 页。

[4]《吴宓日记续编》第 3 册，生活·读书·新知三联书店，2006 年，第 113 页。

[5] 同上书，第 128 页。

如此清醒，甚至有些高明，他居然能一箭中鹄，明白"反右"目的和深意之所在。13日，作诗《鸣放及反击右派运动》："暑热煎蒸列会忙，五光十色好文章。飞蛾恋火焚身易，舞蝶嬉春觉梦香。鹰眼鸠身终异类，猿啼虎啸未同方。申屠处默嗣宗醉，澌被余生着意藏。"[1] 其中"飞蛾恋火""舞蝶嬉春""鹰眼鸠身""猿啼虎啸"借不同的生物意象表达知识分子的生存处境及变化，"列会忙""好文章"指现实场景，最后用"醉"和"藏"寄寓未来。7月22日，当吴宓得知李源澄已得疯疾，"呜呼，经此一击，全国之士，稍有才气与节概者，或疯或死，一网打尽矣！"[2] 李源澄就是学校民盟负责人。7月23日，吴宓看到这次右派划分或出于个人"报复"，或有"消灭异己"之用心。对受祸之人，"或缘名利心重"，或"本才学优长，平日苦受压抑"，或自己"性行亦有缺点"，"遂遭忌受谗，而罹于祸"，"凡宓所记，皆信史之应秘传者也"[3]。9月29日，因为害怕，吴宓不敢造访李源澄，"今于交久谊深之澄，宓乃不敢至其家一探视，亦不能延蔡医为之诊治，足见今日法网之密、禁令之严，亦可见宓之衰老畏怯，见义无勇，自视实毫无人格、有生如死者矣"[4]。他为自己"见义无勇"而自责。10月1日，"欲往访澄探病，复惧祸及，而止。拟先见敬，再见王院长述意。求准宓往劝说澄，一以探其病之真情，一以速其悔罪输诚云云"[5]。10月4日，数学系教授袁炳南也被划为"右派分子"，低首认罪，故得从早结束，来拜访吴宓，吴宓以《寄慰袁炳南》示之，袁深表感激，称吴宓为有古风之人。10月6日，吴宓向曹慕樊

[1] 《吴宓日记续编》第3册，生活·读书·新知三联书店，2006年，第129页。
[2] 同上书，第135页。
[3] 同上书，第136页。
[4] 同上书，第184页。
[5] 同上书，第185页。

谈及访李源澄事，曹认为可访李源澄，但需征求学校意见，如去看望，可让李源澄"其心可安，其气得舒，病必随之减轻"[1]。实际上，吴宓日记里没有拜访李源澄的记录。10月25日，吴宓参加历史系系务会，26日，参加了学校的院务扩大会。11月4日和5日，还去参加学校教学科研会议和鸣放座谈会，吴宓数次发言，学校领导也都在场，但没见到吴宓征询学校领导访李源澄的记录。1958年5月5日，李源澄去世。

1959年6月19日，吴宓再到成都参加省政协会。7月2日，政协合影，吴宓坐第一排之右端，闭幕。7月3日，还受邀参加"开展学术活动，贯彻百家争鸣之方针"座谈会。1960年5月9日，参加省政协委员视察活动，从5月19日—6月1日，到成都参加省政协会，见到不少朋友。政协会后，吴宓却感觉到教研室的同事对他态度傲慢，视他为无用而多余之人。吴宓并不知晓，1960年6月1日，全国教育、文化、卫生、体育、新闻方面社会主义建设先进单位和先进工作者代表大会在北京召开，新的一场学习活动又开始了。1964年4月24日—5月4日，吴宓被市委统战部安排到綦江乡下参观。6月23日下午，到重庆市委党校听陈毅在全国人大所作访问非洲十国的录音报告。24日上午，继续聆听陈毅所作亚非会议录音报告。10月7日—23日，到成都参加四川省政协会。1965年6月12日，被安排与学校民主人士一起乘车去市政协听报告。11月23日—12月10日，到成都出席省政协会。1965年11月1日，还参加了由重庆市委统战部组织的政协人员到自贡参观活动，11月9日，在内江火车站与女儿吴学昭见了面。1966年1月13日晚上，吴宓列席了学校民盟小组活动，座谈"《海瑞罢官》应如何讨

[1]《吴宓日记续编》第3册，生活·读书·新知三联书店，2006年，第187页。

论与理解"，"宓非盟员，系来宾"[1]。以上内容都是"文革"前受到的政治礼遇，主要是以政协委员身份参加政协会议，到基层调研考察以及听取有关报告。

---

[1]《吴宓日记续编》第7册，生活·读书·新知三联书店，2006年，第339页。

第五章　骡马曳车：感同身受

　　吴宓日记时常提及骡马曳车景象，并以简净而愤激的文字记录其负重受挞的生活场景，饱含同情悲悯之感。骡马曳车也被他作为自己的生活写照，由此产生身份认同，并深切地体验到生存的悲哀和无奈。吴宓青少年时代就对骡马之美及曳车的辛苦和劳累，有独特的情感经历和感受，又受传统文化仁民爱物的影响，现实体验更是激活了他的历史记忆和身份认知。

一、曳车前行

　　《吴宓日记续编》繁杂而琐碎，有思想和文化的记录，也有俗杂的交际和日常的唠叨，最有价值的当属世相变迁和命运沉浮，以及深沉的文化忧思和丰富的情感体验。骡马曳车是《吴宓日记续编》不时记录的生活事件，其负重前行与鞭答受苦就有吴宓最为真切的感受。1940 年 7 月 7 日，吴宓行走时不慎足滑跌倒，被学生扶起，"踉跄而归"，这让他想起春天见到的景象："一青骡亦滑于此石上。倾跌，半晌挣扎不能立起。余骡马旁驰过，几于践踏。迨青骡既起，忍痛前行。御者至，复以棍痛击骡股。宓见之伤心。今以宓之痛，更知骡痛。而宓得学生抱扶，可知人间同情援助，终胜于骡之生活也矣!"[1] 他从 1942 年夏起，开始创作以骡为对象的七律"怜骡诗"，到 1950 年初，共六十多首，"备叙骡生活、工作各方面，又记十余骡之事迹，可云《骡史》"，但在 1959 年，他却将其"尽焚毁，不存"[2]。其印象之深以及后怕之紧张也就可想而知。

进入新社会之初，吴宓忙于各种学习会，撰写表态文章。1951 年 5 月 29 日参加学习会，他却别有心思，希望会议早点儿结束，小组长却安排他写一篇壁报文章，他"以为凡充当组长者，皆极恶之小人。如御大车者恒轮流鞭挞诸骡或马，惟恐负重前行之不力不速。既早达，则又另驱往他地加给运载之劳役，不使休息。此等人毫无仁心，擅作威福。彼乡间之农协、狱中之守卒，其凶残之行事，（宓幸得脱免）更不堪想像者矣!"[3] 是什么让吴宓对小组长如此动怒？原来，被他认为是"西师全校女员女生中最美"[4] 的张宗芬，"美秀可爱，玉雪照眼"[5]，此时正在生病，还有疯狂迹象，她很让吴宓挂念和担心。在吴宓心里，个人情事比政治学习和社会活动紧迫和重要，于是将小组长比作骡车的御者，不时挥鞭击打，"毫无仁心"。1952 年 4 月 27 日，他在重庆小龙坎街市，看见路旁有"死骡横卧"，于是有"悯伤"[6] 之感。1952 年 10 月 7 日和 8 日连续两天，在车站乘骡载货车，看到拉车之骡有"瘦骨峻嶒"和"肥壮健美"之别，甚感"骡亦有厚薄不同之遇"，主要看

［1］《吴宓日记》第 7 册，生活·读书·新知三联书店，1998 年，第 188 页。
［2］《吴宓自编年谱》，生活·读书·新知三联书店，1995 年，第 71 页。
［3］《吴宓日记续编》第 1 册，生活·读书·新知三联书店，2006 年，第 143 页。
［4］ 同上书，第 91 页。
［5］ 同上书，第 83 页。
［6］ 同上书，第 336 页。

御者是否"善饲之而从不施鞭笞,且助驱蚊蝇"[1]。1953年4月14日记载,在头一天,"见曳车之小白骡,蹄陷入虚堆泥路之石罅中,石尖如刃,斫削骡二前蹄,伤口极巨,出血,竦立树侧。宓方忧骡何能步归,安得医药,且须卧息几日,是否得食?……乃今日下午回舍,则见此骡如恒曳车矣。念万物及人生之苦,惟思依佛"[2]。这番景象,让他推己及物,感到"万物及人生之苦"。1955年12月27日,吴宓"出校游步,见二骡曳载沙之重车上坡,辕骡力竭欲稍休,不得,御者以鞭及方棒痛击之"[3]。1957年8月26日,他在校园里再见"二骡车出,御者痴坐不予指挥,诸骡莫知所趋向。前车甫出校门,适汽车冲过,辕骡红色而壮者,年幼,身小而强健,性轻躁,于是惊而狂奔。既止,御者怒,以鞭棍接连痛挟之,久不休,该辕骡痛极,负辕腾空,后足着地,身与辕仰天,几成垂直线。宓恨御者之无术,不尽职责,而痛骡之受鞭也,心苦不安者久之"[4]。这段时间,学校校园处处都是"大字报",带出不少"右派分子",吴宓心神不定,经事睹物,同情"骡之受鞭",痛恨以鞭棍痛挟之"御者"而久久"心苦不安"。

吴宓自小有过丰富的骡马经历,他的生活和出行常以骡车为具。在"自编年谱"里,也多次叙述对骡马生活的观察和感受,有的近于畸恋情形。他的"怜骡诗"感叹骡之艰辛,称赞骡之美,直呼"美骡","骡小姐",连拉屎撒尿也是"失志惊惶肛压急,金花迸射锦成团"[5]。他听说过族里老人的感叹和议论:"曳车之骡最

---

[1] 《吴宓日记续编》第1册,生活·读书·新知三联书店,2006年,第435页。
[2] 同上书,第516页。
[3] 《吴宓日记续编》第2册,生活·读书·新知三联书店,2006年,第338页。
[4] 《吴宓日记续编》第3册,生活·读书·新知三联书店,2006年,第158页。
[5] 《吴宓自编年谱》,生活·读书·新知三联书店,1995年,第89页。

可怜，能曳得动，须曳；曳不动，亦必须曳！"并且，为"骡曳车不动，自必大受鞭打；即曳车能动，载轻疾驰之时，亦仍受鞭打"[1]之宿命而悲叹。吴宓有多次乘坐骡车的经历，深感骡马之辛苦，见到它们在"疲倦且饥饿已极"时，车夫仍"举鞭痛抶骡背数十次"，"骡忍痛续前行"的种种情形。他还有奇异联想，"骡亦美女子身，今日为载送我来此，行如是之速，路如是之远，乃不赏其功劳，不速给饮食、休息，而痛施鞭打，骡诚冤且苦矣！我未能救护、抚慰，对骡实惭感交并。我中夜醒，不知骡在彼旅店亦能得安息否？不受一群客骡之欺凌、渎扰否？"[2]这些近于奇特的经历和感受，给吴宓留下深刻印象。1950年，他还赋成一律："冬昼已完百里程，河坡上下更牵掣。街衢历历行无尽，灯火家家痛此生。行缓立遭鞭背急，身疲未觉压肩轻。娇娥强忍千行泪，旅店中宵自洒倾。"[3]虽说不上艺术性，却有写实和抒情的真切。

　　1907年，他随父亲从安吴堡回到三原县，沿途看见骡马的辛苦。"行至中途，骡（白而牝）已疲惫，又午饲未饱，今饥饿，车夫但以鞭促行"，"每次鞭梢上刺骡腹，使骡受奇痛。"骡"因饿极"，遇土堤上青草，"一撮而口含之"，车夫大怒，"立举鞭痛抶骡臀，连至数十下，且猛抽衔勒所连之绳条，至骡口大开，所含之青草尽堕地上！""骡至此，乃低声哀叫，若不胜其冤苦者。宓为之凄恻"，车夫不仁不智到这般地步！一口青草，车夫本"尽可置之不问，任其稍微得食而增力，何必猛掣勒绳，使骡已入口之青草，得而复失，更加难受？终又以骡不守规矩，胆敢自由行动（啮草）。

---

[1]　《吴宓自编年谱》，生活·读书·新知三联书店，1995年，第51页。
[2]　同上书，第55-56页。
[3]　同上书，第56页。

而鞭其臀数十下，实惨且酷矣！"[1] 吴宓的叙述细致，对骡马之苦感受深切，由骡及人，骡马之苦，也不无人间之悲苦。他有物我同一思想，物伤其类，人同此心，同病相怜。1910 年腊月，他乘骡车从西安到洛阳，途中辕骡发病，"踏地，不能起，痛受鞭击"，"此骡乃放声作长鸣，自表其所苦，哀动行路。一时，在此市镇街衢中，或行过，或止休之骡马，约共三四十匹，一齐作哀声以和之。宓往日未见骡马（乃至任何动物），能互相怜悯，表现同情如此，亦使宓悲感甚深"[2]。兔死狐悲，动物如此，何况人呢？

他对骡马也曾有过畸恋之想，他的"男女性知识，全得之于骡马"，幼年时有"奇特之习惯、癖性"。吴家养了两头骡马，"一红而牝，性柔顺；一青栗色而牡，性刚烈"。"宓与骡马狎，注意其动作。此时突发奇想，欲变身为骡。某日，曾同僮仆至碓厅中，宓俯伏，命彼等由厩中取来驾车被骡身之鞍勒羁衔等件，欲被之宓身。彼等先以项圈 Collar（乡俗名曰'拥脖子'。骡曳车时，垫肩用者。俾使所谓'夹棒'不与肩骨相磨接），挂于宓肩上，则项圈极大，宓几可身穿其圈中走出！遂共笑而止。"[3] 1910 年暑假，在外求学的吴宓乘骡车回家，车夫因事他往，他"抚摩骡之臀股，心殊爱之"，还"窥见骡之阴部"，"谛观甚详"[4]。可见，吴宓对骡马有恋物癖，他在青少年时代，主要生活在家族亲人和书籍世界，除家人和书本外，对社会了解范围非常有限，这些经历也给他留下深刻印象，并在成人后不断被强化。

[1]　《吴宓自编年谱》，生活·读书·新知三联书店，1995 年，第 70 页。
[2]　同上书，第 94 页。
[3]　同上书，第 30 页。
[4]　同上书，第 80 页。

二、骡马自比

由此，骡马曳车成为吴宓的身份认知，呈现了生存的艰苦和生活的悲哀。1951 年 8 月 28 日，吴宓与同事罗容梓、郑文芬谈到邵祖平和黄稚荃，邵和黄议论他"有力而多财"，吴宓听后，"甚以为苦"，不解为何"同是被煎迫，何复出此言"，都"如厕中马骡，自相残击，宁不可悲?"[1] 1952 年 8 月 15 日，面对各种政治运动、调查研究和学习会议，还听说有"续来之新运动"，虽"暂获喘息"，仍深感犹如"驾车之骡马，自晓至晚，不卸辕鞍。然偶值主人访友留坐，空车停住门外移时，骡马亦可略得休憩。至于此外各事，骡马安得有所主张? 恭听主人及御者之命令，弗敢违，但祈少受鞭笞，以至于死而已。此正今日吾侪之运命。盖自 1952 开岁以来，诸多运动，忙碌激扰，应接不暇，至今夕方觉少得清闲，弥觉其可乐已!"[2] 他把自己的生活状态以骡马自比，于是，就有了生活处境及其生存状态相似的身份感受。

1955 年 3 月 1 日，他参加历史系系务会，讨论批判胡适唯心主义，开展科学研究以及填写教学表格和培养青年助教诸事。散会时，吴宓又"以骡马自比，慨然悲叹"，"伤御者之不得其人，鞭棰急施，奔驰不息，如斯张而不弛，行见覆车死马以伤人而已"。他完全不适应新社会的学习方式，只知"束缚整齐，催逼驱驰，督责考覆，而不知张弛之互用，一多之共存而同在也"[3]。2 月 25 日，他仍在抱怨："奉命完成之工作日重，自晨至晚，不获须臾休

[1] 《吴宓日记续编》第 1 册，生活·读书·新知三联书店，2006 年，第 201 页。
[2] 同上书，第 397 页。
[3] 《吴宓日记续编》第 2 册，生活·读书·新知三联书店，2006 年，第 134 页。

息"，需要完成 10 项工作，如撰写教学大纲，填写教学表格，参加政治学习，担任教学小组长、系务委员、院务委员，工作繁忙。还要求教学小组长应填写者三种，每一教师应填写二种，各写录三份。其中教学日历及学生作业表甚为琐细繁杂。他"不堪设想"。另外，还有工会的"学习、讨论、检查、批判不休"，以及临时发动的各种学习，如"解放台湾"学习、宪法学习，以及和平运动签名，粮食棉布管制分配办法、改用新币等会务。他又是统战对象，不时也受邀参加有关民主党派活动，感到"在此杂乱繁复之章程政令与严急督责之下，无人能尽职完成，只得草率敷衍、虚饰空谈，以了'公事'而已"[1]。事情繁多，虽多流于"敷衍"和"空谈"，但还得去应付。

1958 年 5 月 2 日，吴宓给胞妹回信，也"以骡马之生活情境喻我等今之所遭"[2]。5 月 30 日，他参加历史系大会，老师们相互揭发批斗，连亲人生病也无法探视，也让他想起了骡马曳车情形，"今夕见驾车诸骡，瘦不成形，所谓'残酷的阶级斗争'，所谓思想改造，乃至于摧残万类，人畜同毙已耳"[3]。1958 年 6 月 13 日，下乡参观下放干部成绩展览会，突然接到通知，命令他迅速赶回学校，到工会开会，主事者要他抄山谷小路，不走宽敞大道，结果因山路崎岖湿滑，反而耽误事情。他当时就勃然大怒，痛骂主事者。次日，被要求在全系大会上自我检讨，他在做解释时，却想到了1950 夏所见骡马境遇，"该骡之不听命令，违犯纪律"，而遭受鞭挞，"宓自伤同此骡"[4]。7 月 16 日，系上提出集体办公，在一起

［1］《吴宓日记续编》第 2 册，生活·读书·新知三联书店，2006 年，第 131-132 页。
［2］《吴宓日记续编》第 3 册，生活·读书·新知三联书店，2006 年，第 280 页。
［3］同上书，第 314 页。
［4］同上书，第 330 页。

讨论学习，他认为这不利于读书，并"以乡人之驭骡马为喻"，说明"在众中不能静心读书作文"，读书"必须使人有安静、自由、舒适之环境，方可'静而后能虑，虑而后能得'也"[1]。8月19日，历史系党支书季平告知老师暑期须一边参加劳动，一边政治学习，吴宓提出了转系请求，季平却"以鄙夷不屑之态度"，批评他认识自己错误不足，没有做好教研组主任工作，要他必须与诸教职员一同下田劳动。这对他却是"生平初次"，虽"未肯多用力"，却勾起了他"又为骡马"以及受御者"鞭笞"的联想[2]。

在现实生活里，面对"御者"，他十分害怕，谨小慎微。1959年11月10日，中文系工会主席、外国文学教研组钱安琪来催促吴宓编写《外国文学讲义》，他按时完成不了，一说就"声与泪俱，神情激越"，"自觉其愤苦有似《荡寇志》中，上官派员至祝永清，索粮促战之情景"，系领导"派琪监督宓之工作、生活、思想，宓之生死苦乐祸福全系于琪之意见及报告。琪与宓之关系，正如旧日骡车御者之与辕下之骡"，于是决定"首当以妥慎和悦，取得琪对宓之好意及佳评为第一要务"[3]。1959年11月7日下午，参加中文系政治学习，联系自己，暴露思想，在继"三反五反"、反胡适唯心主义之后开展的总路线、"大跃进"运动，需要人人再过关，他"闻之悚然动容"，觉得"一波一波，前冲无已，昔年两关，宓蒙然无知，竟得度过。此次第三关，不知宓之遭遇如何，忧曷可止！"[4] 他为此深感忧虑和恐慌，有骡之受御的感受。施令者"命令杂出"，"受令者实苦分身之术，而限期严迫，只得粗疏敷衍了

[1]《吴宓日记续编》第3册，生活·读书·新知三联书店，2006年，第412页。
[2] 同上书，第460页。
[3]《吴宓日记续编》第4册，生活·读书·新知三联书店，2006年，第219页。
[4] 同上书，第215页。

事。其结果，诸事日坏，又无异于旧时代之奉行故事，上下相蒙矣"[1]。相比他"昔年作事、授课、编课、撰文，皆积极负责，从不误期。而今则迟迟泄沓者。首由宓感情郁苦，不赞同今日党国之思想及政策，尤其于学术、文化、教育方面为甚。次则苦于学校派给我辈教师之职务太多，种类头绪太繁，而又限期太迫、督责太急，规律、计划方法又太呆板而琐细，恒在忙乱急遽之中，令人不得静思或持久，为服从号令，开会学习讨论，已觉疲劳奔命，遑论真正有价值之成绩乎？宓身老气衰，每值劳忙而受责斥，辄有'速死为乐'之心，如之何能改进也耶？"[2] 他越来越不适应社会变化，特别面对各种运动和斗争，深感做事之难、做人之苦，甚而想以速死为乐。

1964 年 12 月 15 日，吴宓给陕西师范大学高元白教授回信，感谢他督促自己政治进步、积极参与思想改造，同时也希望他不要干涉太多，督责太急，越俎代庖，犹如"路人助御者痛鞭骡马之曳车重载，在泥淖中辛苦奋力前进者"[3]。"御者痛鞭骡马"则为吴宓深切的人生体验。1969 年 2 月 15 日，座谈"最近之劳动"，有人发言说："我辈惟当自责，自知'有罪'，则十二晨之'请罪'形式不为过也。"吴宓发言说，他可以"骡马之工作态度"，但要看"御者之为何人"。同伴急忙阻止他，"勿为题外之言"[4]。吴宓愿做骡马，但要看御者是谁，话里不无牢骚和愤怒。

---

[1] 《吴宓日记续编》第 4 册，生活·读书·新知三联书店，2006 年，第 213 页。
[2] 同上书，第 208 页。
[3] 《吴宓日记续编》第 6 册，生活·读书·新知三联书店，2006 年，第 441 页。
[4] 《吴宓日记续编》第 9 册，生活·读书·新知三联书店，2006 年，第 56 页。

三、道德批判

　　吴宓批判骡马之御者，所持也是儒家道德。他"视万物为一体，内心与外境，个人与宇宙，既不对立而相仇"；另一方面，"天、人、物三界亦相连而不断不分，然后方可'物与民胞'，与上下天地同流"，若将"天与人悉纳入物中，只能有物矣"，或只"以天地万物为刍狗"，"决无丝毫恻隐之心、仁慈之意"，就出现他亲眼看见的"犬之种已绝，鸡之鸣声不闻，曳车之骡马愈瘦且悴"，"鞭马仆御狠，射鸟儿童骄"等景象[1]。众所周知，他信奉人文主义，认为宇宙万物有"天人物"三界，由此也有三种人生观，以天为本即宗教主义，以人为本即道德主义，以物为本即物本主义[2]。他信奉以人为本的道德主义，主张克己复礼，行忠恕，守中庸，做事求"行而无著"，"惟是为归，而无党见"，"不必专附一人"，"为事作事，非为己作事，亦非为人作事"[3]，只认事不认人。这样的道德观念和实践哲学主要来自儒家文化，也有白璧德人文主义思想的影响。吴宓曾说"吾将终身仍依儒教"[4]，践行儒家伦理，守住人性底线。儒家伦理不仅是他的人生信条，也被他理解为国家政治，"宓近数年之思想，终信吾中国之文化基本精神，即孔孟之儒教，实为政教之圭臬、万世之良药"[5]。在他看来，"孔子者中国道德理想之所寓，人格标准之所托"[6]。他曾用公式

---

[1] 《吴宓日记续编》第2册，生活·读书·新知三联书店，2006年，第308页。
[2] 吴宓：《我之人生观》，《学衡》第16期，1923年4月。
[3] 同上。
[4] 同上。
[5] 《吴宓日记续编》第2册，生活·读书·新知三联书店，2006年，第307页。
[6] 吴宓：《孔子之价值及孔教之精义》，《大公报》，1927年9月22日。

表达自己的道德身份，"吴宓＝一位道德家，不是诗人；一位现实主义的道德家，或道德的现实主义者，具有浪漫主义（理想主义）气质"[1]。

他对骡马曳车的感受，也有儒家仁民爱物思想。"仁"是孔子的人生理想，孔子说："夫仁者，己欲立而立人，己欲达而达人。能近取譬，可谓仁之方也已。"[2] "立"即有所成而足以无倚，"达"则为有所通而能显于众，自己能立，才使人亦立；自己求达，并使人亦达，即自强不息，善为人谋，成己成人。"能近取譬"是成仁的方法，即由近推远，由己推人，己之所欲，亦为人谋之，己之所不欲，亦勿施于人。儒家还用"爱"去诠释仁，当樊迟向孔子问仁，孔子也以"爱人"作答[3]。《孟子·告子上》也说："仁，人心也。"仁即人心，人心即爱，爱人、爱物都是"仁"的内涵，"亲亲而仁民，仁民而爱物"[4]，天生万物，实则一本，本立而道生，仁民爱物，将天地万物视为一体。骡马即为万物之一种，骡马曳车的劳累以及忍受鞭挞的痛苦，引起了吴宓强烈的悲悯和哀伤。这应是吴宓道德人性论的主要体现，在他看来，"道德＝人性，人的行为"，"道德＝爱＋义务"，"神与自然无道德可言"[5]。"人之所以为人"[6]，就是道德，人性即道德。他对骡马曳车景象的同情和悲悯，正是善良人性的道德体现。

吴宓骨子里还是儒家思想。1964 年 11 月 26 日，社会主义教育运动正如火如荼地开展，学校领导与社教工作组到中文系汉语教研

---

［1］ 吴宓：《文学与人生》，清华大学出版社，1996 年，第 168 页。
［2］ 杨伯峻：《论语译注》，中华书局，1980 年，第 65 页。
［3］ 同上书，第 131 页。
［4］ 《孟子·尽心上》，载《四书五经》，岳麓书社，1991 年，第 131 页。
［5］ 吴宓：《文学与人生》，清华大学出版社，1996 年，第 99 页。
［6］ 同上书，第 95 页。

室举行谈话活动。经过近两个小时的思想汇报与自我检讨后，最后学校领导给吴宓下了如下结论："（一）立场：极端顽固的封建主义（地主阶级）立场。（二）思想：崇拜孔子之儒家人文主义思想：且欲将旧理想、旧事物尽量运入新时代、新社会。（三）态度：对无产阶级专政及社会主义，仅能做到表面奉行与实际服从之态度。"[1] 他的儒家思想也融入了佛家和道家心性，佛家讲慈悲为怀，他也曾有过出家为僧的想法，特别是在他精神情感出现困境的时候。说到吴宓的佛学思想和行为，可以说，在佛学知识和学问上，他比不过许地山，也没有丰子恺的佛家智慧，他出不了家，内在智慧和外在压力都还没到出家为僧的临界点，一旦生活安顺，他即有人生美好之恋。

吴宓也有道家思想。道家主张顺乎自然，不违天道，休养生息，蓄养民力，体恤民困，自然而无为。道家思想也曾被吴宓作为社会反思依据。1955 年 3 月 1 日，看到骡马曳车景象，他说："宓盖有取于庄生之旨（达生篇，东野稷御马一节）"，而不赞成"但知束缚整齐，催逼驱驰，督责考覆，而不知张弛之互用，一多之共存而同在"，特别是道家思想，"庄生善用想象为譬喻，教人等量齐观，其功能及力量，在破而不在能立"，若以庄生之说，"直可使之冰消瓦解，无怪乎今之当局禁谈老庄之学。他日攻坚摧锐，除邪荡魔之举，恐终惟庄子之书是赖，可不复读之耶"[2]。看到骡马曳车之苦，想到新社会思想教育，觉得过于呆板苛责，缺乏生机与活力，于是，他提出应汲取老庄思想作为解救之道。1965 年 1 月 10日，吴宓得许伯建来信，希望他做事"求吾心之所安，顺受自保"，

---

[1]《吴宓日记续编》第 6 册，生活·读书·新知三联书店，2006 年，第 419 页。
[2]《吴宓日记续编》第 2 册，生活·读书·新知三联书店，2006 年，第 134-135 页。

并以苏东坡乌台诗案，劝他"善自宽解"，"逆来顺受"，如老子所言，"江海所以能为百谷王者，以其善下之"，"淡然宁静以处之，自可履险如夷，重累为轻矣"，处世宜"谨于细微"。相信"水清石见，学有是非，时有毁誉，正与无可奈何时，风物长宜放眼量，大千世界真微尘耳"[1]。道家主张豁达、自然的人生态度，讲究一切随缘，不强求，相信命运，随遇而安。以道家自保，对身处困厄之境的吴宓而言，虽是上策，但如要达到逆来顺受，则是非常困难的事，除非具有高超的人生智慧和生性豁达的心境。

1968 年 2 月 21 日，吴宓和同事议论道家和时局，谈到老子"天地不仁，以万物为刍狗"的微言大义，也引出吴宓一番感慨，"宓亦有此意，而未及言之"，他还特别标注，"刍狗＝傀儡、工具"[2]。他主要以儒佛为中心，观察世界，评点人事。儒家是主流，佛学是修养，向佛求道。道家也渗透其间，多为权宜之计，他并没有完全参透人生，只是身处整肃之世，所取达观忍从态度，也是为了避祸全生。1965 年 7 月 8 日，吴宓想起数日前某书引用《庄子·大宗师》篇中之"彼以生为附赘悬疣，以死为决疣溃痈"二句，想起他父亲背痈去世的惨痛经历，心伤久之，再记起他父亲的墨盒上刻有"用志不分，乃凝于神"之铭文，此语出自《庄子·达生》篇，当天晚上，他就取来《庄子·大宗师》篇认真细读，完全沉浸在 1951 年周邦式的诗句里，其末句是"安时处顺真名语，尚友庄生莫漫疑"，他认为真乃良规忠言，而深有同感，并以《大宗师》和《养生主》篇中之"安时而处顺，哀乐不能入也"，作处世应变之道[3]。经过他一连串思绪的推进，最终又回到道家处世

---

［1］《吴宓日记续编》第 7 册，生活·读书·新知三联书店，2006 年，第 12 页。
［2］《吴宓日记续编》第 8 册，生活·读书·新知三联书店，2006 年，第 385 页。
［3］《吴宓日记续编》第 7 册，生活·读书·新知三联书店，2006 年，第 169 页。

哲学。在动辄获罪的"文革"时期，吴宓作为"反动学术权威"，被打成"牛鬼蛇神"，他于是又想到庄子哲学。1968年1月28日，读《人世间》，并以"知命待时，以'无用'自全"自喻[1]。道家贵柔、守雌、无为、调和，崇尚自然，在特定时期，它成了吴宓的知音。

骡马本是旧时交通工具，骡马曳车亦为生活常见景象，吴宓有骡马曳车的观察和感受，且印象深刻。吴宓日记多处记录骡马曳车这个生活事件，或者说是生活细节，它是对社会的真实写照，也是吴宓个人的历史记忆，还被他作为某种身份标识，并独特地展示了他的道德情怀，以及对自我悲剧命运的深刻体察。骡马曳车，主要是为了满足社会生产和人们日常生活的工具，吴宓则从中感受到生活承受的劳累和艰辛，忍受鞭笞的无奈和悲哀，表达的是无尽的感伤和悲悯，于是，具有强烈的身份体认和忍受操控的现代感。

---

[1]《吴宓日记续编》第8册，生活·读书·新知三联书店，2006年，第366页。

第六章　欺侮批斗：斯文扫地

　　吴宓 1949 年 4 月离开武汉到重庆，1950 年进入西南师范学院，1952 年在《新华日报》发表《改造思想，站稳立场，勉作人民教师》，总结对思想改造的认识，该文后被《光明日报》转载，影响较大。1955 年被安排为四川省政协委员和学校院务委员，1956 年被评定为二级教授，并将自购图书 1000 余册捐献给学校图书馆。1957 年招收 3 名进修生。1959 年，有中文系三年级学生在《西南师范学院学报》1959 年第 1 期撰文《吴宓先生外国文学教学中的资产阶级思想》，吴宓称作者"其人笨拙而不善言辞"[1]。正值全国推行粮食定量政策，在《文言文导读》课上讲文言句式，造句"三两尚不足，何况二两乎"，被停止上课。1961 年学校党委对"问题"进行甄别，暑假出川见老友。1964 年"四清"运动时，被学校工作组组织批判。1966 年 6 月，"文化大革命"开始，作为"牛鬼蛇神"被揪斗。1969 年，升级为"现行反革命分子"被游斗。他的日记被抄，左腿被摔断，沦为被侮辱和被损害的人。

---

[1] 《吴宓日记续编》第 4 册，生活・读书・新知三联书店，2006 年，第 51 页。

一、顽童欺凌

翻读"吴宓日记",特别是1967—1969年间的日记,就会发现一个有趣的现象,已近暮年的吴宓,除遭受造反派工宣队的批斗外,还会遭受一些小孩子的霸凌和侮辱。儿童在路上遇上吴宓,或辱骂,或强令背诵"语录",吴宓担惊受怕。

吴宓爱静不爱动,也不会玩,不喜欢小孩嬉戏玩闹,嬉戏、喧哗或哭闹让他心烦意乱,静不了心读书做事。1948年1月30日,一群顽劣儿童"嬉戏喧闹",用皮鞭鞭打陀螺。每聆其鞭声,吴宓心声为之悸动,"悬悬然倾心随之等候,直至陀螺倒地为止","此游戏刺激宓之神经",使之大苦。临近新年,儿童又喜"燃放鞭炮","震伤宓之神经尤甚",他想起自己独居清华幽静的西客厅,有一种"受此气辱"的感受[1]。1952年9月12日,有邻居小孩,长者十三四岁,小的四五岁,当他路过其家,他们以"鬼脸威吓"或"言词辱骂",曰"打吴宓",或"以肩推挤",以"枝叶蘸水洒宓身湿","故意欺侮"他。他感到"今昔异势,工人阶级在上,吾侪只可受其凌虐,于是始终隐忍不较,而心滋痛"[2]。或因吴宓生性多疑、敏感,或因小孩子天性调皮捣蛋,见到幼小或年老之人,总想戏谑之。1953年10月,邹兰芳侄儿邹名倜入住他家里,他认为邹开桂的习性卑劣,做事怠忽,而"名倜之不好学而多酿祸"[3]。1955年5月20日,他还为邹名倜在校顽劣之事,被通知到学校做解释,被折腾一番,甚感烦恼,甚至有想死之心。俗话

---

[1] 《吴宓日记》第10册,生活·读书·新知三联书店,1998年,第325页。
[2] 《吴宓日记续编》第1册,生活·读书·新知三联书店,2006年,第414-415页。
[3] 《吴宓日记续编》第2册,生活·读书·新知三联书店,2006年,第58页。

讲，做事要拌得蛮，为人需耐得烦。拌得蛮，谓坚持、不放弃，或曰执拗、顽固、硬撑；耐得烦，即有耐心、细心，耐得住琐事。显然，吴宓耐不住寂寞，也耐不住烦恼，一旦事杂、琐碎，就会让他烦躁、焦虑和愤怒。5月26日，日记记载，"近晓，思倜事，怒不成眠"，"倜使宓几废眠食，宓痛愤之极！"[1] 当他得知邹名倜还入了少先队，更是愤懑不已，"如此之恶孩，而选拔入队，吾不知其标准安在！宓气极苦极，不能进食"[2]。他之处世原则，可见一斑。1955年9月3日，吴宓与同事谈及小孩"顽犷"，"少年无法管教，相共嗟叹久之"[3]。1956年，作《寄金月波汉口》诗，其中有"车书同轨虫鱼灭，天地不仁雀鼠悲"。在给金月波的信中，他解释说："今全国厉行'除四害'，儿童尤热心。本校宣传，画一大屏，绘雀之图，题其上曰'上天无路，入地无门'。儒仁佛慈皆误矣。"[4]"除四害"让他甚感残忍，小孩出于天性热心此类活动，"除四害"却是社会行为，对小孩行为多有批判。1956年9月1日，得知妻子邹兰芳之墓碑被小孩损坏，于是感言："小儿之顽劣犷悍，宓在校内近处亦熟知而深恶之。"[5] 1957年8月19日，记载："宓素恨校中工属儿童（男女小学生及幼儿园生）之滋闹。（日前以竿刺破宓之纱窗成洞）顷见院长布告，知儿童游戏，喜效行军作战，对敌攻城，至有在大礼堂角楼放火毁物之事，几酿成大故。院长劝令其家长约束管教，云云。不思此乃今之教育学说、教

---

[1] 《吴宓日记续编》第2册，生活·读书·新知三联书店，2006年，第185页。

[2] 同上书，第186页。

[3] 同上书，第259页。

[4] 吴宓：《致金月波》，载《吴宓书信集》，生活·读书·新知三联书店，2011年，第320页。

[5] 《吴宓日记续编》第2册，生活·读书·新知三联书店，2006年，第503页。

育方法、教育目的之造成，譬之教猱升木，何怪乎儿童哉！"[1] 小孩顽劣自古皆然，是其天性使然，在吴宓看来，也是当时社会风气和教育之结果，如同教猴子爬树，教坏人干坏事。

　　1962年6月19日下午两点，吴宓如厕后，在操场边读吴泽虞《词学知识》，"率遇附小四顽童对宓狞视斥骂，初抵抗。终乃忍辱而去"[2]。7月17日，晚饭后与一教授聊天，"得悉诸教授儿子之恶行，结党备刀行劫，习偷窃，以及各地行凶取财之事，层出不穷，诚所谓'贼民兴，丧无日矣'"[3]。8月24日，在校园里散步，"因痛顽童以刀剥削高树之皮净尽"，又偶见三女生（学校孩子）以手抚树，吴宓未加分辨，遽执其手责之，还演说剥削树皮罪大恶极，"宜共竭力防止惩戒之"[4]。12月5日政治学习，吴宓发言说，无产阶级强调体育和智育，也应当"不废德育"，并以自己的道德成长为例，虽出身地主家庭，受英美资产阶级教育，却"一生勤劳俭朴，孜孜诚意，不敢为非"，"而今之小学生乃最放纵恶劣，非德育之不讲为之耶"，还认为不能把男盗女娼之事归罪于资产阶级思想的腐蚀，这"真不能服人矣"[5]。孩子顽劣调皮，甚至到了无法无天的地步，它与道德松散有关，也因家庭和学校管理不到位，与全社会崇尚野性和暴力不无关系。1966年7月26日，吴宓想起1923年刘永济曾在《学衡》发表文章，认为今日中学生感情旺盛，意志刚强，而理智却弱，知识经验也缺乏，若遇言论家一鼓荡，会使弱者颓废、自杀，强者愤世嫉俗，今日本身受损，"异

---

[1]《吴宓日记续编》第3册，生活·读书·新知三联书店，2006年，第154页。
[2]《吴宓日记续编》第5册，生活·读书·新知三联书店，2006年，第369页。
[3] 同上书，第378页。
[4] 同上书，第408页。
[5] 同上书，第502页。

时祸及国家社会"，如西方俗语所说，"天下最危险之事，莫如以利刃置诸小儿之手，使之乱割，伤己伤人"，哪晓得此言得到应验。吴宓也感叹："呜呼，四十年世变，至今'文化大革命'运动，以上之言验矣。"[1]孩子是家庭、学校和社会共同熏陶而合作培养的产物，有什么样的家庭和社会，就会有什么样的小孩。吴宓在"文革"时期，也曾批评"红卫兵"造反，说是无异让小孩玩刀，没有不伤手的[2]。因此而受批判，但此言却不虚。

　　1966年11月25日，吴宓常带行动不离身的藤杖，一群顽童趁他不及注意，"窃取以去"，虽是恶作剧，却给他行走带来不方便，"其害宓深矣"，他"以此甚郁苦"[3]。12月31日，他看到从外面入校的"红小兵"（小学生），"欢乐纷纭"，又想起自己的处境，"与我等之情境相反也"[4]。1967年以后，他经常被批斗，小孩子们也是有样学样，不时戏弄、欺辱和辱骂他。1967年2月1日下午，批斗他人，吴宓立于被批斗者旁边，"左手支杖，右手执黑旗"，"儿童们围绕宓等，频加以侮弄，如以草塞宓口边，命宓吞食"[5]。1967年2月9日，正月初一，他早晨5点即醒，6：20被广播催起，6：40到教工食堂取食，"人多，小儿们胡闹，秩序甚乱。宓在人群中，不能前，亦不能退出"，饭后匆匆赶往中文系参加学习毛主席思想，下午在中文系阅览室撰写交代材料，走到教学楼，即遇见来"串联"的顽童走过，"喧闹，宓怒目视之，彼骂宓

[1]《吴宓日记续编》第7册，生活·读书·新知三联书店，2006年，第496-497页。
[2]徐洪火：《吴宓在西师中文系》，载王泉根主编《多维视野中的吴宓》，重庆出版社，2001年，第144页。
[3]《吴宓日记续编》第7册，生活·读书·新知三联书店，2006年，第539页。
[4]同上书，第569页。
[5]《吴宓日记续编》第8册，生活·读书·新知三联书店，2006年，第31-32页。

曰：'滚你妈的蛋！'——宓以不死，辱及先母，已甚伤心"[1]。
3月7日下午，吴宓在马路上做清洁，一群儿童大呼："'吴宓老头儿，牛鬼蛇神'，甚至值宓蹲踞扫地时，以手拍击宓之头顶！宓愤甚，几欲与儿童们冲突。"[2] 4月12日，老师们在田间菜圃劳动，收莴笋，被"一群顽童所包围，并掷石块与湿泥土，不能如恒工作；顽童等砍伤种出已熟、待收割之菜，更成无法处理者矣"[3]。5月16日下午，在菜圃劳动，摘胡豆秆上之荚，"忽来顽劣小儿十余名，围绕宓而寻衅滋闹，宓大声呼救至数次，诸君在工具室内休息，竟不闻。宓只得举箕装胡豆荚者及小竹凳，逃入工具室，其时顽童各由箕中抓去胡豆荚一把，致损失约一半。宓入言状，众大吼驱出，顽童乃急逃散"[4]。小孩的种种恶行，让吴宓恐惧、害怕，也被小孩戏弄和痛打。1967年8月4日日记记载，一批"红卫兵小将"（初中学生，工人子弟）抄家，逮捕并强迫方敬和曹慕樊等人参加劳动，命方敬为队长，喊口令，方敬"不善作口令而施痛殴"[5]。吴宓认为"红卫兵"参加"武斗"，也是被组织"鼓动"的结果，他们"年富力强，轻生而好勇"，"非冲锋陷阵，流血战死，则不足为人者。——于是顺逆正邪各组织、各路线，皆易鼓动少年为之效死"[6]。这与授刀与小孩，伤己且伤人是同一个意思。

1967年8月24日，入驻学校的造反派组织春雷工宣队，还因"抢劫之风犹盛"而颁布布告惩戒儿童抢劫。方敬就遇到一件惨事，"新劳改队八月二日召集时，所谓红卫兵小将（暴童）们曾抢去方

［1］《吴宓日记续编》第8册，生活·读书·新知三联书店，2006年，第39页。
［2］同上书，第60页。
［3］同上书，第100页。
［4］同上书，第131页。
［5］同上书，第208页。
［6］同上书，第219页。

敬人民币五十元、手表一件，而戒敬'不得告知任何人，犯则杀汝！'敬始终缄秘。近日因春雷当局有'查明、交还'之令，敬妻何频伽乃往报告当局。其结果，八月二十三日晨，新劳改队正在风雨操场劳动时，暴童三名持钢刀至，责敬漏泄秘事，罪当死，即用刀砍敬，中左肩后，伤口长及寸，众为排解、救护，乃去"[1]。方敬是学校教务长，被错划为批斗对象，这时，"红卫兵"也敢对他公开抢劫和恐吓，何况负罪在身的吴宓呢？1967 年 8 月 30 日夕，吴宓途遇一群女孩，斥责吴宓，不许走过或是快速通过，"毋瞻顾逗留，宓遂得远离彼等而去"[2]。第二天，他用一小点鸡蛋喂养黑鸡，被同楼少年怒叱："汝之钱太多，应即打死汝。"他感叹："宓暴珍一鸡蛋，其罪亦何至死？足见今人之残暴不思，而人人操生杀之权，则我辈危矣。"[3] 连小孩子甚至女孩子出口就是"打死""杀死"，他感到四处都有危险而恐惧万分，甚至高度紧张而神经过敏。9 月 2 日日记记载，他看见"近日，每夕 7—9 时，辄见一奇异之人，甚壮健，立于宓宅门前偏东（左）之一高树后，身极近树，凝视此树不休，至夜色昏黑方引去。宓疑其为利用树身装置之雷达，以探听各路战争消息，或由此树引出之火线，以控制、发动校内各处所埋之地雷者。宓防其人觉察，亦不敢窥看"。他的邻居凌道新就讥笑他是"神经过敏"[4]。9 月 3 日，"夕 5 时，取开水。途遇一少女十二三岁，阻道，怒目视宓，问何所事。宓答：'往取开水。'彼曰：'打死你！'而去"[5]。

　　到了 1968 年，吴宓处境更为艰难。1 月 5 日，同为劳动队的成

---

[1] 《吴宓日记续编》第 8 册，生活·读书·新知三联书店，2006 年，第 228 页。
[2] 同上书，第 231 页。
[3] 同上。
[4] 同上书，第 235 页。
[5] 同上。

文辉提醒他少出门，"为慎重保身，避免惹事招非，尤其避免儿童辈之横蛮侮殴，则毋宁以深居简出之为愈也"[1]。6月18日，学校两派武斗正酣，学校组织批斗各类有罪教职工16人，吴宓被挂上"资产阶级反动学术权威"也在其列，在去礼堂批斗的路上，"一群小儿手持树枝（带叶者）从后追打宓之头顶及肩背，颇痛"，到了礼堂"小儿等续打不休，且投击小石子，直打宓等之顶额及面、胸部"[2]。小孩子击打吴宓，显然不是因为"资产阶级反动学术权威"，而是从成人那里模仿得来的行为，也许还以为成人与他们一样在做游戏。

7月6日下午，他正准备去上班，"忽来儿童五人（十岁至十五岁），走入宓室，索纸烟、索钱；继又在宓家门外滋闹，久乃退去（其中有自称来自校外者）"[3]。7月7日上午，"回舍，即有一儿童来闹，宓力拒之，关门下键，彼旋引去（劳改队某女队员，因惧儿童数十人在其家包围滋闹，今日躲避于三教楼内读写，不敢回家去）"[4]。下午6时，"又有五六儿童（昨日下午之一群）来滋闹，打击宓之门窗，喧呶啼唾，继又转自宓舍后沟中，势将用拳或石击宓后窗之玻璃而跃入室中"[5]，他急迫呼叫，邻居婉劝，方才离去。7月31日正午，又有顽童3人，"来宓宅击门滋闹，仍是木工冉或周一清之子"[6]。8月21日，其他人参加劳动，吴宓守护衣服、茶水和工具，"又遇平日到处闹扰宓之恶童（即呼宓为'猫面'者），率二童来前，多方凌逼宓，久久乃去，解放军叱童

［1］《吴宓日记续编》第8册，生活·读书·新知三联书店，2006年，第346页。
［2］同上书，第481页。
［3］同上书，第490页。
［4］同上书，第491页。
［5］同上书，第492页。
［6］同上书，第518页。

毋得渎扰，童不顾也"[1]。第三天，几名幼小顽童"闯入工具室，畿允其玩耍少时，遂进入内室，与宓纠缠久之，始退出"[2]。8月29日，下班回家，途遇顽童斥宓为"牛鬼蛇神"，命宓承认"反党"，"持弹弓发射小砖块击宓，中三发，从后追宓"[3]。8月30日下午，到工具室路上，遇儿童五六十名，"成群结队，曾辱骂宓，并欲拳击，幸未中宓身"[4]。9月5日，晚上闻到枪声，据说是儿童被令交枪，在交入前，"用尽所有子弹，以过其'放枪之瘾'，为游戏寻乐"[5]。10月1日，途遇"红卫兵"男女多人，"或怒目而视，或意在嘲弄，其一曰：'吴宓，老头儿，我们一定要重重地惩治他！'又一"红卫兵"喝宓立定，却又无言而去。宓不知宓罪何以独重？只以老遂被注意耶！今后惟绕路走避之一法而已"[6]。10月9日，劳动队集合，途遇一群幼年女孩"阻宓纠缠，呼宓名，命宓俯首，宓只得恪从。另一男童，约十四五岁，自后冲过，用黑皮带作小弹弓，猛弹击宓左颌下，甚痛"[7]。10月12日下午，到工具室，途遇二儿童，呼宓"牛鬼蛇神"，"其长者（年十一二）向宓唾，幸未中，而去"[8]。10月14日，"忽有红卫兵（学生）二人由宓身旁走过，其一人忽举拳猛击宓头顶，幸宓戴草帽，其拳落草帽上，宓无伤"。下午劳动时，有学生无端斥"吴宓坏蛋""吴宓老狗"[9]。10月15日中午，途遇二儿童，"以泥土片屑追击

[1] 《吴宓日记续编》第8册，生活·读书·新知三联书店，2006，第534页。
[2] 同上书，第535页。
[3] 同上书，第543页。
[4] 同上书，第544页。
[5] 同上书，第549页。
[6] 同上书，第573页。
[7] 同上书，第580页。
[8] 同上书，第584页。
[9] 同上书，第586页。

宓（并呼宓名）"[1]。10月22日中午，途遇二儿童，"其长者指其幼者告宓曰：'彼藏有利刃，恐将伤害及你。'宓笑对之，径去。无事"[2]。10月30日上午，路遇小女孩用泥块从后射击宓。11月2日下午，两次遇儿童大呼"吴宓老头"，"但未渎犯宓"，又遇儿童用弹弓向吴宓射泥块，也有儿童"当道示威，命宓背诵毛主席《语录》一条，宓遵行之后，遂放宓过，许宓去，而曰：'滚远些!'"[3]11月11日，吴宓虽绕道行走，但也遇到了小女孩"为难"他[4]。11月27日，"途遇一少年，对宓叱喝"。11月28日上午，绕道遇小孩，命宓"低头"或"速行"[5]。12月13日上下午，归途绕道，遇小孩命其背《语录》。14日上下午，又被儿童命背《语录》，16日，也被儿童命背《语录》，18日、20日，命其背《语录》，21日，邻居小孩（凌梅生）也命背《语录》及《东方红》歌词，背完后，"仍高呼'打倒吴宓'，群以拳击宓，幸皆小孩，力微，无伤也"[6]。12月23日，"归途，遇凌梅生等，独阻宓一人，命背《语录》，乃放行"[7]。

1969年，吴宓依然面临同样的遭遇。1月2日，他途遇儿童两次，命背《语录》，"且辱骂宓"[8]。1月17日，"途遇熟识之儿童一大群，阻止宓，命宓背《语录》至六条之多，更命低头'滚开'，始放宓去"[9]。1月22日，"行至图书馆后，即遇某凶顽之

---

[1]《吴宓日记续编》第8册，生活·读书·新知三联书店，2006年，第587页。
[2] 同上书，第594页。
[3] 同上书，第608页。
[4] 同上书，第617页。
[5] 同上书，第639页。
[6] 同上书，第667页。
[7] 同上书，第669页。
[8]《吴宓日记续编》第9册，生活·读书·新知三联书店，2006年，第3页。
[9] 同上书，第19-20页。

学生或助教（面目甚熟）复对宓呼名威吓、辱骂"[1]。1月29日，"绕道经熊家院，遇儿童多名，强宓背《语录》数条，乃放行"[2]。2月5日，归途被一大群幼儿所围阻，"命宓背《语录》多条，终乃放行"[3]。参与者从单个、少数变成了一群、一大群，有陌生小孩，也有"熟识"的，从背诵一二条语录，到背诵多条，从儿童、"红卫兵"发展到青年学生。吴宓被小孩欺辱的命运在整个"文革"中一直存在，只是受伤害的次数和程度不同而已。1971年9月26日，吴宓被下放到梁平接受改造，其间也有过"顽童以灰土、豆粒撒宓身及宓碗中，又取去宓菜、饭票数次，而云'是宓赠送！'"[4]的经历。11月12日，吴宓上厕所时，"有小儿来，以猥亵之形态，对宓侮辱，宓举杖逐之去"[5]。11月18日，依然是在上厕所途中，逢小孩约10人，"排队踏步行过"，"彼等对宓冲撞、戏谑，追随宓至厕中。——最后宓握黄藤杖欲打击之，彼等乃被逐去"[6]。11月25日，如厕，"两男孩仍来闹"[7]。此时吴宓还有还击的想法，他已忍无可忍，虽负罪在身，但似乎不用再害怕担心什么了，大不了就是批斗和劳动吧？他没有什么可顾虑的了。绝望的最后，反而生出反抗。只是，在这个时候的吴宓，已经成了残腿之人，早已没有还手之力了。1973年3月22日，他在校园游步，遇三四顽童用拳大之圆石从后击中吴宓手肘，甚痛，一时麻木。吴宓只能走开了。

[1] 《吴宓日记续编》第9册，生活·读书·新知三联书店，2006年，第25页。
[2] 同上书，第36页。
[3] 同上书，第45页。
[4] 同上书，第328页。
[5] 同上书，第350页。
[6] 同上书，第354页。
[7] 同上书，第359页。

在 1966—1969 年间，有不少顽童和"红卫兵"，男孩和女孩，每当见到吴宓，或直呼"吴宓老头儿"，辱骂他"老狗"和"牛鬼蛇神"，或直呼"打倒吴宓"，或命背诵"《语录》"，"立定"受训斥。这些行为和称呼都应是成人行为，属于当时斗争时的口号和言语。小孩们耳濡目染，从成人世界学来，活学活用，并加以模仿，作为游戏之一种。也许他们并没有意识到这对吴宓会造成多大伤害，但对吴宓侮辱性极大，令他百思不得其解："宓不知宓罪何以独重？只以老遂被注意耶！"还让他担惊受怕，恐惧万分。社会是个人成长最大的学校，当全社会包括家庭和学校都参与热火朝天的斗争运动时，也就没有宁静和温良，包括生活的人性，而呈现出火热与暴烈的一面。

当然，吴宓的个性和习性是不喜欢小孩，哪怕是熟人邻居小孩，如果影响到他安静的生活，他就会非常生气，动怒驱赶。1973年6月22日，吴宓邻居刘尊一孙女于吴宓寝室玩闹，就被吴宓驱出门外。事情往往也有例外。西南师范学院有一位吴宓的"红颜"张宗芬。每当他去她家，时常"与诸孩戏"，在日记里有多次记载，"在雪宅与诸孩嬉戏，近午回舍"[1]。他对雪的小孩却赞美有加，说他们漂亮，"美秀可爱，玉雪照眼，而丰硕厚重，宓引来本室，剪纸为戏"[2]。其幼子更是"最美之小男孩，宓极心爱之"[3]。1960 年代初，吴宓的生活和精神相对宽松和舒畅，他也曾邀约张宗芬和她的小孩到校外游玩，并与小孩一起玩耍，如"投石江中为戏"[4]，还带小孩上北碚街买零食。他甚至担心他们被其他恶童欺

[1] 《吴宓日记续编》第 1 册，生活·读书·新知三联书店，2006 年，第 398 页。
[2] 同上书，第 83 页。
[3] 同上书，第 91 页。
[4] 同上书，第 314 页。

侮，将他们带到自己房中躲避。吴宓很少把小孩带到身边，包括他的女儿，但他对张宗芬的孩子却另眼相看，或是爱屋及乌，或有同是天涯沦落人的同情。事情还有例外，1959 年 5 月 23—24 日，吴宓曾送果糖给邻居凌道新小孩凌梅生，还与之嬉戏，有意思的是，"文革"时期，凌梅生也曾在路上逼迫吴宓背诵"语录"。

吴宓被顽童欺凌和侮辱，近于"霸凌"。表面上，它并没有对吴宓造成多大的身体伤害，也没有影响到正常生活，但此事的发生，不仅仅是他个人的事了，不纯粹是小孩子们的事，更不是偶然之事，而是当时社会的普遍现象，有更深层的社会政治和文化因素。这种行为对他的人格和心理肯定会有影响，特别是强化了他对社会政治、教育和道德的负面看法。

二、劳动批斗

如果说，被孩童戏弄和侮辱，主要是心理伤害，那么，吴宓被劳动改造和批斗，则是更大的身体摧残。劳动管制和批判斗争曾被作为群众运动的主要方式，属于思想改造方式的升级版。它主要借助集体劳动或群众批斗方式达到改造其思想的目的，带有强迫性质，可剥夺其生产、生活资料和权利，由此实现教育群众，提高群众思想觉悟，使其在正反思想和不同阶级之中做出自己的选择。劳动改造和批判斗争给吴宓的身体和精神伤害极大，也带来人性的异化。为了检举揭发，监视与构陷，人人自危，互相伤害，人性人情被扭曲。

1958 年 9 月 30 日，他从历史系转入中文系，当天在历史系还受批判，"宓极愤懑痛苦。不意宓在史系之最后一日，史系同人犹对宓如此酷虐"[1]。他心里盼望中文系纪律应"不如历史系之严，行动步伐亦不如历史系之整齐"[2]，但事实并非如此，受批判更是家常便饭。"文革"前主要还是思想批判，之后却是劳动改造和批判斗争会。1966 年 9 月 5 日，吴宓在大操场被带上"反共老手吴宓"木纸牌，当作王逐萍、方敬两位副院长的陪从犯，接受全校师生的批斗，作为牛鬼蛇神，接受"红卫兵"管制，被监督劳动改造。1967 年以后，参加劳动，举着黑色旗子，守粪池，做清洁，大扫除。工作队进入学校，训斥、动手打人，他"弗敢仰视与平视"[3]。同事们"有意对宓侮辱讥笑，以自取乐"，看他为"一奇人、怪物、行事笨拙"，以供"笑乐而已"，他"心中至不快，但忍无可忍，而又不得不强忍，宓诚苦矣"[4]，他是毫无办法。在劳改队里，他如鲁迅笔下的孔乙己，被人戏弄和嘲笑。小队长也有如鲁迅所说的奴隶总管，他既不敢怒也不敢言，"忍无可忍，而又不得不强忍"，"情绪至为复杂"，只有发出"呜呼"感叹："已到宓今之年龄与处境，犹感人情之恶，与遇合之难，亦可悲矣！"[5]1967 年 3 月 30 日，他与杨欣安谈话，说到队员间没有"同病相怜"，还"同行相忌"，杨欣安安慰他说："今我等皆是'敌人'，以分化、离间为策，队员同人亦皆以进谗、告密、竞图自进、自脱，故我辈不可多与队员同人交谈，而应守沉默。即如宓并非多言者，而同人每传述宓说如何如何，岂可不慎。"[6]同人间皆以"进谗、告密、竞图自进、自脱"，说出了劳改队的真相。4 月 1 日，

［1］ 《吴宓日记续编》第 3 册，生活·读书·新知三联书店，2006 年，第 488 页。
［2］ 同上书，第 491 页。
［3］ 《吴宓日记续编》第 8 册，生活·读书·新知三联书店，2006 年，第 29 页。
［4］ 同上书，第 72-73 页。
［5］ 同上书，第 78 页。
［6］ 同上书，第 86 页。

他再次"聆成、杨二君之言，始知中文系劳改队之某某诸人，对成、杨及宓等，告密、诬陷、造谣、多方中伤，以此立功自进。按，此等习俗行事，诚新时代之污点也矣"[1]。"杨"即杨欣安，"成"即成文辉。第二天傍晚，杨欣安又劝吴宓须慎言，第三天，仍劝他"决当冷静沉默，且加简约"，可谓苦口婆心，只是吴宓"数十年以此自勖自训，今老年仍不异，足见知之易者其行犹甚难也"[2]。知易行难，出自《尚书·说命》；知难行易，出自孙中山《民族主义》。对吴宓而言，主要是知难行易问题。

杨欣安（1909—1987），1935 年毕业于北京师范大学国文系，1952 年调入西南师范学院，曾任中文系和汉语言文献研究所教授，担任汉语教研室副主任和《汉语大字典》编委。1956—1958 年，编写教材《现代汉语》。其论文《说给》曾被赵元任《汉语口语语法》列为参考文献。吴宓看到了同事间的"大怒"和"对骂"，以及种种"阴谋"和"暗箭"，他觉得"此种种争闹，亦足见盛倡阶级斗争而不言道德教育，其结果为何如矣！"[3] 同事却反而觉得他"迂腐不解事，不能随实际之形势而转变"[4]。吴宓和同事互为镜像。在这个意义上，吴宓日记就是时代杂文，它丰富地记录了同事们的各种说辞和表演。他在劳改队里受监管和批评，但又担心劳改队解散，回到古典文学教研组，因他曾领教过古典组魏兴南、田子贞、田志远和钱安琪等人的批判，"远不如今之在劳改队中"[5]。他真有些做奴隶而不得的想法，都是劳改队，不如两害相权取其轻。

[1] 《吴宓日记续编》第 8 册，生活·读书·新知三联书店，2006 年，第 89 页。
[2] 同上书，第 90 页。
[3] 同上书，第 101 页。
[4] 同上书，第 107 页。
[5] 同上书，第 129 页。

1968年6月18日，他与地理系盛叙功教授，被宣布为西南师院资产阶级反动学术权威，在全校师生员工大会上受批斗。盛叙功（1902—1990），浙江金华人，著名地理学家，原西南师范大学地理系教授、西亚研究所所长，著有《农业地理》《交通地理》《人文地理学概论》《西洋地理学史》《中国人文地理》《世界经济地理》等。6月21日，继续被批斗，吴宓日记的记录非常细致完整。当天大雨，吴宓戴着草帽，胸前挂"资产阶级反动学术权威吴宓"大纸牌，随院长张永青步入会场，"红卫兵一群，从后猛挟、拉、掀、推，且以拳及鞭打击。宓一再倒地爬起。彼等夺宓手中草帽掷远处；其他人之草帽一二，亦皆践踏破毁"，批斗时，"皆屈躬、弯腰、低头"。会中揭发、控诉，有助教、学生唱歌。散会时，"红卫兵多人立即挟、拉、推、排宓跟跄出会堂，下阶，跌倒在马路上之雨水潦中。宓起立，婉言请求'入会堂，取草帽'，红卫兵大怒，骤以皮鞭猛击宓背多次，皆中右背与右肩"，"宓急逃，彼追及，最后在宓右股之外侧，用力着一鞭，乃退止。宓痛极，凄然急行"。他冒着大雨，惊魂甫定，还偷偷看了下表，才11：30。从8：10进入大礼堂，已两个多小时，他"以为已下午二时矣"[1]。时间过得太慢了！后听说，他本应该参加18日批斗，21日可以不参加，他是自己找上门去的。他作为"反动学术权威"已在全校大会上被批斗，从此，被批斗，被击打，似乎成了家常便饭。1968年11月20—21日两天，中文系一穿红毛衣学生责打吴宓，下手很重，后来该红毛衣学生，一见到吴宓就打骂，让吴宓如受酷刑。28日，向吴宓投掷篮球；30日，遇见该"行蛮之人"，吴宓赶快逃走。12月4日，在学校三教楼，又遇见此蛮人和中文系学生十余人，他想

[1]《吴宓日记续编》第8册，生活·读书·新知三联书店，2006年，第487页。

逃入教学楼内，却几次被抓出，"命宓跪阶上"，"旋又推倒在地，群施拳乱击宓全身"[1]。虽然击打不算重，但其欺凌和侮辱性却是致命的，也让人不寒而栗。几十年后，有好事者还四处打听和寻找该"红毛衣学生"，因日记记录无名姓，着红毛衣者特征较为普遍，无法确认。吴宓日记已是物证，人是谁，已不重要，还是留待历史去反省吧。

1969 年 1 月 2 日，西南师范学院革委会成立。吴宓的生活和行动受到极大限制。1 月 28 日，被警告"身杂群众中，对汝不利"，于是确知"今之身份及处境矣！"[2] 30 日，自感"今冬及新年，宓身体之变异，惟一事，即目眶深陷，两目之内外角，皱纹增多加深。眼中分泌物多，需用水湿巾试洗"[3]。历经多次批斗，身体受损，精神受压，形神皆失。3 月 3 日，他仍回到中文系劳改队，1968 年 12 月 18 日，他被中文系批斗，心有余悸，再划归一个队，"是宓更大之不幸也矣"[4]。1971 年 2 月 23 日，他回忆已遭受四次批斗。3 月 18 日，参加纪念巴黎公社 100 周年大会，到了会场门口，却被守卫者喝止："吴宓，汝是何等人，敢来参加纪念大会耶！"[5] 1971 年到梁平分部，也是"战战兢兢，如临深渊，如履薄冰"[6]。从 1971 年 5 月 4 日到 1972 年 7 月 25 日，吴宓在梁平生活，加上 1969 年 4 月 24 日至 6 月 21 日，在梁平共生活了 16 个月 20 天。后来，仍回到学校本部，得以"安居，不学习，不开会，得清闲，自由读书"，但已留下后遗症，时时担心害怕，总觉得会

---

[1] 《吴宓日记续编》第 8 册，生活·读书·新知三联书店，2006 年，第 645 页。
[2] 《吴宓日记续编》第 9 册，生活·读书·新知三联书店，2006 年，第 33-34 页。
[3] 同上书，第 37 页。
[4] 同上书，第 73 页。
[5] 同上书，第 223 页。
[6] 同上书，第 286 页。

大祸将至，"如此之安适生活，反使宓忧惧，疑有大祸、奇变将至也者"[1]。他早已习惯思想改造和批判斗争，一旦生活平静，反而甚感恐慌，如同在暗道里待久了，不再习惯外面世界的光亮一样。

劳动改造和批判斗争不仅是他的受难，也是人性的考验和挣扎。随着社会运动不断，"雨骤风狂，天翻地覆，旧日一般朋友，虎鼠龙鱼，莫知其变态，而忧谗畏讥，深藏远引，亦莫能窥其真假。是以宓与诸友，昔年号称同志同道者，皆未敢通信"[2]。1957年"反右"之后，人与人之间更少了信任。当他知晓有领导正"从旁探听宓对国际时事及中国党国政策之意见"时，觉得这种"不直接垂询本人，而只搜集旁人对某之零星报告，据以定某人之功罪而行黜陟赏罚"的做法，"实甚不公平者也"[3]。1964年7月6日，他与钱泰奇谈话，得知"至若比邻之田子贞夫妇、郭豫才主任及刘尊一省人民代表，皆恒以洞察告密为事"[4]。11月30日下午，中文系古典及现代文学教研室一起召开运动座谈会，"前半，续审问徐永年。徐供出二十五日中夜与苏鸿昌密谈情事，不待其词毕，钱安琪、田志远等，逼至徐面前，环立，高声叱詈，极为暴厉（明日徐病矣）"[5]。后半，徐永年说："林昭德与谭优学（原本同学，东北大学），平日甚亲密，有朋比之嫌，且林、谭又与四十四中学某反革命分子及市师校某教师，四人者，吾尝见其在碚市偕行，又同入茶肆，此殊可疑，亦应查明。"[6] 1964年12月7日下午，续审徐永年，后再审中文系其他领导，"于是众决定以苏鸿昌

————————————

[1] 《吴宓日记续编》第10册，生活·读书·新知三联书店，2006年，第71页。
[2] 《吴宓日记续编》第2册，生活·读书·新知三联书店，2006年，第55页。
[3] 《吴宓日记续编》第6册，生活·读书·新知三联书店，2006年，第65页。
[4] 同上书，第266页。
[5] 同上书，第423页。
[6] 同上书，第425页。

书记、魏兴南主任、李运益、徐永年四人，为组织反党集团"，在批判审问时，有老师由他们延伸到对老教师的批评，"恶声厉色"地斥责"反右时期之钟老、赖老及吴则虞、赵德勋、郑思虞，谓彼等自命为中文系有学问之教授，余人皆不足道，今彼等终如何耶？"从同事到领导，从现实到历史，从大道理到小恩怨，一环套一环，环环相逼，由一人到众人，拳拳出击，表演着不同于武斗的文斗会。吴宓看在眼里，看不惯"诸人语气神态之粗恶横暴，私叹旧中国与今之欧美皆无如此之审判方式"，而深感自己的不幸，"吾侪乃生于此时代之中国也！"他多么想"早死"，"免见类此奇耻大辱"，但又"身陷此运动中，真有'求生不易，求死亦不得'之苦况也"[1]。他无可奈何，被抛入此情景，除哀叹之外，还能做什么？

如果想不被斗争，或从被斗争中早日解脱出来，唯一办法就是互相攻击。吴宓日记里也有不少例证。1964年12月28日下午，召开运动座谈会，徐永年"为赎己罪"，"高声斥骂本系反革命分子吴宓、郑思虞、谭优学，感情激动，至于气噎声嘶"[2]。后又命郑思虞交代与周惠黎的关系，并检查其思想，郑解释《赠周惠黎》诗三四句"君有青囊能济世，我添白发愧无功"。最后，林昭德发言，"由文学观点解释郑诗之三四句，谓'能济世'与'愧无功'必是指周郑共同致力之某种事业，质言之，即反革命活动"[3]。吴宓除作一般性表态外，没有揭发其他人，他有他的底线和原则。1964年12月12日，吴宓发言，亦甚简短，"宓不能有所讦发，惟有关于宓之人与事，宓已写出《交代》文件，呈缴工作团矣。宓所写缴之材料，说自己，说他人，一体真实，'知无不言，言无不尽'。既

---

[1] 《吴宓日记续编》第6册，生活·读书·新知三联书店，2006年，第433-434页。
[2] 同上书，第457页。
[3] 同上书，第458页。

不花言巧语，陷人于罪，也不能隐瞒包庇，有所讳藏"，参加会议的领导则"极望人人努力参加运动"，"多多供出讦发他人之材料"，吴宓却觉得这"实是大愚者也"[1]。他守住了做人的道德底线，即他自己所说："宓在五十年一贯不改之性情行事，即真而不伪，读书自愉而罕与人接，且厌闻一般人之得失恩怨、生活琐事。"[2] 在这一点上，他不无自信，"宓未攻讦一人"[3]。"真而不伪"是吴宓的人生哲学，也是他的为人原则。说话做事出于真诚，毫不伪饰。即使被伤害、被侮辱，对批斗者和侮辱者也没有报复和责怪，至多发发怒气，反而怨恨自己为何不早死。

到了"文革"时期，"大字报"满天飞，领导和群众、老师与学生相互攻讦，群众、领导、学生、亲属和朋友全陷入揭发与批斗、伤害与攻击之中，谁也不相信谁，谁对谁都害怕，也不得不防一手，留一手。运动一旦来了，让人首先担心的就是如何过关，即使过不了关，也不惜加害他人以求自保。1966 年 6 月 26 日日记记载，他曾在某晚表态发言，说过"打倒横扫一切牛鬼蛇神"，中文系老教授田子贞却揭发他是要"打倒横扫牛鬼蛇神之人"。田子贞肯定知道吴宓说话之本意，却非要构陷他。吴宓回到家里，在"枕上细思"，他"终不能理解田子贞何故久久蓄意害宓，如此深文以入宓罪，固由其人生性阴险，宓则未尝有任何得罪田氏夫妇之处也"[4]。田子贞本是吴宓邻居，他们没有深入交往，吴宓也从未得罪过他，他为什么想加害吴宓呢？吴宓不理解。他和田子贞年龄相仿，田又没他的工资高，没他的待遇好，何况吴宓正身处危难，已

---

[1] 《吴宓日记续编》第 6 册，生活·读书·新知三联书店，2006 年，第 438 页。
[2] 同上书，第 407 页。
[3] 同上书，第 408 页。
[4] 同上书，第 471–472 页。

深负多重罪名，成为众矢之的，加上他又比较真诚老实，攻击他最为保险，不易受到反攻击。在这个时候，人和人的关系十分微妙，即使无冤无仇，一遇利害和危机，攻讦他人，构陷以脱身，都是见怪不怪之事。在突破人的底线后，露出了人性的另一面，大家都在努力地苟活着。

第七章　梁平日记：病理档案

　　《吴宓日记》及其"续编"记录了中国知识分子的文化守望及精神历程，其中"梁平日记"主要记载 1969 年 4 月 24 日至 6 月 21 日吴宓在梁平劳动、学习改造及其腿折致残的生活情状和感受，呈现了作为罪人和病人的吴宓在生活上的无助和精神上的无望，揭示了施暴者的残虐冷漠，叙述了"牛鬼蛇神"们为求自保而互害等情形。"梁平日记"算是吴宓生存方式以及致病因由的重要证据。《吴宓日记》内容丰富，体例独特，它不是一般意义上的"日记"，而是中国知识分子的精神史和心灵史。"续编"更像一面镜子，一份精神档案，一份心灵的证词，其价值不可估量，影响深远。"梁平日记"是《吴宓日记续编》的一部分，它主要记录吴宓在梁平劳动、学习改造的种种生活和感受，它记载时间短，活动量偏少，但内容特殊，可看作是吴宓腿折致残的病理档案。病理档案，即疾病发生发展的原因、过程及原理，病理分析就要探究疾病发生发展的组织、结构、功能变化和规律。吴宓在梁平"受了一生未经历之苦"，他事后也觉得"实在怕得很"[1]，不知怎么过来的。从梁平

---

[1] 吴宓：《致吴学淑、吴学文、陈心一》，载《吴宓书信集》，生活・读书・新知三联书店，2011 年，第 431 页。

回本校后，他就成了一个残腿之人，长期忍受着疾病的折磨以及生活的不便和精神的困扰。在"梁平日记"里，有吴宓致残的过程及生活情形，也有施暴者的残虐冷漠，"牛鬼蛇神"们的相斗互害，它们或多或少也可作为吴宓腿折致残、生活无助和精神无望的原因看待。

一、梁平之行

1969 年 4 月，吴宓随西南师院中文系部分师生到了梁平分院。下放的大背景是共和国持续开展知识分子思想改造运动，到了"文化大革命"时期，又将思想改造和劳动改造、阶级斗争结合起来；小背景则是学校对"牛鬼蛇神"集中强制，从校内搬迁到校外。这也成了吴宓生活和生命方式的转折点。解放后的一段时间里，尽管他也受到了不少批评，承受了不少冲击，他总体上还是"受学校领导和全校师生尊敬"的"统战对象"，受到"地方和学校党政保护"[1]，享受了一定的"安富尊荣"；在"文革"以后，他的人生即"陷入罪戾"。1966 年 9 月 5 日，他在全校师生面前，被以"反共老手"之名遭受批斗，从此成为"牛鬼蛇神"。10 月，又被编入学校教职员劳改队，在校内参加劳动，"满身泥巴，两掌鲜血"，为人生"第一次"。从 12 月到 1967 年 2 月，"全日下田种菜"，晚上参加学习，写交代材料。从 1967 年 3 月到次年 10 月，他的劳动量有所减少，学习时间却增加了。从 11 月工宣队进校到 1969 年 1 月，他主要参加"学习班"学习，且撰写了交代材料八十余篇。2 月后

---

[1] 刘兆吉：《与吴宓先生在一起——自学生到同事三十年回忆录》，载王泉根主编《多维视野中的吴宓》，重庆出版社，2001 年，第 91 页。

划归为中文系革命师生专政队管制。从 1969 年 3 月 6 日到 4 月 23 日，他与中文系其他"牛鬼蛇神"共 9 人，迁往学校的李园宿舍，度过了"集体管制生活"49 天，他还撰有"李园日记"，上交学习交代材料 23 份[1]。

这是吴宓梁平生活的前奏和背景，经历过思想学习、劳动管制和斗争批判的社会运动三部曲。他在去梁平前，就已得到通知，"全体师生，连同牛鬼蛇神，日内即将赴梁平乡下劳动"，他"甚惊惧"，还撰写"请求书"，以"年老且衰病"理由，希望能"留校劳动，不去梁平"。没有得到批准，还被"责令"必须"同去梁平"[2]。于是，他只好做离校准备，收拾衣物，"剃面"和"洗头"。听说下去时间不会太长，估计两个月，他的忧虑"略释"，却有一去难返的悲凉。他回家搜取衣物，不无绝望和悲凉，"不意今生仍能回到此室！"[3] 4 月 24 日清晨 6 时，即起床捆扎行李，来到指定地点等候，9：30 出发，说是乘"有顶之卡车"，实际却是混装货车。吴宓坐在"高且软"的行李上，"如坐靠背椅，甚适"。沿途无风景，山曲路不平，车速却极快，"四小时飞驰四百里"。吴宓在中途心速突加快，本想"下车径归"，没人理会他，只好又"恭默忍受"。临近傍晚才到梁平，与中文系"阶级敌人"刘又辛、曹慕樊、李景白、郑思虞、宗真甫、魏兴南等 7 人合编为一个"特别组"，同住一室，被戏称为"牛鬼蛇神室"，刘又辛担任组长[4]。当天晚上，大家还有些兴奋，"多人谈"，仍不忘政治学习，一起收听了"九大胜利闭幕之广播"。

---

[1] 吴宓：《致郭斌龢》，载《吴宓书信集》，生活·读书·新知三联书店，2011 年，第 424-426 页。
[2] 《吴宓日记续编》第 9 卷，生活·读书·新知三联书店，2006 年，第 93 页。
[3] 同上书，第 94 页。
[4] 同上书，第 96 页。

日记还特别记录了第二天凌晨 3 点"入(如)山厕"一事。日记多次记录上厕所，估计还没有人像吴宓这样多次记录如厕事。它本应是生活中的琐屑之事，但对吴宓来说确是最直接、最真实的事情了，或许有某种不得不记的意图，其他大事不能记，不敢记，不愿记。他的日记随时可能被审查。他不厌其烦地记录如厕，不失为逃避审查的策略。加之，生活简单，变化不大，又不能流露真实想法，生活几乎被控制了，每天重复做着那些被命令、被规定的事情，只有如厕才是个人的私事，可由个人决定。这样，"如厕"就成了吴宓日记的一道不太雅观的"风景"，虽让人有些哭笑不得，也不无某种荒诞感，但确是实实在在。在吴宓左腿致残以后，上厕所也成了一件他个人不能完成的事情，这也引出其同室者的不满、愤怒、斥责和批斗。政治思想就与日常生活混在一起了，日常生活有了政治因素，至少夹杂着一些生活琐屑之事。

到了梁平分院，吴宓开始了 59 天的异地生活。它可分为两个阶段，从 4 月 25 日到 5 月 8 日，参加劳动 13 天，只 27 日"奉令休息"，整理内务。吴宓主要做平场地、运砖、扫地、拔草、扫厕所、清理杂物等杂活，毕竟他已是 75 岁的老人了。对他来说，劳动本身并不是一件十分苦恼和困难的事，除了挖沟渠、运煤等体力活外。让他意想不到的是，他依然需在"奉令""责令"中参加劳动，虽然他态度"唯诺"，一贯顺从，却时时被刁难，被"责斥"，或因动作缓慢，或在干活时与邻居小儿女有过"亲切交谈"，都"以此受责"。他还发现所干之活毫无作用，花了一上午修建的宣传张贴栏，却未经使用，"等于虚设"[1]。吴宓对劳动积极配合，抱以诚恳态度，在劳动中，他还发现了春天的美。4 月 30 日，在

---

[1]《吴宓日记续编》第 9 卷，生活·读书·新知三联书店，2006 年，第 99 页。

"牛鬼蛇神室"的南窗外,他"观日影以知时",发现北窗外有"鸟语花香,时时由微风送入",室外农舍,"近晓必闻鸡鸣","时闻犬吠之声","宓皆乐之",大自然的恩赐,"皆自然社会所恒有,而学校、机关所必无者也"[1]。这也是梁平日记中唯一记录的自然风景,他对自然之美的欣赏不受生存空间的限制,他的内心始终充满对世俗生活的向往。

5月9日是吴宓梁平生活的转折点。该天下午学校食堂举行了批斗大会,吴宓被"凶猛之二男生"挽着左右臂"快步疾驰""拖"入会场,中途趁"奔冲"之势故意"猛推"放手,他"倾倒"在地,又被抓住左腿拖到主席台,"手掩髋关节最痛处","半跪、半坐"在地上,被批斗三个小时。此后,他卧床挣扎,或在痛苦"练习走路",度过余下的日子。

二、劳动、学习与批斗

用劳动来改造知识分子思想,以达到"赎减政治上之反动罪行"之目的[2]。另外还有批判斗争会、撰写交代材料等方式。5月23日,吴宓记录"牛鬼蛇神组"一天的作息时间表。早晨6点起床盥洗,7—8点学习"老三篇",背诵讨论,8点早餐,每餐大家站立窗外,"北面,向毛主席'请罪':……改恶从善,重新做人"。吴宓腿疾不便,就在屋子黑方桌前,"北面对《毛选》一册之封面,同时、同声,向毛主席'请罪'"。9—12点参加劳动,中午1点午餐,2—3点午休,下午3—5:30再参加劳动,6点晚餐,晚

---

[1]《吴宓日记续编》第9卷,生活·读书·新知三联书店,2006年,第99页。
[2] 同上书,第98页。

上 8—10 或 11 点组织学习政治文件，座谈讨论，由组长宣读主持，或由李景白宣读《人民日报》《重庆日报》《卫东报》上的重要新闻。10 或 11 点就寝，"点灯彻夜不熄"。吴宓被要求"每段每事，与诸君同动作，毋得稍迟或稍后"[1]。每天任务是劳动和学习，撰写交代材料，组织小组批斗会，时间满满，毫无闲暇和个人生活。

批斗会也是思想改造和接受教育的主要方式。它有大有小，大的事先有安排，有组织设计，人数多，场面大。吴宓在梁平主要经历了 5 月 1 日和 9 日两次大型批斗会，小的批斗会多在同室同组举行，有 5 月 20 日，6 月 1 日、11 日三次。第一次批斗会是 5 月 1 日傍晚，在劳动的山坡上，专政队员（中文系革命师生）"稳坐"坡底，吴宓和魏兴南面向"所悬毛主席巨幅画像，俯首躬身肃立"，部分革命师生逐一"读出其所撰稿"，揭发他的"反党反社会主义、反毛泽东思想之罪行"，内容皆"抄录吴宓日记中之一段，构成宓一条罪状"，多属"已经揭发过"，"并无新材料"。吴宓到梁平开初，似乎还带有点儿盼望，但这次批斗会宣布他仍是"反革命"的"罪人"，到梁平"非为下农村劳动，乃因宓等是罪人，是受'管制'之牛鬼蛇神"，"必随专政队同来，藉受'管制'与受'斗争'耳"[2]。他也就知道了自己的任务和身份。

5 月 9 日，举行第二次批斗大会，师生二十多人"各读出其撰就之稿"，"揭发、批判、斥责"吴宓的"出身官僚地主家庭"，以及"三两粮二两粮"，称"党为继母"之说，内容也多摘录自日记，结论也一样，说他是"一贯反对毛泽东思想，尤其反对'文化大革命'"的"历史反革命分子兼现行反革命分子"[3]。小型批

---

[1] 《吴宓日记续编》第 9 卷，生活·读书·新知三联书店，2006 年，第 111 页。
[2] 同上书，第 100 页。
[3] 同上书，第 104 页。

斗会事先无计划，因事而定。5月19日，同室其他人外出劳动，吴宓因腿伤"奇痛"，无法上厕所，在房里用刊有领袖标语的《人民日报》处理粪便，再抛掷于室外尿桶。他完全没有政治敏感和觉悟，不知道用报纸包裹污秽物的后果，会给他带来灭顶之灾。他只从生活角度考虑问题，觉得没麻烦到其他人，"所行甚轻巧"，当晚还将此细节告知同室。殊不知，第二天很快就招来同室操戈，工宣队汤师傅率专政队员到"牛鬼蛇神室"举行"临时斗争会"，批判吴宓对毛主席"大不敬"的严重罪行，顺便还提到3月10日他用案头印有毛主席语录的日历记日记，日记里有"入（如）厕"一事。吴宓做了检讨，"简短、空虚、无力"，"众甚不满"[1]。

批斗揭发对吴宓是常有的事，特别是在他腿残后的6月份，他没有办法到室外参加大型批斗会，同室"牛鬼蛇神"们却乐此不疲。6月1日记载，同室者"终日在舍不说他事，而惟揭发及斥责吴宓；晚间10时后，亦不乐就寝，而共揭发、斥责宓至深夜"，"你一言，我一语，甲道此一事，乙举彼一端"，都想揭露吴宓的"真面目、真精神"。同样的话，吴宓听得多了，他觉得很疲倦，但"亦不得不强勉支持而陪侍、恭听"[2]。大家在组长带领下一起斥责吴宓，只有郑思虞和曹慕樊常"假装敷衍"，其他人都在积极发言。同室者与专政队和革命师生不同，比较了解吴宓的过去历史，又熟悉现实需要，也知晓吴宓的身份，也不用摘抄吴宓日记内容，只需结合自己感受，征引国家政策文件，上马提刀就可开干。实际上，他们也是"牛鬼蛇神"，也有被批斗的经历，熟悉批斗揭发程式，被审判者转换为审判者只是瞬间的事。他们也没有吴宓的学术

---

[1] 《吴宓日记续编》第9卷，生活·读书·新知三联书店，2006年，第108页。
[2] 同上书，第113页。

地位和丰富的情感生活，批判动力来自脱身自保，批判方法也更为成熟，或引经据典，或自由发挥，或穿凿附会，各显神通，对吴宓思想、学术、道德和生活来个总揭发、总批判。批判他思想"顽固、保守"，"多年之思想感情，一贯是反党、反社会主义、反毛泽东思想"，政治上是蒋介石的干儿子，刘少奇修正主义路线之先锋。学术上，"毫无专长，亦无实学"。编辑《学衡》自己撰述的文章少，《吴宓诗集》"庸劣幼稚，韵律恒错，无一文法通顺之句"，"惟是善于营私而巧于沽名，窃据他人研究、著作之成绩，宣扬自己"。于"中国经史旧学毫无根柢"，于"西洋文史哲之学"，未见"著成一书"，或"仅译成一书，出版而流行社会者"。其英文"可为中学教员"，其他语种只是"浅尝欺人"，所以不配做"反动学术权威"，还质问吴宓"'学者'当如是耶？"在生活上，"多年优裕享受"，"个人道德实极败坏，卑劣不堪言状"，"尤其在男女关系上"，以"精神恋爱"为幌子，"达肉欲之目的"，还一一列举吴宓的婚姻爱情，以及与吴宓有过交往和接触的女性名字，最后得出的结论是："吴宓乃欺世盗名之人：无学问，无著作，品行道德卑劣，而男女关系尤有不堪言者。"[1]

面对上纲上线的政治批判，他只能无话可说，对其学术妄断、道德审判，除了愤怒和悲哀外，他只留下感叹："甚矣，知人论世之难也。"他还能说什么呢？同室诸君"愈晚"，"发言愈多而立论愈刻"，如"老吏断狱，深文入罪"[2]，平常不甚友好的也借机发难。批判斗争，特别是群众斗群众，让人情和人性发生扭曲，出现了奴隶总管和伪饰的表演者。在相互检举揭发的环境里，相互防

［１］《吴宓日记续编》第 9 卷，生活·读书·新知三联书店，2006 年，第 112-113 页。
［２］同上书，第 113 页。

范，人人自危乃至幸灾乐祸，久而久之，形成了互害相残现象。同室操戈是"文革"时期留下的社会隐疾，在强者与强者、强者与弱者、弱者与弱者之间，演绎出一幕幕你输我赢的悲喜剧。吴宓还记录了一件小事。5月8日，吴宓被安排与魏兴南一起抬筐运煤，吴宓身矮行在前，魏在后，但他"不服魏君之才学"，认为魏不适合担任中文系主任，而魏此时也"两腿有病"，行步"蹒跚迟缓"，吴宓"不得已"被安排与他"合作劳动"。吴宓"故意缓行"，魏兴南则发议论，牢骚满腹，他"极力忍让"，但"终不免与魏君感情不恰"，后也成为"魏迫害宓之原因"[1]。

在梁平，吴宓干得最多的事，就是撰写交代材料。5月5日，写1966—1968年"反对'文化大革命'、反毛主席之罪行"交代材料"梁平（一）"。6日晚，写"与成都百花诗社及宓与穆济波之关系"交代材料"梁平（二）"。8日，写交代学习体会材料"梁平（三）"。9—16日，写"穆济波、王鸿韶、刘泗英、童济龄"等有关交代材料"梁平（四）"。18—21日，写"1951年《国庆节》诗和《送女生邹兰芳参加土改》诗及思想批判"交代材料"梁平（五）"。5月22日—6月1日，撰写"自解放前多年，宓之见解始与毛泽东思想相违背"之"检查"，1919年在美国留学时对五四运动的错误认识，对毛主席的"大不敬"，如用《人民日报》包粪便，用刻有毛主席语录"为人民服务"的搪瓷碗盛装尿液，成交代材料"梁平（六）"。5月29日，写与胡剑琴及"乐天诗社"之关系交代材料"梁平（七）"。6月2日，同室诸君讥责吴宓"不能洗衣、缝补、助厨"，为自己"一生剥削人民，在自己的生活中全不劳动之罪行"撰写交代材料"梁平（八）"。6月

---

[1]《吴宓日记续编》第9卷，生活·读书·新知三联书店，2006年，第103页。

4日，专政队员命令其背诵讲说《愚公移山》要旨而不满意，要求写体会和感想之交代材料"梁平（九）"。6月9—11日，全组写思想总结，检讨"来梁平劳动、学习之成绩与收获"，并依次在小组发言，他人作评议。11日，吴宓做了发言，"以坦白之态度、真实之感情"，"不矫不饰"，叙述数十年来之重要经历与活动，说自己所言所行，全出于"自然与合情合理"，"可谅解、可宽恕"，虽未"早即趋从人民、革命，奔赴延安，亦非专意效忠'蒋家王朝'，留恋'白区'，甘与同亡共尽者"，至于思想感情，却是"爱中国、爱中国文化，不求利、不营私，始终一贯，则实昭然可与世人共见，而人之知我者亦甚多也"[1]。6月12—13日，吴宓将它作为交代材料"梁平（十）"上交。6月16日，专政队员到小组宣布回校本部时间，发表训话："汝等此时必须下定决心，改造世界观，重新做人，与资产阶级及刘少奇修正主义反革命路线完全断绝，而回到毛主席无产阶级、社会主义革命路线上来，则遵照毛主席最新指示，汝等必蒙收容，而得免罪开释。惟时机紧迫，不容迟疑，必须立即抉择、实行。"[2] 还督导学习《毛选》篇目，他自学毛主席《关于淮海战役的作战方针》，并对"挽黄维诗"的感受和自我批判写成了交代材料"梁平（十一）"。为了撰写这些材料，他花掉了不少精力和时间，写至"凌晨1时"，有的连续写了十多天，达上万字。因某种原因，今天已无法看到这些材料，当然，这些材料不会是新东西，大同小异，至少是模式化的表达。

[1]《吴宓日记续编》第9卷，生活·读书·新知三联书店，2006年，第119页。
[2] 同上书，第120页。

三、身体的炼狱

在梁平分院，吴宓受批斗，左腿致残，成了废人，从此生活不便，精神痛苦。有关细节，吴宓在日记里有这样的描述：5月9日，"半阴晴"，午饭后"获通知"，中文系革命师生定于下午3—6时在食堂举行第二次"斗争宓大会"。3时，来二男生，"带宓至食堂门外，命宓俯首鞠躬在此立候"，革命师生在主席台宣布开会，"有顷，大呼'将宓提入'"。吴宓听到"提入"二字就有些发怵，他"不惧'斗争'，而最惧斗争前之被抓拥入会场"。接着，就有两个"凶猛"男生挽住吴宓左右臂，"快步疾驰，拖宓入食堂"，走到距离主席台三分之二处，他受不了，大喊"请缓行"，自己"赶不上"，"将跌倒"。两人生怒，用力将他往前推，且顺势放手，在外力和惯性之下，宓"直向前"倒在砖地上。两人再从后面抓住吴宓左腿，"拖动全身"到了主席台前。吴宓已无法站立，只好跪坐在地上，接受了三个小时的批斗。会后又由另外两个男生，"身体雄伟"，"性意和善"，将他架回宿舍，"二人不言径去"。他已至"半死"，仍"心极感激"。当晚，工宣队领校医来给吴宓作了简单的治疗处理[1]。大半年后，他依然记忆犹新，在给郭斌龢的信里述说此事，情节内容大致相同，不同之处也有。如补充"食堂内为极平整之砖铺地"，自己在被推趴于砖地上，"不敢对人说，只说'宓自己行步不慎跌倒'"，推倒他的二人却"毫不在意"。到了主席台上，"半跪半坐"在学生主席"身旁"，"左腿痛极，大汗极喘"，"惘惘无知"。在信里，他还具体描述了腿伤情形，"骨虽未

---

[1] 《吴宓日记续编》第9卷，生活·读书·新知三联书店，2006年，第103-104页。

断，而左腿已扭折成三截，上腿（大腿）向内扭，下腿（小腿）向外扭，膝盖及髋骨两处关节脱卯"，从此，"成为残废"[1]。后来，彭维金教授在文章里叙述了"现场目睹"情形："一天，批斗吴宓，两个男性强壮红卫兵夹持吴老师的左右膀，跑步进入会场，由于农场简易礼堂地面斜坡，三人一起跌倒，跌折了吴老师的髋骨，又歪坐在地下接受批斗个多小时，从此使吴老师留下了瘸跛的疾患。吴老师腿折，多亏历史系教授杜钢百的儿子精心接骨、治疗，才愈合。"[2] 有关事情的具体情形，现已无法知晓，当时参与斗争的有哪些？具体过程如何？已没有更多材料记载，当事者也不愿说话，始终沉默着。这已是一件难以还原的事了，但可以讨论事件的病理因素。我之所以采取摘引日记方式，意在多角度呈现事情经过。事情参与者，也是历史见证人，但因缺少尊重历史和内心裁决的文化传统，真实易被遗忘、逃逸或隐匿，历史也常似曾相识，重复发生。

批判斗争大会确是导致吴宓腿折致残的主要原因，参与者和组织者都是责任相关方。历史细节却值得人们留心注意，抓拥吴宓上台的"凶猛"男生，对吴宓的疼痛难忍情形"毫不在意"，会后将他扛回宿舍的两个男生，"性意和善"，但也"不言径去"。也许他们出于阶级情感的担心和愤怒，或是例行公事，施暴者和施救者都把自己看作革命和正义的化身，他们有热情和理想，也有人性的干枯和人情的冷漠。还有主席台上的主席，在他身旁的吴宓被批斗了三个小时（彭维金文说"个把小时"），他却熟视无睹，既没听见

---

[1] 吴宓：《致郭斌龢》，载《吴宓书信集》，生活·读书·新知三联书店，2011年，第426-427页。

[2] 彭维金：《我的邻居吴宓先生》，载《多维视野中的吴宓》，重庆出版社，2001年，第105-106页。

呻吟声，也没看见吴宓的跪坐姿势？还有当天晚上二十多位发言者，也没有一个放弃发言机会，或是缩短发言时间，让批斗会早点儿结束，一切似乎都有正当性，哪怕是热情、盲从和无知的"合理"。偶然和必然相遇了，吴宓的身体早迟都会出问题。他的精神虽没有疯狂，身体却被摔残了。处在病痛中的吴宓犹如草芥一般，早被"热情"忽略了，被"无知"蔑视了。人们常说，考验一个社会的公正和文明的程度，是否尊重和包容妇女、儿童和老人是其标准之一；一个社会对个体思想和自由价值的肯定与否，对待知识分子的态度和方式也是其重要尺度。吴宓腿残，生活不便，人格亦受辱。6月8日，"近日中文系学生，在广场见宓拄木棍，行步艰苦，辄曰：'吴宓，你这样痛苦地活着，实不如死去。让我们用锄挖一个坑，把你这只老狗埋了吧。'"[1] 学生辱骂老师"老狗"，还想挖坑埋掉，这就不是斯文扫地的事了。

　　腿折成残，行动不便，生活无法自理，特别是吃喝拉撒成了大问题。吴宓左腿被摔折后，连续两天处在"昏瞀之中，似两日未饮、未食"，到了第三、四天才"神志较清"，第五天即被要求练习走路，还与同室一起"学习"，连续几天都要由他人帮助打开水，取饭菜。上厕所很不方便，开始几天无法迈出房间，不得不使用自己的洗脸盆或瓷缸处理，由此也引起同室者的不满和愤怒，导致他一次又一次作检讨和批判。这里，就绕不开吴宓与同室"牛鬼蛇神"们的关系。"梁平日记"也有多处记载，如"牛鬼蛇神"们"闲谈"，多"指斥宓之错误及缺点不休"[2]。对组长刘又辛，吴宓多有怨怼，使用了"日益苛刻，乃至残虐"之语[3]。4月26日，

---

[1]《吴宓日记续编》第9卷，生活·读书·新知三联书店，2006年，第118页。
[2] 同上书，第122页。
[3] 同上书，第106页。

刚到梁平的第三天傍晚，组长叫吴宓将房间黑方桌擦洗干净，他觉得"此时众皆倦休"，"不即动作"。刘组长觉得这样的"轻微之事"，吴宓"竟违抗，不肯执行"，态度上"实大错误"，于是加以"责斥"。吴宓还说，"其后益变本加厉矣"[1]。这句话也表明吴宓日记有修改或添加痕迹。5月4日，吴宓感到组长对他的"政治学习、生活表现及每日所言所行皆甚不满"[2]，还向工宣队作汇报。5日晚，工宣队搜走了他的日记，并严加看管，"有所书写"便"立即索阅"。6月1日，记载组长"对宓之管制愈严，待遇愈苛。曾三次用棍棒责打宓"[3]。6月3日，吴宓食用馒头三枚，不小心将余下的一枚放在了抽屉，被老鼠啃去了一小块，众人斥责他"不重视劳动人民产出之粮食"，组长还罚他站立一小时，"四无依靠"，10分钟不到又让他回到了床上。5月18日日记记录"牛鬼蛇神组"为了努力挣表现，提高政治地位，显示思想改造成绩，实现"组员们终得赎罪而获解放"的效果，他们采取加强学习、努力劳动等办法：一是"认真学习"，诵读"老三篇"，外加《反对自由主义》。二是"平时谈话"也"遵从毛泽东思想"，"不作个人生活及琐事、新闻等'闲话'"，"努力劳动"，"追随农民"，下田插秧。三是"整饬生活，注重公共卫生"[4]。吴宓将此规定也看作是组长行为，且以挪揄口吻叙述。

梁平日记详细记录了吴宓腿病之后与同室们在生活上的种种不和，一些生活饮食和大小便等细节问题，"时有争执"。如吴宓希望自己能够"安息，静养，卧床勿动，待伤大愈，然后出外行步"，

———————

[1] 《吴宓日记续编》第9卷，生活·读书·新知三联书店，2006年，第98页。
[2] 同上书，第101页。
[3] 同上书，第113页。
[4] 同上书，第106页。

组长却"严令"他要"忍痛""出外",多"练习走路"。吴宓认为这是"拔苗助长",徒劳无益,"而又害之者也!"[1] 其实,医生在 5 月 12 日就嘱咐他"宜起身练习走路,否则恐终成残废人矣"[2]。刘组长不让吴宓在宿舍大小便,收走了铜面盆,"置于室隅远处",不许他使用。另外,还限制他每天的饮食量和种类,"勒令每日给宓馒头三枚,不准宓食其他饭菜"[3],"不许进粥,恐多尿",不许他自由选择荤素,荤菜平均每周吃一次,分量需控制,"早餐二两,午餐三两,晚餐三两"[4]。之所以做出这些规定,可能有"牛鬼蛇神"们挣表现的考虑,也有怕麻烦的担心。有的合理,有的近于严苛,吴宓却对此非常不满。《吴宓日记》随处可见他对饮食生活的关注,详细记载食"二鸡卵""坛子肉""猪肉馄饨""油炸丸子"等饭菜,病人需要营养,虽是些大众菜,也较为多样,均作一一记录。当一个人的精神思想没有安放处,就会转向身体感受和满足。古人说,饱暖思淫欲,实际上,空虚无聊也想大吃大喝,总想抓住点什么。当然,无论在物质匮乏还是丰盛的时代,只要精神没生长的出口,能够抓得住的也就只剩物质生活和身体感受了。"牛鬼蛇神室"限制吴宓的一日三餐,这对生病的吴宓来说,不仅无法满足身体需要,还会生出抱怨和报复情绪。病痛已够折磨他的了,如果生活饮食还加以限制,身体和心理会很容易失去平衡。

6 月 5 日,组长取消了对他的饮食限制。他抓住这个机会,让郑思虞买了三两米饭,鸡肉、猪肉各一份,郑思虞还自作主张买了

---

[1] 《吴宓日记续编》第 9 卷,生活·读书·新知三联书店,2006 年,第 107 页。
[2] 同上书,第 105 页。
[3] 同上书,第 109 页。
[4] 同上书,第 110 页。

他喜欢吃的一大份芋头，"又获酌白酒"，吴宓将它们全部吃下，"食之尽"。谁知肠胃不争气，拉肚子，来不及上厕所，拉到自己衣裤上，事后他还"从容述告诸君"，组长大怒，认为他"污秽，不洁"，"不重视本组之公共卫生"，"实不堪同居、为伍"[1]。后来，宗真甫帮他洗尽"污秽之衣"，他没有表达谢意，又被斥责批评。第二天再次对他"从严管制"，还颁布四条禁令：每天早晚在外面"行走一方圈""否则不许早餐或晚餐"；"绝对不许在室内大便或小便"；"学会洗衣"，"恒浴身"；"限制饭菜种类"。

　　吴宓在梁平，也得到过他人不少关心和温暖。如刚到时需要搬运行李、被褥和杂什，就依靠曹慕樊的帮助，"大小无失，可感"[2]。暑天需设蚊帐，"支架竹竿，细系绳钉"，也"赖曹慕樊君"[3]。5月8日运煤，"幸有曹慕樊在"[4]。5月26日，他上山坡如厕，也由曹慕樊"从右后侧""举起"身体，"送至目的地，又助送回舍"[5]。5月27—31日，吴宓"便秘"，同组"诸君甚不放心，曹君而外，特派李景白君数次来察看，必俟宓完毕，乃扶侍宓回舍"，还偶遇一"居民妇女"，"悯"其"艰苦"，也"毅然手扶宓抵舍"。有一次，"遇刘组长来迎宓，半途扶宓归"[6]。负责管制"牛鬼蛇神"的专政队员蒲茂连也来过宿舍，"特致宽慰"，让吴宓感到，"来梁平两月，其对宓，不加责斥，而致宽慰者，独此人而已！"[7] 就是严苛的组长刘又辛，虽然对他的生活做了硬性规定，

————————

[1]　《吴宓日记续编》第9卷，生活·读书·新知三联书店，2006年，第115页。
[2]　同上书，第98页。
[3]　同上。
[4]　同上书，第103页。
[5]　同上书，第111页。
[6]　同上。
[7]　同上书，第122页。

但见他进门时不小心碰伤了头，也立即找来药和棉，为他"拭血、敷药"，见他行走时擦伤了膝盖，也亲自为他敷药，还"详尽"地教他洗衣的方法[1]。知道他腹泻，也"立召医来诊治"。随返校日期愈近，他督促吴宓愈严，"汝何能上车下车？将被遗弃于梁平矣"[2]。这虽然带有命令口吻，又何尝不是真诚关心？在离开梁平的前一天，6月20日，刘又辛和李景白还专门抬来一大桶热水，让吴宓洗澡更换衣裤，便于与他人乘车，他感到"殊觉畅适"[3]。

1969年4月到6月，吴宓以历史和现实"反革命"之名，被下放到梁平参加劳动改造，成为工宣队和专政队的斗争对象。他被批斗，被学习，被劳动，被致残，毫无个人权利，他的生活和身体也堕入了无着落、无自由、无尊严、无隐私的困境之中，他强烈感受到人间的苦痛和悲哀、人性的恐惧和绝望。作为"罪人"和病人的吴宓，写下了"梁平日记"，可作为吴宓致病因由及其生存方式的一份证词。

1971年5月4日至1972年7月25日，因学校被其他单位占用，吴宓不得不再次随众迁往梁平，多次参加小组学习，揭发，聆听报告，"坚行思想改造"，"在世活得一日，必要改造一份"[4]，人们做得正儿八经，他的感受却不过是"无聊之戏谑而已"[5]，经过这么多次的运动斗争，他心理上好像也有接受力了。他还是有读书、串门的机会，开始了个人"年谱"的撰写。在他内心里，隐藏着司马迁之梦，他不但以日记写社会史，还以"年谱"形式写个人史。

---

［1］《吴宓日记续编》第9卷，生活·读书·新知三联书店，2006年，第117页。
［2］同上书，第118页。
［3］同上书，第123页。
［4］《吴宓日记续编》第10卷，生活·读书·新知三联书店，2006年，第6页。
［5］《吴宓日记续编》第9卷，生活·读书·新知三联书店，2006年，第367页。

第三辑

——

文化坚守

第八章　佛缘情深：在家出家

一、一心向佛

吴宓一生近佛。1948年秋，吴宓拟离开武汉到成都王恩洋主办的东方文教学院研修佛学，出家为僧。1949年4月，到达重庆后，因交通受阻而留在北碚勉仁书院和相辉学院任教。他的想法是以儒学为主，佛教为辅，行儒佛相合之道。王恩洋是欧阳渐的学生。欧阳渐（1871—1943），字竟无，是近代复兴佛学的代表人物。1904年，受杨仁山居士启发，起信佛法，并随其研习佛学。1922年，在南京成立支那内学院，后着手整理佛典，辑成《藏要》。1937年，抗战爆发后，与内学院同人入川，在江津设立内学院蜀院，继续刻经讲学。1943年病逝于江津。王恩洋是欧阳竟无大师的得意弟子，四川南充人。1922年入南京支那内学院，师从欧阳竟无研究法相唯识，1925年在该院任教。1942年在四川内江创办东方文教研究院。1957年出任中国佛学院教授。1964年病逝于成都。1946年8月16日，吴宓在给王恩洋信中说："宓近年益趋向宗教"，"弟既佩兄之学，尤佩兄坚信佛教，有救世拯俗之热心也。"[1]

每遇人生蹇促或身心悲苦，吴宓即谈佛教。1951 年 6 月 6 日，有学生来访，吴宓谈佛教信仰，嘱咐"心信而貌不露"[2]，以"读书""安命""念佛"三法疗治思虑的繁杂[3]。1952 年 8 月 28 日，面对邹兰芳的逼婚，吴宓写下忏情诗："佛戒凡夫勿造因，卅年慈训记来真；如何历劫沧桑后，又堕泥犁爱欲身。"[4] 将佛教作为情感寄托，摆脱纠缠。9 月 2 日，王恩洋来到重庆，告知吴宓为他请得僧衣和佛像，希望他"宜发菩提心，具救世度人之大愿力"，"又修佛非享乐、非逃避，乃甘愿作此一大苦事，俟锻炼工夫充足，方可苦尽甘来"[5]。第二天，吴宓送王恩洋进城的路上，王恩洋还劝说吴宓，人生上策是"专心依佛，但必须止情方可断欲"，"若不能，则应与一女子结婚，遵儒家之礼法，行在家人之生活与道德。此外无好方法"。他"深服洋言"[6]，决定试行第一方案。此时吴宓正陷入与邹兰芳生活和情感矛盾中，向佛不成，因他难断情欲。这也是吴宓悲剧人生的原因之一。9 月 16 日，见吕澂，讨论佛学佛教。吕澂也是欧阳渐弟子，1943 年欧阳渐逝世后，他继师遗志，继续办理蜀院，聚众讲学。1959 年 12 月 27 日，适值岁暮，吴宓"通观静思，知人论世"，认为"碧柳确是一伟大之道德家与伟大诗人，其伟大处在其一生全体之完整与坚实。王恩洋之虔依宗

---

[1] 吴宓：《致王恩洋》，载《吴宓书信集》，生活·读书·新知三联书店，2011 年，第 296 页。
[2] 《吴宓日记续编》第 1 册，生活·读书·新知三联书店，2006 年，第 149 页。
[3] 同上书，第 151 页。
[4] 同上书，第 406 页。
[5] 同上书，第 409 页。
[6] 同上书，第 410 页。

教，阐扬儒佛，艰苦力行，热心救世，亦与碧柳同一伟大"[1]。

1952年10月3日，当他知晓自己的思想改造文章被译成英文，向美国广播宣传，作为招降胡适之用，"宓今愧若人矣"，写下诗歌"心死身为赘，名残节已亏"，"儒宗与佛教，深信自不疑"，"世变终难返，长宵梦不成"，盼望"佳书兼挚友，只许梦中亲"，"咫尺天河隔，美人望不来"[2]。10月8日，他又与友人"谈信佛，主净土宗"[3]。净土宗是佛教宗派之一，其宗旨以修行者的念佛行业为内因，以弥陀愿力为外缘，内外相应，引导修行者往生极乐净土。其修行法门就是念佛，即称名念佛。11月1日，系上询问吴宓是否加入共产党，他"直言不愿入党"，他给出的理由，一是"宓对共产主义信仰未深，不如宓昔信佛教之深"；二是"缺乏斗争心，至今犹不许友家杀鸡以款待"；三是"愿在党外努力尽责"，还说"况有三女代我为党效力乎"[4]。他以"信佛教之深"，拒绝入党，算是理由，以女儿代他为党效力，则为幼稚之言。是否入党，哪有可由他人代劳之理？1953年5月2日，他深感"万事皆空，唯有文学好。一切无关，著作吾事了。恋爱休谈，六十身已老。辛苦为人，只自增烦恼"[5]。人生是苦，徒增烦恼，"万事皆空"，都是佛教思想。1955年1月7日，政治学习讨论宪法，他也表示："我信佛教，但决不劝人信佛教"，希望"书信不受检查"，信之内容"字字皆可公布，不畏人知"[6]。这属于典型的信仰自由和书信自由思想。5月14日，他读印光法师校序之净土五经，"顿觉安适"。

---

[1]《吴宓日记续编》第4册，生活·读书·新知三联书店，2006年，第258页。
[2]《吴宓日记续编》第1册，生活·读书·新知三联书店，2006年，第422-433页。
[3] 同上书，第435页。
[4] 同上书，第450页。
[5] 同上书，第525页。
[6] 同上书，第94页。

5 月 17 日，潘伯鹰修改吴宓诗《吾生》，吴宓认为他"改得极好"，各条解释也非常"精细"，尤其佩服他"佛理高纯，教宓者至当，益我无穷。今后当就式多求佛法之教诲，以勉企于安心立命之途耳"[1]。潘伯鹰通诗律，书法名家，早年从桐城吴闿生学习经史文词，文学造诣颇深。曾在天津《大公报》上发表小说《人海微澜》，还著有《隐刑》《强魂》《雅莹》《残羽》和《蹇安五记》。吴宓在《空轩诗话》中称他"以小说名于世"[2]。《人海微澜》还被改编为电影《春水情波》。他也写旧体诗，以新材料入旧格律，有《玄隐庐诗集》。吴宓在《空轩诗话》中点评潘伯鹰的《拾煤核》和《晨起独往万泉河冰嬉观沿岸木稼》。1944 年，吴宓从昆明至重庆住在潘宅，此时的潘伯鹰正与妻子闹离婚，十年后的吴宓以《寄凫公（潘伯鹰）四首》提及此事。这里所说潘伯鹰为吴宓改《吾生》诗应是收入《吴宓诗集》中的《吾年》，其曰："吾年应合丙申休，七九六三早计筹。齐贤久觉虚生赘，逆世真同待决囚。骥服盐车鞭更急，蛙沉深井噪终幽。凤歌龙战欣推手，火化僧衣蜕莫留。"[3] "丙申"即 1956 年，正是吴宓 63 岁，符合吴宓的宿命"七字推法"。诗里提到的"虚生""囚徒""鞭急""蛙沉""凤龙之战"以及"僧衣"恰恰表达吴宓此时的心理感受。

不仅是王恩洋和潘伯鹰，他在学校也多交佛性之人。1955 年 9 月 19 日记载，"赖公亦曾受佛戒，法名洪严，所居斋曰树严室"[4]。赖公即赖以庄，吴宓和赖以庄常在一起讨论佛学。1960 年 9 月 6 日，吴宓在"日记"中说，西师中文系有"四老"之说，

---

[1] 《吴宓日记续编》第 2 册，生活·读书·新知三联书店，2006 年，第 178 页。

[2] 吴宓：《空轩诗话·二十七》，载《吴宓诗话》，商务印书馆，2005 年，第 218 页。

[3] 吴宓：《吾年一首》，载《吴宓诗集》，商务印书馆，2004 年，第 482 页。

[4] 《吴宓日记续编》第 2 册，生活·读书·新知三联书店，2006 年，第 271 页。

即钟稚琚、赖以庄、吴宓和宗真甫。赖以庄（1890—1966），1911年川东师范学堂文科毕业，曾任四川省长公署秘书，国民党财政部干事，川东师范学校、省立第二女子师范学校、重庆大学中文系教授，巴县修志总局编纂，四川省国立教育学院教授、系主任，国立女子师范学院教授、系主任。1950年8月后，任西南师范学院汉语言文学系教授、系主任兼校务委员，重庆市人民政府文物管理委员会委员。他博览经史百家、诸子佛道，长于古文诗词。主讲中国文学史、《左传》导读。著有《巴县志》之《官师列传》《人物列传》《军警志》《金石志》等，晚年曾手编《重庆文苑纪事》，记载重庆自先秦至明清有关文化及文坛遗事。1955年10月22日，吴宓对邹兰芳不满，"以《白屋家书》与《印光法师嘉言录》与兰读，又教兰念佛号，然兰读之皆无所得，毫无忏悔祈求之诚心"[1]。1956年元旦，与来访者谈信奉佛教，并以《印光法师嘉言录》相赠。7月29日，李众楫教吴宓静坐法，念佛，吴宓认为他"聪慧，博学多识"[2]，李皈依深造密宗。31日，李门儒再劝吴宓静坐并念佛或诵《金刚经》。8月3日，读蒋维乔撰《佛教概论》。11月3日，翻阅赖以庄喜读的《御选禅宗语录》，感到"徒斗机锋而矜口慧，是文人之末技，非宗教之正业"，认为在其友生中，能"恒诵或多引禅宗语录者"，只有钱锺书、朱宝昌和赖以庄三人，"三人皆无道德之毅力与宗教之热诚。或博识穷搜，自矜才学；或风流辩慧，信义毫无；或老于世故，圆滑自私"。钱锺书"曾与宓忤"，朱宝昌"为抚所深恶"，赖以庄"曾忌嫉碧柳而排摒之"[3]。"抚"即邹抚民，四川外语学院教授。在吴宓眼里，钱锺书显然属于"博

---

[1] 《吴宓日记续编》第2册，生活·读书·新知三联书店，2006年，第297页。
[2] 同上书，第474页。
[3] 同上书，第549页。

识穷搜，自矜才学"类，吴宓并非不赞赏钱之博学，只是不宜"自矜才学"而已。1965 年 8 月 7 日，吴宓在读了钱锺书的《宋诗选注》，就说"其博学实可惊佩"[1]。

1957 年 7 月 23 日，他重读王恩洋《五十自述》，认为："宗教为行与法之最上乘。中国自古有宗教。迟至 1940 前后，若印光法师、欧阳大师及王恩洋君等僧俗之所言所行，仍是真正之宗教生活，令人忻慕。解放后尽绝矣。"不但如此，并且，"至若精神高于物资，道德超乎经济，学术外于功利，乃古今东西哲人志士所共信而行之者，今亦推翻，且误用精神、道德以及'灵魂''本质'诸名词"，世间万事的变化，"皆吾所不忍言者矣"[2]。"宗教生活"的消失，带来人们对"物质""经济""功利"的崇拜，对精神、道德、学术的排斥。1958 年 4 月 22 日，师生开始向党交心活动，吴宓发了言，"自承为儒佛思想，并深信中国文化之价值功用极大"[3]。1959 年元旦，读谢无量的《佛学大纲》，2 月 9 日和 10 日，与段德樟谈佛教。1960 年 8 月 22 日，给李赋宁写信："宓近年已革除各种欲望，决不计较饮食，素仰佛教，更不思肉食。"[4] 1961 年 2 月 12 日，段德樟来，"谈宗教修养"，14 日修改其呈稿，述说"佛教胜于基督教之处，尤其关于中国之孝道者，教樟去佛归耶勿太严急也"[5]。段德樟为段调元之子，他们父子俩都是吴宓在西南师范学院的至交。段调元是西南师范学院数学系教授，心向佛学。段德樟的母亲是法国人，未与段调元结婚，段为私生子，受其

[1]《吴宓日记续编》第 7 册，生活·读书·新知三联书店，2006 年，第 197 页。
[2]《吴宓日记续编》第 3 册，生活·读书·新知三联书店，2006 年，第 136 页。
[3] 同上书，第 274 页。
[4] 吴宓：《致李赋宁》，载《吴宓书信集》，生活·读书·新知三联书店，2011 年，第 378 页。
[5]《吴宓日记续编》第 5 册，生活·读书·新知三联书店，2006 年，第 38 页。

父亲影响，也近佛向善，1963 年 6 月，投嘉陵江自杀[1]。"爕、樟父子皆笃信佛教之温厚人"[2]，吴宓时常与段氏父子交换阅读佛禅之书，如《涅槃经》《六祖坛经》《八大人觉经》，以及其他相关书籍，如《佛学大纲》《佛学小丛书》等。吴宓也曾将自己写于昆明的《读佛经笔记》3 册，与段氏父子共读。段德樟也常来向吴宓请教佛学禅理，《吴宓日记》有多处记载，如"樟复来，宓为讲佛教真空妙有，即一多哲学之通理。"[3]"樟来，方读《六祖坛经》。"[4]"樟来，呈《所思录》，近恒以牛自比，有民胞物与之情，故已戒决食肉。又自去年，已全断淫思，目不视邪色。"[5]"晚饭后樟来，同步操场，续授以梵文佛教名词。"[6] 讨论佛经让吴宓心情舒畅愉悦，"爕老卧读佛经。樟饮酒睡起。在樟处复阅梁任公所撰译之小说传奇"[7]。他们在一起不仅讨论佛经，还一起散步。1959 年 10 月 3 日，"夕樟来，同游步校园，观秋林斜日景色，樟倾心佛教，且私行素食，可嘉"[8]。第二天，他们又在一起谈论有关佛学和诚信问题，吴宓记录了段德樟的观点，他认为"佛教唯识宗之八识与柏拉图《理想国》中四等知识"可进行比较，又说："明则诚矣（道）与诚则明矣（性）二者之殊途同归，莫分高下"，它们都归于"正信即真理"，即"宇宙之真实，合乎人之最高智慧"，说明"信与爱（智与仁）实不可分离者也"[9]。日记没有记

［1］《吴宓日记续编》第 6 册，生活·读书·新知三联书店，2006 年，第 47-48 页。
［2］《吴宓日记续编》第 3 册，生活·读书·新知三联书店，2006 年，第 532 页。
［3］ 同上书，第 544 页。
［4］《吴宓日记续编》第 5 册，生活·读书·新知三联书店，2006 年，第 91 页。
［5］ 同上。
［6］ 同上书，第 128 页。
［7］ 同上书，第 106 页。
［8］《吴宓日记续编》第 4 册，生活·读书·新知三联书店，2006 年，第 185 页。
［9］ 同上。

录吴宓自己的观点。他们讨论的有佛学和儒学，也有柏拉图哲学，还有基督教教义。除佛学和儒学外，柏拉图哲学和基督教教义都是吴宓不甚熟悉的知识和思想，所以他采取"余所谈从略"，内容被隐去了。

1961年2月15日，正是春节，上午随郭豫才、张宗禹、许可经（分别为历史系、美术系、音乐系主任）到学校领导家里拜年，下午学校领导6人来给吴宓拜年，还有中文系书记、系主任、教研室主任、教学秘书4人和私交朋友等8人也来拜年。这应该是吴宓解放后新春佳节过得最为荣光的一天，到了晚上，吴宓竟重读欧阳渐的《竟无诗文》。热闹背后是寂寞，光亮里有暗影。1964年2月14日，生病，卧床，又读《印光法师文抄》。每当吴宓身心困苦、工作困难之时，读佛经，求佛学，也是自然而然的选择。1965年8月15日，"晚8—11重读王恩洋君（1897—1964）《儒学中兴论》一过，极佩。盖主张以中国文化（道德至上，天下一家）为西洋文化（人人有衣穿饭吃，人人得自由平等）与印度文化（共成共觉，得大转依，指佛教）之中介，融合三者，以救济、再造今日之世界人类。其识解之精正，愿力之宏大，比昔年梁漱溟《东西文化及其哲学》之说，有过之，无不及矣"[1]。《儒学中兴论》写于1947年6月的东方文教研究院，王恩洋提出"儒学中兴"的前提是"儒学衰亡"，需作一定的"修正"和"补充"，怎么去修补？他的想法是："取湛深严密之法相唯识学以修正补充儒者心性天命内圣之学，以民治科学以修正补充儒者为政利民外王之学。"[2]简单地说，就是"究性命，则上参乎佛法；谋生养，则远法乎西洋"，

---

[1]《吴宓日记续编》第7册，生活·读书·新知三联书店，2006年，第202页。
[2] 王恩洋：《新理学评论儒学中兴论》，崇文书局，2020年，第134页。

"以入世利人之精神，尚德崇仁之心量，作中流之主干，而调和消息两方之偏"[1]。偏在哪里呢？在王恩洋看来，世间偏功利，易争乱，出世偏解脱，离世远。他想以儒学为主融合佛学和科学，作为救世之道。这都是完美的理论设计。儒学中兴，没问题，问题出在它不可能救世，内圣外王只是个人的道德理想和修养。儒学要通向现代文明需要解决两大问题，一是专制体制，二是人性善理论。如它认为人性本善，人人皆可成圣人，相信君子治国，人人各安其位，事实却并非如此。

1965年12月20日，与医生吴适均约定后事，吴适均劝吴宓念佛。"宓素尊崇中西之宗教，敬爱虔修笃信之人，尤感激适老对宓之盛情与渴望，惟自惭俗缘未断，心思浊乱，恐难作到适老之所教示，且试勉行之而已。"[2] 对吴宓而言，"俗缘未断，心思浊乱"算是精准的自我判断。虽然他对宗教怀有"虔修笃信"之心，但始终未断俗心，难忘世情。这是他的性情，也是生活态度。1967年5月13日，他担心劳改队又回到古典文学教研组，受同组老师的迫害和侮辱，曹慕樊劝诫他，"须破除一切观感，视万事若无有，粉碎虚空，打破后壁，方可在今之中国生活下去"[3]。万事皆空，此乃佛教之法，吴宓却难以做到。1971年3月6日，吴宓"感觉人之祸福，以及境之逆顺，事之难易，变化迅速，末由窥测，只可归诸命运，吾侪则尊曰天命"[4]。他口里说要"尊天命"，却是心不安理也不得。1951年7月17日，吴芳吉的孩子来看他，告之身后事，希望死后以僧服入殓，葬在江津黑石山吴芳吉墓旁。

[1] 王恩洋：《新理学评论儒学中兴论》，崇文书局，2020年，第191页。
[2] 《吴宓日记续编》第7册，生活·读书·新知三联书店，2006年，第310页。
[3] 《吴宓日记续编》第8册，生活·读书·新知三联书店，2006年，第129页。
[4] 《吴宓日记续编》第9册，生活·读书·新知三联书店，2006年，第210页。

二、在家出家

吴宓是在家僧，在家出家，犹如一位禅师，一路散财一路寂寞。谈诗是本行，为师亦可尊。求佛佛不住，问学学不成。懒散几十年，用情不专心。他自幼浸染传统儒家思想，后受朋友陈寅恪、汤用彤影响，研读佛学，同时吸收白璧德人文主义思想，将宗教、道德和文学消融贯通，成为儒佛互补、道德和文学互通的思想格局。

吴宓自称"一生多情而厄于遇"[1]，所遇机会不少，却不善选择，不坚持选择，被一时一事干扰，受个人情绪影响大。在他看来，"人生必有所系，如瓶之挂于钩。其高明而出世者，则上系于上帝。普通凡人之入世者，则男钩系女瓶，女钩系男瓶"[2]。他一生都逃不出情爱，且有厌世情绪，待人处世过于敏感，所遇伤心事多，读佛经，信佛，不失为一种解脱。据1914年2月20日日记记载，"宿昔久有厌世之志，颇思入山与人世隔绝，今即不能，他年定当为之，此生性所然，况重以社会之驱送耶?"[3] 3月5日，"余于宗教观念，颇惊其势力之伟大"[4]。在美国留学期间，他的老师白璧德以及同学汤用彤和陈寅恪，都对佛学颇有研究，也常在一起讨论佛学。1919年7月14日，"晚八时，偕陈寅恪君及锡予同往，巴师述其往日为学之阅历，又与陈君究论佛理"[5]。12月10

---

[1] 《吴宓日记》第6册，生活·读书·新知三联书店，1998年，第209页。
[2] 同上书，第211页。
[3] 《吴宓日记》第1册，生活·读书·新知三联书店，1998年，第292-293页。
[4] 同上书，第305页。
[5] 《吴宓日记》第2册，生活·读书·新知三联书店，1998年，第37页。

日记载，"锡予近读佛学之书，殊多进益。宓未遑涉猎也"[1]。12月24日，与陈寅恪"所谈甚多"，"陈君寅恪及锡予，均治佛学"，陈寅恪认为，"汉晋以还，佛教输入，而以唐为盛"，"宋儒若程若朱，皆深通佛教者"，"采佛理之精粹，以之注解四书五经"，"与儒教之宗传，合而为一"，由此，"佛教实有功于中国甚大"[2]。"中国之学问，立时增长元气，别开生面"，且深"入中国人之骨髓，不能脱离。"[3]1920年9月，一边读印度哲学和佛教，一边由汤用彤再讲授，"受益匪浅"[4]。他也有抑郁困扰，甚至产生自杀心理。他想到学业和时事，与汤用彤和张鑫海等同学相比，"宓于学问，毫无实功"，"远不能望其项背"，又想到"年华已长，忧国伤乱，魂梦不安，又为种种邪魔杂念所侵扰。静中回首，虚靡之光阴，真不为少。欲纯静潜心用功，实难之又难，将来只可以常人终身。吁！可惊也！可伤也"。于是，他在1920年1月29日出现了"神经病（似应名为心疾）复发，有乱哭乱叫久之，极为难过云"[5]。他的痛苦来自国家前途和命运，也与他个人的身世有关，前程暗淡、心里苦闷，于是陷入绝境。2月2日，"每至不能解决之时，终觉得寻死为最快乐"，"呜呼，吾尽吾力，终不知何时死耳?"[6]1919年12月29日，他"忧患千劫感慨百端。值郁悒之极，每欲自杀，此人之常情，而宓时亦不免"[7]，于是，他读佛书。最为严重的一次，是1920年4月19日，他终日读书，心境甚

————————

[1]　《吴宓日记》第2册，生活·读书·新知三联书店，1998年，第100页。
[2]　同上书，第102页。
[3]　同上书，第103页。
[4]　同上书，第181页。
[5]　同上书，第125页。
[6]　同上书，第127页。
[7]　同上书，第112页。

烦郁。想起美国青年男欢女爱，鸳鸯共栖，而中国社会既无男女之乐，也多令人气愤愁惨伤怀之事，特别是五四新文化运动，"所提倡之事，皆西方所视为病毒者"，又想到自己"前途黑暗"，"今日劳愁如此"，"不如自戕其身，则数分钟内，一切苦难，均冥然不知。清静之极，快乐之极！"一时冲动，就奔向查理斯河，岸上灯火光明，看见对对情侣和警察经过，"人心之不同，境遇之不同，乃有如此"，于是他"长叹一声，废然而返"，"遂木然归寝"[1]。

在美国留学，他还阅读了新人文主义另一代表保罗·穆尔的《谢尔本论文集》，世界的忧患和痛苦不可逃避，怎么办？欲救人救世，先自救。怎么自救？就是"日日做事，无所附丽"，相当于中国的"只问耕耘，不问收获"。具体说来，在行事上做到："不以致用为归"，只求"吾心之安"；"非为沽贤名"，"不较报施"；"竭诚尽力"，不计"成败"。在精神理想上，"自笃信天人定论、学道一贯之义，而后兼蓄并收，旁征博览，执中权衡，合覆分核，而决不为一学派、一教宗、一科门、一时代所束缚、所迷惑；庶几学能得其真理，其菁华，而为致用"[2]。当然，他在此所说的"致用"是非实利性的，主要体现在精神思想层面。躬行其事，求吾心安，也就成了吴宓立身处世信条。这与吴宓的佛学信仰也是一致的。1919 年 10 月 26 日，俞大维与吴宓"谈宗教之流派，及其精义。谓权衡种种，欲图中国根本至计，则惟当复兴佛学，昌明佛学。其理甚长，不具录。俞君年少而绩学，深可佩也"[3]。1919年 12 月 10 日，他从汤用彤所读佛书里看到一则佛语："学道之人，

---

[1]《吴宓日记》第 2 册，生活·读书·新知三联书店，1998 年，第 153-155 页。
[2] 同上书，第 44-45 页。
[3] 同上书，第 87 页。

如牛负重车，行深泥中，只宜俯首前进。若一徘徊四顾，则陷溺邃深，而不可拯拔矣。"结合个人人生经验，他"确信此言之切要也"[1]。

回到国内，1922年，创办《学衡》杂志，刊发了不少佛学研究文章，如汤用彤论佛教理论及哲学，释太虚讨论法相宗唯识论等。1922年6月，出现宗教问题讨论热潮，《学衡》第6期设立宗教专栏，刊载刘伯明的《非宗教运动评议》，景昌极的《论学生拥护宗教之必要》，张季鸾的《再论宗教问题》等文。1923年5月《学衡》第17期刊载王恩洋的《大乘非佛说辨》《大乘起信论料简》和汤用彤翻译亚里士多德的《哲学大纲》。此时王恩洋正在南京支那内学院师从欧阳竟无学习佛学，传唯识宗，上承杨文会、欧阳竟无，在佛中理玄机，在形而上求机理，也是《学衡》佛学思想的代表人物。汤用彤是吴宓哈佛大学的同学，他研究佛学走实证史学之路，注重佛学的历史考察，在内在理路上属于胡适派。6月，《学衡》第18期刊载景昌极的《唯识志疑一见相别种辨》，1923年7月，《学衡》第19期又刊发缪凤林的《唯识今释》。需补充说明，《吴宓自编年谱》认为，景昌极、缪凤林和王恩洋的文章同载于第6期，显然系误记[2]。

20世纪40年代，恋爱的失败也让他产生了出世皈佛想法。1941年2月10日说："宓一生婚姻恋爱之痛苦，孰能知之解之？仅宓勉力求出世依佛，藉避自杀之一途。"[3]他多次阅读佛经，特别是《涅槃经》《妙法莲华经》《华严经》《坛经》等，常向同学汤用彤请教，与昆明佛学界人士来往。1943年6月29日，拜访远峰

---

[1] 《吴宓日记》第2册，生活·读书·新知三联书店，1998年，第100页。

[2] 《吴宓自编年谱》，生活·读书·新知三联书店，1995年，第245页。

[3] 《吴宓日记》第8册，生活·读书·新知三联书店，1998年，第30页。

和尚，远峰赠送自己的著作《佛说阿弥经颂》；还访问了与远峰同室的性空和尚和张璧光居士，读了性空的诗稿，听了张的自陈。1940年1月20日，"夕读《大般泥洹经》"，8月20日读《中国佛教史》，21日读《妙法莲华经》，9月20日读英译《梵网经》，21日读英译《圣果经》《阿波昼经》。10月28日读《维摩诘经》。12月10日读《楞严经》，15日读《法华经》。1941年1月5日读《涅槃经》，从2月20日到3月3日读完《涅槃经》。3月6日，"复阅《涅槃经》"。3月10日、11日，5月27日又读《华严经》。8月3日、4日，9月8日、9日读《涅槃经》。11月13日、24日读英译《长阿含经》。1943年1月19日—22日，读《中阿含经》。8月21日—23日读《妙法莲华经》和《坛经》。他还与林文铮等讨论佛理，1940年3月20日，"谈宗教之不能磨灭，尤深仰佛教之宏大，信其必兴"[1]。8月17日，林文铮来独坐，"铮述近一年余，悼亡后，研读佛书，笃信佛教，所获之实益及受用，宓亦述一己事业理想婚姻恋爱著作之过程。知铮与宓生活皆已至第三段，专以宗教为归宿。深相契合。铮谓自抗战以来，彼杭州家产破毁，朋友乖忤，爱妻夭亡。彼以凤有信心，归依佛教，恒读佛经。结果，明乎世事皆幻，人我皆假相，贪嗔痴皆空，于是尽除执著，脱离烦恼，而心宽体胖，获得净乐。诚所谓一切尽失之后，反得生活之真乐。（按此如耶稣所说，失者必得之，得者必失之。云云）若宓则尚未能至此境界，然可心向往之也"[2]。8月21日，悟得"万物与人皆具佛性（或曰宗教心。即宓《大纲》中之 God 或 One 之本质）。特多少又差。而宓天与佛性不为少，有启即发。况生活恋爱之失败

［1］ 《吴宓日记》第7册，生活·读书·新知三联书店，1998年，第144页。
［2］ 同上书，第212页。

愤激，更有以刺激逼迫之耶。今后当勉力用功，必求能读通佛书，能取得佛意"[1]。一边读佛经，一边思念毛彦文，以致"夜不能成寐，悲感万端，几于痛不欲生"，他想以"出家受戒为僧"感动毛彦文，这也有些自虐心态。他一边追求张尔琼，"惟羡他人之神仙眷属或伴侣耳！"[2]一边"益佩佛教之崇伟中正，可为吾侪之归宿皈依处"[3]。所以，沈卫威在吴宓传里称他是"情僧"[4]，可谓精确判断。1941 年 5 月 29 日，他给张尔琼写情书，说："我一生最倾心的是爱情与宗教。（宗教为爱情之最后归宿。爱憎中之高尚真挚热烈，无异宗教。）即是敬爱女人与敬爱上帝或佛。在未死之前，爱情必至完全无望之后，乃静心皈依宗教。我的文学，我的生活，皆不外爱情、宗教二者之表现。此外一切，都不深系我心。"[5] 把文学理解为爱情和宗教，虽不失为一得之见，却将"爱女人"和"敬佛"并称，把生活统统归在爱情和宗教二事上，显然过于浪漫和简单化。

吴宓的信仰是混杂的。他曾说："宓乃一极悲观之人，然宓自有其信仰，如儒教、佛教、希腊哲学人文主义，以及耶教之本旨是。"[6] 又说："我的一言一行都遵照孔子、释迦摩尼、苏格拉底和耶稣基督的教导。"[7] 可以说，他的信仰是混合的，骨子里仍是性情人。1951 年 8 月 14 日，他"感世中一切全变，几无可托身寄生之道矣"，"宓之大苦，即人生关系之每一方面，皆失精华而存糟

［1］《吴宓日记》第 7 册，生活·读书·新知三联书店，1998 年，第 214 页。
［2］ 同上。
［3］ 同上书，第 223 页。
［4］ 沈卫威：《情僧苦行：吴宓传》，东方出版社，2000 年。
［5］《吴宓日记》第 8 册，生活·读书·新知三联书店，1998 年，第 91 页。
［6］《吴宓日记续编》第 1 册，生活·读书·新知三联书店，2006 年，第 112 页。
［7］ 李鲸石：《回忆吴宓教授》，载北塔《情痴诗僧吴宓传》，团结出版社，2000 年，第 5 页。

粗，无理想而重俗务，乏慰乐而多责任，缺享受而烦供给"，面对"如此矛盾不幸，益使宓厌世矣"[1]。"厌世"情绪一直伴随吴宓一生，于是想学佛出家，走"知命信佛，轻生死、乐消闲"[2]之路，但他又极其留恋尘世，于是，他只能做"在家僧"或者说"出世人"[3]，持在世出世态度，过在家出家生活，如他所说："善待生命，心中有佛，善待自然，吾亦似佛。"[4]

吴宓喜欢读佛经，也常读《圣经》。1951年8月20日，"是夕晚读《圣保罗传》，甚凉爽"[5]。1960年10月18日，心情甚郁郁，担心优待被取消，"悲痛之余，取来基督教《圣经》，翻读《路加福音》等，略谓汝应勿忧衣食荣辱，一切安命，而专心惟道是依是求，利世尽矣"[6]。1962年10月14日，"今日上下午，编绘《基督教之发展及分派图》，至下午4：00始毕"，"上午一二节，授《世界史》课，讲《圣经》、基督教及波斯史"[7]。1972年12月28日，值基督圣诞节，吴宓"拟重读《新约》圣书所记耶稣自最后晚餐至葬后第三日探墓失尸之详情"，当天下午，"乃得肃读《马太、路加、约翰福音》各二三章，感激泪下"[8]。他为"文学与人生"课程开列的"应读书目"，除《频迦精舍校刊大藏经》《大正新修大藏经》和《新旧约全书》（中文文言译本），英文圣经"*The Holy Bible*"外，还有黎锦熙的《佛教十宗概要》、赵紫宸的

[1]《吴宓日记续编》第1册，生活·读书·新知三联书店，2006年，第190页。
[2]《吴宓日记续编》第5册，生活·读书·新知三联书店，2006年，第134页。
[3]《吴宓日记》第9册，生活·读书·新知三联书店，1998年，第385页。
[4] 刘达灿：《国学大师吴宓漫谈录——吴宓小友的追忆》，新疆人民出版社，2003年，第64页。
[5]《吴宓日记续编》第1册，生活·读书·新知三联书店，2006年，第194页。
[6]《吴宓日记续编》第4册，生活·读书·新知三联书店，2006年，第446页。
[7]《吴宓日记续编》第5册，生活·读书·新知三联书店，2006年，第447-448页。
[8]《吴宓日记续编》第10册，生活·读书·新知三联书店，2006年，第262页。

《耶稣传》等。他还为他翻译的《世界文学史》之"圣经文学"部分写了"译后按语"，认为："今研究西洋文化而不致力于《圣经》，是犹研究中国文化而置四书五经于不读也。此乌可哉？又，西洋中古及近世文学，在在征引及于《圣经》。不熟读《圣经》，则莫明出处，莫辨词意，而扞格异常。""为身心修养、培植道德计，尤不可不常读《圣经》也。"这样，《圣经》不只是教会之书，"而当视为我之书而读之，随我之意自由读之，且可与四书五经及佛经并读之"。宗教有其精华，也有糟粕，"终极言之，宗教乃至美至上之事，未可曼无分别，妄肆攻诋，吾人生于今日，本身承受孔教、佛教、耶教之文明，而不克取得孔教、佛教、耶教之精华而享用之，则吾为自暴自弃矣。而宗教之精化，厥为其培植道德，养成人格之能力。故凡百宗教，其目的皆主实行，玄想神秘，仍皆为助成实行地耳。个人能取得宗教之精华，则其人必高尚安乐，果毅有为。国民能不失宗教之精华，则其国必富且强，文化昌明，纪纲整饬，风俗淳厚，此一定不易之理"[1]。应该说，他对《圣经》精华和糟粕性的认识，富有辩证眼光和道德立场。

吴宓也喜爱带有宗教意味的文学作品，如但丁《神曲》、薄伽丘《十日谈》、弥尔顿《失乐园》《复乐园》、卢梭《忏悔录》、奥古斯丁《忏悔录》、班扬《天路历程》、艾略特《圣林》、莎士比亚《哈姆莱特》以及曹雪芹《红楼梦》等。西方文化和文学有基督教文化背景，《红楼梦》也有佛学思想。1936 年 7 月 25 日，他发出感叹："上午读书。午饭后，忽不乐。读《石头记》凤姐托巧姐于刘姥姥，及宝玉出家等段，大悲泣，泪如流泉。盖宓多年经历，伤

---

[1] 吴宓：《〈世界文学史〉译后按语》，载〔美〕李查生、渥温编著《世界文学史大纲》，商务印书馆，2020 年，第 326-327 页。

心实太深矣。于是极有意出家，为天主教僧侣。对世中之人与事，一切均极厌鄙"，"宓读西洋宗教及哲学书，所得既深，已经验又繁，夫然后，乃益赞赏《石头记》一书之伟大，以其为人生全体之真切悲剧也。"[1] 1938 年 10 月 16 日，再次提到《红楼梦》："宓回念生平所行所施，能不伤心痛悔也耶！且宓由此更知《石头记》之所以伟大。夫宝玉之于女子，崇拜爱护可谓极矣。顾其梦游太虚幻境时，竟眼见诸多美丽自女子立地化为可怖之魔鬼前来追逐吞噬，宝玉急忙逃。盖即表现作者类此之观察而已。呜呼，人生如孽海乘筏，惟宗教为一线之光明灯耳。此最真至之人生观也。"[2] 吴宓一生倾心爱情和宗教，他的人生经验和人生理想也与《红楼梦》相契合，他以宗教态度对待爱情，又从情感立场理解宗教，这或可说是吴宓的爱情悲剧，无论是爱情化宗教，还是宗教化爱情，要么过于浪漫，要么过于迂阔，最终都会无疾而终。

三、道德理性

吴宓对宗教的现代价值也有相当思考。他一生标举并践行以道德为本的人文主义理想。道德和宗教是人文主义的关键词，"人文主义需要宗教"[3]。他熟悉并研读中外宗教典籍，在"文学与人生"课程里，他把《大藏经》和《新旧约全书》列为"应读书目"，认为学习目的是"研究人生与文学之精义，及二者间之关系。以诗与哲理二方面为主。然亦讨论政治、道德、艺术、宗教中之重

---

[1] 《吴宓日记》第 6 册，生活·读书·新知三联书店，1998 年，第 22 页。
[2] 同上书，第 364 页。
[3] 吴宓：《文学与人生》，清华大学出版社，1993 年，第 123 页。

要问题"[1]。他多次谈论过宗教，他的宗教观与其世界观密切相关。他认为："宇宙间之事物，有可知者，有不可知者。可知者有限（Finite），不可知者无穷（Infinite）。故须以信仰及幻想济理智之穷，而不可强求知其所不能知。"[2] "宇宙间之事物，约可别为三种。有在理智之上，而为人所不能知者，是曰天。有适合于人之理智，而为人之所能尽知者，是曰人。有在理智之下，而为人所不能尽知者，是曰物。此三者各自存在，不能抹杀其一。"世界分为天、人、物三界，由此也就形成三种人生观，"以天为本，宗教是也"，"以人为本，道德是也"，"以物为本，所谓物本主义（Naturalism）是也"。并认为："处今之世，以第二种之人本主义即人文主义为最适。故吾崇信之。"[3] "天人物"即神、人和自然，"天"（"神"）处于最高位置，人居天地之间，有灵与肉的二重性，对神有向往和追求，也有自然的本能欲望。宇宙世界有神的存在，人对神也有需要，这也就是宗教在世界的位置和对社会的意义。神是世界的终极，拥有"一"的至上性和唯一性，人需要宗教，因为"人心惟危，道心惟微"，只有"改造过的人心——经过宗教塑造（受到上帝'恩宠'的）或道德教养与训练的心"，才算是拥有"道心"[4]。但是，人的处境又是矛盾的，有"知识欲""权力欲"和"情感欲"的放纵和痛苦，只有"在上帝身上联系起来"[5]，才可获得内心安宁。

宇宙有神的存在，人也需要神的救助，那么，何谓神或宗教

［1］ 吴宓：《文学与人生》，清华大学出版社，1993 年，第 1 页。
［2］ 吴宓：《我之人生观》，载徐葆耕编选《会通派如是说——吴宓集》，上海文艺出版社，1998 年，第 87 页。
［3］ 同上书，第 88 页。
［4］ 吴宓：《文学与人生》，清华大学出版社，1993 年，第 109 页。
［5］ 同上书，第 113 页。

呢？吴宓认为，世界上的各种宗教教派"纷纭扰攘，各树一帜，皆宗教之浮象也"，它们的名目繁多，"或曰昊天，或曰上帝，或曰明神，或曰佛（指大乘末流之佛），或曰梵，或曰耶和华，或曰 God，皆神之浮象也。浮象之下，本体（即观念）存焉。本体为何，可言之如下：'神'者，超乎理智之上，为人之所不能知，而为宇宙间至完善者（the most Perfect Being）是也。'宗教'者，信仰此神而能感化人，使之实行为善者也（安诺德谓宗教乃道德而加以感情者 Religion is morality tempered with emotion）。如此之神，吾信其有而崇奉之，如此之宗教吾皈依而隶属之"[1]。吴宓崇奉或皈依之"神"是幻想之本体，超越人的理智。人在信仰里与它发生联系，感受到它的存在。神至善完美，人却是有限的。神高于人，但不是"绝对"者，而显现于物。吴宓说："吾信有各种'绝对（又曰纯正）观念'（Absolute Pure Ideas）之存在，但必附丽于外物实体，而后吾人能知之。"[2]"绝对"和"神"并不存在于逻辑之中，它是"一"，又是"多"。宗教也是这样，教派诸多，其本质只有一个，"世间只应有一种宗教，而乃有耶佛回诸多名目者，由于信条及仪式之分歧"[3]，才出现了不同派别。显然，他是一个宗教理性主义论者，从宗教本体上消融了不同派别和信仰间的差异和相互攻讦。

他还认为，宗教的作用主要体现在情感寄托和道德维系，如情绪安宁、社会和谐、仁者爱心等功能。人和上帝是两个完全对立的世界，"人的世界，人生"是"混乱，无秩序，迷惘，与必然（一

---

[1] 吴宓：《我之人生观》，载徐葆耕编选《会通派如是说——吴宓集》，上海文艺出版社，1998年，第91页。
[2] 同上书，第89页。
[3] 同上书，第91页。

句话，浑沌）；不可理解，不可控制。我们被捕捉在生存之网中，被卷入行动的潮流中，没有也不顾我们个人的意志、理解与愿望"，而"上帝的世界，即宗教，有它自己的宇宙，作为一种秩序、系统、计划、协作、目的、理解、美、完美，它可以被人们理解（虽然是局部的）；它也响应人们的呼喊或祈祷；满足人们头脑与心灵（之要求）；它是完整的，永恒的，不可摧毁的——然而它也并不需要或依赖人的努力去保护或修补它——这样它就支持了我们的终极信念"[1]。人与上帝的世界，即此岸与彼岸、现实与理想、有限与永恒、缺陷与完整、必然与自由、浑沌与清明的世界，人要通达上帝的世界，需要有"呼喊与祈祷"，需要建立终极信念。应该说，吴宓所描述的"生存之网"非常精准，甚至有些存在主义的语言修辞，如"混乱""无秩序"的世界，人的"不可理解，不可控制"，"被捕捉"和"被卷入"等状态。面对这样的世界，吴宓肯定了宗教的情感抚慰功能，让人摆脱现实痛苦和烦恼，而获得心灵的平静，"对上帝的爱（宗教）是最稳定和最有益"[2]。他由此理解为"由情入道""由情悟道"的"转变"，即"由爱到宗教"，"从理智上看见真理"，也就是"从生活的痛苦的经历（由于政治、爱情或战争等来的）到逐渐理解和信仰上帝的世界（宗教）"[3] 的过程。人的生活里有各种情感牵制，产生了各种各样的痛苦，对上帝的信仰或可获得某种安宁和庇护。但他对"由情入道"内涵的理解却过于简单，"情"为何物？如何"进入"？西方神学和宗教学都有复杂阐释，吴宓的看法还是属于常识性的，如他认为"宗教，只

---

[1] 吴宓：《文学与人生》，清华大学出版社，1993 年，第 187-188 页。
[2] 同上书，第 186 页。
[3] 同上书，第 188 页。

不过是在恋爱与实际成就方面遭到失败后的庇护所"[1]，这显然是从文学作品得来的感受，就是"由情入道"的路径，由此岸到彼岸，由人世到上帝，也是多种多样。基督教讲忏悔和救赎，佛教主张去欲和灭情，吴宓都没有展开论述，只是下了一个判断放在那儿。

吴宓还提出了一个"宗教性"概念，认为宗教的内质是让人产生"一种尊敬虔诚的心情"，也就是"诚"和"敬"，所以，"一切人，一切事，皆可云具有宗教性"，如严肃、认真、诚恳、热忱、崇高理想等[2]。他甚至认为："宗教性＝理想主义"，"这是一种精神、态度，不能用事实或行为证明其是非（谦逊是必要的）。"[3]"宗教性"是一种有理想的精神态度，是尊敬、虔诚的人格品质。从这个意义上，"宗教性"可作为一种道德性，或可说是一切人都已具备态度和品格。吴宓讨论宗教，偏重它的道德修养功能，认为："宗教固重博爱，然博爱决不足以尽宗教。宗教之主旨为谦卑自牧。真能内心谦卑者，虽不焚香礼拜，或诵经祈祷，吾必谓之为能信教者矣"，"惟内心谦卑之人，为能克己。人不能克己，则道德必无所成。谦卑为宗教之本，克己为道德之源。此所以宗教实足辅助道德，而若宗教全然熄灭，则道德亦必不能苟存也。"[4] 宗教使人"谦卑"，可产生"诚与敬"的道德功能。他一生信奉人文主义思想，而人文主义就主张以人之道德为根本，重视人性的道德完善，主张理性批判和道德重建。他认为，人之道德实践和完成，主

---

[1] 吴宓：《文学与人生》，清华大学出版社，1993 年，第 72 页。

[2] 同上书，第 127 页。

[3] 同上书，第 72 页。

[4] 吴宓：《我之人生观》，载徐葆耕编选《会通派如是说——吴宓集》，上海文艺出版社，1998 年，第 92 页。

要有三种方式："克己复礼""行忠恕"和"守中庸"[1]，它们与宗教相互通约，并相互提供价值资源。"克己"是内心谦卑，"中庸"即在"一与多之间居中"，尽管"宗教无中庸"，中庸属于道德内涵，但中庸的基础和原则必须"建立在一更高级或更普遍原则之上，以至于无穷"，实际所指就是"神"[2]。道德的功能主要体现在处理"具体情境"的"实际智慧"，而"宗教"的目的在于"精神上的确认"，即"维护绝对真、善、美，并作为一种模式或理想将人引向另一世界"[3]。显然，道德是相对的，宗教才有绝对性，它是道德标准的基础。吴宓将道德看作人的精神卫生，"道德并非外在之枷锁，乃精神之卫生"，但道德有限度，当欲望膨胀、张扬过度，或"时世大乱"，"世风日下"，道德发挥"节制劝诱之力遂穷"，此时，就"必需宗教"，可"以更高更大之力量，施行感化；即打破其人之精神而全部改造，毁灭其人之生活而另行创立，是皈依 Conversion"[4]，最后出手的仍需宗教，乱世无道德，乱世却需圣人，对"'上智与下愚'之人，宜用宗教；中庸之人，宜用道德。治世道德普及；乱世宗教创立"，"就理论言之，宗教实为道德之根据或基础"，所以，"就一人生活之历程言之，宗教为最后之归宿"，"合一切人言之，则宗教为其公共之归宿"[5]。理论上，宗教是道德基础；实践中，宗教则是人之生死归宿，是社会秩序的整合力量。

宗教与道德之关系是一个哲学命题，它们在人类文明史上相互

---

[1] 吴宓：《我之人生观》，载徐葆耕编选《会通派如是说——吴宓集》，上海文艺出版社，1998 年，第 97-101 页。
[2] 吴宓：《文学与人生》，清华大学出版社，1993 年，第 122 页。
[3] 同上书，第 124 页。
[4] 同上书，第 130 页。
[5] 同上书，第 131 页。

渗透，也相互缠斗，"道德与宗教看来是同一件事情的两个方面：个人就他的意志和行为追求完美而言他是道德的，就他的感情、信仰和希望是受至高的形象鼓舞而言他是虔诚的"[1]。宗教与道德具有内在联系，并且是一种可能性的关系。自 18 世纪思想启蒙运动以来，道德不断挣脱宗教的束缚，割裂与宗教的关系。在摈弃其宗教伦理之后，现代道德走向科学理性和人道主义，建立"美德"和"信念"伦理，与此同时，也出现了精神虚无和道德紧张，出现了人与人的隔膜以及理想信念的贫困。人们反思现代道德的缺失，认为科学理性和人类中心主义难脱其咎，人们既追求幸福，也追求美德，它们之间却存在矛盾，产生了"外在价值"和"内在价值"的冲突，如果要克服它们间的矛盾冲突，就需要宗教伦理的帮助。与此同时，现代宗教对道德也有迫切需要，如何打通信仰与现实、神圣与世俗的通道，修复由人道主义引发的人神对峙局面，宗教也担负着相当重要的任务。一句话，现代道德需要宗教资源，现代宗教也需要道德经验。在此，吴宓的想法就有意义了，他肯定宗教对于人的情感寄托和道德提升功能，主张宗教的道德辅助作用，显然不乏真知灼见，显示了他的宗教思想的独特价值。

五四时期出现了各种新思潮和新思想，发生了不同思想之间的冲撞和交锋，如"新旧文化之争""科玄论战"以及"非宗教运动"等，吴宓及其"学衡派"提出昌明国粹，融化新知，主张在继承传统的基础上实现文化进步，"进步是传统的不断吸收与适应"[2]，就为冷静而理性之判断。五四时期也出现了"信教与反教"之论争，无政府主义者李石曾反对宗教，认为它违背科学思

[1] 〔德〕弗里德里希·包尔生：《伦理学体系》，中国社会科学出版社，1988 年，第 357-358 页。

[2] 吴宓：《文学与人生》，清华大学出版社，1993 年，第 76 页。

想，带有社会权威形式，胡适和蒋梦麟从自由主义立场反对宗教的束缚，蔡元培提出了"以美育代宗教"，反而是马克思主义者陈独秀认为可以容纳基督教的博爱和牺牲精神。少年中国会的田汉和王光祈则把宗教看作西方列强侵略中国的工具。正是在这种繁复纷纭的思想背景下，吴宓及"学衡派"对宗教保持包容、理性态度，认为"宗教的谦恭＝道德的节制＝智力的诚挚"[1]，宗教、道德与智力是相通的，传统儒家亦为一种宗教，打通了宗教和道德之阻隔，消除中西文化的矛盾。至于儒家思想是不是一种宗教，也存在不少争议。吴宓把儒家看作儒教，符合他的宗教性观念和人文主义思想，所以，他对儒学的推崇和坚守就有某种宗教性气质和精神。

他对"各种高尚之宗教，皆爱敬其精神"[2]，认为个人信仰有"事之偶然"和"先入为主"两种情形，"彼世间之各教，自有信心者观之，谓其皆真可也。自无信心者观之，谓其皆伪可也。然则将何所趋择乎，曰由二法：一曰事之偶然，二曰先入为主"。就他而言，"既生于中国，先世所奉者为儒教。吾虽曾略研究耶教之教理，然耶教之历史之环境，与吾之生涯相去太远，若风马牛不相及。且耶教派别如是之多，吾诚不知所择。至若佛教，吾闻人言其教理之高为各教冠。然吾于佛书未尝研读，而自吾有生有知以来，长读儒家之书，行事待人，亦常以儒家之规范自按。故无论世人如何辩论，然吾过去之生涯，固已合于儒教，此所谓事之偶然，此所谓先入为主，吾将终身归依儒教，而决不作归佛归耶之想矣"[3]。这是一个信仰如何发生的问题，它有偶然性和先入性。偶然性是个

---

[1] 吴宓：《文学与人生》，清华大学出版社，1993年，第181页。
[2] 吴宓：《世界文学史·圣经之文学·译后按语》，《学衡》第30期，1924年6月。
[3] 吴宓：《我之人生观》，载徐葆耕编选《会通派如是说——吴宓集》，上海文艺出版社，1998年，第91—92页。

人机遇，先入性则受历史和环境制约。如出身于儒家文化，"生于斯，寝于斯"的文化基因会影响到信仰选择。宗教信仰是一种文化，文化对人有提升作用，也有遮蔽和限制，不同文化之间也存在隔膜和误读。如果从现代阐释学角度看，吴宓所说"先入为主"即是"前理解"，任何理解都需要在历史中才能完成，理解只能是在可理解中才能实现，人之信仰也需要理解，包含对神、对天、对上帝和佛陀的感受和想象。当然，误读和误解也会出现。

在中国社会文化转型之际，吴宓发现了"国人目前之大误"，即"无信仰"，"不读经史"[1]。"无信仰"背后是价值虚无主义和相对主义，"不读经史"抛弃了传统。五四启蒙主义和自由主义者展开传统批判，吸收西方人道主义和科学民主思想，吴宓和"学衡派"则倡导吸纳传统文化，重视宗教的现代价值，因为宗教文化有情感渗透和道德引导作用，他尤其突出宗教的自救意义。在他看来，"今人之谈宗教者，每多误解。盖宗教之归固足救世，然其本意则为人之自救。故人当为己而信教，决不为人而信教也"[2]。"夫宗教之信仰，应视乎人心自然之机，非可以力逼势屈，尤非可以财诱利。"[3]"为己信教"，"人之自救"和"人心自然之机"，表达了同一个意思，宗教信仰是个人的事，不是集体行为，是精神心理的需要，而不是生活需要。鲁迅和陈独秀曾批判中国社会的"吃教"现象，利用宗教，为我所用。宗教信仰本乎人心，不受外力干扰。在五四时期，宗教论者多从"救世"立论，认为它不科学、不民主，历史上的宗教殖民、宗教战争以及中世纪的黑暗，被

［1］ 吴宓：《文学与人生》，清华大学出版社，1993年，第65页。
［2］ 吴宓：《我之人生观》，载徐葆耕编选《会通派如是说——吴宓集》，上海文艺出版社，1998年，第92页。
［3］ 同上书，第91页。

作为反宗教的依据。吴宓却绕开了真实和可信的难题，超越了传统文化屏障，先从宗教本体论上肯定其合理性，又从宗教与道德、宗教与人心上确立其合法性，再从自救、救心上建立宗教信仰的个人化路径。这样，宗教问题就变成了纯粹的个人问题。

当然，吴宓的宗教观也让人产生疑问。比如，既然"天、人、物"相分依据是人的理智，"天"在理智之外，那么，人如何感受"天"的存在？需要什么方式？是倾听和祈祷，还是神秘幻象？吴宓绕了一圈，好像又回到传统那里去了，或许他本身就没有走出传统，始终是站在传统立场谈论宗教。既然如此，人们还可继续追问，传统文化可否引出真正意义的宗教道德？传统文化是否存在终极关怀和超越精神，等等。又如，把宗教性理解为人的虔诚、谦卑和理想主义，这将宗教世俗化和道德化了，自然也失去了它的终极性，最终也会消解宗教的独特意义。宗教信仰要关注社会现实，也要关怀人之未来和终极世界。相对而言，吴宓不太关注宗教信仰的终极性和永恒性问题，而关注宗教的世俗性和道德感，他自己虽多次表明信仰佛教，骨子里还是"一位道德家"，"一位现实主义的道德家，或道德的现实主义者，具有浪漫主义（理想主义）气质"[1]，道德理念和浪漫主义气质即构成他的宗教性，即诚敬谦卑的人生态度和浪漫理想。

---

［1］　吴宓：《文学与人生》，清华大学出版社，1993 年，第 168 页。

第九章 感时忧国：向死而生

一、感时忧国

吴宓一向忧国忧民，《吴宓诗集》中有不少"感事"诗，抒发对时局的忧愤，如《哀青岛》的"廿载山河易主三，天运茫茫未易参。螳螂臂断无余勇，即今大陆尚沉酣。圣地渊源称齐鲁，一例蹂躏成赤土。鲸吞蚕食后患多，珠崖已弃难完补"[1]。海外汉学家夏志清独具慧眼，曾发掘被大陆文学史遗忘的张爱玲、钱锺书和沈从文等作家，同时又认为现代中国文学有感时忧国意识[2]。感时忧国本为儒家传统，传统士大夫一向有家国天下情怀。吴宓虽不属于新文学家鲁迅、茅盾和郭沫若的批判性文脉，但也有维护传统文化、忧虑现实社会的感时忧国，它是社会现实之忧，历史文化之忧，是民心人性之忧。他认为："人生必与忧患俱来，无论古今东西，莫之或外"，"今我生之忧患，亦已多矣"，最为狭小者则为："一己之身世"，"国家之兴亡"和"世界之危乱"[3]。生于忧患者

［1］ 吴宓：《吴宓诗集》，商务印书馆，2004 年，第 69 页。
［2］ 夏志清：《中国现代小说史》，浙江人民出版社，2016 年，第 517 页。
［3］ 《吴宓日记》第 2 卷，生活·读书·新知三联书店，1998 年，第 39-40 页。

众，死于安乐者鲜矣。忧患不能避，先自救再救人。到了后半生，他的忧患日益剧增，更不可逃匿，但又无计可施，无法可择。

首先，他有社会现实之忧。吴宓时时对社会现实很担忧，对其变化不习惯，有很大的隔膜。如对当时一切照搬苏联的社会现象多有怨言，且为中国传统文化的不受重视而忧虑，"中国近日所励行之政治、经济、教育等改革办法，无非抄袭苏俄，一切恪遵照办，而中国及中国文化已亡，所不待言者矣！哀哉！"[1] 又说："今日无事不遵依苏俄，为苏俄效力共命。又无时无地无一事一人非宣传。以宣传巩固政权，推进军事，以宣传为文化教育。而中国及世界数千年之学术文艺、典章制度、风俗道德，悠忽渐灭俱尽。今之少年以及以后之老壮男女，更不能梦想世界人类尚有如彼美丽光明广大自由之生活与境界也矣！"[2] 他还对社会现实中所有男女老少之生活思想爱好嗜好被采取约束管理很不满，认为这种"处处干涉，事事制定，不许稍有自由，不许暂得静息"，"如英国之清教徒"，他深感"疲苦难胜"，"若法久令行，真不知众生成何相，人生是何况味"[3]。社会变化了，日常生活也改变了，他也失去了不少生趣和自由，"世中一切全变，几无可托身寄生之道矣"，他感到"人生关系之每一方面，皆失精华而存糟粕，无理想而重俗务，乏慰乐而多责任，缺享受而烦供给"，"如此矛盾不幸，益使宓厌世矣"[4]。社会规则多了，人的情感却清寡了。俗务、责任重了，快乐和享受却少了。世事变化，让吴宓没有了幸福感。一次，他在归家时途遇一群妇女，携竹凳，抱孩儿，刚开完会回家，少年们在结

[1] 《吴宓日记续编》第 1 册，生活·读书·新知三联书店，2006 年，第 74 页。
[2] 同上书，第 341 页。
[3] 同上书，第 107–108 页。
[4] 同上书，第 190 页

对唱歌，他却有"热闹是他们的，我什么也没有"的感触，"今全国之人，皆忙于开会、学习、运动"，并为"事业停顿，学术废弃"，"民不堪命"而忧[1]。

对社会变化，他有些过敏，还有些偏执。老妪少妇少年，他们忙着开会、学习、讨论和唱歌，都是他们自己的事，"事业"和"学术"与他们无甚关联。从个人和学人角度，强调学术的地位，无可厚非，一个社会，一个时代，也不需要都去搞学术，奔事业。显然，他不无偏激和情绪化。当他听说，有学生因调戏妇女而被逮捕，羞愤而投河，后被救回，于是，他觉得，"一切压抑之办法，实属太过"，"以男女婚姻及情欲而论，上干天和，下违人性，何可比儒教及中国旧俗之事事安排适宜，而使人能得其所而遂其欲者哉！"[2]用儒家批评现实，确有些枘凿不合。当儒家礼教盛行之时，人之欲望也受压抑，做不到"事事安排适宜"。当然，吴宓坚持文化道德不变论。1961年11月21日，与人谈及某熟悉者情事生变。在他看来，"道德生活千古一辙，今之位居党之要职者，仍有倚势恣为男女'恋爱'（苟合，玩弄）而破坏并阻抑他人婚姻及爱情；及彼一旦失势，则其一切行事成为罪状，他人又尽量讦发，上级则从严惩办，以'坏分子'劳动改造，其中亦不无冤抑之处，而其所牵涉之诸多男女，则祸福苦乐，随从而颠倒升沉，莫可申诉。一部《石头记》，仍是一部《石头记》也！"[3]男女婚姻情事，变化多样，命运起伏，自古皆然，道德并非千古一辙。

吴宓有传统文人习气，倡导顺其自然，随性任情，重常识，主正情，讲理性，看不惯异常事物，但又喜欢生活的多样性。如他看

---

[1]《吴宓日记续编》第1册，生活·读书·新知三联书店，2006年，第327页。

[2]同上书，第349页。

[3]《吴宓日记续编》第5册，生活·读书·新知三联书店，2006年，第225-226页。

不惯有青年将从地主家里获得的红丝绸做成衣衫和红裤，穿上"招摇过市"，毫"不自羞其不称"。他看不惯年轻教师在房间说话声音大，并且时间长，"每至夜半不休"，"出入谈笑"，"处其间"，"感此国非吾国，此世非吾世而已"[1]。但他又害怕"全世人皆变为简单枯燥之印版式动物生活"[2]，希望"眼不见为净"[3]。他被抛入现实，除了感叹，也毫无办法。"印版式动物生活"，算是形象生动的表述，也很有现代感，一向趋于古板的吴宓依然向往自由多样的生活方式。他从学校广播得知，有世界青年团来校参观，希望保持"整洁"，"见时不许多言，尤禁用外国语"，他觉得此可谓"尽宣传作伪之能事"。而中国革命之成功，"实由其人务实崇真，艰苦奋斗"而来，而今"专务虚文，不求实益，章训琐屑，命令纷繁。又惟事宣传，以蒙蔽耸动为能"[4]，则不是上策。他还认为，社会现实之所长"在其组织之坚、纪律之严与意志之勇决"，其短处在"不顾历史与传统，不深体中国人之情性，而缺乏智慧之圆融"，"用民力太过，征调太繁，诛求太急"，"倘能保其所长而补其所短，则从此富强太平，长治久安"[5]。他不适应社会的组织化和快速化发展趋势，用今天的话说，习惯于慢生活，不喜欢快节奏；喜欢多样性，不喜欢单一化。1955 年 5 月 6 日，他在学校大礼堂听重庆党校教务长讲座"辩证唯物主义"，"历时过久，甚倦"，感叹"今之哲学，只为无产阶级革命与国际政治斗争服务，只有宣传与训练，顾安得有哲学？"[6] 他理解的哲学是思想和人生之思，

---

[1] 《吴宓日记续编》第 1 册，生活·读书·新知三联书店，2006 年，第 161 页。
[2] 同上书，第 236 页。
[3] 同上书，第 171 页。
[4] 《吴宓日记续编》第 2 册，生活·读书·新知三联书店，2006 年，第 56 页。
[5] 《吴宓日记续编》第 4 册，生活·读书·新知三联书店，2006 年，第 128–129 页。
[6] 《吴宓日记续编》第 2 册，生活·读书·新知三联书店，2006 年，第 171 页。

主要不是对社会历史的思考。

1955 年 8 月 15 日，有中文系学生来辞行，他们不爱好旧籍，乃"好新诗"，"足见团体改造之伟力，无人不同此志此情者矣"[1]。1956 年 8 月 16 日，得家信，"盛衰苦乐，无不视政治之分界以为准。一家如此，全国皆同者矣"[2]。1957 年 8 月 4 日，发觉"旧时代重自由，而新时代重平等"[3]。这可是一个睿智而深刻的看法！自由和平等也是政治哲学的基础概念，学术界对它们的讨论从未终止。自法国大革命以降，自由、平等、博爱已深入人心，现代文明国家不能缺少"平等"和"自由"，同时，平等和自由之间也避免不了矛盾冲突。如平等是人类理想，所有生命应平等地得到社会保障。哈耶克说，人人生而不平等。自由的基本含义是不受限制和束缚。卢梭说，人生来自由，但无不在枷锁之中。自由和平等的关系，有人看作是对立的，也有看作是调和的。有一点是明确的，极度自由和极度平等都不可能。一般认为，自由主义强调自由，社会主义强调平等。事实上，无论是自由主义还是社会主义，都追求自由和平等，它们的分歧在于手段和目的之争、先后关系之争，即围绕自由先于平等，还是平等先于自由，学界争论不休。相对而言，自由主义坚持自由优先，社会主义坚持平等优先。在我看来，自由是社会价值的出发点，平等是不断实现的过程，没有自由，平等可能会变成暴力，犹如奥威尔《1984》所描绘的贫穷图景。

1962 年 10 月 3 日，吴宓参加政治学习，讨论国内形势，他发现工农业"以伪乱真，虚造浮报"，感叹"民德、民俗已大败坏

---

[1] 《吴宓日记续编》第 2 册，生活·读书·新知三联书店，2006 年，第 233 页。
[2] 同上书，第 490 页。
[3] 《吴宓日记续编》第 3 册，生活·读书·新知三联书店，2006 年，第 145 页。

矣"，"人皆自私，重货财利益，而毫无道德、义务之观念"。人们发言说是违反了自然规律，吴宓心里想的是也"违反人并道德之规律"，但他没有说出自己的想法，"仅述闻一多及刘文典轶事而散"[1]。1962 年 10 月 6 日，他担心"数千年文明古国之中华"，因信仰和学说单一而丢失，或因阶级利益而不顾，或因谋事者"志骄气盈，冥行猛进，孤注一掷"而"玉石俱焚"。"今大多数人民皆但图私利，坐观成败"，并无抗战时期的爱国热情，而如他那样的"忠智之士"，却只能"沉默避祸之不暇，更不敢妄作主张，轻为献替"，加上"党内人士亦惧为修正主义者，只得唯唯诺诺也耶？"在现实利益面前，不敢说真话，而说假话，或唯唯诺诺，"志向虽大"，却"成功难望"，"失败必至"[2]。吴宓虽是一介书生，对社会现实，乃至社会大政方针，却不失狷介之言。他称一些人为"搅乱精"，"到处意图翻乱"[3]，陷入狂妄自大，"自恃其才武与朝气，不能忍让，不屑为人下"，而"不顾实际，一味雄直自喜，遂至变友成敌，以一对十，孤立无援，覆悚，奈何！"[4] 他担心应验满招损，骄必败的社会规律。

实际上，吴宓很不习惯社会变化，连称呼都不习惯，如称夫妻为爱人，称未婚夫、爱人为朋友，造成"名实混乱"，"中国之伦常关系与社会组织、经济基础同遭破坏，并其名词亦不得留存于史书中矣"[5]。他从"昔年国民政府上下将吏之奢惰贪私，及美国之愚傲拙侈，实为其覆亡之因、崩败之征"，赞颂"共产党及苏俄之艰苦奋厉，深心远谋，确有其成功与强大之理由"，但他又对现实和未来深感忧虑，"吾侪独惜宗教之溥仁、道德之真理，以及西国古哲之训示，中国儒佛之德泽，既遭蔑弃于前，更受破斥于后，世界之人民转死于左右贫富争战之中，而世远文化益下趋于晦暗塞沉矣！"[1] 他性情温顺，喜静不爱闹，不习惯喧哗热闹，不喜欢看到或听到暴烈场面和内容，对控诉演说所讲残酷污秽之事，对演说时的"严厉""威吓"语气，以及渲染描绘之细节，都深感"刺激过度"，"极为痛苦"，"过后久亦不忘，实不堪受，而又不能不到会且拍掌，损吾神、促吾寿，更不待言"[2]。吴宓性情仁柔锐敏，当看到群众场景，他就心绪难宁。第二天，参加小组学习会，表达对社会治理的不适应，认为其"根本错误，盖务争杀劫夺而不行仁义道德。又不事休养生息、无为而治，使中国之民皆自愿为之效死，而劳扰之、束缚之、困迫之，训责之，整齐之，改造之，至于过急过甚。此实违悖治道之大本，尤不合中国之民性"[3]，他深信不疑"孔孟荀柏拉图佛耶之所言所教，尤能决定世中一切事"，"苟能超举深藏，远观世变，则昔之希腊，昔之战国嬴秦，与二十世纪之地球五大洲，不过围棋盘之小方 100 格与大方 361 格之本同末异耳"[4]。吴宓喜欢从历史视域审察社会现实，但他过于相信历史，总被历史拖着走，这又让他成了观念的奴隶和历史的倒影。换句话说，他常常生活在一个观念的世界里。历史虽是一面镜子，也是一条河流，上游并不能完全决定下游河水的容量和质量，何况河床已变，河岸风景更非明日黄花。

其次是人性民心之虑。1951 年 4 月 26 日，吴宓随学生小组到

[1] 《吴宓日记续编》第 1 册，生活·读书·新知三联书店，2006 年，第 119 页。
[2] 同上。
[3] 同上书，第 121 页。
[4] 同上书，第 121–122 页。

沙坪坝磁器口做宣传，发现"宣传之词，居民皆不懂"，如能"以真事实况，以日常语言出之"，老百姓就明白其意。他认为，"大多数中国人民，皆勤劳而明白道理，此乃'民之禀彝'，亦千百年教化之结果"，"今之务宣传者，则欲锄而去之，另以一套道理、一串事实、一样语调，强其受纳遵从"，由此带来"愚者不解，黠者貌袭以为己利，多数人直不愿闻问，仍以处事之机智，敷衍响应而已"，以致"异日中国之民心全变，并此简单质朴、勤劳和平之人民亦不可得矣"[1]。吴宓有近忧，也有远虑，担心"私利"膨胀、"机智"处事、"敷衍"应和，久而久之，而使人性和民心发生改变。当他去图书馆借书，发现勉仁书院留存图书已被封存，不能借阅，心生不满和愤怒，"以如此之人民，如此之见解，如井底之蛙，嚣然自满，中国文化岂可望其不尽湮灭乎！"[2]"中国人大都志行薄弱，旨趣卑下，不足语于爱也。"[3]1952年5月4日青年节，某女生陈述自己在受了党团教育之后，即检举斗争担任银行经理的父亲，吴宓则觉得"彼韶秀其貌而虺蜴其心"，完全是"新教育最上之出产品也"[4]。他批评"工人思想粗鄙而专横，彼不知世有宝黛，只知有贾琏与多姑娘耳"，以致"今世崇拜工人，实则全体人之道德文化日趋卑下而已"[5]。

他对消灭麻雀运动也有不少抱怨。北碚区86万麻雀之死，让他感叹："痛哉汝麻雀也。"他以佛教大慈大悲之心和儒家"天地位焉，万物育焉"观念，担心"今则功令督催，群众竭力，将见麻雀绝种于祖国"，他也为未来担忧，如到"理想大同幸福之社会之

[1]《吴宓日记续编》第1册，生活·读书·新知三联书店，2006年，第123页。
[2] 同上书，第228页。
[3] 同上书，第291页。
[4] 同上书，第341页。
[5] 同上书，第330页。

后，人类之性情与其生活实况究竟如何？纵有高度之机械生产、物质享受，而以愚盲残虐之人承接之、运用之，又安能必其不扰乱、不纷争、不互相欺凌、不互相欺害也耶？"就是在当下，"虽云一切皆经改造，一切皆胜昔年，然按之实事，许多人之存心行事，其公忠为国，勤贤尽职之外，并未大易于解放以前。实则善者自善，恶者恒恶。法律制度易变，人之本性难移"。随着年岁愈老，他愈坚信圣贤之说、父师之教，"为极真至当而不可易者也"[1]。1月10日，还写诗："昔见空城鸟雀飞，如今鸟雀陷重围。国亡种灭寻常事，到处人心是杀机。"[2]

吴宓更"伤中国文化之亡"[3]，有历史文化之忧。1958年5月4日，学校在操场举行五四运动纪念会，他觉得，如"按如五四运动等之意义，今已全改。今后之人，无人能知五四之真相，以身历五四运动之人，而不许谈、不得谈、不敢谈五四运动。历史何在？真理何在？"[4] 吴宓是如何看五四的呢？有关1919年5月的日记已缺失，从其相近时间日记，可以看到他对五四"白话""新文学"和"新学"都持反对立场，认为"吾国人情势隔阂，其自命新学通人，所见适得其反"[5]；"今之盛倡白话文学者，其流毒甚大，而其实不值通人之一笑。明眼人一见，即知其谬鄙，无待喋喋辞辟，而中国举世风靡。哀哉，吾民之无学也！"[6] 还说："新文学之非是，不待词说。一言以蔽之，曰：凡读得几本中国书者，皆不赞成。兼通中西学者，最不赞成。惟中西文之书，皆未多读，

［1］《吴宓日记续编》第2册，生活·读书·新知三联书店，2006年，第351页。
［2］ 同上书，第352页。
［3］《吴宓日记续编》第7册，生活·读书·新知三联书店，2006年，第184页。
［4］《吴宓日记续编》第3册，生活·读书·新知三联书店，2006年，第281页。
［5］《吴宓日记》第2卷，生活·读书·新知三联书店，1998年，第66页。
［6］ 同上书，第105页。

不明世界实情，不顾国之兴亡，而只喜自己放纵邀名者，则趋附'新文学'焉。"他称新文学是"乱国之文学"，"其所主张，其所描摹，凡国之衰亡时，皆必有之"；新文学者，"土匪文学也"，"今中国之以土匪得志者多，故人人思为土匪"[1]。可见，吴宓与《新青年》为代表的新文化运动唱对台戏，他的立场态度一直没有改变，多年不参加五四纪念活动。如 1940 年 5 月 4 日，他在日记里对"中国旧文化"之破灭，"中国文字礼教全体崩丧"之情势，而感慨"天命难违"，还特别记下："是日五四运动纪念，放假。上午精神动员会，庆祝五四。宓未往。读沈从文等之文，益增感痛矣。"[2] 1944 年 5 月 4 日，先发议论："早感我生所历之中国，乃一大衰亡之过程，他日将益破毁，视今为乐土，而精神先灭，道德尽坏。非天亡人亡，实中国人自亡之耳"，接着记录："今日五四，联大放假。昨晚今宵，更事演讲庆祝。宓思胡适等白话文之倡，罪重未惩，举国昏瞀。心厌若辈所为，故终日深居简出。……早寝。"[3] 吴宓认为胡适倡导白话文罪孽深重，实际上，胡适对吴宓也很反感。1933 年 12 月 30 日，胡适得知吴宓主编的《大公报》"文学副刊"年底停刊，他说："今天听说，《大公报》已把'文学副刊'停办了。此是吴宓所主持，办了三百一十二期。此是'学衡'一班人的余孽，其实不成个东西。甚至于登载吴宓自己的烂诗，叫人作恶心！"[4]

1945 年 5 月 4 日，吴宓没记日记；5 日记录："燕大上课。讲封建帝国之定义，以斥叶绍钧等五四之谬说。"[5] 从以上三年

[1]《吴宓日记》第 2 卷，生活·读书·新知三联书店，1998 年，第 114-115 页。
[2]《吴宓日记》第 7 卷，生活·读书·新知三联书店，1998 年，第 165 页。
[3]《吴宓日记》第 9 卷，生活·读书·新知三联书店，1998 年，第 255 页。
[4]《胡适全集》第 32 卷，安徽教育出版社，2003 年，第 248 页。
[5]《吴宓日记》第 9 卷，生活·读书·新知三联书店，1998 年，第 467 页。

"5月4日"的日记记录看，吴宓均未参与五四纪念活动，"未往"或"深居简出"，要么上课"批判"。让人意外的是，吴宓当时就有"视今为乐土"的预见和感叹，果然后来出现了"民国热"，将民国理想化，正好被吴宓所言中。《吴宓自编年谱》对五四运动却有比较详细的记叙："本年，为巴黎和会及五四运动之年"，"五四运动初起，北京学生殴打曹汝霖、章宗祥、陆宗舆，毁其住宅，又逼劝商人抵制日货，宓以为此系反对日本之爱国运动而已。虽其后得见五四运动成为提倡新诗、白话文、国语、打倒'孔家店'、攻击旧礼教之新文化运动，兼及新教育、聘请杜威与罗素赴中国讲学。而终不知五四运动急转直下，六月三日已变成'六三运动'，此时即有《向导周报》杂众刊物中出现，但显然为共产主义者之机关报。演变至1949（三十年后），遂有中国共产党，在毛主席领导下，解放了全中国，统治着全中国，且进而指导世界人民革命。如此丰功伟烈，岂宓当年在美国所能梦见者哉！"[1] 对五四运动做出如此高度的评价，与日记有天壤之别，其中"宓以为此系反对日本之爱国运动而已"，属于典型的标准化表达，"如此丰功伟烈，岂宓当年在美国所能梦见者哉！"更带有自我批判语气，拿捏极为恰当，这或是他多次学习改造的结果，也可能是他多次修改或有他人指正的产物。当五四运动发生时，他正在美国留学，不是亲历者，有关五四运动历史的记叙，显然是隔岸观火，抄袭他人之说。在他眼里，"学衡派"也是五四运动及思想文化的重要内容，五四的思想文化是多元丰富的，这也是他担心"无人能知五四之真相"的根本原因。

　　1954年4月15日，他"翻手边旧书，如庄子之文、《史记》《汉书》之记载，下至小说笔记等，觉我先民之睿智聪明如是，所

---

[1]《吴宓自编年谱》，生活·读书·新知三联书店，1995年，第193-194页。

谓炎黄遗胄，终将安于蠢如鹿豕，勤如牛马，凶如狼虎之生活乎？抑由法网密、文教亡，文字已灭，旧书废弃。欲望由旧文化种子而奋发兴起，已决不可得，而终随埃及、巴比伦之湮灭以永逝乎？另一方面，俄文难通，英文已禁，西洋文明之路亦绝，坐井自骄而已"[1]。文化寄身于文字，藏存于书籍，是民族身份的标志和智慧的表征。吴宓担心"文字"简化，旧书废弃，会影响文化之未来，所以，他反对文字改革，"在中国，凡百学术思想更不能脱离文字书籍。而中国人运用文字表达自己之能力，实远在其用言辞表达之上"，过去所说"中国以文字立国"，"诚非虚语"，如果"文言废、汉字灭，今之中国乃真亡矣！""脱离文字，脱离书籍"，怎能有学术和教育？[2] 包括书写格式都"不合理""不合法"，"每观壁上标语及眼前书报，使宓痛愤难遏"。至于著述和译作，"其句法之冗长枝蔓，其文法之颠倒悖谬，其用字之过多而费解，'其'字'所'字，避不敢用。处处俄文文法，马列主义名词"，"不知作文造句用字之法，虚耗读者之时力与心力"[3]。种种一切都让他不满而愤激。

在一个社会文化急速转型的时代，吴宓有为文化"殉道"的意念。他称自己是"极悲观之人"，"自有其信仰，如儒教、佛教、希腊哲学人文主义，以及耶教之本旨。又宓宝爱西洋及中国古来之学术文物礼俗德教，此不容讳，似亦非罪恶。必以此而置宓于罪刑，有奚敢辞？宓已深愧非守道殉节之士，依违唯阿，卑鄙已极。若如此而犹不能苟全偷生，则只有顺时安命，恬然就戮"[4]。为文

[1]《吴宓日记续编》第 2 册，生活·读书·新知三联书店，2006 年，第 35 页。
[2] 同上书，第 287 页。
[3] 同上书，第 288 页。
[4]《吴宓日记续编》第 1 册，生活·读书·新知三联书店，2006 年，第 112–113 页。

化"守道殉节"，这是王国维、陈寅恪等的人生选择。文化殉道主要来自社会矛盾，来自文化观念的冲突。1927年6月14日，吴宓和楼光来同访陈寅恪，交谈甚久。他提出了著名的"二马之喻"，说"处今之时世，不从理想，但计功利。入世积极活动，以图事功。此一道也。又或怀抱理想，则目睹事势之艰难，恬然退隐，但顾一身。寄情于文章艺术，以自怡悦，而有专门之成就，或佳妙之著作。此又一道也。而宓不幸，则欲二者兼之。心爱中国旧日礼教道德之理想，而又思以西方积极活动之方法，维持并发展此理想，遂不得不重效率，不得不计成绩，不得不谋事功。此二者常互背驰而相冲突，强欲以己之力量兼顾之，则譬如二马并驰，宓以左右二足分踏马背而絷之，又以二手紧握二马之缰于一处，强二马比肩同进。然使吾力不继，握缰不紧，二马分道而奔，则宓将受车裂之刑矣。此宓生之悲剧也。而以宓之性情及境遇，则欲不并踏此二马之背而不能。我其奈何哉?"针对吴宓的"二马分道"之喻，陈寅恪作了原因解释："凡一国文化衰亡之时，高明之士，自视为此文化之所寄托者，辄痛苦非常，每先以此身殉文化。如王静安先生，是其显著之例。"吴宓认为他和陈寅恪都"不能逃此范围"，只是"有大小轻重之别耳"[1]。吴宓所说二马"背驰"或"并驰"现象，谈的是生存境遇及感受，陈寅恪所作解释，将其归结到当文化"衰亡"之时，文化人以其为"寄托"而"殉身"，说的是社会情势与主体选择，侧重点不完全相同。"二马之喻"表达了在理想与现实、艺术与功利、中国与西方之间的矛盾，吴宓的态度是无可"奈何"，陈寅恪则表达了奋不顾身，他们的性格个性和人生境界也一目了然。

---

[1]《吴宓日记》第3册，生活·读书·新知三联书店，1998年，第355页。

陈寅恪在《王观堂先生挽词并序》中也表达了相近之意："或问观堂先生所以死之故，应之曰：近人有东西文化之说，其区域分划之当否固不必论，即所谓异同优劣亦姑不具言，然而可以得一假定之义焉。其义曰：凡一种文化，值其衰落之时，为此文化所化之人，必感苦痛。其表现此文化之程量愈宏，则其所受之苦痛亦愈甚。迨既达极深之度，殆非出于自杀无以求一己之心安而义尽也。"[1] 因此，王国维之死就是文化"殉道"。当传统解体、文化溃败、道德破毁之时，人类社会就进入一个转型时期，中西社会皆然。人们对此也有独特感受和深入思考，尼采的《朝霞》和《查拉图斯特拉如是说》等，鲁迅的《文化偏至论》和《摩罗诗力说》，即是代表之作。吴宓对中国社会文化的转型和变迁也有非常强烈的感受和认识，从五四时期到解放以后，他的苦恼不断，郁闷丛生，忧患如昔。他在美国留学时就对五四新文化运动忧心忡忡，认为："中国经此一番热闹，一线生机已绝。举凡政权之统一，人心之团结，社会之安宁，礼教之纲维，富强之企致，国粹之发扬，愈益无望。盖国之治乱，世之升降，其因果皆有定律，天运难逃，毫厘不爽。今国中之盲动纷扰者，皆所谓背道而驰，不特缘木求鱼，且大有后灾；必至使全国皆成土匪窟巢、禽兽世界，外人乘机而来，瓜分之、吞灭之。"又说："今国中所谓'文化运动'，其所提倡之事，皆西方所视为病毒者。上流人士，防止之，遏绝之，不遗余力。而吾国反雷厉风行，虔诚趋奉。如此破坏之后，安能再事建设？如此纷扰之后，安能再图整理？只见万众息心敛手，同入于陆沉之劫运而已。"他越想越激动，越激动就越忧心如焚，"言念及

[1] 陈寅恪：《王观堂先生挽词并序》，载《陈寅恪集·诗集》，生活·读书·新知三联书店，2001年，第12页。

此，忧心如焚"，并且，还没有可倾心交谈的朋友，"俗人固不可与道，即同心知友，偶见面谈及，亦只楚囚对泣，惨然无欢。更思宓一身之进退，回国以后，当兹横流，何以自处？种种苦恼磨折，此时皆已洞见。且邪说流传，'解放''独立''自由恋爱'诸说盛行，必至人伦破灭，礼义廉耻均湮丧；则宓虽欲求一家之安宁、父子之慈孝、伉俪之亲爱，亦不可得。呜呼！前途黑暗如彼，今日劳愁如此，吾生何乐？诚不如自戕其生"[1]。无论是社会秩序，还是新文化运动，抑或传统道德观念，他都有痛苦万分的感受，甚至想"自戕其生"，求得"清静之极！快乐之极"。吴宓对社会转型有切身之感，其痛苦和焦虑也属现代内涵，至少是另一种现代性。

二、向死而生

吴宓日记具体记载了他对社会现实的种种不适应，焦虑愤懑，备受煎熬，甚至有来日无多的绝望感。他的想法多不合时宜，在社会进步面前表现得落后而迂阔，于是，他深感抑郁、苦闷、焦虑、烦躁、孤凄，甚至预测自己某年某月必死无疑。在日记里，多处出现"死亡"记录，如"必劳苦郁迫而死"，居此环境及氛围，"即无灾祸，恐亦不能久活矣"，"自觉近顷心意顿灰，体质大亏损，即幸无祸变，至多二三年内宓必死！若寅恪兄等，更不敢询问其吉凶矣"[2]。他"自恨生不逢辰，未能如黄师，碧柳，迪生诸友，早于1954以前逝世，免受精神之苦"[3]。如此等等。在日记"续编"里，也有死亡体验和想象，但没有看到他的自杀记录。他对生活多

---

[1] 《吴宓日记》第2卷，生活·读书·新知三联书店，1998年，第154页。
[2] 《吴宓日记续编》第1卷，生活·读书·新知三联书店，2006年，第259页。
[3] 《吴宓日记续编》第2册，生活·读书·新知三联书店，2006年，第65页。

有留恋，也想念旧朋好友，眷恋读书和教学，还有"文化神州系一身"的责任和"智传薪火后谁承"的顾虑。总之，吴宓向死而生，有死亡的郁闷和恐惧，也有死亡的超越和抗争。

吴宓想死、临死和将死的愿望和想法持久而深重。有的因社会环境，有的因具体事情，有的因个人心境，有的毫无来由，只挂在嘴边，写进日记，算情绪宣泄。1951年3月10日，他参加学生活动，感到"日来复悲郁""烦躁"[1]，时常"烦躁不安，又神情恍惚"，恐遭"大不幸"[2]。5月4日，开大会，"深感在今为一文学工作者之苦"，"即不自杀，亦必劳苦郁迫而死！"[3] 6月7日，"日来烦躁不安，又神情恍惚，疑将有大不幸之遭。又身体虚弱，腿足疲软，有时心口以及胸膈肺叶疼痛，痰中偶带微血，殆将不久于人世矣"[4]。6月23日，他预感将在1956年63岁时去世，只遗憾没有写成《新旧因缘》。6月28日，周希卜请吴宓为《大公报》写文章，庆祝建党30周年，吴宓婉拒，"自思仍以各处均不露名字文章为最善办法。若至万不得已时，被逼，宁甘一死耳"[5]。8月13日，方敬希望他撰写所见美国腐败情形，批判其宗教谬论，他名望高，"言出必动听，且为当局所极欢迎者"；吴宓心里反对，口里却"含糊未置答"，想"用推宕之法以守沉默"，"今后断难长期如此，是则宓死之日近矣，于是悲郁不胜"[6]。他也曾想到用死来摆脱现实困境。10月8日，他参加院务会，学校提出以革命方法办校，加强政治思想教育学习，进行学制改革，吴宓听后，"不觉懔

［1］《吴宓日记续编》第1册，生活·读书·新知三联书店，2006年，第85页。
［2］ 同上书，第149页。
［3］ 同上书，第129页。
［4］ 同上书，第150页。
［5］ 同上书，第164页。
［6］ 同上书，第189页。

然，有如被缚之人，绳将逐日抽紧，不知吾侪斯世为教员更能有几年也"[1]。他为不可知的命运而担忧。生死祸福，不可知晓。1952年，从报上，他得知张东荪被批判，其证据就来自过去的著作，于是有了疑问："数十年前，焉知有 1949 人民政府之建立与解放军之大胜利？由此科罪，以追溯既往，则全无恕道，而能逃免罪责者鲜矣。将来吾侪各人孰获免，孰罹辜，要视政府当局预定对其人如何处理。'莫非命也，顺受其正。'生死祸福，无可转移，无可禳救，则无所用其忧惧焉耳。"[2]

本来，做老师，讲课，确是吴宓最为高兴而幸福的事情，谁知有学生对他讲授的《世界古代史》不满意，在讨论会上提意见，认为他的课无系统，"不突出重点，往往牵涉甚远，而不能说明问题，使学生茫然不知所以"，只罗列事实，无次序，还"不加分析批判"。吴宓听后甚为"痛愤"，有"如上下两磨石夹碾我肉身，厄于二者之间，无所逃命"，学生将历史看作"政治课"，"只喜听讲宣传煽动之材料"，讨论会后，他还"多悲戚"，"忧（虑祸患）劳（忙碌）愤（生气）三者皆能伤人。而宓今兼之，何以久生"[3]。在 1955—1956 年间，全国推广普及普通话和简化字，上课也须遵用简化字，学习北京话，这让吴宓也感到生不如死，"呜呼，宓惟祈速死而已"[4]。他在读了《瞿秋白文集》后，不赞同瞿的汉字拉丁化主张。在现实生活，瞿秋白的主张却大行其道，他和吴芳吉的主张毫无声响，"诚彼幸而我不幸也"，于是有"不胜悲凉颓丧

---

[1]　《吴宓日记续编》第 1 册，生活·读书·新知三联书店，2006 年，第 224 页
[2]　同上书，第 344 页。
[3]　《吴宓日记续编》第 2 册，生活·读书·新知三联书店，2006 年，第 318 页。
[4]　同上书，第 327 页。

之感"[1]。1960 年 8 月 17 日，他教育一社会青年，"须堂堂地做个'人'"，并用手指在其胸前写一"人"字，但他又觉得自己解放后"毫无价值"，且"痛心中国文字与文化之亡，久欲自杀"，但"终不敢引决者，则以在今日自杀，当局必不谅我信我，必断我有某种政治阴谋，从而追迫牵连我之诸亲友，祸及于多人，是以苟活至今，愧未能效法王静安先生"。他很快即发现，此人极其浅薄，与其所期甚远，又"悔痛无及"[2]。他的行为近乎神经质状态。

越到晚年，层出不穷的社会运动，他更难应对，"近日甚畏运动座谈会，每至星期一三六，辄忧心惴惴，到会时，宓心脏大跳动，若有大祸将临者"[3]。当他听说一些老友已离世，加上自己年岁日高，身体大不如前，更有死亡临近的幻觉和预感。如听说黄稚荃病危，他即向父亲和黄节祈祷，以《杜诗镜铨》占卜，得《八哀诗》末句"洒涕巴东峡"，"不觉惨然"[4]。据日记记载，他喜用诗词或《易经》占卜，多次预测生死。1961 年 1 月 12 日，他感到，"党与校系皆不许宓等发挥己之所长，而恒用种种办法耗费宓等之时间精力，以防止所谓'地下工厂'者，则宓等虽生亦犹死耳"[5]。按"七年一转变"神秘算法，1963 年应为宓在世之最后一年，究竟有无意想不到的决定，"只当恭顺以俟天命耳"[6]。该年日记也多次提及此预感。"自认运蹇命薄，而甚悲观。"[7]"宓生

［1］《吴宓日记续编》第 3 册，生活・读书・新知三联书店，2006 年，第 277 页。
［2］《吴宓日记续编》第 4 册，生活・读书・新知三联书店，2006 年，第 410 页。
［3］《吴宓日记续编》第 6 册，生活・读书・新知三联书店，2006 年，第 561 页。
［4］《吴宓日记续编》第 2 册，生活・读书・新知三联书店，2006 年，第 312 页。
［5］《吴宓日记续编》第 5 册，生活・读书・新知三联书店，2006 年，第 12-13 页。
［6］《吴宓日记续编》第 6 册，生活・读书・新知三联书店，2006 年，第 3 页。
［7］同上书，第 10 页。

机自此衰，坐以待毙而已。"[1] "处'无望之世'，必有'无妄之祸'"，"准备任何日趋死就刑戮耳！"[2] 1961 年 7 月 10 日，他觉得身体渐衰，神情恍惚，深信 1955 年、1956 年间的预感：1961 年身体大衰，1963 年死去，感到即将应验了，自己已到 70 岁，解放后"未尝遭遇战乱兵火盗窃凶灾饥贫乃至疾病之困厄惊恐"，算"平稳安适地度过一生，实可谓为极有福、幸运之人"，"当明生灭之理，遵蜕化之辙，坦然归依，无所留恋"，只是"生平因循自误，所悔已多，不胜记叙。今晚惟伤许多诗文佳篇，未早细细研读，任情享受而已"[3]。1963 年元旦，来给他拜年的不少，大人小孩师生有 30 多人，他却想到自己"七年一转变"之神秘算法。1971 年 3 月 6 日，他也感到"人之祸福，以及境之逆顺，事之难易，变化迅速，末由窥测，只可归诸命运，吾侪则尊曰天命"[4]。1972 年 1 月 20 日，众人批判他"顽固不化，思想历多年毫不改造之范例"，说他拒绝或不重视思想改造，吴宓却有"毁灭"预感："凡中国及世界之全部思想、意识、学术、文艺，因其能影响政治、经济之基础（作为上层建筑）皆当全部摧毁、消灭无遗者！呜呼，幸宓三数年内，即可死去，不见不闻其事，一切归于冥漠矣。"[5] 这个时候，他真是想死。1972 年 3 月 8 日，"宓自信定可寿至八十四岁，1977 年终。今在此地，生活安适，环境熟谙，然仍感觉：若有大祸即将降临我身者！"[6] 这次，他的预测得到了应验。

他有多次占卜经历。如 1910 年离开陕西到清华参加入学考试，

［1］《吴宓日记续编》第 6 册，生活·读书·新知三联书店，2006 年，第 325 页。
［2］《吴宓日记续编》第 9 册，生活·读书·新知三联书店，2006 年，第 258 页。
［3］《吴宓日记续编》第 5 册，生活·读书·新知三联书店，2006 年，第 113 页。
［4］《吴宓日记续编》第 9 册，生活·读书·新知三联书店，2006 年，第 210 页。
［5］《吴宓日记续编》第 10 册，生活·读书·新知三联书店，2006 年，第 16 页。
［6］ 同上书，第 57 页。

动身前即卜卦："海波两头高，飞蓬驾六鳌，居中能驭使，何怕涉风涛？"[1] 当时他并不知其意。1923 年，他的姑丈陈伯澜去世，吴宓极为悲痛，在梦中占卜得梁启超诗句"万朵红莲礼白莲"。1937 年 7 月 27 日，日军飞机轰炸北平，拟占领北平，吴宓"感念时危国难"，"虔心"以《易经》占卜，得卦辞："利西南，无所往也，其来复吉，有攸往，凤吉。"陈寅恪在电话里告知吴宓是吉卦，吴宓"乃整衣卧床"，"静待天命"[2]。第二天，炮声复作，吴宓还是放心不下，再卜一卦，得晋卦之六二，其辞为："康侯用锡。马番庶。昼日三接六二。晋如愁如贞吉，受兹介福，于其王母。象曰，受兹介福，以中正也。"吴宓当晚"不闻炮声，眠极酣畅"[3]。占卜成了一种心理安慰，可以起到缓解心理情绪的作用。吴宓有时还真信以为真，告之于人，让他人也相信。1963 年 1 月 20 日下午，向他人诉说他自己占卜的神秘经验以及"七年一转变"1963 年寿终之感想。晚上，蓝仁哲借宿吴宓处，二人又谈论一夜占卜之神秘，"蓝生独深信之"[4]。蓝仁哲当时还是四川外语学院英语系三年级的学生，1962 年 8 月 12 日，给吴宓写信求教英国文学、英诗和中诗，吴宓回信招其来见，为其改诗，讲诗。姚文青还提到一件事，吴宓给他写信说，有亲友劝他与陈心一复婚，他十分愤怒，无计可施，乃于静夜室中焚香祷神，诅咒劝说者速死。经其诅咒，某某已死，某某身患绝症，不久当死，连他的好友潘伯鹰也来信劝过他，吴宓于神前咒之，潘伯鹰重病住院，危在旦夕。此函遍传朋友，引为笑谈，吴宓自己却信以为真，还四处宣传。

———————

[1]《吴宓日记》第 2 卷，生活・读书・新知三联书店，1998 年，第 69 页。
[2]《吴宓日记》第 6 卷，生活・读书・新知三联书店，1998 年，第 179 页。
[3] 同上书，第 181 页。
[4] 同上书，第 10 页。

吴宓常常阅读《周易》。1958年8月23日未晓，读《易经》。1965年1月3日，参加教研组座谈会，众人"集矢于宓"，提出让他断绝父、友关系，不再祭拜，交代与张宗芬的关系，另外，"众责宓年老，不应对女子殷勤"[1]。晚上，他就以高亨《周易古经今注》占卜，得到的解释是，当以理智对待，"即或出词诬罔，昧我良心，亦力求过关，斯亦可耳"[2]。1965年9月16日上午，读高亨《周易古经今注》，又阅传观之注释稿；9月20日4：00起，读《周易古经今注》，上午撰《易经表解》；9月22日凌晨、上午及中午，续读《周易古经今注》。高亨（1900—1986），早年曾就读清华国学院，师从王国维、梁启超，长于训诂考据，一生著述甚多。1949年2月任北碚相辉学院文史系教授，1950年由西南文教部派任西南师范学院教育研究室教授，1952年春调离西南师范学院到吉林师范专科学校中文系任教。3月28日，吴宓在日记里也有记录，他想到一些相熟好友如李思纯、高亨等纷纷调离学校，感叹："生斯世，住渝郊，备员西师教授，真觉如梦如醉，日夕忧惧不胜，而在此稍称和洽，或遇事微可助宓之友，皆先后引去，宓虽生如死，岂仅孤寂而已哉？"[3] 1953年，高亨调任山东大学中文系教授，1957年受聘为中国科学院兼职研究员，1967年为中国科学院研究员。《周易古经今注》作于1940年，1960年代重订。他将《易经》与《易传》分开，不采前人"以传解经"之法，而取文字、音韵、训诂方法，改字解经，而成现代易学经典之作。

旧友的去世，让吴宓心情抑郁，而为自己苟活而愧疚。1958年7月5日，"数千年之中国文明、中国社会，从兹灭绝，不留行

---

［1］《吴宓日记续编》第7册，生活·读书·新知三联书店，2006年，第5页。
［2］同上书，第6页。
［3］《吴宓日记续编》第1册，生活·读书·新知三联书店，2006年，第317页。

迹；而宓等旧知识分子，全体加以凌辱斥骂，使其名誉权威尽丧，学生中已无复尊敬之、宽容之者，今后奉职、授课，困难万端，无法应付，夫我辈既以定为'应即消灭之人'，则年老如宓者，偷生何益？毋宁早死为乐！于是宓确有但祈速死之心。意者，以顾亭林之六十九岁与吴梅村之六十三岁相加折半，则明年（1959）宓六十六岁当为宓命尽寿终之年乎"[1]。"回顾一生所历所行之事，大抵自悔未乘时努力于我之正当工作，而消磨其精力时光于不足轻重之庸人杂事，此宓听后之定评也。"[2] 1958 年 8 月 22 日，听说刘文典等老友遭遇，感叹"我辈殊恨死得太迟，并无陈寅恪兄高抗之气节与深默之智术以自全，其苦其辱乃不知其所极"，"若碧柳之早殁，得正命而终，比王静安先生为尤幸已"[3]。10 月 18 日，甚郁郁，尤待苟活，"悲痛之余，取来基督教《圣经》，翻读《路加福音》等，略谓汝应勿忧衣食荣辱，一切安命，而专心惟道是依是求，利世尽矣"[4]。1963 年 10 月 7 日，连续梦见梁漱溟和赵紫宸，"甚为悲郁"，"一切全无安排，且亦无法安排"，一些诗友穆济波等以诗祝寿，"惟共此新国新时代"，"引宓为同道同志"，却"不知宓之痛苦及心情"，"岂堪为宓之知己耶？"当读到吴芳吉 1928 年在黑石山吊聚奎诗友墓之诗，吴宓说出了自己的心情，"斯则是今日宓对碧柳祭告倾诉之词也"[5]。1966 年 3 月 30 日下午，他写道："中文系教职员教学改革学习会，记录粘存。按，近年厉行阶级斗争，督促思想改造，既举中国数千年之德教习俗、学术文化，摧残澌灭净尽，已使吾侪伤痛已极，而在各种讲演报告学习、讨论会

［1］《吴宓日记续编》第 3 册，生活·读书·新知三联书店，2006 年，第 382 页。

［2］同上。

［3］同上书，第 464 页。

［4］《吴宓日记续编》第 4 册，生活·读书·新知三联书店，2006 年，第 446 页。

［5］《吴宓日记续编》第 6 册，生活·读书·新知三联书店，2006 年，第 87 页。

中，更视宓等老教授为阶级仇敌，反动、落后、顽固分子，冷嘲热骂，使耳聆、目击、身受者，更不能堪。宓今日下午学习会中，又起此感，惟盼早日死去，如赖老之长眠地下，真成无知，是诚幸福也已！"[1]

吴宓一边预测自己的生死，一边又无畏不惧地生活。1966年1月14日，学习讨论《矛盾论》，吴宓发言谈及生死问题，"早死不悲，迟死不喜，临死亦不惧"，在世一日，仍勤学勤读，努力工作，虽不授课，"然勤学勤读为宓之生性与习惯，故迄行不辍，不问其有用与否，亦不能言其目的何在"[2]。9月2日上午，"红卫兵"到吴宓宿舍搜查、取走了全套《学衡》和《大公报·文学副刊》，以及26部《吴宓诗集》，1910年至1966年8月23日的日记，吴宓诗文稿笔记和其他书物，包括旅游画片、毕业证书、恋爱书刊、西洋名画等。半年后的2月8日，也是农历腊月二十九日，除夕，吴宓在日记里深感，已在世74岁，"生平好年未有如今年之悲凄者"，"今惟祈速死而已"。他还写下很有现代感的人生箴言："我的生命，我的感情，我的灵魂，都已消灭了；现在只留着一具破机器一样的身体在世上，忍受着寒冷与劳苦，接受着谴责与惩罚，过一日是一日，白吃人民的饭食，真是有愧而无益也！"[3]"破机器"表达人的物化，在社会大环境下，人的分工越来越细，像机器一般重复，如同电影《摩登时代》表现的那样，生活枯燥无味，变成了机器流水线上的一部分。

吴宓算计生死，他想把不可知变成可知，让自己心理平和，情绪安定，或置之死地而后生，向死而生。既然命运已定，也就无所

---

［1］《吴宓日记续编》第7册，生活·读书·新知三联书店，2006年，第403-404页。
［2］同上书，第340页。
［3］《吴宓日记续编》第8册，生活·读书·新知三联书店，2006年，第38页。

畏惧。当然，事物变化并不由吴宓能掌控。1971 年 3 月 3 日，当得知学校拟迁出北碚，他即感到，"凡重大之事（人之死亦然），谋议久久者，其最后，则急转直下，片时即实行，出一切意料之外！"[1] 当历史进入改天换地，许多事都在吴宓"意料之外"，尽管他不断对自己的命运做出预测和推断，但事物发展总是伴随着偶然性，与其相伴的则是焦虑、紧张、愤怒、沮丧、悲伤和痛苦，直至死亡，对他确是必然的。

---

[1] 《吴宓日记续编》第 9 册，生活·读书·新知三联书店，2006 年，第 205 页。

第十章 文言执拗：意味深长

　　西南联大时期，有人曾讥笑吴宓谈恋爱如同堂吉诃德，他自己认为堂吉诃德人品高尚而痴情。他反对白话代替文言，坚持文言书写和教学，对文言情有独钟。他将语言文字等同于文化符号，认为语言文字拥有独特的文化意义。吴宓并不反对白话文，也不是不能书写白话文，只是他对文言的坚守自有传统心结。在白话文已成国民语言的时代，语言是一种意识形态，他的痛心疾首和固执己见，虽不失为一种风骨和精神，也超出了语言本身，却有某种堂吉诃德的意味。

　　文言文虽有历史合法性，却与社会现实日益疏离，自然需要改革。从意义表达的雅俗更替到书写方式的繁简转化，不仅仅是交流工具的变化，也是文化意义的转换，语言及其表达与社会现实相关，也渗透着人的生命体验和想象，不同个体有不同的感受和思考。文言和白话都是汉语的表达方式，在语言的叙事、抒情和说理上各具特色，各有所长。白话的世俗化与大众化不应成为自我崇拜的宣言，文言的雅致与精练也不该作为放不下身段的资本。随着现代社会的变迁、传统士农工商结构的解体，语言方式自然也会发生变化，以满足社会的思想交流和情感表达的需求。白话文取代文言并不完全是胡适、陈独秀和鲁迅等五四一代思想者人为设计的产物，而是有社会情势的推动和助力，自然也不是林纾和吴宓等所能阻扰的。那么，吴宓的坚守和愤激固然值得尊敬，但也不无喜剧性和荒诞意味。

一、文字即文化

吴宓并不完全排斥白话文，只是希望文言能与白话相伴而行，不要人为地区分语言的死活和古今，并且认为白话要以文言为基础，"即使自己专写白话，亦必兼通文言。即使认为文言已死，亦必学读文言书籍，方是中国人，方感觉中国之可爱，方知如何爱中国之法"[1]。在他看来，文言是白话的支撑，没有文言，传统文化也就少了载体，其传承也就会有困难，这也是他反对白话文的重要理由。五四时期，他就旗帜鲜明地反对白话文，认为："至若文字之体制，乃由多年之习惯，全国人之行用，逐渐积累发达而成。文字之变迁，率由自然。其事极缓而众不察，从未有忽由二三人定出新制，强全国之人以必从。"并且，行用已久的文字，"一废之后，则错淆涣散，分崩离析，永无统一之一日"，若"文字破灭，则全国之人，不能喻意"，就会带来交流困难。"文章之格调可变，且易变；然文字之体制不可变，亦不能强变也。"[2]语言体制乃为多年之习惯，普遍之行用，长期积累而成，就语法规则而言，这是有道理的说法。但即使有语言习惯，也不等于不能变化，一旦发生变化，自然也有新的语言体制，人们自然会逐渐熟悉起来。他反对白话文，也批评新文学，认为："察其外形则莫不用佶屈聱牙、散漫

---

[1] 吴宓：《劝世人多读正经书》，《国风》月刊第 8 卷第 6 期，1936 年，第 272 页。
[2] 吴宓：《论新文化运动》，载徐葆耕编选《会通派如是说——吴宓集》，上海文艺出版社，1998 年，第 11–12 页。

冗沓之白话文，新造而国人之大多数皆不能识之奇字，英文之标点符号。更察其内质，则无非提倡男女社交公开，婚姻自决，自由恋爱，纵欲寻乐，活动交际，社会服务诸大义。再不然，则马克思学说，过激派主张，及劳动神圣等标帜。其所攻击者，则彼万恶之礼教，万恶之圣贤，万恶之家庭，万恶之婚姻，万恶之资本，万恶之种种学术典章制度，而鲜有逾越此范围也。其中非无一二佳制，然皆瑜不掩瑕。"[1] 吴宓对新文学的内容和形式都不满意，认为其语言"佶屈聱牙、散漫冗沓"，没有文言文的紧凑和凝练。在留美期间，当吴宓读到《新潮》杂志，就感到新文学和白话文是"无知狂徒，妖言煽惑，耸动听闻，淆乱人心，贻害邦家，日滋月益，殊可惊扰。又其妄言'白话文学'，少年学子，纷纷向风。于是文学益将堕落，黑白颠倒，良莠不别。弃珠玉而美粪土，流潮所趋，莫或能挽"[2]。

应该说，现代中国的许多领域基本上还是文言占主导地位，如公文、书信、日记、序跋等应用文，以及大中小学课文和学术著述都使用文言文，有人说它还是一个"文言文时代"[3]。吴宓主张文言文并没遭受到多大的排挤和压力，仍然有自己的话语空间。1949年后就不一样了，他依然坚守文言，反对汉字改革，反对推行简体字和汉字拼音化，他所面临的社会语境大有不同，所受批评自然也不在学理上，而上升为政治意义。解放后的语言变革不只是语言问题，而有意识形态诉求，吴宓的文言文立场，自然会被赋予思想错误、政治落后的标签。他的态度决绝，"今若以宓不赞成文字改革，

［1］ 吴宓：《论今日文学创造之正法》，载孙尚扬、郭兰芳编《国故新知论：学衡派文化论著辑要》，中国广播电视出版社，1995年，第261页。
［2］ 吴宓：《吴宓日记》第2册，生活·读书·新知三联书店，1998年，第90—91页。
［3］ 邓云乡：《白话大师的文言文》，载《云乡话书》，中华书局，2015年，第373—374页。

将宓枪毙，宓欣愿受刑就死"[1]，但作用不大，效果不明显，反而罪加一等。1954 年 3 月，当他在新华书店第一次见到中国文字改革委员会关于简化汉字报告时，就"索然气尽，惟祈宓速死，勿及见此事"[2]。他认为简体字方案，"怪字益多，使宓愤苦"[3]。他订阅了《人民日报》，在阅读时就反感简体字，如象与像、寻与尋、筑与築、划与畫、荣与榮、达与達、总与總、会与會、占与佔、后与後，等等[4]。他自己给自己找难受。他认为："近世文字改革，已至极端。其始则由胡适等之白话运动，故凡主张白话，而以白话破灭中国文字之人，宓皆深恨之，而欲尽杀之，"[5] 一说到白话文和简化字，他就"暴躁易怒"，"言颇激昂"[6]，乃至"拍案大怒"[7]，恨不得杀掉胡适，或祈求速死，"免见中国德教学术文化尤其汉字之破灭无余也"[8]。他反问有谁知道"宓之旨而谅宓之苦乎"[9]，他的一番苦心却没有得到多少人理解。

他之所以有如此极端化态度，与他的语言思想有关。他将文字与文化相等同，把语言看作一种文化符号，如果汉字被简化就等于汉字灭亡，等于中国文化也消亡了，"文字改革，废文言，行简字，割断中国文化之历史根苗，于是学术教育徒成虚说，文艺创作亦不

[1] 《吴宓日记续编》第 5 册，生活·读书·新知三联书店，2006 年，第 516 页。
[2] 《吴宓日记续编》第 2 册，生活·读书·新知三联书店，2006 年，第 26 页。
[3] 同上书，第 158 页。
[4] 《吴宓日记续编》第 10 册，生活·读书·新知三联书店，2006 年，第 192、210页。
[5] 《吴宓日记续编》第 2 册，生活·读书·新知三联书店，2006 年，第 530-531 页。
[6] 同上书，第 565 页。
[7] 《吴宓日记续编》第 7 册，生活·读书·新知三联书店，2006 年，第 329 页。
[8] 《吴宓日记续编》第 3 册，生活·读书·新知三联书店，2006 年，第 137 页。
[9] 《吴宓日记续编》第 2 册，生活·读书·新知三联书店，2006 年，第 531 页。

能出自人心而发扬民志"[1]。并且，容易产生意义淆乱，如用"系"代替"繋"，用"斗"代替"鬥"[2]。这样，汉字改革如同文化革命。在吴宓眼里，中西文字有别，汉字形意独特，意味深长，"中文重形西文重声。中文入于目而止于心，西文出于口而纳于耳。中文近图画，西文近音乐。古希腊先有演说（雄辩），后乃成为修辞（文章）学。中国则诏令奏疏檄文露布，一切皆笔写之文章，更以文字本质之不同，养成中西人数千年不同之习性。故在中国，凡百学术思想更不能脱离文字书籍。而中国人运用文字表达自己之能力，实远在其用言辞之上。昔人谓'中国以文字立国'，诚非虚语。而文言废，汉字灭，今之中国乃真亡矣！"[3] 汉字重形，如图画，西方重音，似音乐，各有特点。中国以文字立国，汉字承传就能保护中国文化的源远流长，汉字简化会导致五千年华夏文明的断绝，中国人不认识汉字，不能诵读文言，就让传统文化失传了。他极力反对简体字，目的是维护传统文化，汉字和道德成为吴宓坚守传统文化的最后堡垒。实际上，汉字有文化性，但它并不等于传统文化。传统文化内涵及特征存在于文言之中，也在文言之外，工具和手段不能等同于内容和目的，话语方式不同于话语本身。语言、文字和文化三者相联，有渗透，也有分离。

吴宓对语言文字有一贯的认识和态度，他在五四时期的《论新文化运动》认为"行文"是"一国文字之体制（system of language）"，而非"一篇文章之格调（style）"，他所说的文字"体制"就是语言体系，"格调"即表达方式。在他看来，"文字之体制，乃由多年之习惯，全国人之行用，逐渐积累发达而成。文字之

［1］《吴宓日记续编》第4册，生活·读书·新知三联书店，2006年，第129页。
［2］《吴宓日记续编》第7册，生活·读书·新知三联书店，2006年，第329页。
［3］《吴宓日记续编》第2册，生活·读书·新知三联书店，2006年，第287页。

变迁，率由自然。其事极缓而众不察，从未有忽由二三人定出新制，强全国之人以必从"。所以，"今欲得新格调之文章，固不必先破坏文字之体制也"。并且，"吾国之文字以文 Written language 之写于纸上者为主，以语 Spoken language 之出于口中者为辅。字形有定而全国如一，语音常变而各方不同，今舍字形而以语音为基础，是首足倒置"[1]。字形稳定，便于交流。语音变化，方言丛生，十里不同音，百里不同俗。所以，他坚决反对白话文和简化字。

1949 年以后，他的语言思想和主张毫未改变，依然坚持文言教学、阅读及写作，并"以素不习白话文"[2] 相标榜，"宓又不善为白话，而喜用文言，作文亦窒碍"[3]。1951 年 5 月 1 日，与同事谈到国家的"文字改良，欲改'法国'为'乏国'"，吴宓也有莫名"愤怒"[4]。刚解放时，方敬希望他能积极参与思想"改造"，积极翻译苏联小说，或撰文述美国之腐败情形，以他的名望，"言出必动听，且为当局所极欢迎者"。吴宓理解方敬的善意，认为对方"改造亦甚切"，而他则"含糊未置答"，"以推宕之法以守沉默"，自解放以来未刊一文，且"各种报告、记录、自白书柬亦一律用文言，未尝作白话。今后断难长期如此，是则宓死之日近矣，于是悲郁不胜"[5]。这样，采用文言，不作白话，被吴宓作为不与社会现实合作的态度和方法。

1952 年 4 月 17 日，学校要求吴宓撰写文章积极响应国家号召，

---

[1] 吴宓：《论新文化运动》，载徐葆耕编选《会通派如是说——吴宓集》，上海人民出版社，1998 年，第 11—12 页。

[2] 《吴宓日记续编》第 1 册，生活·读书·新知三联书店，2006 年，第 39 页。

[3] 《吴宓日记续编》第 2 册，生活·读书·新知三联书店，2006 年，第 63 页。

[4] 《吴宓日记续编》第 1 册，生活·读书·新知三联书店，2006 年，第 127 页。

[5] 同上书，第 189 页。

以抵抗美帝之细菌战，他撰文一篇，"长三百余字，仍用文言"[1]，其题目《以每一个人之清洁卫生对抗细菌战术》，却是白话表达。1952 年 6 月 13 日，工作组命令吴宓采用白话撰写"自我检讨"，"缴呈学习会"，吴宓深感"世变至于此极也"[2]。社会时势发生了变化，胳膊拗不过大腿，汉字改革成了必然趋势，他虽然认为"中国文字之优卓，胜过西文之处"，但中国文字改革委员会宣布试行简化字，并以拉丁化为最后目标，他感到"今后更无挽救之机会，曷胜痛心"[3]。1953 年 11 月 28 日，到朋友家聊天，"仍坚主汉字不可废，文言必须通之说"[4]。1955 年 4 月 11 日，当他从《重庆日报》上读到文字改革方案，将汉字改为拼音文字，预先公布 800 个简体字，他甚感"大愤苦"，而为汉字作辩护，"汉字乃象形，其与拼音，至少各有短长。如鸟飞兽走，又如图画之于音乐，目耳以达于心。此为至公平之论。至于汉字与文言之佳妙处，西儒如高本汉等已畅言之。中国人以数千年之历史习俗，吾侪以数十年之心濡目睹手写，尤能深窥其价值与便利处"[5]。比照汉字简化方案，他为胡适和赵元任辩护，"吾侪今方受命批判胡适、攻讦胡适，宁思今政府所主持公布之方案，厉行之办法，乃为胡适所未曾为、所不敢为、所不忍为者耶！亦为赵元任、黎锦熙所未能企及者耶！"[6]胡适还没有简化字方案走得远，他始终把汉字和中国文化联系在一起，汉字简化或拼音化就是传统文化的敌人。吴宓对汉字及传统文化感情之深，由此可见一斑，但不免也有些情绪化，甚至

[1] 《吴宓日记续编》第 1 册，生活·读书·新知三联书店，2006 年，第 330 页。
[2] 同上书，第 366-367 页。
[3] 《吴宓日记续编》第 2 册，生活·读书·新知三联书店，2006 年，第 137 页。
[4] 《吴宓日记续编》第 1 册，生活·读书·新知三联书店，2006 年，第 550 页。
[5] 《吴宓日记续编》第 2 册，生活·读书·新知三联书店，2006 年，第 146-147 页。
[6] 同上书，第 147 页。

是杞人忧天。

1955 年 11 月 6 日，他在日记里写道，他"所最恨者，白话已盛行久，今又有汉字之改革，简体俗字之大量采用，将见所谓中国人者，皆不识正体楷书之汉字，皆不能读通浅近之文言，如宓此日记之文，况四书五经，韩文杜诗乎？如此，则五千年华夏之文明统绪全绝"[1]。学校要求教师教学也必须使用简体字，须用北京话讲课，于是，他也有了"呜呼，宓惟祈速死"之感叹[2]。12 月 5 日，又与同事谈及文字改革，"今正厉行简字，盛谈汉字拉丁化"，吴宓感到"汉字汉语，终当废灭"，"呜呼，五千年中国文化，仓颉等先民所造之字，《尔雅》《说文》以下之书，至我身而亡，宁不痛哉！"他对市面上的牌匾和书报上的简体字，"感觉头痛"，"如吞食沙粒之磨损齿牙"般的极其"难受"[3]。1956 年 2 月 19日，作诗："汉字形声美，儒风道德长。笃行能化世，深造自通方。"[4]汉字有形声之美，更有道德之风，是否可实现"笃行能化世，深造自通方"，那就另当别论了。3 月 10 日日记里记录，"今文字改革行，宓极愤恨，几欲造反或自杀"[5]，他想以文字改革自杀，最终结果没有出现，要不就跟随王国维的脚步了。6 月 7 日，再与同事谈及旧事，有"汉字文言破灭之痛愤"，同事劝他"不可有所主张，以免祸全身"[6]。吴宓却是死心了，一心坚持文言，同事哪能劝住他？7 月 18 日，他读罗马史，"痛惜中国文字与道德文

[1] 《吴宓日记续编》第 2 册，生活·读书·新知三联书店，2006 年，第 308 页。
[2] 同上书，第 327 页。
[3] 同上书，第 328 页。
[4] 同上书，第 375 页。
[5] 同上书，第 397 页。
[6] 同上书，第 443 页。

化之全亡于今日也"[1]。以罗马文化衰亡自比，其想法就很有些冒险了。

如何评价和采用简体字，他一向是"痛心疾首"。1956 年，他给金月波信："心情平淡，一切看破，随人敷衍。惟最痛心者，为文字改革之事。"[2] 在 1955—1960 年间，吴宓一见熟人和同事，只要多谈几句话，就会"述文字改革所给我之悲痛"[3]，为中国文化"不能传"而"呜呼痛哉！"[4] 1957 年 1 月 16 日，又与朋友讨论文字改革，"深信中国文字之崇高价值"[5]。1 月 31 日，还在朋友面前申述"中国文字之本质，斥简字之谬"[6]。2 月 26 日，为学生修改习作，亲自以文言日记做示范。1957 年 10 月 16 日，钱泰奇托人送《文汇报》给吴宓，上载郭沫若答问，说文字改革势在必行，不许人评论此事。钱泰奇也嘱咐不再谈文字改革以免招祸。"宓大愤怒"，"惟祈速死而已！"[7] 1958 年 1 月 19 日，在重庆市政协礼堂听教育部副部长叶圣陶传达文字改革方案报告，"宓无一言，与叶君握手而已"[8]。1958 年 5 月 21 日，参加全系交心会，批判资产阶级个人主义，吴宓内心里的真实想法，是"坚决反对简字，宁甘以此即刻投嘉陵江而死，惟恐疑宓为政治犯畏罪自杀耳"[9]。6 月 29 日，参加教学活动，吴宓又担忧起"白话行，简

[1] 《吴宓日记续编》第 2 册，生活·读书·新知三联书店，2006 年，第 469 页。
[2] 吴宓：《致金月波》，载《吴宓书信集》，生活·读书·新知三联书店，2011 年，323 页。
[3] 《吴宓日记续编》第 2 册，生活·读书·新知三联书店，2006 年，第 572 页。
[4] 同上书，第 548 页。
[5] 《吴宓日记续编》第 3 册，生活·读书·新知三联书店，2006 年，第 10 页。
[6] 同上书，第 20 页。
[7] 同上书，第 193 页。
[8] 同上书，第 230 页。
[9] 同上书，第 296 页。

字行，数十年后全中国之人，岂特《史记》《书经》，并今日（1958）留存之文言文及繁体字书籍文件，皆不能读矣"[1]。于是，他主张教学如《历史要籍》不宜以文言白话对立，应采翻译法只教若干篇章，教学生学通文言，随处可以运用，达到能通一切史书之目的[2]。他讲授文言文，"自负有一套特异而有效之教授法"，"以文言与白话结合，以文言纳入一般学生之日常生活现实中"，"收效更速，而事半功倍"[3]。7月31日，在教研组讨论会上，被质问为何不入党？吴宓内心里"入党的条件"，是"罢免吴玉章，解散文字改革委员会，通令全国恢复繁体字"[4]，只是他没敢说出来。将恢复繁体字作为入党条件，只有吴宓才有这样的胆量和想法。

1959年3月2日，吴宓收到西南联大学生关懿娴的来信，批评他"只凭个人好恶之私，斤斤计较汉字简化、文字改革等问题，且即文字改革，亦为普及全民教育之良法美意，宓何可反对，殊为不恕"。他接到此函，而有"大痛苦"，"伤最后惟一赞同宓中国文化之主张，并实行写用文言、繁体字之友生"。他原希望死后将自己的"诗文稿、日记"托付于学生，此时他却感到"既弃我而去，知音难遇，付托无人。宓虽不恋生，死时仍无所安排布置，此恨如何？"[5] 1960年8月22日，他在给学生李赋宁的信里说，觉得天命将近，但"惟一系心之事，即极知中国文字之美，文化之深厚，尤其儒家孔孟之教，乃救国救世之最良之药。惜乎，今人不知重

[1]《吴宓日记续编》第3册，生活·读书·新知三联书店，2006年，第361页。
[2] 同上书，第408页。
[3]《吴宓日记续编》第5册，生活·读书·新知三联书店，2006年，第80页。
[4]《吴宓日记续编》第3册，生活·读书·新知三联书店，2006年，第434页。
[5]《吴宓日记续编》第4册，生活·读书·新知三联书店，2006年，第48-49页。

视，不知利用，为至极可痛可惜者也"[1]。该年 12 月，吴宓上《文言文导读》课，讲文言句式，举例"每餐三两粮犹不足，而况二两乎"，违反国家政策而被停了课，失去了做教师的资格。一句"之乎者也"，让吴宓陷入反对国家政策的泥淖里。语言不是单纯的语言问题，而是谁的语言和谁在使用的问题。1962 年 10 月 11 日，有学生请教旧体诗，认为他的诗"少壮阔奔放之气势，又不关心世界国家民族之大事、大问题，而只作个人写真"，吴宓述其才力及志节，表明"生宓之世"，所"笃信力行"之"保守主义"，包括反对文字改革，"需要绝大之勇气与绝大之牺牲者，固非庸凡势利之人所能为、所敢为者也"[2]。他表达了自己的主张，也将自己理想化和英雄化了。这说明吴宓非常清醒，他曾说："生此时代之中国人，真禽犊之不若，悉为牺牲。"[3] 他反对文字简化，其遭遇和命运，就有堂吉诃德的喜剧性，甚至还有西西弗斯的荒诞感。

1964 年 9 月 10 日，当他从报上得知，各省县名改为笔画极少之字，也十分"痛愤"，"今之柄国者，事事妄行己意，毫无历史观念，不知山川州县之名，在古今学术文化史中，在在牵连，一改则全部迷乱，无法理解与考证，更不论中国人之感情所系，失去旧名，虽仍身居华夏，即无异彼野蛮黑人之在非洲者矣"[4]。文字不但是历史和文化，还维系和牵连到人的感情，文字变化了，感情也就没有了。1965 年 3 月 1 日，正值"社会主义教育活动"，他已是身心俱衰，在教研组座谈会上，讨论作文教学，吴宓中途发言，认

［1］ 吴宓：《致李赋宁》，载《吴宓书信集》，生活·读书·新知三联书店，2011 年，第 379 页。
［2］《吴宓日记续编》第 5 册，生活·读书·新知三联书店，2006 年，第 444-445 页。
［3］《吴宓日记续编》第 1 册，生活·读书·新知三联书店，2006 年，第 171 页。
［4］ 吴宓：《吴宓日记续编》第 6 册，生活·读书·新知三联书店，2006 年，第 332 页。

为"学生必须用文言作文，又多作文言与白话对译，方能精深了解文言文，读文言古今书方可确识其词意也。又凡能作文言者，其作白话文，方有可观，况即在今日，某种文章、著作必须用文言写出为善。《毛主席选集》之其例不乏，故中文系学生练习作文言文，实有利而无害之事"，并当场与组长"对辩"，申诉理由，但事后"十分悔痛，自咎愚妄轻薄，不知保身、养气乃至于斯也!"[1] 3月16日，有教师提出"凡写作一句文言文，便是复古、开倒车，故文白对译万不能允许"[2]。说这话的却是古代文学教师，真是造化弄人，多属话语表演。吴宓则坚持"能作文言者，其作白话文，方有可观"，"作文言文，实有利而无害"，实是有理之言。文言和白话已不是写作问题，而是政治立场问题，在学术上作讨论，根本无法得到解决的答案。如把政治还给政治，学术还给学术，水清石显，事情就简单多了。文言白话的优劣及写作问题，到了今天依然没有解决，已成了一个世纪性难题。

二、文言书写

吴宓喜爱文言文，维护文言文，他的文言文写作如何呢？是得心应手，还是局促逼仄？吴宓在理论上是一套又一套的，如他认为："作文之法，宜借径于古文，无论己所作之文为何类何题何事何意，均须熟读古文而摹仿之。盖凡文以简洁、明显、精妙为尚，而古文者固吾国文章之最简洁、最明显、最精妙者。""惟精于古文

---

[1] 《吴宓日记续编》第7册，生活·读书·新知三联书店，2006年，第63—64页。

[2] 同上书，第76页。

者，始能作佳美之时文与清通之白话。"[1] 古文是白话之母，那么，先说说他的文言论说文。吴宓并不长于说理，他的说理多有自我重复，有时还欠缺逻辑性，时而借用其他形式，如符号、公式和图表，如做数学题，还使用加号和等号。在他的《文学与人生》里，就有不少图表公式，虽然它主要是上课讲稿，但在他的其他文章里，也不乏图表，给人不连贯、不顺畅的印象，近似应用文和草稿笔记。他采用文言行文，并不十分顺畅，跳跃性大，不时有词不达意之处。《论新文化运动》是他的代表作，先刊于《留美学生季报》1920 年第 8 卷第 1 号，后转载于《学衡》1922 年第 4 期。其行文说理如何呢？我们可以第一段为例。

文章开篇这样写道："近年国内有所谓新文化运动者焉，其持论，则务为诡激，专图破坏。然粗浅谬误，与古今东西圣贤之所教导，通人哲士之所述作，历史之实迹，典章制度之精神，以及凡人之良知与常识，悉悖逆抵触而不相合。其取材，则惟选西洋晚近一家之思想一派之文章。在西洋已视为糟粕，为毒鸩者，举以代表西洋文化之全体。其行文，则妄事更张，自立体裁，非马非牛，不中不西，使读者不能领悟。其初为此主张者，本系极少数人，惟以政客之手段，到处鼓吹宣布；又握教育之权柄，值今日中国诸凡变动之秋，群情激扰，少年学子热心西学而苦不得研究之地、传授之人，遂误以此一派之宗师，为惟一之泰山北斗，不暇审辨，无从抉择，尽成盲从，实大可哀矣。惟若吾国上下果能认真研究西洋学问，则西学大成之日，此一派人之谬误偏浅，不攻而自破，不析而自明。但所虑者，今中国适当存亡绝续之交，忧患危疑之际，苟一

---

[1] 吴宓：《论今日文学创造之正法》，载孙尚扬、郭兰芳编《国故新知论：学衡派文化论著辑要》，中国广播电视出版社，1995 年，第 269-270 页。

国之人，皆醉心于大同之幻梦，不更为保国保种之计，沉溺于淫污之小说，弃德慧智术于不顾，又国粹丧失，则异世之后，不能还复。文字破灭，则全国之人不能喻意。长此以往，国将不国。凡百改革建设，皆不能收效。譬犹久病之人，专信庸医，日服砒霜，不知世中更有菽粟，更有参饵。父母兄弟，苟爱此人，焉能坐视不救？呜呼！此其关系甚大，非仅一人之私好学理之空谈。故吾今欲指驳新文化运动之缺失谬误，以求改良补救之方。孟子曰：'予岂好辩哉？予不得已也。'"[1] 这段话的逻辑思路是这样的，先对新文化运动做一个总判断，说它"务为诡激，专图破坏"，"粗浅谬误"，不符名家先贤之论，也不合历史典章精神，更与普通人的常识相"悖逆"，相"抵触"。接着，再指出新文化运动的失误，在于选择西洋某一家之糟粕思想学说作为西方文化的全体，并以政客手段和方法，到处鼓吹传布，让国内青少年受之影响而盲从，失去了辨别力和选择力。最后，表达他的顾虑和担心，今之中国处于存亡绝续之交、忧患危疑之际，假若一个国家和人民，都醉心于大同幻梦，沉溺于淫污小说，不顾德慧智术，导致国粹丧失，一遇社会变迁，再也不能还原恢复，特别是语言文字，一旦破灭了，人们不能明其喻意，"长此以往，国将不国"。

吴宓以庸医和砒霜来指代新文化运动所介绍的西方学说，人们服用之后不知还有菽粟和人参。这是典型的后果推论，他所列举的各种后果，并不一定与新文化运动有直接关系，与醉心幻梦、沉溺小说、弃绝德慧智术更不相干。吴宓担心的国粹丧失、文字破灭，也并不是新文化运动的结果。吴宓的思维是跳跃的、发散的，无法

---

[1] 吴宓：《论新文化运动》，载徐葆耕编选《会通派如是说——吴宓集》，上海文艺出版社，1998 年，第 3-4 页。

集中目标，采取剥笋方式，直捣黄龙，或者逐一批驳，层层推进，如是，其说理很难达成理想效果。就其语言表达而言，也多用模式化表达，如"传授之人，遂误以此一派之宗师，为惟一之泰山北斗"，这样的句式在古文里随处可见；又如"其行文，则妄事更张，自立体裁，非马非牛，不中不西，使读者不能领悟"，也是习惯性语句，空洞而模糊；再如"其持论，则务为诡激，专图破坏。然粗浅谬误，与古今东西圣贤之所教导，通人哲士之所述作，历史之实迹，典章制度之精神，以及凡人之良知与常识，悉悖逆抵触而不相合"，说的都是宏观判断，没有落到实处。问题和例证都不具体，所说道理自然就不明晰。就是他所采用的一些词汇，如"一派之宗师""泰山北斗""非马非牛""不中不西"，也缺乏特定对象和意图限制，自然就少了些新意。说理文，重在概念精确，思维连贯，事实具体，表达明晰，最忌讳的是材料缺乏，道理空洞，思维混乱。吴宓以文言说理，就有些局促、简单和重复，缺乏严谨的逻辑性、明晰的分析力以及从容的文字表达。表面上洋洋洒洒，骨子里却前后重复。多判断少分析，多比譬少事实。语句与语句、段落与段落之间，横看成岭侧成峰，单独看还是连贯的，通篇却有些颠倒重复。

再来看吴宓的文言叙事。记事和白描是吴宓最为精彩的文字，简洁、干净，生动有趣。如 1919 年 9 月 19 日的日记："林君玉堂偕其夫人，自中国来，亦专习文学。昨晚抵此。其夫人略患微恙，故是日仅见林君。林君人极聪敏，惟沉溺于白话文学一流，未能为同志也。"[1] 在简短文字里，将林语堂及夫人之行踪、现状及志业介绍得清清楚楚、明明白白、干净利落。1952 年 3 月 9 日，在南开

---

[1]《吴宓日记》第 2 卷，生活·读书·新知三联书店，1998 年，第 73 页。

中学的水池畔，他这样写"桃花照水"："湖面平碧，春云漾霞，一带青山，几丛松树，鸟啼枝上，儿戏水滨，静美之境，殊可乐也。"[1] 全是四字句，简劲晴朗。4月10日写暴雨，"大风几于倾屋拔木，月光黯隐，继以雷电，暴雨随至，击屋瓦，倾檐溜，震响闪烁。逾夜半，风渐小而雨益盛，觉甚寒"[2]。对自然景象的记录，在日记里随处可见，如："近夕，忽阴暗，大风，雷电。急力关各窗。风大，而雨不至。至晚乃暴雨，雨终宵。"[3] "晴云低压，岩石分明，景色至美。"[4] "近晓，雨，甚凉，及明又雨一次，多日苦热，为之一爽。"[5] 再看一段吴宓日记所记录的访友归途经历。1955年8月14日，吴宓渡嘉陵江访友，午餐后乘船返回。"水涨，又轮舟过，致宓所乘渡舟为江流冲下，将近白庙子矣。舟达南岸峡边而止。诸客上崖边小路分途各去。宓从一妇人、一男挑夫（空担，售物者），沿岸边小路右行（即上溯江）以赴北碚。崖石纵横，路忽上忽下，中间一段路窄而峡壁石坡甚滑而峻峭，虽有足迹，宓竟惧怯不敢走过（恐失足坠入江中），乃呼挑夫救援。挑夫走回，宓置笠于其筐中，挑夫以右手握宓左手而平举之，宓右手拄杖前行，挑夫紧随，得过险处，宓欲酬挑夫，不受，径去。"[6] 吴宓用语之简，非同一般。在语言修辞上，完全不输桐城派方苞、姚鼐的游记，最能体现吴宓的文言特点，用词简洁、精确而贴切，特别是其动词和形容词。语句之简短，"不受，径去"就是例证。

在一次教研活动中，讨论姚鼐的《登泰山记》。他认为，学习

［1］《吴宓日记续编》第1册，生活·读书·新知三联书店，2006年，第305页。
［2］同上书，第328页。
［3］《吴宓日记续编》第2册，生活·读书·新知三联书店，2006年，第229页。
［4］《吴宓日记续编》第4册，生活·读书·新知三联书店，2006年，第86页。
［5］同上书，第130页。
［6］《吴宓日记续编》第2册，生活·读书·新知三联书店，2006年，第232页。

作文之写景状物，叙事、抒情和说理，惟有写景状物"最难"，并以自己的诗文为例，多用"翻译法"，"旨在真确明显地、要言不烦地描写出现有之题材，而不为格律、宗派、风气、辞藻所转移"[1]。"真确"和"要言不烦"恰恰是文言文的特点，"吴宓日记"也体现了这样的语言特点，特别是对天气变化和自然风景的描绘足见出其文言功力。如1952年1月29日日记："夜中雨，落屋瓦有声。"[2] 3月18日，"晚，大风，甚寒。夜中风大，树摇，枝戳窗破多处"[3]。12月4日日记："晨戴月衔雾至雪宅，欲送昨柬款，远望雪宅无灯，疑未起，或已迁去，乃返。"[4] 1953年4月28日日记："晚，更大风，雷电，暴雨，电灯齐灭，逾时乃止。终夜小雨，顿觉凉爽。"[5] 几个自然景象排列，有马致远的"小桥流水人家"之妙，真正体现了汉语之极简！1961年7月4日，"晨5：00起，出立院外，阴，已而有零星小雨，渐密，湿阶础，甚凉。及宓回舍盥沐，至晨6：00雨乃全止，晨7：00又盛晴矣。月余不雨，众皆焦盼，得此小雨亦良佳"[6]。1961年8月25日，吴宓由长江一路直下，乘船过武汉，到广州看望陈寅恪，过三峡后，"所行江面极宽，望之如湖，四围陆地，草青一线，岸几与江面平，远处隐隐偶见小山而已，仍佩杜诗出峡后描写之真确"[7]。1964年7月5日晚上，"觉闷热，蚊大侵扰，乃起，去帐，开窗，以扇驱蚊，而蚊益盛，最后只得关窗撤帐而寝"[8]。暮年吴宓的日记笔法

［1］《吴宓日记续编》第5册，生活·读书·新知三联书店，2006年，第104页。
［2］《吴宓日记续编》第1册，生活·读书·新知三联书店，2006年，第289页。
［3］同上书，第310页。
［4］同上书，第468页。
［5］同上书，第524页。
［6］《吴宓日记续编》第5册，生活·读书·新知三联书店，2006年，第109页。
［7］同上书，第148页。
［8］《吴宓日记续编》第6册，生活·读书·新知三联书店，2006年，第264-265页。

依然老到，如 1971 年 9 月 10 日记载，"雨星降，急趋归"[1]。无论是对天气的记录，还是对自然的白描，简单几笔就外形尽显，产生逼真之效果。

实际上，白话文在取得正宗地位之后，文言文并没有消失，依然广泛地应用于上至国家下至百姓的社会生活之中，特别在书信、日记、碑记、铭文、方志、典籍整理等场合及文体都盛行文言文。胡适的《先母行述》就以文言撰写，"在乡间用活字排印，故不能不用古文"[2]。文言文有特定的语境和场合，也有特定的文章义法。随着社会的快速发展，文言文的社会环境也变得逼仄起来，其文化意蕴和文章义法也消融于白话的表达之中。能在文言与白话之间穿插自如，体用无间，如梁启超"新民体"采用文白杂糅，尽显畅达，也不失古雅；又如鲁迅借用文言词汇，转接白话句法，灵活而巧妙地使用关联词，形成简捷、繁复、生动而干净的表达方式，在文白之间实现自由转换、融合与创造。辜鸿铭曾经描述汉语表达的理想状态："语言要高雅，表达要自由，用字要简练，意义要完满。"[3]"高雅""自由""简练"和"完满"都是非常高远而又美好的表达境界，涉及语言的词汇、语法和修辞，语言的形式和意义。要达到这样的目标要求，的确是一件非常困难的事。吴宓坚持文言写作，延续了文言的简约、精确传统，也继承了传统文化的价值诉求。相对而言，日记还是比较私人化的文体，它并不以发表为写作目的，如果作为广泛而自由表达的社会性文体，文言文在现代

[1] 《吴宓日记续编》第 9 册，生活·读书·新知三联书店，2006 年，第 317 页。
[2] 胡适：《〈先母行述〉附记》，载《胡适文集》第 2 卷，北京大学出版社，2013 年，第 543 页。
[3] 辜鸿铭：《反对中国文学革命》，载《辜鸿铭文集》（下），海南出版社，2000 年，第 167–168 页。

社会就显露出弱点来了，特别在说理的透彻明晰以及接受的大众性上，文言方式就有不充分、不自由的限度。

三、白话写作

吴宓给白话文也留了位置。他认为："小说戏剧等有当白话者，即用简炼修洁之白话，此外文体之精粗浅深，宜酌照所适，随时变化，而皆须用文言。"[1] 虽然他多次批评白话文倡导者和新文学作者，如胡适、傅斯年、沈从文、闻一多和朱自清等，认为他们"冷酷无情、重利自私"[2]，但他非常赞赏新文学作品《玉君》和《子夜》。1925 年，他评价杨振声的小说《玉君》说："白话文用之小说，当属正常，然亦须用简炼修整之白话文"，应"为中国之白话文"，而非"欧化式白话文"。中国之白话文标准就是《石头记》，在吴宓看来，"玉君一书之词句文体，亦深得熟读石头记之益，而有圆融流畅之致"[3]。他对茅盾小说《子夜》的白话语言和艺术结构也极为赞许，认为："尤可爱者，茅盾君之文字系一种可读可听近于口语之文字。近顷作者所著之书名为语体，实则既非吾华之语亦非外国语，惟有不通之翻译文字差可与之相近。此为艺事难于精美之一大根本问题……吾人始终主张近于口语而有组织有锤炼之文字为新中国文艺之工具。国语之进步于兹亦有赖焉。茅盾君此书文体已视《三部曲》为更近于口语，而其锤炼之处亦更显

---

[1] 吴宓：《论今日文学创造之正法》，载孙尚扬、郭兰芳编《国故新知论：学衡派文化论著辑要》，中国广播电视出版社，1995 年，第 265 页。

[2] 《吴宓日记》第 10 册，生活·读书·新知三联书店，1999 年，第 91 页。

[3] 吴宓：《评杨振声玉君》，《学衡》第 39 期，1925 年 5 月。

著。殆所谓渐进自然者，吾人尤钦茅盾君于文字修养之努力也。"[1] 吴宓反对白话文，主要是反对白话取代文言文，在五四新文化时期如此，1949 年后依然如故，可以说是至死不渝，甚至有与之共存亡、舍我其谁的念想。有学生回忆，1942 年，吴宓在一次讲座上讨论"中国近代小说发展史"，谈及文言和白话，认为："有人说文言文即将废除了，我说不然，只要我吴宓在，文言文就废除不了。"[2] 看起来，他有泰山压顶不弯腰的勇气，也有堂吉诃德的意味。事实上，吴宓挽救不了文言文，白话文之所以能够取代文言文，并不是由于胡适、陈独秀等少数新文化运动倡导者的理念设计和文学实践，而是来自历史发展不可逆转的社会大势。

吴宓主要采用文言文写作，他并不是不能写作白话文。他在主编《大公报》"文学副刊"时，就采用白话文为《大公报》"国闻周报"作校改。他长期构思并拟创作的长篇小说《新旧因缘》，其"文体拟用中国式之白话，采取西文之情味神理，而不直效其句法，亦不强纳其词字，总之，力求圆融通适，而避烦琐生硬"[3]。1924 年 12 月，还以王志雄之名发表了《新旧因缘》第一回，名为"溯渊源明稗官要旨，寓理想撰新旧因缘"。虽仅此一回，再无续作，就采用了白话文体。它实是一个小说楔子，没有多少故事情节和人物内容，而以叙述者口吻介绍自己喜欢的小说，"贪恋小说"[4]，

[1] 吴宓：《茅盾著长篇小说〈子夜〉》，《大公报·文学副刊》第 275 期，1933 年 4 月 10 日。
[2] 刘泽秀：《追念吴宓教授》，载《回忆吴宓先生》，陕西人民出版社，1990 年，第 95 页。
[3] 吴宓：《介绍与自白》，载徐葆耕编选《会通派如是说——吴宓集》，上海文艺出版社，1998 年，第 327 页。
[4] 吴宓：《新旧因缘》，《学衡》第 36 卷，1924 年，第 8 页。

也曾创作过小说，构思"盘算数年"[1]，想写作《新旧因缘》。接着，叙述者就小说之"理想""新旧""因缘"等含义分别介绍，最后提及小说应有高尚正确的人生观，但又感到人生难料，不可捉摸，思来想去没结果，不得不上床就寝，辗转反侧，刚进入梦境，就梦见自己骑马飞入云端，后又跌入大地，与众多旅行者一起，手持灯笼行走在一丈见方的直路上，左边插天峭壁，右边是万丈深沟。在一石壁上有一小孔，透过小孔，他看到了这样的自然景象："原来石壁内方，却是一个美丽光明、庄严无上的世界。我当时目定舌呆，要描画却描画不出，但觉得千年花果、七宝楼台、霞光缭绕、瑞气氤氲等词句，还不能形容出这个世界的万分之一。其间正中最高之处，垂拱端坐着一位天帝尊神。虽已高入云端，还令人肃然不敢仰视。周围列坐着几位神仙。衣冠状貌，各各不同。仿佛像平常雕刻图画中所见的孔子、释迦、耶稣、苏格拉底、柏拉图、亚里士多德等人。还有诸多神仙，皆不知姓名。个个都是衣冠整洁，态度庄肃，容色和善，心地欢乐。其他景致人物，形形色色，不及备睹。我那时但觉得如饮醇酒，说不出的身体清畅，心性恬适。正欲逗留，细观究竟，却被那路上同行的人走过来向前一推，便把我挤开一边。我当下恍然若失，再去找那小孔，却死也找不着了。"[2] 他不慎被同行者推入悬崖深渊，掉进了一个凶猛的动物世界。他爬上了一棵枯树，才得以幸免，醒后，方知是一场梦。小说以"欲知书中本事，且听下回分解"结束。小说语言也采用古白话，如"原来石壁内方，却是一个美丽光明、庄严无上的世界"。古白话源远流长，始自汉魏，历经唐宋半文半白和元明清的此起彼

---

[1] 吴宓：《新旧因缘》，《学衡》第 36 卷，1924 年，第 12 页。
[2] 同上书，第 26-27 页。

伏，渐至成熟。胡适的《白话文学史》所写就是传统白话文学的历史。古白话既有文言的简洁，也有口语的俗白，对新文学创作起到了重要的作用。吴宓的《新旧因缘》对传统古白话有继承和发展，自然与吴宓从小阅读古代小说的语言经验有关。相对于白话文表达的自由和个性，它的语言缺乏创造性和生动性。

据 1928 年 8 月 20 日的日记，吴宓曾用白话为《每周妇女》写了一篇文章，"上午 8—11 在旅社撰《文学与女性》一文，白话，约 2400 字"[1]。1936 年，他还发表了白话评论《徐志摩与雪莱》，他在《宇宙风》第 8 期读到郁达夫先生《怀四十岁的志摩》一文，十分感动，"郁达夫本着'惺惺惜惺惺'的意思，说：'情热的人，当然是不能取悦于社会，周旋于家室，更或至于不善用这热情的'，所以，'悼伤志摩，或者也就是变相的自悼罢！'其实，古今东西的文人诗人，凡是哀悼之作，无非指出那人（惨死的）与我（作者）中间性情行事遭遇的一二共同之点，既主观而又客观，虽自悼亦是悼人。如此方是真诚的哀悼，不是应酬敷衍趋附声光；如此方是自己说自己心中的话，不是强文就题堆砌词句"[2]。之所以引用这么一大段文字，表明吴宓可用白话写作说理文，并且非常自然和口语化，文字逻辑也连贯顺畅，水到渠成，先说明文章写作缘起，再陈述"感动"因由，最后表明悼念文章有悼人和自悼之意，带有客观和主观的两面性，他将引文融入文章叙述，一点儿也不生涩、陡峭，所得结论自然而然，毫不牵强附会。可以说，吴宓的白话说理文水准并不在一般新文学评论者之下。

吴宓曾用白话文翻译雪莱的长诗，"你温和的言辞，是芳香的

[1] 《吴宓日记》第 4 册，生活·读书·新知三联书店，1998 年，第 113 页。
[2] 吴宓：《徐志摩与雪莱》，载徐葆耕编选《会通派如是说——吴宓集》，上海文艺出版社，1998 年，第 265 页。

膏油/滴入我生命的苦碗；/我别无忧愁，只有曾经享受过这些幸福，只因/为这些美事奇缘，/便是我痛苦的源泉"[1]。这些诗句与五四新诗并没有多大区别，很有温婉雅致、凝练押韵的汉语特点。让人惊讶的是，他还用白话文写情书。1941 年 5 月 29 日，他用白话给张尔琼写了一封情书，没写完，也没发出去。这封情书值得认真分析。他在信中直接告白："我现在痛苦已极，不能忍耐。要写信与 Bella，又不知如何写法，方能投合 Bella 之意，要见 Bella，Bella 又拒不肯见。我病过三天了。我失眠。我勉强上课。我饮食无心。我不能工作，不能写信，不能办公。我不愿见任何人。我恨一切人，不肯帮助我，替我疏通，反而不负责的讥讽破坏。"这里的"Bella"即是张尔琼。他向张尔琼述说自己内心的痛苦，还责怪朋友，并以询问方式反问对方："你最近一个月以来，心中到底感觉如何？——尤其是，你五月十八日写长信对我绝交以后，你究竟心中感觉着快乐，还是痛苦？感觉着清静安适，还是烦闷空虚？你虽然各方面的交际繁多，消遣有术（《翠堤春晓》即看过三遍）。或者别人给你介绍的恋爱婚姻的对象层出不穷。究竟你是否有一完全满意之人，究竟你心中是否还想到雨老（爱？恨？indifferent?）呢？——Bella，你生气不肯对雨老说。请你对上帝说出你的心事。"采用一连串反问句，在关心背后也有责怪。他请求 Bella 阅读这封信，并希望能给他一个见面机会。"我只请求你，约定日、时、地，让我和你，痛快的、从容的，长谈一次"，"我今求你可怜我爱你的一片真情，赐给我这次'最后的会谈'。"虽以"请求"口吻，却有命令语气。他进而解剖自己："我的性情，是热烈而真诚。其缺点是急躁而笨拙。但对一切人都是凭好心，做好事"，"我一生最倾

---

[1] 吴宓：《吴宓诗集》，商务印书馆，2004 年，第 444 页。

心的是爱情与宗教"，"我的文学，我的生活，皆不外爱情、宗教二者之表现。此外一切，都不深系我心。"[1] 在这里，他有自我炫耀之意。当恋爱双方发生矛盾之时，自我炫耀恰恰容易引起对方的反感和不满。事实上，这封似道歉又不像道歉的情书，没有消除张尔琼对吴宓的误解，反而让矛盾越来越深了，但它对吴宓情感心理却有自由而贴切的表达。从中也能看到吴宓的急迫心情，掏心掏肺，乃至言不由衷。

吴宓与张尔琼的情感纠葛不是一封信就能解决的。1940 年 10 月，吴宓在一次躲警报时，认识了西南联大助教张尔琼，他们一起聊天，谈了文学、哲学和佛学。张尔琼被吴宓渊博的学识所折服，开始接触，谈恋爱。想不到感情很快升温了，几个月时间就到了谈婚论嫁的地步。后来，吴宓将自己写给毛彦文和高棣华的情书送给张尔琼看，他原想以此证明自己的坦诚和真挚，知晓自己用情之深，包括卢葆华向他求婚。张尔琼很生气，看到的不是吴宓的坦诚，而是他对情感的不专一，断然与他绝交。这件事，让我们看到了吴宓的笨拙，看问题自以为是，完全不顾及他人感受。为了挽回这段感情，他就用白话写了这封情书。为什么采用白话？也许只有白话才能充分而自由表达他的复杂心情，文言过于简洁含蓄，抒情需要借助物象比拟，理解起来，还需要想象和转换，不如白话文来得直接、干脆和坦诚。所以，吴宓写白话情书，不无慌不择路、饥不择食的原因，也有情感心理和语言选择的动机。

1951 年 1 月 20 日，同事李孝传教授将新撰颂词拿来请教吴宓，他"以素不习白话文拒之"[2]。这显然不是实情，主要原因是颂词。吴宓日记也显示了白话文的表达魅力。前面我们以风景描写为

---

[1]《吴宓日记》第 8 册，生活·读书·新知三联书店，1998 年，第 88—92 页。
[2]《吴宓日记续编》第 1 册，生活·读书·新知三联书店，2006 年，第 39 页。

例说明他的文言功力，他以白话书写风景的文字，同样精彩，如："李花大开，桃花亦小开"[1]。吴宓从小阅读仲旗公从上海寄来的白话书报，如《新民丛报》《新小说》《民报》《上海白话报》，他对白话文并不陌生，后来专攻西洋文学，喜欢文言文和古代文学，也喜欢白话小说。吴宓坚守文言，文言如一座城堡，他成了守门员。他也能写白话文，还受了古白话潜移默化的影响，以及个人情绪和外在情势的诱导，缺少裁剪和创造，有时过于因袭古白话传统，有时又过于放任自流。

吴宓是一个奇特而矛盾的人，如季羡林所说："雨僧先生是一个奇特的人，身上也有不少的矛盾。他古貌古心，同其他教授不一样，所以奇特。他言行一致，表里如一，同其他教授不一样，所以奇特。别人写白话文，写新诗；他偏写古文，写旧诗，所以奇特。他反对白话文，但又十分推崇用白话写成的《红楼梦》，所以矛盾，他看似严肃、古板，但又颇有一些恋爱的浪漫史，所以矛盾。他能同青年学生来往，但又懔然、俨然，所以矛盾。"总之，"他是一个既奇特又有矛盾的人"[2]。在吴宓看来，文言通行既久，作为统一的书面语维持国家统一，且有中国文学典范，文言依然有生命力。如果吸收西方文章技法，达意更为深微曲折，逻辑更为严密，则可创造新文言，严复、章士钊、王国维、陈寅恪都在这条道路上取得了不菲成就，不一定非要废弃文言，尽用白话[3]。文言白话并不矛盾，也无高下之分，只有使用得熟练与否、接受得明白与否的差异，只是在不同时代有不同作者和读者，自然就有不同的选择。

---

[1] 《吴宓日记续编》第7册，生活·读书·新知三联书店，2006年，第383页。
[2] 季羡林：《回忆吴宓先生·序》，载黄世坦编《回忆吴宓先生》，陕西人民出版社，1990年，第1页。
[3] 缪钺：《回忆吴宓先生》，载黄世坦编《回忆吴宓先生》，陕西人民出版社，1990年，第5页。

第十一章　诗歌偶像：与诗为伴

　　吴宓对"诗人"和"教授"称呼最为心许。他曾说，"世界上还有什么比自己名字的前面被人冠以诗人两字更美好更难得的呢？"[1] 他是诗人，喜欢写诗、读诗和谈诗。明末清初诗人吴梅村就是他模仿和谈论的诗人。他的同事曾说："他自己的一生与梅村有相似之处，故而特别喜欢他的诗篇。对梅村的诗作，无论长短均反复背诵，故能于五六十年后记忆犹新。"[2] 他们的生存处境、诗论主张和诗歌创作都有深通之处，性情切近，感受相通，观念亦相似。他将吴梅村作为人生经验和诗歌创作的镜像世界，由此激活经验，发现自我，产生悲郁感伤的文化认同，并形成了起于性情、通向诗史、个人化和历史化并重的创作特点。在传统不断被解构和批判的时代，吴宓对吴梅村的喜爱和阅读饱含深情，不无借其酒杯浇心中块垒的意图，也隐藏文化复兴的诉求。吴宓为"诗集"作"自识"，说："吾于中国之诗人，所追慕者三家。一曰杜工部，二曰李义山，三曰吴梅村，以天性所近，学之自然而易成也。"[3] 他

---

[1]　南苏：《追怀先师吴宓教授》，载黄世坦编《回忆吴宓先生》，陕西人民出版社，1990年，第65页。

[2]　华麓农（戴蕃瑨）：《吴雨僧先生轶事》，载黄世坦编《回忆吴宓先生》，陕西人民出版社，1990年，第59页。

[3]　吴宓：《自识》，载《吴宓诗集》，商务印书馆，2004年，扉页。

将吴梅村看作自己的诗歌偶像，认为自己的诗："续集如成须变体，香山未到近梅村。"[1] 吴梅村诗歌也是吴宓的诗歌镜像，他们性情相近，命运近似，诗风相通，还有相似的诗学主张。在相似性背后也有差异性，身处不同历史语境，人生体验有丰富与简单之分，诗歌境界也有高下之别。

一、吾生最爱梅村诗

吴宓是个读书人，涉猎的范围广、混杂多样，经史子集，无所不包。常见者如《左传》《楚辞章句》《唐诗别裁》《清诗别裁》《陶诗集注》《元白诗笺证稿》等，不常见者如《孱守斋日记》《散原精舍文集》《文廷式诗集》《审安斋诗集》等。还有西方和现代的各种书籍，并且，他从不吝啬自己的赞美，从不讳言对中外诗人和思想者的亲近和追慕，并让他们进入自己的生活和思想，甚至按照他们的思想和文本去生活和思考，这似乎成了吴宓的存在状态和话语方式。在他身上不存在影响的焦虑，反而有自我融入的快乐，有文化认同的归属感。

吴宓喜欢吴梅村，将其作为自己的情感和经验对象。在"自编年谱"里提到，他还在家乡读书时与表兄讨论诗文，"共读《湖海楼诗集》《吴梅村诗集》至极熟，今犹能背诵"[2]。1915 年 2 月 16 日，读《吴梅村词集》，"感喟苍凉，佳处正如其诗也"[3]，人诗合一，为其苍凉之美所感叹。1937 年 7 月 14 日，"阅报，知战局危迫，大祸将临"，他倒没什么可怕的，却有"性行堕废"的愧疚和

---

［1］ 吴宓：《自题吴宓诗集》，载《吴宓诗集》，商务印书馆，2004 年，第 288 页。
［2］ 《吴宓自编年谱》，生活·读书·新知三联书店，1995 年，第 36 页。
［3］ 《吴宓日记》第 1 册，生活·读书·新知三联书店，1998 年，第 405 页。

悔恨，感到"自 1928 年以来，以婚姻恋爱之失败，生活性欲之不满足，以致身心破毁，性行堕废。故当今国家大变，我亦软弱无力，不克振奋，不能为文天祥、顾亭林，且亦无力为吴梅村。盖才性志气已全漓灭矣！此为我最伤心而不可救药之事。如此卑劣，生世亦何益？思及此，但有自杀。别无他途"[1]。异族入侵，民族沦陷，不能像文天祥和顾亭林那样奋起反抗，至少也应如吴梅村以诗证史，记录自己的愤懑和痛苦。吴梅村成了一面镜子，让吴宓为自己的"软弱无力"而"伤心"，更为自己无"志气"、"不可救药"而深感"卑劣"。1941 年 3 月 30 日，他还将《吴梅村诗集》借给他人阅读。

　　1949 年以后，世事变迁，吴宓对吴梅村有了更为切近的阅读共鸣。1951 年 4 月 15 日，有朋友劝他焚毁日记以免遭祸，他将日记看作孤独中的自慰，记录个人的真实感触，思想虽然顽固落后，但不是反动特务，还说自己不受钱穆之约去台湾而留在大陆，"甘为人民政府之顺民，早同吴梅村之心情，而异顾亭林之志业"[2]。1951 年 7 月 23 日，读吴梅村诗，7 月 26 日在走廊中又"读梅村诗"[3]，8 月 1 日，再"读《吴梅村编年诗集》"[4]。1952 年 3 月 20 日，读龚自珍诗，"知定庵于诗乃私淑梅村者。定庵自状为'阴性多欲之人'。实则浪漫派喜言儿女情事之诗人皆属此类，宓亦然"[5]。3 月 21 日，他给穆济波写信，自称"碧柳可比杜甫，宓则吴梅村耳"，引起穆济波的不满："君何可以梅村绝命《金缕曲》词自拟乎？"吴宓急忙为自己辩解："论其诗格之近似，非比拟其人

［1］《吴宓日记》第 6 册，生活·读书·新知三联书店，1998 年，第 168 页。
［2］《吴宓日记续编》第 1 册，生活·读书·新知三联书店，2006 年，第 112 页。
［3］同上书，第 179 页。
［4］同上书，第 183 页。
［5］同上书，第 311 页。

之出处也"[1]。诗格即诗的格式和体例，也是诗的风格和格调。吴
宓自比吴梅村，易招人误解和嫉妒。8月13日，吴宓生病，"寒热
间作，心甚悲郁"，依然"夕读吴梅村诗"[2]。1956年8月24日，
晚上停电，无灯，"黄昏即寝"，在"枕上背诵吴梅村七古诗。继
以月明，迟入寐"[3]。吴梅村完全进入吴宓的日常生活，成了他的
精神寄托。11月16日，他受邀参加重庆市政协常委会扩大会议，
聆听重庆市委书记鲁大东传达全国第八次党代会会议精神，"有柬
邀，宓辞未往"，他在家里"读吴梅村诗"，甚感"悲泣"[4]。吴
梅村诗歌让吴宓感同身受，发现自己，契合了他的悲郁感伤情怀。
17日，"寝后，枕上细读《吴梅村诗集》中平日宓所喜之各长篇，
为明亡国君臣伤心，兼悼兰，于是大悲泣，流泪极多"，吴梅村成
为他的情感慰藉。他也知晓吴梅村的不合时宜，"吴梅村诗在今已
不能讲。盖彼万恶之闯、献，方受尊崇，而庄烈帝以下，若孙传
庭、卢象生等皆'屠杀人民之大刽子手'矣，噫!"[5] 社会环境
和历史观念都发生了变化，吴梅村的诗歌与社会现实的阶级立场有
冲突，吴宓却偏爱吴梅村，生活在吴梅村的诗歌世界里。

1956年12月18日，吴宓作诗二首，其中《题吴梅村诗集》
说："吾生最爱梅村诗，老去吟来涕泪随。出处依违明苦志，词章
秾艳寓深悲。讳称绥寇遗山史，交敬逸民没字碑。儿女英雄情道
合，严分文野辨华夷。"[6] "吾生最爱梅村诗"是吴宓及诗作的文
化认同，包含着吴宓独特的精神心理和诗歌经验。他对吴梅村诗歌

---

[1] 《吴宓日记续编》第1册，生活·读书·新知三联书店，2006年，第312页。
[2] 同上书，第396页。
[3] 《吴宓日记续编》第2册，生活·读书·新知三联书店，2006年，第495页。
[4] 同上书，第557页。
[5] 同上书，第559页。
[6] 同上书，第580页。

内容和艺术风格还作了全面评价，高度肯定吴梅村诗歌的"深悲"情感、"逸民"心态和"情道相合"等特点。1957年1月29日，吴宓与朋友和诗，有"簪笔梅村仕岂甘"之句，再以吴梅村诗自拟，表达"自责、自伤"之意[1]。1957年8月11日、12日、14日连续三天，都在读梅村诗。那几天却在如火如荼开展反击右派运动，"近日续出右派分子益多"[2]。吴宓一边读吴梅村诗集，还一边看《史记·秦始皇本纪》。1958年5月3日，吴宓"卧读吴梅村七律诗，深悟其入清颂圣及怀古诗中之真意微旨"[3]。此时也正值"大跃进"时期，流行民歌和颂歌，吴宓却领悟到吴梅村诗歌的"真意微旨"，社会现实与历史发生重叠，从而激活了他的艺术感悟。1958年8月12日下午读梅村诗。1959年5月17日，"晚读梅村诗，更觉其意之深，情之苦"[4]，"意之深，情之苦"正是吴宓此时面临的现实处境的写照。他在日记里这样写道："宓十年来深心虑患，而恒不能自持，不能止默，每以多言致悔吝之凶，或以轻率热心，急公助人，而招渐辱。"解放后，他"俯仰求活"，"仍坚信儒佛之教及西洋人文主义。学习发言，应事接物，全是作伪，违心做作，患得患失，琐屑计较，故触处碰壁，其苦弥甚"[5]。"今后宓当致力于'乐死''盼死''不留恋''不贪生'之根本方法。其他皆当随缘应付，不介怀，不系心，庶有差乎？"[6]吴宓进行自我警醒和反思，深感"深心虑患"，又曰"招渐辱"，"应事接物"

---

[1] 吴宓：《依原韵和答一首并附注其人与事》，载《吴宓诗集》，商务印书馆，2004年，第489页。

[2] 《吴宓日记续编》第3册，生活·读书·新知三联书店，2006年，第152页。

[3] 同上书，第281页。

[4] 《吴宓日记续编》第4册，生活·读书·新知三联书店，2006年，第86页。

[5] 同上书，第324页

[6] 同上书，第325页。

也"其苦弥甚"，只好"随缘应付"。5月30日，"卧读吴梅村七古诗，流泪甚多。老年人，又经世变，其郁激之感情极强且富，有触即发，而不可遏止矣"[1]。吴宓"流泪"多由"世变"，"有触即发"。1959年9月19日，吴宓卧读"吴梅村七言诗"。1960年7月29日，"宓自读吴梅村诗自遣"。1961年2月6日，中文系古代文学教研组拟编书《古典文学作品注释》，将8首吴梅村诗歌注释工作分给吴宓。为了向建党40周年献礼，每个人均须订制科学研究计划和任务。吴宓上报的任务是做《吴梅村诗研究》[2]，后来他并没有完成。2月28日，他读黄遵宪诗，觉得其"言志述事之内容多，纯粹之情感则甚缺乏，诗味甚稀薄而非诗人。且以思想论，亦偏于改革、革命、破坏，而未能洞明宇宙人生之大道理，未能看出中国文化之真价值。易言之，黄先生仍是梁任公，胡适一流，而远不如吴芳吉之为真诗人，而身列屈原……陶潜……杜甫……之传统中，即比梅村亦远不及矣！"[3] 吴宓曾非常推崇黄遵宪的新材料与旧格律之说，却发现他不是真诗人，不及吴梅村诗歌境界。6月10日，"卧帐中，读吴梅村诗，忽醒忽寐"[4]。6月24日，晚读吴梅村诗。1962年1月3日，吴宓晚上睡不着，"背诵长篇吴梅村等人之诗"[5]。5月23日，他有感于"解放后全国之学术文艺衰退不知多少"，"中国数千年之文字、文学、文化全亡"，像王国维、柳诒徵、陈寅恪、吴芳吉等一类学者和文人亦"不可再得"，就是清代尚有"顾、黄、王诸大儒之著作，吴梅村等之诗，流传于后世，

---

[1]《吴宓日记续编》第4册，生活·读书·新知三联书店，2006年，第90页。

[2]《吴宓日记续编》第5册，生活·读书·新知三联书店，2006年，第30页。

[3] 同上书，第48页。

[4] 同上书，第97页。

[5] 同上书，第271页。

安可得哉!"[1] 由古鉴今,吴宓伤感不已。在他心中,吴梅村诗歌就是传统文化精神的象征。

伴随岁月流逝和境遇的契合,吴宓对吴梅村之人及诗的感触越来越深,挚爱之情越来越厚。1963 年 12 月 9 日,"晚,读吴梅村诗"。1964 年 3 月 3 日,"夕至晚,读《吴梅村诗集》,知其寻常咏物题赠之作,皆寓故君之恩与亡国之恨,如七言绝句《读史偶述》三十二首,实写梅村宦清朝入都所见当时景物俗尚,与汪元量之《湖州歌》98 首旨趣相同。而如(其三)及(其二十一)更可以宓昨读之陈垣撰《木陈忞与汤若望》一文解释笺证之也"[2]。3 月 11 日,"晚,读吴梅村五律诗,即寻常题目及事实,亦可见入清后生活之危苦,可发深省"[3]。9 月 7 日,吴宓给高元白教授写信,劝其读苏轼之诗,勿读吴梅村诗[4],因为高元白与吴梅村的性情有别。9 月 22 日,再读程穆衡笺注本《吴梅村诗集》。1965 年 3 月 18 日,吴宓感到身体大不如前,说话不流畅,"只能作秦语","记忆力更减退,学术与人事忽忘者多,长篇诗文不复能全背诵","午饭后,重读吴梅村七古诗,涕泪磅礴"[5]。"涕泪磅礴",可见其情绪的不可抑制。7 月 10 日,撰写顾亭林与吴梅村比较表,夹入《学衡》第 5 期柳翼谋文《顾氏学林》,拟给重庆师专田楚桥阅读。9 月 5 日,"读《吴梅村诗集》"。10 月 11 日,"整理《吴梅村编年诗笺注》八册,以送与璐读,遂又翻阅"[6]。"璐"即学校生物系戴蕃瑨教授。1988 年腊月初四,在吴宓去世十年后,戴蕃瑨还

[1] 《吴宓日记续编》第 5 册,生活·读书·新知三联书店,2006 年,第 356 页。
[2] 《吴宓日记续编》第 6 册,生活·读书·新知三联书店,2006 年,第 167-168 页。
[3] 同上书,第 174 页。
[4] 同上书,第 329 页。
[5] 《吴宓日记续编》第 7 册,生活·读书·新知三联书店,2006 年,第 77 页。
[6] 同上书,第 247 页。

回忆道："一次，我对吴梅村诗集中'听女道士弹琴'一诗的内容提出自己的看法。先生立即将诗一字不漏念出，并给我作了详细解释，说明我的假定不能成立。并认为他自己的一生与梅村有相似之处，故而特别喜欢他的诗篇。对梅村的诗作，无论长短均反复背诵，故能于五六十年后记忆犹新。"[1] 1967 年 7 月，学校和北碚皆杀气腾腾，派系"武斗"，"保派"和"砸派"（"左派"）互斗多有死伤。"春雷"攻入学校，学校"八三一"撤出。17 日，"八三一"战败撤离学校时，惨杀"战俘"20 余人，并将尸体堆放在西南农学院防空洞，血肉模糊。8 月 21 和 22 日，学校组织老师参观，以示"八三一"残酷之罪，"下午读吴梅村诗"。有关阅读感受，吴宓却没有留下只言片语。1968 年 4 月 21 日，为陈道荣讲吴梅村《圆圆曲》。1971 年 4 月 4 日，再读吴梅村七绝诗。1972 年 5 月 27 日，为人背诵自撰"南渡西迁问死生"和吴梅村的《圆圆曲》。28 日上午和下午，"默写《圆圆曲》全篇凡 605 字，并加注释"[2]，授之与读。1973 年 1 月 6 日，"复读吴梅村诗一过（精要者，全篇吟诵，余则粗阅）"[3]。2 月 21 日，将吴翊凤笺注《吴梅村诗集》的石印本一套，包括他自己对《永和宫词》和《圆圆曲》的注释以及《吴梅村年谱》一起送与同事凌道新阅读[4]。这也是吴宓日记阅读吴梅村诗歌的最后记录。

［1］　华麓农（戴蕃瑨）：《吴雨僧先生遗事》，载黄世坦编《回忆吴宓先生》，陕西人民出版社，1990 年，第 59 页。
［2］　《吴宓日记续编》第 10 册，生活·读书·新知三联书店，2006 年，第 119 页。
［3］　同上书，第 274 页。
［4］　同上书，第 312 页。

二、悲郁感伤

事实上，在 1949 年后的很长一段时间，由于吴梅村降清以及对农民起义的敌视态度，社会和学术界对其文学成就多持否定态度，也少有人研究，仅有零星介绍，如朱东润初版于 1944 年开明书店的《中国文学批评史大纲》，1957 年再版，其中介绍了赵翼《瓯北诗话》对吴梅村诗歌成就的推崇[1]。1962 年，俞平伯在《光明日报》发表短文《吴梅村绝笔词质疑》，认为《贺新郎》并非吴梅村绝笔，而是他不得已出仕于清廷时所作[2]。1964 年，他还作有《吴梅村萧史青门曲读本叙言》短文，认为《萧史青门曲》与《永和宫词》"堪称双璧"，"冰水增寒矣，尝窃爱诵之"[3]。1965 年，邓之诚在《清诗纪事初编》里介绍和选录吴梅村 5 首诗词，认为他"以七言歌行自成一体"，初"取经唐贤"，后"渐涉宋人藩篱而已"，其诗"吐辞哀艳，善于开阖。读之使人心醉"，也存"喜用口语"之弊[4]。20 世纪 80 年代以后，吴梅村渐成文学研究热点。可以说，在对吴梅村诗歌研究的寂寞时期，吴宓的阅读和评价，虽是只言片语，却因长期坚持且拿捏精准而显得弥足珍贵。

1957 年 8 月 13 日，吴宓曾对顾亭林和吴梅村的诗歌内容、形

［1］朱东润：《中国文学批评史大纲》，上海古典文学出版社，1957 年，第 312-317页。
［2］俞平伯：《吴梅村绝笔词质疑》，载《俞平伯全集》第 4 卷，花山文艺出版社，1997 年，447 页。
［3］俞平伯：《吴梅村萧史青门曲读本叙言》，载《俞平伯全集》第 4 卷，花山文艺出版社，1997 年，565 页。
［4］邓之诚：《清诗纪事初编》（下），上海古籍出版社，1965 年，第 393 页。

式和风格作了比较。他认为："宓夙爱顾亭林与吴梅村之诗，近年愈甚。盖以时势有似故感情深同耳。比而论之，亭林阳刚，梅村阴柔，各具其美，一也。亭林诗如一篇史诗，叙明之亡，梅村诗如一部小说，皆合其诗集全部而言之，二也。亭林诗如书经，梅村诗如《汉书》外戚传及唐人小说，三也。亭林诗如《三国演义》，梅村诗如《石头记》，四也。亭林写英雄，而自己即全诗集之主角；梅村写儿女，而深感并细写许多各色人物之离合悲欢，五也。亭林诗，读之使人奋发；梅村诗，读之使人悲痛。亭林之诗正，梅村之诗美，此其大较也。然二人者，其志同，其情同，其迹亦似不同而实同，不得以'亭林遗民、梅村贰臣'为说也。亭林诗，黄师曾注释讲授，碧柳亦早称道之。而能言梅村诗之美者，陈寅恪与宓也。其祥不具于此"[1]。在他看来，吴梅村诗如小说，像《石头记》，写儿女悲欢，悲郁感伤，呈阴柔之美。吴宓所论仅为一家之言，但确是他最真实的感受和体验，他喜爱吴梅村诗歌的理由，就是"以时势有似故感情深同耳"。

实际上，吴宓评价吴梅村也在表达着自己的诗歌追求，他的诗也多写个人和时代悲欢，呈现悲郁感伤之美。吴宓的人生历经近现代社会剧烈变动，感时忧世，思想执拗但又情感曲折，他的思想和性情几乎全写进了他的作品。吴宓和吴梅村都崇尚性情诗学。吴梅村认为，"才""性情"和"学识"为"做诗之要"，"夫诗人之为道，不徒以其才也，有性情焉，有学识焉，其浅深正变之故，不于斯三者考之，不足以言诗之大也"[2]。他评价傅石漪之诗，认为："其为诗也，于体制风格既讲求渐渍之有素，又能标举蕴藉，薥刻

---

[1] 《吴宓日记续编》第 3 册，生活・读书・新知三联书店，2006 年，第 150 页。
[2] 吴梅村：《龚芝麓诗序》，载《吴梅村全集》，上海古籍出版社，1990 年，第 664 页。

深至，以自探性情之所独得。"[1]"自探性情之所独得"也可看作是吴梅村的夫子自道。中国诗学也有性情论传统。严羽《沧浪诗话》说："诗者，吟咏情性也。盛唐诗人唯在兴趣，羚羊挂角，无迹可求。"[2] 皎然也曾提出过"但见情性，不睹文字"之诗学观念[3]。他还强调诗歌创作"真于情性，尚于作用"[4]。他强调作诗贵在本心，情真语直。至于持"童心说"的李贽，以及主张"独抒性灵，不拘格套"的公安"三袁"，还有与吴梅村处在同时代的黄宗羲、王夫之、叶燮、尤侗等，加上后来者"自把新诗写性情"的袁枚，他们均力主性情诗学，这也构成明代诗学的基本内涵。吴宓也提出"诗非有真性情、真怀抱者不能作"[5] 的主张，认为诗贵在"感情真挚"，"力求真挚明显"，"发泄一时之感情，留存生涯之历史"[6]。他将诗歌看作个人"自传"，其"情感所系"多属于"过去生活之鸿爪"，"未脱自身之写照"[7]，主张"本乎性情，发乎自然"[8]，"表现真我，不矫不饰"[9]。吴宓写诗根于个人性情，留恋诗歌的唱和互动，延续了以诗交游的传统写作方式。

相对吴梅村，吴宓的性情趋于浮浅易变，吴梅村则要深潜沉郁

［1］　吴梅村：《傅石潄诗序》，载《吴梅村全集》，上海古籍出版社，1990年，第678页。
［2］　严羽：《沧浪诗话校释》，郭绍虞校释，人民文学出版社，1961年，第24页。
［3］　皎然：《诗式校注》，李壮鹰校注，人民文学出版社，2003年，第42页。
［4］　同上书，第118页。
［5］　吴宓：《余生随笔》，载《吴宓诗话》，商务印书馆，2007年，第32页。
［6］　吴宓：《编辑例言》，载《吴宓诗集》，商务印书馆，2004年，第2页。
［7］　同上书，第4页。
［8］　吴宓：《南游杂诗》"叙"，《吴宓诗集》，商务印书馆，2004年，第181页。
［9］　吴宓：《论诗之创作——答方玮德书》，载《吴宓诗话》，商务印书馆，2005年，第141页。

得多。吴梅村身历明清易代之变，天崩地坼，感受殊深，发而为诗，多悲郁苍凉之气。吴梅村的经历复杂，多起伏变幻，从复社党魁到相知名妓，从谈禅说佛到与僧交往，从受之皇恩到仕清生涯，多有亡国之痛和失节之哀。吴梅村曾身事二姓，做了清代"降臣"，一失足而成千古恨。经受羁旅之愁、家国之感和身世之悲，成了"天下大苦人"，"吾一生遭际，万事忧危，无一刻不历艰难，无一境不尝辛苦"[1]。曾有"昔人一饭犹恩报，廿载恩深感二毛"，"浮生所欠止一死，尘世无由识九还。我本淮王旧鸡犬，不随仙去落人间"[2] 的慨叹。因顾及家人，眷恋生命，无法选择决然一死，徒生悔恨和愧疚，还有深深的自责和悲哀，"我来客京师，一身似瓠系"，只好将情思寄予家乡，"家在五湖西，扁舟入梦寐"[3]，借助梦幻来摆脱心灵的孤寂和无助。

吴宓的人生经历相对比较稳定，一生都在大学，所做之事，无非求学、留学和教学，读书、著述和交友，历经清华大学、哈佛大学、东南大学、西南联大、武汉大学和西南师院等高校，与知识相伴，与书籍为伍，是典型的学院派知识分子。只是在爱情婚姻上，经受过不少挫折和失败，也浪费了不少精力和时间。1949 年以后，被抛入各种频繁的社会运动，需要思想改造，脱胎换骨，实现身份和思想的再造。他如架在火上，行在冰上，常怀忧惧与惶惑之心，时时感到大难降临，命不可测，运不得幸，而陷入一次又一次的磨难中，常有以死求得解脱的想法。他的"日记"也多处记录人生的

[1] 吴梅村：《与子暻疏》，载《吴梅村全集》，上海古籍出版社，1990 年，第 1133 页。

[2] 吴梅村：《过淮阴有感二首》，载《吴梅村全集》，上海古籍出版社，1990 年，第 399 页。

[3] 吴梅村：《赠家侍御雪航》，载《吴梅村全集》，上海古籍出版社，1990 年，第 220 页。

悲哀，如"世中一切全变，几无可托身寄生之道矣！""宓之大苦，即人生关系之每一方面，皆失精华而存糟粕，无理想而重俗务，乏慰乐而多责任，缺享受而烦供给"，"如此矛盾不幸，益使宓厌世矣"[1]。本来，这样的境遇适于写作沉郁大气之诗，只是受制于环境，放不开，加之临近人生晚年，文辞和诗思渐趋枯竭，吴宓诗歌的艺术性大打折扣。

吴宓和吴梅村都经历了人生之大苦，只是"苦"的内涵和因由不同，人生和诗歌境界也存在高低不同。他们有相近的性情和生活态度，性格软弱，少阳刚之气，贪恋世俗而忍辱苟活。人生之苦让他们产生了向佛而生的念想。吴宓读经书，研佛理，多次宣称自己"尊仰儒佛，笃行道德，研精学艺，工著文章，乃由本性，终身不变"[2]，"宓之知命信佛，轻生死、乐消闲"[3]，"宓不禁自悲生平，而归佛忏悔之心油然而生。呜呼，此真宓之归宿处矣"[4]。"念万物及生人之苦，惟思依佛。"[5]吴宓内心还是信奉传统儒家的知识分子，走着儒佛并举、儒禅双修的传统之路。吴梅村也信佛，一生与佛禅结下了不解之缘，他与僧人结交亲善，并皈依佛门，且有近百首佛禅诗作，表露出佛家苦谛观念和空幻意识，人生如梦，变幻无常，"寄身苍崖巅，危苦愁失脚。万化皆空虚，大事惟一著"[6]。三年仕清生涯让吴梅村变成"两截人"，失掉了传统士大夫的气节风骨，也让他有着无尽的自责和怨悔，哀叹时势和命

［1］ 《吴宓日记续编》第1册，生活·读书·新知三联书店，2006年，第190页。
［2］ 同上书，第309页。
［3］ 《吴宓日记续编》第5册，生活·读书·新知三联书店，2006年，第134页。
［4］ 《吴宓日记续编》第1册，生活·读书·新知三联书店，2006年，第506页。
［5］ 同上书，第516页。
［6］ 吴梅村：《赠愿云师》，载《吴梅村全集》，上海古籍出版社，1990年，第16页。

运变化，有"时命苟不佑，千载无完人"[1]，"时命苟弗谐，贫贱安可冀"[2]，"人生岂不由时命"[3] 的感叹。在经历国破家亡之恸哭和颠沛流离的惊魂之后，吴梅村身心疲惫，深感人生命运的变幻莫测，不可捉摸，"万事今尽非，东逝如江水"[4]，"十八年来如梦，万事凄凉"[5]，"富贵一朝尽，落日浮寒云"[6]。他留下遗嘱："吾死后，敛以僧装，葬吾于邓尉、灵岩相近，墓前立一圆石，曰'诗人吴梅村之墓'。"[7] 有意思的是，1954 年 11 月 28 日，吴宓在给吴芳吉之子吴汉骧的信里，对身后之事也做了安排，他提出以僧服殓，在重庆华严寺停放，火化用僧式，火化前后延僧诵经并要布施等交代[8]，可见出他们的佛禅情缘多么相似。

三、诗史传统

中国一直拥有诗史传统，或以诗纪实，批评时政，彰显实录精神，或作诗人一生行迹之历史。吴梅村和吴宓都继承了诗史传统，主张诗史相通，追求诗歌的纪实性，将诗作为事之史、心之史，叙

[1] 吴梅村：《咏史十二首》（其二），载《吴梅村全集》，上海古籍出版社，1990 年，第 27 页。
[2] 吴梅村：《送何省斋》，载《吴梅村全集》，上海古籍出版社，1990 年，第 222 页。
[3] 吴梅村：《遣闷六首》（其三），载《吴梅村全集》，上海古籍出版社，1990 年，第 260 页。
[4] 吴梅村：《遇南厢园叟感赋八十韵》，载《吴梅村全集》，上海古籍出版社，1990 年，第 24 页。
[5] 吴梅村：《风流子·掖门感旧》，载《吴梅村全集》，上海古籍出版社，1990 年，第 578 页。
[6] 吴梅村：《吴门遇刘雪舫》，载《吴梅村全集》，上海古籍出版社，1990 年，第 15 页。
[7] 顾师轼：《梅村先生年谱》，载《吴梅村全集》，上海古籍出版社，1990 年，第 1476 页。
[8] 吴宓：《吴宓日记续编》第 2 册，生活·读书·新知三联书店，2006 年，第 71 页。

其事，求其当，展其心，求其真。吴梅村认为："史与诗通，故天子采诗，其有关世运升降、时政得失者，虽野夫游女之诗必宣付史官，不必其为士大夫之诗也；太史陈诗，其有关世运升降、时政得失者，虽野夫游女之诗，必入贡天子，不必其为朝廷邦国之史也。"[1] 在这里，他强调诗的美刺作用，也就是诗史相通的传统。吴宓也认为："诗词文章，均与一时之国势民情、政教风俗，息息相通。如影随形，如镜鉴物。苟舍社会，去生涯，而言诗，则无论若何之雕琢刻饰，搜奇书，用偏典，皆不得谓之诗。"[2] 诗与社会相连，能以诗证史，"诗之一道，欲其工切，必与其时代之国势民情，诸方呼应乃可"[3]。诗人之"载道布道"，"实有代天受命、参赞化育之功"[4]。在吴宓看来，诗之功用能"造成品德，激发感情，砥砺志节，宏拓怀抱。使读之者，精神根本，实受其益"[5]，能形成"一国一时，乃至世界人类间之摄力也。其效至伟，以其入人心者深也"[6]。诗对于个人，有救人之力，对于社会，有救世之功。吴宓把诗歌抬到了宗教般的高度。他还借用安诺德的话说，"诗之前途极伟大。因宗教既衰，诗将起而承其乏。宗教隶于制度，囿于传说。当今世变俗易，宗教势难更存。若诗则主于情感，不系于事实。事实虽殊，人之性情不变，故诗可永存。且将替代宗教，为人类所托命"[7]。以诗替代宗教，这与晚清以降梁启超和蔡元培等人之主张何其相似。

———————

[1] 吴梅村：《且朴斋诗稿序》，载《吴梅村全集》，上海古籍出版社，1990年，第1205页。
[2] 吴宓：《余生随笔》，载《吴宓诗话》，商务印书馆，2007年，第32页。
[3] 同上书，第18页。
[4] 同上书，第43页。
[5] 同上书，第34页。
[6] 同上书，第41页。
[7] 吴宓：《空轩诗话》，载《吴宓诗话》，商务印书馆，2007年，第188页。

最能体现吴梅村和吴宓诗史观的，也是其创作成就最高者，还是他们的纪实性或叙事性诗作。吴梅村共留存诗歌千余首，代表作应是其长篇歌行"梅村体"，它们以诗存史，保存了一个时代的历史，既书写下层百姓生活的苦难，也表达对故国家乡的情怀，还抒发自我心灵的伤痛苦楚。如《洛阳行》《永和宫词》《听女道上卞玉京弹琴歌》《琵琶行》《圆圆曲》和《临淮老妓行》等，它们以诗传事，以诗纪史，缘情托兴，即事抒怀，而有铺张扬厉、纵横挥洒的艺术风格，产生了催人悲伤的艺术魅力。如《洛阳行》借个人命运反映一代兴亡，既有从容委屈的叙事，又有工整精严的格律，还不失凄婉深厚的情韵。《永和宫词》也借具体人物之悲欢展现时代之变幻，叙事婉转，抒情浓烈。《圆圆曲》更是吴梅村的名作，它主要书写陈圆圆与吴三桂的悲欢故事，讽刺吴三桂为个人私情而叛明降清，开篇即出名句："恸哭六军俱缟素，冲冠一怒为红颜"，并以"若非壮士全师胜，争得峨眉匹马还?"与"尝闻倾国与倾城，翻使周郎受重名。妻子岂应关大计，英雄无奈是多情。全家白骨成灰土，一代红妆照汗青"相呼应，以英雄自古即多情，但为了个人私情而不忠不孝，虽有"倾国与倾城"，却带来了"全家白骨成灰土"的结果，有同情，也不无谴责。诗作更有精巧的比喻、丰富的典故、艳丽的辞藻、严整的格律和深厚的情韵等艺术特点。它的艺术结构上也值得称道，它不依自然时间顺序构思，而从吴三桂引清兵"破敌收京"写起，折转笔锋，再回写吴陈初次相见，引出陈圆圆，再倒叙陈圆圆的身世经历，重新回到开篇情节，写吴陈战场重逢，且插叙教曲妓师和女伴之感慨和陈圆圆的哀怨之情。诗作布局开阖自如，突兀跳宕，但又圆转自如，不出情理之外，而"很有点现代小说章法的味道"[1]。《怨湖曲》也借事抒怀，别有寄托，采用对比手法，从繁花似锦到惨淡凄凉，表达人生无常、祸福难料的感慨。《芦洲行》《捉船行》和《马草行》则主要反映朝廷的虐政和官吏的贪暴，传达清初百姓生活的艰难处境。可以说，吴梅村诗歌具有史诗般的历史内容、真情至感的精神世界，以及精美绝伦的艺术形式，形成既激楚苍凉、沉雄悲壮又缠绵凄婉、博丽精工的艺术风格，确立了他在中国诗歌史上一家之地位。

吴宓在诗里从不讳言他对社会现实的看法。1949 年以后，吴宓经历了"反右""大鸣大放""大跃进"和"文革"等社会运动，也写下不少诗作。他直陈其事，多加反讽。如 20 世纪 50 年代初，面对"全国之人，皆忙于开会、学习、运动、调查、审讯、告讦、谈论，批评，而事业停顿，学术废弃，更不必言'其细已甚'与'民不堪命'"之状况[2]，他这样写道："暑热煎蒸列会忙，五光十色好文章。飞蛾恋火焚身易，舞蝶嬉春觉梦香。鹰眼鸠形终异类，猿啼虎啸未同方。申屠止默嗣宗醉，湔被余生着意藏"[3]，表达了对忙于政治学习、一切以政治挂帅的不满和无奈。在"鸣放"和"整风运动"中，吴宓担心出现"谁使放言招惨祸，真难善计遣余生"之结局[4]。面对无休止的学习和斗争会，吴宓深感社会时局已发生大变化，"阶级为邦赖斗争，是非从此记分明。层层制度休言改，处处服从莫妄评。政治课先新理简，工农身贵老师轻。中华文史原当废，仰首苏联百事精"[5]。社会处处讲求"阶级

---

［1］　叶君远：《吴梅村传》，人民文学出版社，2012 年，第 136 页。

［2］　吴宓：《吴宓日记续编》第 1 册，生活·读书·新知三联书店，2006 年，第 327 页。

［3］　吴宓：《反右运动中书所见》，载《吴宓诗集》，商务印书馆，2004 年，第 494 页。

［4］　吴宓：《再寄袁炳南》，载《吴宓诗集》，商务印书馆，2004 年，第 495 页。

［5］　吴宓：《记学习所得一首》，载《吴宓诗集》，商务印书馆，2004 年，第 495 页。

斗争"，建立"层层制度"，使"工农"身份和苏联模式成为尊贵者，而教师及其传统文化则日渐轻微和衰废。他还以"喜鹊枝头喧不住，花间巧舌闻莺语"[1]，讽刺"大鸣大放"。在"大跃进"中，他作有《跃进》一诗："跃进经年始炼钢，芸芸公社万人忙。中华伦纪家庭破，东亚文明汉字亡。祸福躬身惟敬顺，废兴天道敢推详。同登衽席斯民乐，茶苦茶甘我自尝。"[2] 前两句是对大炼钢铁、办人民公社繁忙景象的写实，"始"和"忙"二字有实褒暗贬之意，接着讲人民公社带来家庭伦理的解体、人伦纲纪的破坏，传统中华文明也随汉字简化而衰亡；五六句进一步指出做事要顺应自然规律，不可妄自尊大，历史兴废暗藏于天道之中；最后表白如能让老百姓过上太平日子，甘愿承受各种苦楚，但也有无用武之地的感慨。吴宓始终将社会运动纳入传统文化中思考，他既不单纯赞美新社会，也不简单否定新政策，而持疑虑之心，对各种社会运动采取实录笔法，或反话正说，起到"语皆真实，而在宓之意，所长即其所短，褒处正即贬词"[3] 的作用，读来别有一番滋味。在他看来，社会"大跃进"未循正道，强立指标，主政者强迫驱使，不恤民困，不养民力，不识民情，尤其不敬畏自然，不尊重自然规律，破坏了自然宇宙法则，也违反了潜隐的人性力量，长此以往，必将受到大自然的惩罚，也会招致民众的怨气。在对社会进行改造过程中，也对历史传统采取颠覆和批判方式，忽略了中国人的情性，不懂休养生息，缺乏智慧和圆融方式，尤其是文字改革，废除文言，推行简体字，就割断了中国文化历史之根，使学术教育成为虚妄之

---

[1] 吴宓；《蝶恋花·和伯鹰》，载《吴宓诗集》，商务印书馆，2004年，第494页。
[2] 吴宓：《跃进》，载《吴宓诗集》，商务印书馆，2004年，第502页。
[3] 吴宓：《吴宓日记续编》第2册，生活·读书·新知三联书店，2006年，第38页。

说。文艺创作不出自人心，发扬民志[1]，而另起炉灶，流于理想主义，必将给社会国家带来不少危害。

应该说，作为文化保守主义者的吴宓，无论是在五四新文化运动时期，还是在1950年代后社会主义文化运动中，他在政治觉悟上跟不上社会时代，但在文化传统的继承与发扬上，并不完全是一个落伍者。当然，不可否认，中国的现代变革主要还是来自外在资源，"古今"与"中外"矛盾相互纠缠，但传统力量从来没缺席现代历史进程。即使是五四时期的新文化运动也没完全否定传统而接纳西方文化，西方文化也没彻底颠覆传统文化，只是参与或者推动了文化主体的自我反思和自我觉醒。并且，西方社会及思想文化本身也是多元化的，也存在不少矛盾和弊端，它也不断在进行自我修正。五四时期，吴宓和"学衡派"都注意到西方文化之弊，反对完全照搬学习，而提出要以中国文化为主体，"融化新知，昌明国粹"，试图为中国文化现代化提供另一路径。这样的文化理路虽然未被社会时代所排挤，也无法跻身时代主潮，但它的价值意义却值得充分肯定。伴随当代社会改造的步步推进，各种社会生活新样态、新形式相继出现，吴宓完全不适应，也很不自在。当"变化"成为常态之时，吴宓的"不变"就不完全只是愤懑，还有清醒和冷静。

如果将吴宓的文化思想放置于现代社会三大历史使命——"思想启蒙""社会改造"和"文化复兴"的历史语境中，就会发现，无论是渐进的思想启蒙，还是急促的社会革命，它们都在为社会文化的现代化开辟道路，也一直拥有文化复兴的潜流。虽然曾经在一

---

[1] 吴宓：《吴宓日记续编》第4册，生活·读书·新知三联书店，2006年，第128-129页。

个时期，由思想启蒙开启的现代性之路不断经受质疑和反思，人们将传统文化与思想启蒙对立起来，忽略了社会改造才是其重要推手。事实明摆在那里，没有思想启蒙就不可能推动传统文化的现代化，没有社会革命也不可能实现社会现代化，至于在现代思想及社会现代化过程中，如何复兴传统文化，则仍是需要认真检视的问题。所以，我们不应该简单地将思想启蒙污名化，事实上，只有思想启蒙才是复兴传统文化的前提条件。如果我们不将现代性看作单一性的刻板化观念，而联系到社会现实的话，传统文化始终存在，并没有出现文化断裂，思想启蒙、社会改造和文化复兴相互并存，只是有主流与支流、流量与流向、河水与河床的不同状态而已。可以说，吴宓的诗歌创作就是一个有趣的案例。在一定程度上，表明当代中国的传统文化和文学依然拥有生存空间，特别是传统文化和文学已渗入人的日常生活和精神心理，反而是那些所谓现代文化观念，则多浮于社会表面，流于概念表述和话语演绎，没有落地生根和开花结果。实际上，思想启蒙、社会改造与传统文化并不是形同陌路，水火不容，它们以不同方式参与社会发展的众声合唱，也从不同途径寻找自己的生路。

还是回到吴宓和吴梅村。吴宓诗歌和吴梅村的诗歌并不在一个等级上。吴宓喜欢吴梅村，或自比吴梅村，有他的个人因素，也有历史的合理性，他的诗歌创作并没有达到吴梅村的艺术境界和审美高度。现代作家老舍也喜欢吴梅村，并将吴梅村化为诗歌意象和意境，力求神似[1]。吴宓则求神形兼备，整个儿把自己融入吴梅村诗歌，把吴梅村作为诗歌创作的底色，但由于社会生活特别情感生活的限制，他的诗歌格局和气象偏于狭小，缺乏吴梅村诗歌的厚重

---

[1]　谢昭新：《老舍与吴梅村比较论》，《安庆师范学院学报》，1999 年第 2 期。

感。吴宓学生郑朝宗曾认为，吴宓的诗"限于天赋，造诣并不甚高，但也不是全无足取"[1]。朱英诞也认为，吴宓的《余生随笔》《空轩诗话》等都是"分量很重的谈论"，有"可取的地方"，但他"没有创作才能"，"如果扫除矫情，出之诚意"，也是"不落伍的"[2]。吴宓自己认为，"诗与史，实皆极耗费之事业"，在情感经验上，"诗比史更重归纳、更严选择"，尤去"耗费多多"[3]。这是就作诗而言，就内涵和价值，诗史并重仍是公允之论。吴宓好友吴芳吉也曾批评他早年诗歌，认为他的长诗"缠绵温厚"，短制"至为清越"，也有"虎头蛇尾"的缺点。并且，吴芳吉还指出吴宓诗歌的短处，在于他对生活苦难体验不充分，"自幼多清福，无坎坷之患"，没有"任意挥毫"，"进退自如之境"，多"朴质"，少"空灵"，还有造句"生涩"，用典"牵强"[4]的毛病。实际上，这些特点或弊病一直都存在于吴宓诗歌创作之中，也影响到了吴宓的诗歌成就。在一个众声合唱的诗歌时代，吴宓始终坚持个人立场和反思眼光，特别是他的后期诗歌，拥有不少社会时代况味，这尤其难能可贵。

---

[1] 郑朝宗：《忆吴宓先生》，载黄世坦编《回忆吴宓先生》，陕西人民出版社，1990年，第51页。

[2] 朱英诞：《吴宓小识》，载《朱英诞集》第8卷，长江文艺出版社，2018年，第60页。

[3] 吴宓：《空轩诗话·二十七》，载《吴宓诗话》，商务印书馆，2005年，第218-219页。

[4] 吴芳吉：《读雨僧诗稿答书》，载《吴宓诗集》，商务印书馆，2004年，第7-11页。

第四辑

——

教说读写

第十二章　教学活动：小脚女人

　　当人们说到吴宓，总会提到那些声誉显赫的弟子们。实际上，学生的成功或成就并不完全来自老师的功劳，何况是本科生，受业多人，哪能说只是某某老师的弟子。只是吴宓名气大，逸闻趣事多，他在教学上非常认真、十分投入，又关心学生，待生如友，并与学生保持长期联系。在他的日记里，多处有"友生"一词，一般指朋友和学生，是否也指朋友式的学生？他的学生也常常写文章，怀念并感谢他在教学上的认真和生活上的关心，这就形成了一个回形针式的师生关系。可以说，吴宓教学上的硕果累累，既是吴宓教育成功了学生，也是成功的学生让吴宓名垂青史。

　　吴宓留给学生的印象非常深刻而特别。他在西南联大的学生，也是武汉大学同事的刘绪贻教授曾回忆说，"在我的印象中，吴宓先生是一个有学问、责任心强、教学效果很好的教授"，并认为，"吴先生一生的成就中，内容最丰富扎实、最有说服力、最能得到学术界公认的，是作为一个诲人不倦的大学教授的业迹"[1]。之所以会有这么好的印象，是因为他对待教学极投入，极认真，不辞辛劳。钱穆曾记述过吴宓在西南联大蒙自分校的备课情形，当时的钱

---

[1]　刘绪贻：《我所知道的吴宓教授》，《社会科学论坛》，2008 年第 12 期。

穆、吴宓、闻一多、沈有鼎4人合居一室，"室中一长桌，入夜，一多自燃一灯置其座位前"，"默坐撰写"，"雨僧则为预备明日上课抄笔记写提要，逐条书之，又有合并，有增加，写定则于逐条下加以红笔勾勒。雨僧在清华教书至少已逾十年，在此流寓中上课，其严谨不苟有如此"。"翌晨，雨僧先起，一人独自出门，在室外晨曦微露中，出其昨夜所写各条，反复循诵。俟诸人尽起，始重返室中。"[1]刘绪贻自己也有体会，说吴宓老师的讲课，内容熟悉，资料丰富；从来不迟到，还提前到教室写黑板；讲课时十分投入，手之舞之，声情并茂；批改作业也认真负责，因试题涉及面广，需费时五个小时，才批阅完毕。课后还与学生平等讨论，诗词唱和，答疑解惑，有求必应。并一同散步，请学生上餐馆，对女同学特别照顾，很有绅士风度，"真不愧是20世纪中国一位做出卓越贡献的、值得青史留名的大学教授"[2]。这些印象到了解放以后也就成了依稀记忆。

1950年4月，吴宓担任四川教育学院外文系教授，讲授一年级"英国散文选"及二、三年级"世界文学史"，兼任重庆大学教授，同时在相辉学院、勉仁文学院义务授课。该年10月，四川教育学院与国立女子师范学院合并成西南师范学院。吴宓的后半生就与西南师范学院联系在一起了。他先后在外语系、历史系、中文系任教，开设了多门课程。吴宓是教学多面手，愿意服从安排，也有以教学保存文化的理想。他在外语系开设了"英国文学史""英国散文选"课程。1953年，全国推行苏联教育模式，俄语成了通行语，取代英语的霸主地位，他的英语课被取消，变成俄语课，他不得不

[1] 钱穆：《八十忆双亲·师友杂忆》，生活·读书·新知三联书店，2018年，第216页。
[2] 刘绪贻：《我所知道的吴宓教授》，《社会科学论坛》，2008年第12期。

转入历史系，担任一年级和专科二年级"世界古代及中世纪史"课程。吴宓精懂英文，懂拉丁文、希腊文、俄文、法文、西班牙文和意大利文，不懂德文和日文。有研究者也说吴宓懂德文，但据吴宓日记记载，1957 年 12 月 29 日，他带学生到数学系袁炳南家请其讲授德文字母和读音，"获益良多"，这说明吴宓并不懂德文，连字母就需要人教授，还谈什么懂得和运用。

1954 年 10 月，历史系设世界古代及中世史教研组，吴宓担任教研组长，教研组承担"世界古代史""世界中世纪史"和"世界古代及中世纪史"等课程。在此期间，吴宓主持每周小组例会，与教研组老师一起编写讲义、讨论课程安排以及学生考察等教学事宜。1956—1957 学年，吴宓没有开课。从 1957 年开始，他承担历史系三、四年级选修课"世界文学"，还为中文系开设"外国文学"课，为教师进修班讲授"世界文学名著选读"和"世界文学史"课程。1958 年 10 月，因"大跃进"和年轻教师的批评，吴宓无课可上，遂转入中文系，主要讲授"外国文学""文言文导读"，并代郑思虞讲授中文系三年级"古典文学作品选读"，以及担任"明清古典作品注释"工作。1962 年底，学校开始招收进修生后，吴宓便把精力放在进修教师培养上，为进修生开设"文言文选读""世界通史""英语"和"世界文学名著"等课程，还单独为江家骏讲授拉丁文、法文。1964 年下半年，吴宓因对党员助手有腐蚀作用[1]而受批评，再次被"下课"，成了"无课教授"。

---

[1]《吴宓日记续编》第 6 册，生活·读书·新知三联书店，2006 年，第 410 页。

一、小校园大社会

吴宓主要生活在大学校园，小校园也是社会的缩影，或者说是缩小版。解放初，吴宓还保留在节假日祭祀和探亲访友习惯。1951年元旦，他将房间打扫干净，在案几上放上水果，准备好椅子，"以待拜年之客来"。门外路过一群学生，"逡巡不入"，嘲笑他贴在门外白纸条上的"父丧守制，恕不外出拜年"是"封建"。不久，来了一批他教过的外文系学生，献上政治祝福"贺年文"，"列队入室，绕行一周而去"[1]。这是一个有些戏剧性的场景。后来，有同事、老相识和外文系主任方敬来室"小坐"，中午在学生食堂"聚餐"，大家围着苏联教授"歌唱欢呼"，高呼"中苏同盟友谊万岁！"下午随同学生到街上游会唱歌，"作秧歌舞及种种文艺游戏"，让他感到"无事不富宣传督促改造投降之意味"[2]。晚上，有学生来访，交流时竟有学生知延安而不知西安者，让他有"呜呼"之叹。这一天就算这样过去了，他却感到很陌生，不适应，没有想象的喜庆和快乐。1951年1月18日记载，学生们热衷于"锣鼓喧天演习"，"唱歌跳舞"，"校中已无人读书"[3]。"在上者不使学生为学，学生亦不愿学矣。"[4] 学生"踏歌喧扰"[5]，"半年只上三周课，博学何如一技工。歌唱游行书勿读，鲜卑伏事语当通"[6]。学生不好学，学校管制却很严，有"如英国之清教徒，禁

---

[1] 《吴宓日记续编》第1册，生活·读书·新知三联书店，2006年，第21页。
[2] 同上书，第22页。
[3] 同上书，第37页。
[4] 同上书，第45页。
[5] 同上书，第54页。
[6] 同上书，第64页。

止文艺剧乐，专骛严肃宗教生活，然尚不尽人而干涉之、训练之"。"今则对国中所有男女老少之生活思想嗜好，处处干涉，事事制定，不许稍有自由，不许暂得静息。"于是，发出感叹："人生是何况味。"[1] 他的生活随性自然，尊重常识和理性。

另外，学生忙于在教室里搞批斗会，在校园里举办控诉会，"喧呼震天"，"从此鸡犬不宁，无罪之人，亦恒受惊扰，而眠食难安矣"[2]。控诉会也是"震惊人之心魄，刺激人之神经，不得安静休息！"[3] 校园成为社会运动场所，到处播放广播，"近顷政府、学校所宣示者，固皆严厉之教、威吓之词，而以四川土语广播，加重其语调。宓以无罪之身，聆之恒觉股栗震怖，即不思其内容，已深感神经刺戟过度，几于立致疯狂。盖声音感人之深如此，宓居此社会环境及氛围中，即无灾祸，恐亦不能久活矣！"[4] 他的同事也有相同感受。意欲做"西南模范学校，事事积极"[5]，而校领导又"无学问，甚乏学校行政之知识与经验。故欲图治，行事多左"[6]。老师忙于"开会、学习、运动、调查、审讯、告讦、谈论、批评"[7]。他在1955年2月25日日记里说："最近半年来，奉命完成之工作日重，自晨至晚，不获须臾休息，尚苦堆积填委，不能如期完缴"[8]，感到"有限之光阴、宝贵之精力，尽耗于上列十事之中，而犹患不给。身为'人民教师'而无暇备课，奉命'学习苏联'而无暇细读译出之苏联教本《世界古代史》诸书……在此杂

[1]《吴宓日记续编》第1册，生活·读书·新知三联书店，2006年，第107-108页。
[2] 同上书，第109页。
[3] 同上书，第110页。
[4] 同上书，第119页。
[5] 同上书，第85页。
[6]《吴宓日记续编》第2册，生活·读书·新知三联书店，2006年，第520页。
[7]《吴宓日记续编》第1册，生活·读书·新知三联书店，2006年，第327页。
[8]《吴宓日记续编》第2册，生活·读书·新知三联书店，2006年，第131页。

乱繁复之章程政令与严急督责之下，无人能尽职完责，只得草率敷衍，虚饰空谈，以了'公事'而已。是故宓近半年来，未尝为预备教课而读书。"[1] 他为此痛心而后悔，没时间备课，没时间读书，遇事只是"草率敷衍，虚饰空谈"。

到了1957年，校园依然是运动不断，喧闹无比。由此，他还假设："倘有异国客人来校参观，则白昼只见师生之群集开会，斗争右派；夜晚只闻茶园广播京川戏剧，而毫不见不闻有读书讲学之人与事，难乎其为学院也已！"[2] 身在学校的吴宓却感到学校不像学校。1958年更是"皆忙于提意见，写大字报，公务几全停顿，无暇办事。教师直无暇备课，学生直无暇读书，遑言一切改进耶？"[3] 3月8日，吴宓看到的校园情形依然是"连日校内遍地皆大字报，以旧报纸裁方书写，几千万张"[4]。全校停课，大办高炉炼铁，如火如荼。他昼夜参加劳动，响应上级要求，写大字报，学唱革命歌曲，开批判会或自我批判。老师忙于社会政治运动，自然也就没心思钻研教学和科研业务。吴宓在日记里很少表扬同事，但1961年2月20日，他称赞历史系孙培良为"今西师教师中""惟一孜孜不断、勤求学问"的人，"宓在任何时地，但能自己读书，别无目的，亦甚乐且适也"[5]。孙培良为历史系主任，中外关系史和伊朗史研究专家，对丝绸之路和中国画法西传的研究，获学术界高度评价。

不但校园环境发生了变化，学习内容、学习方式也全变了。解放之初，吴宓还在重庆大学兼职，"重大学生方议改换课本，不读

[1] 《吴宓日记续编》第2册，生活·读书·新知三联书店，2006年，第132页。
[2] 《吴宓日记续编》第3册，生活·读书·新知三联书店，2006年，第156页。
[3] 同上书，第247页。
[4] 同上书，第249页。
[5] 《吴宓日记续编》第5册，生活·读书·新知三联书店，2006年，第43页。

小说等，而专读今日政府宣传之杂志、日报。盖庸劣懒惰之学生，自己不用功，而忌妒同学中之精勤进步者，故相率压抑之，使共趋卑浅耳。宓按此固民主政治与提倡平等者所必有之结果"[1]。学生只读《苏联文学》《人民文学》等杂志，对中外古今优秀典籍皆不屑一顾。1951年2月23日，吴宓参加学生座谈会，"自我检讨，互相批评"，学生对教师"多有责难"，教师则"心存畏惧，唯恐受讥惹祸"，"学问无所施，聪明不敢用，呆滞不灵，才情尽失，反致动辄得咎焉"，他只希望学生能"勿以片义只词，深文入罪"，让教师能"安心"教书，"展其所长"。他每天回到家里已"倦极，深悲"，觉得"今后教授益不易充当，不但品质不分，抑且愆尤丛集，吾侪将至置身无地、偷生乏术"，于是有"智传薪火后谁承"之叹[2]，有"洗髓刳肝难换骨，绝情弃智强陈词。青衿满座绳吾短，最苦身犹作教师"之悲[3]。4月18日，他参加学生毕业鉴定，择业取向、评价标准都已发生大变，"择业而不问其职业之性质及需要，论人而不取其学问才能品德，惟重所谓政治思想水平，以反封建反地主为标准，其为治诚隘矣"[4]。

学校师生身份也发生置换和变迁，"学生今汝是先生"[5]。1955年6月19日，学生参加"世界古代史"考试，吴宓自以为命题甚好，学生答卷也令他满意，但却被学生断定"题目太难太烦"。于是，吴宓感叹："冤哉苦哉，今之为教授者也！宓教授三十余年，备受学生敬服爱戴，今老值世变，为师之难如此，宓心伤可知

---

[1] 《吴宓日记续编》第1册，生活·读书·新知三联书店，2006年，第82页。
[2] 同上书，第73页。
[3] 同上书，第268页。
[4] 同上书，第115页。
[5] 同上书，第42页。

矣。"[1] 1959 年 3 月 28 日，有同学告知吴宓，"学生视教师如路人，毫无敬服之心，以教师已毫无威信，且不能有助于学生之前途事业者也"[2]。学生的想法和追求与吴宓完全相左，读书不是目的。1960 年 11 月 7 日，吴宓参加教研室讨论，人们痛诋读书和书籍知识，"遇学生之稍勤学业者，则指为该生'好读书'之罪与老师引导不善之责"[3]。1966 年 3 月 30 日，吴宓参加教学改革学习会，感到"近年历行阶级斗争，督促思想改造，既举中国数千年之德教习俗、学术文化，摧残澌灭净尽，已使吾侪伤痛已极，而在各种演讲（报告）学习、讨论中，更视宓等老教授为阶级仇敌，反动、落后、顽固分子，冷嘲热骂，使耳聆、目击、身受者，更不能堪"[4]。像他这样的老教授被作为批判对象，被定性为"反动、落后、顽固"，学生和同事"冷嘲热骂"，谈不上尊敬和重视，斯文扫地，一地鸡毛。学生心里已无师道尊严，道德素质也成问题。有学生欠讲义费，遗落图书，被办公室主任批准"免交""免赔"，学生却"欣然自得，无丝毫羞惭悔恨之意"，吴宓感叹"蜀士之多聪明而无行也"[5]。1965 年 9 月 19 日晚，在路上遇见学生在大操场看完电影《白毛女》，散场后向吴宓直冲，他不避让，用两手横举拐杖，推排向前，逼迫学生"为宓让出一条道路"，感叹："甚矣，今人之不讲礼节，惟以蛮横勇敢为教也！然故意为学生多人顶撞，宓亦有取祸之道，故又自悔。"[6] 他心里一直藏着怨气和怒气。

---

［1］ 《吴宓日记续编》第 2 册，生活·读书·新知三联书店，2006 年，第 201-202 页。
［2］ 《吴宓日记续编》第 4 册，生活·读书·新知三联书店，2006 年，第 60 页。
［3］ 同上书，第 461 页
［4］ 《吴宓日记续编》第 7 册，生活·读书·新知三联书店，2006 年，第 404 页。
［5］ 《吴宓日记续编》第 6 册，生活·读书·新知三联书店，2006 年，第 86 页。
［6］ 《吴宓日记续编》第 7 册，生活·读书·新知三联书店，2006 年，第 226 页。

学校时常出现学生监视老师的情形。1957 年 3 月 12 日，学生将老师上课内容"密报"给系上和学校，"最近又复加强管制，固党国之所有事，然其办法，一切惟据密报，到处调查，不但人人自危，抑且是非不明"，"一校如此，国事或亦类是欤!"[1] 1964 年 9 月 22 日，有助教询问吴宓情况，吴宓怀疑她"必已以宓所谈者报告系党支，而今宓不授课，系党支即用风以探知宓平居之所行所思及交游来往之人，故与风及骏谈叙，亦须慎重，不可随意妄言也"[2]。1966 年 1 月 14 日，该助教发言说："若就用论，前此所学之外国文学，今已全无用处（而且有害）。今需讲亚非拉文学，我则全无所知，并亚非拉之历史地理，我亦不知也!"[3] 不知同在现场的吴宓，听后有何感想? 3 月 14 日，江家骏告知，1964 年江家骏获罪，吴宓受责，皆由该进修生揭发，材料转至外语系。6 月 2 日，该助教"忽来"候视，他怀疑是来奉命窥探。学生就业只依据家庭背景、成分、学历、朋友交往等，"择业而不问其职业之性质及需要，论人而不取其学问才能品德，惟重所谓政治思想水平，以反封建反地主为标准，其为治诚隘矣。"[4] 学生的专业知识、学业素养以及综合能力都在其次了。

大学空间变得越来越规范化。方敬曾提醒过吴宓："人民中国教育服从政治，及教师思想必须彻底改造。"[5] 实际上，他自己何尝不知，"今之教育与文学，只是政治宣传与命令，愈改愈误，愈改愈空，直举中国文字与世界文明尽铲除之而后已耳"[6]。大学设

[1]《吴宓日记续编》第 3 册，生活·读书·新知三联书店，2006 年，第 47 页。
[2]《吴宓日记续编》第 6 册，生活·读书·新知三联书店，2006 年，第 348 页。
[3]《吴宓日记续编》第 7 册，生活·读书·新知三联书店，2006 年，第 340 页。
[4]《吴宓日记续编》第 1 册，生活·读书·新知三联书店，2006 年，第 115 页。
[5] 同上书，第 414 页。
[6]《吴宓日记续编》第 4 册，生活·读书·新知三联书店，2006 年，第 20 页。

置也日趋科系化、专业化，已不是他曾经倡导的博雅教育。学校曾规定教师工作时间为"三三制"，即教学人员要用三分之一时间教学，三分之一时间研究，用三分之一时间开展社会调查。这在一定程度上限制了教师的自由。在中文系的一次政治学习会上，吴宓提出："生产劳动与政治学习应划定时间，尽力做好；此外，所余时间可由教师自由支配，以自己之方式工作，其工作应以教学为主，而以科学研究为辅，既以全时全力多读书，兼深思，以丰富教学之内容及质量，其科学研究则为教学读书预备之副产物，不当以科学研究为专务，或以科学研究篇题之多定某人之成绩。总之，三者之中，以教学为主。"[1] 吴宓希望在教学之外"所余时间"，"可由教师自由支配"，"以自己之方式工作"，显然有合理性。最让吴宓接受不了的，是要求教师在规定时间内统一办公。这让教师"不能静心读书作文"，也做不了其他事，人要做事需有一个"安静、自由、舒适之环境，方可'静而后能虑，虑而后能得'也"[2]。在吴宓心目中，大学就应是这样一个相对疏散的地方，一个不为生活所迫，又有空余时间和精力去读书思考的地方。吴宓不擅长交际，不善于处理人际矛盾，喜欢与学生待在一起，一有学生找他借外语词典和旧体诗集，或求讲过去人物和生活旧事，他都乐此不疲，十分高兴。他还帮学生修改诗歌小说，如"为史三吴光复校改其所作短篇小说《舅和我们》"[3]。

尽管他遭受学生批评，但依然为做教师和上课而满怀欣喜。1962年10月13日，吴学昭托学校领导关照父亲，说他太辛苦，尽可能少安排教学任务。吴宓知晓后，"十分懊丧"，"卧读《石头

---

[1] 《吴宓日记续编》第4册，生活·读书·新知三联书店，2006年，第9页。
[2] 《吴宓日记续编》第3册，生活·读书·新知三联书店，2006年，第412页。
[3] 同上书，第196页。

记》散段，直至涕泪横流，觉心情悲苦、清明、安定始已"[1]，还立即给女儿回信解释"人各有志"，不想在京就职，也不希望减少授课，而"以能多授课为快乐"[2]。1963 年 2 月 16 日，跟随吴宓学习的助教，在一篇文章里称赞吴宓，他在"欣感之余"，觉得这是老天对他的"真实奖酬也"。1964 年 8 月 24 日，他被告知本学年不再教课，只对中文系之全体青年教师作专题演讲两次四小时。他甚是悲郁，"宓按，近今教学改革，阶级斗争加严，宓之不得授课，原意中事，惟如《英文》等课亦不令宓授，留置闲散，负此精力（虽大班，十余小时，宓亦能任之）与学识，并领厚薪，有如坐待宓之死，以显示党国如何优待（'照顾'）老教师、旧知识分子也者！宓固可潜心读书自修，但终有'人人盼我速死'之感，而宓之生机斩绝尽矣"[3]。虽为教授，却无法上讲台，没教课任务，与死无异，连美丽的风景也没欣赏的心境，"秋景虽美，而宓以无课之教师，有如待决之死囚，行人世中，一切人事皆与我无关，悲丧殊甚"[4]。9 月 5 日日记记载，"宓本极健适，自宣布停课后，近数日乃觉头晕，昨观电影后，左右上腿僵且痛，步履维艰，更难蹲屈，总之，宓生机自此衰，坐以待毙而已"[5]。真没想到，不上课，给他带来这么多的心理和身体问题，可见教师身份对他的重要性。它不仅仅是工作和生活内容，而是生命的意义和价值。9 月 7 日，吴宓给陕西师大高元白教授写信提及无课课上，也"甚为淋漓尽致"，"宓伤感之情"[6]。今天的高校教师，为科研所累，不

［1］ 《吴宓日记续编》第 5 册，生活・读书・新知三联书店，2006 年，第 447 页。
［2］ 同上书，第 448 页。
［3］ 《吴宓日记续编》第 6 册，生活・读书・新知三联书店，2006 年，第 310 页。
［4］ 同上书，第 318 页。
［5］ 同上书，第 325 页。
［6］ 同上书，第 329 页。

愿意从事教学，与吴宓有天壤之别。9月6日，他告知他人不再授课，他人劝以"读史之眼光与观剧之心情，近看世界与国家之逐步变化"，"多访旧友倾谈，或旅行游赏山水，以自怡悦为要"[1]。他表面上"欣谢"，内心里却做不到。直至1965年1月4日，他陪工作组同志到食堂路上，还希望能有机会上"英语"课。1973年以后，他已成瘸腿老人，还想给有学习愿望的少年补习英语课。1976年回到老家，双目几近失明，听说有学校没有开设英语课，因为没外语教师，他还表示"他们为什么不请我？我还可以讲课……"[2] 他好为教师的强烈愿望，可见一斑。

在吴宓日记里，他参加学术活动不多。老师们都忙于持续不断的学习和繁重的教学活动，哪有时间和精力读书、搞科研？"今之办法，令好学者无读书之暇，不学者当道，乌能谈科学研究？又安用夫读书？"[3] 他非常清醒。日记也记录了几次学术活动。1956年8月28日晚上，吴宓到学生露天茶园，以广播方式给学生讲《漫谈旧小说》，听众有200人，"密座围听，态度诚恳"，但"天热人倦"，吴宓又没准备完整的讲稿，只好"随意漫谈"，心里有些"芜乱零杂""空言无味"，"殊使听众失望"，在被学生送回寝室后，还"甚悔今晚之播讲是轻出而自损其令名也"[4]。1956年11月11日，他为中文系三年级学生作讲座，从古希腊讲到19世纪历史概况，并与中国比较，讲得"兴高采烈"，"综括扼要""精义重重"，"学生热烈鼓掌表谢"[5]。他还讲授了学习外国文学如何掌握体系之法。1962年4月29日，中文系举办全校杜甫诞辰1250

［1］《吴宓日记续编》第6册，生活·读书·新知三联书店，2006年，第328页。
［2］李继凯、刘瑞春：《解析吴宓》，社会科学文献出版社，2001年，第24页。
［3］《吴宓日记续编》第2册，生活·读书·新知三联书店，2006年，第309页。
［4］《吴宓日记续编》第3册，生活·读书·新知三联书店，2006年，第161页。
［5］《吴宓日记续编》第2册，生活·读书·新知三联书店，2006年，第555页。

年纪念会，由徐永年和魏兴南作学术报告，徐德庵朗诵杜诗《茅屋为秋风所破歌》，学生朗诵方敬新诗《杜甫纪念》。这应算是中文系举办带点学术性质的会议。日记另有关于教学研究的记载。1965年7月14日，划分教学任务，吴宓不再承担上课任务，只撰写诗文注释，15日分得陆游诗词文16篇，16日始读朱东润注《陆游选集》，22日读游国恩、李易选注《陆游诗选》，28日作注《农家叹》，29日作注《太息三首》（选二首），30日作注《剑门道中遇微雨》，31日作注《卜算子·咏梅》《金错刀行》；8月2日作注《关山月》《跋李庄简公家书》，8月3日作注《五月十一日……乃足成之》和《书愤》，8月4日作注《临安春雨初霁》《诉衷情》，8月5日，注《秋门出篱门迎凉有感》《十一月四日夜风雨大作》《九月一日读诗有感走笔作歌》。8月6日交稿，共16首诗词文注释。8月7日又分苏轼诗5篇注释。8月9—10日两天注释完苏轼诗《吴中田妇叹》《新城道中》《题西林壁》《饮湖上初晴后雨》《惠崇春江晚景》共5首。可惜这些文稿现已丢失。

二、私相授受

吴宓对学校学生失望之极，"今与少年谈学，尤增烦累而无所裨益也。回思我等平生受父师之教，读圣贤之书，知中西文明社会之真实情况，甚至1920至1930间犹得欣见白璧德师之教一时颇盛行美国。由今观之，真如佛国庄严净土，弹指一现，片刻得窥，而永存在于我心目中，缥缈至极，亦真实之极。然若语今之少年，其谁信之？"[1] 讲授古典文化和文学，却被当作复古，开历史倒车。

---

[1]《吴宓日记续编》第2册，生活·读书·新知三联书店，2006年，第233页。

学生忙于各种政治学习和劳动，无暇读书、学习和思考，心里想的是，"万不需多教，应以今之中学课本为范围；万不可多学，应务强身保健，勉尽其执干戈卫'祖国'之天职'而已。若多教多学，则是'急躁冒进'，则是'个人英雄主义'，则是'违背国家总路线政策'"[1]。学生不愿学，老师怎敢教？

吴宓不同于陈寅恪的隔世而居，他不甘寂寞，总想将"宗教之溥仁、道德之真理，以及西国古哲之训示，中国儒教之德泽"[2]发扬光大，虽然"千年流布涵濡之文化与道德，业已斩断渐灭"，但他仍希望"能隐忍苟存，乘暇完成一己之著作，择人托付，传之后世"[3]。说实话，他的理想非常丰满，但现实却很骨感。于是，在他那狭小的居室里，总会有不少学生和年轻同事私下去请教问学，他也以私相授受方式，为他们解惑释疑，他的日记也记录了不少学生问学情形。如："卫怀杰来，欲从宓治中西学，拜宓为师，行一跪三叩礼（宓还礼）乃久坐细述其一生之经历：今年五十四岁，山西沁县人。父为木匠，极贫。"[4] "熊明安来，久谈，欲从宓自修中国教育史。"[5] "蓝仁哲来，俊秀而温恭，求教（1）英国文学（2）英诗（3）中诗。"[6] 在这些学生里，有蓝仁哲、徐仲林、杨溪、扈家骐、马忠明、周锡光、吴静文、邓心悟等，他不摆架子，和蔼可亲，或回忆个人经历，或指定书目，讲解读书之法，或借阅书籍，有时还提供生活费用，包括食宿和路费，甚至连学生家人生病或遇困难，他也伸出援助之手。吴宓为他们传授治学

---

［１］《吴宓日记续编》第 2 册，生活·读书·新知三联书店，2006 年，第 35 页。

［２］《吴宓日记续编》第 1 册，生活·读书·新知三联书店，2006 年，第 119 页。

［３］《吴宓日记续编》第 2 册，生活·读书·新知三联书店，2006 年，第 131 页。

［４］《吴宓日记续编》第 5 册，生活·读书·新知三联书店，2006 年，第 314 页。

［５］ 同上书，第 394 页。

［６］ 同上书，第 397 页。

方法，养成良好的生活习惯，做事专注、执着，在完成政治学习劳务工作之余，应有自己的学习兴趣和爱好，积极完成工作任务，同时注重兴趣培养。他教导学生对人生及学术做全盘计划，不能将人生浪费在闲杂琐事之中。做人不欺骗、不骄傲，戒空谈，保持独立高洁的人格，做事防微杜渐，谨小慎微，脚踏实地，一字一句，一事一物逐步实现，不耽于幻想。当然，也有学生借请教之名来索钱索书。他也时常因学生资质愚钝而生气，为他们的忘恩负义而发怒，特别是那些被他长期资助却不思报答之人[1]。

从 1961 年 9 月开始，吴宓指导青年教师曾婉凤、辛宪英、江家骏，进修生范文瑚、胡祖修等。1962 年 2 月 16 日，有助教在文章里感佩和称赞吴宓，他"欣感之余"，感觉是老天读对他的"真实奖酬也"。他备课、上课、批改作业极其认真。当时学校为了提高进修生学识修养与授课水平，安排了大量课程，如"增加（1）《古汉语》（2）《古典文学》等，课程遽增至每周二十余小时，再加劳动及政治学习，进修生更无自己读书及谒见指导教师承教之时间矣，况所增诸课程，皆在本科四年所已修过者，空疏而重复，徒耗进修生之时力，致'进修'又将成为虚语而已耳"[2]。吴宓主张"不应上课太多；且应自由研究，随缘求益，即不必多订计划，勤事'检查'"[3]。他提出应仿照旧日书院的培养制度和英国牛津大学所的"导师制"指导学生，"所想望之辅导制度，略如牛津之导师 tutor 制，由中文系全体教师分任辅导全系学生之责"[4]。根据学生兴趣和基础自由选择导师，根据学生兴趣和爱好择定研究

[1]《吴宓日记续编》第 2 册，生活·读书·新知三联书店，2006 年，第 432 页。
[2]《吴宓日记续编》第 5 册，生活·读书·新知三联书店，2006 年，第 195 页。
[3] 同上书，第 210 页。
[4] 同上书，第 220 页。

方向，师生之间可展开自由对话和讨论。

吴宓的私相授受，本意在传承文化，培养学术之才，但也时被他人利用，投其所好，并无可造之天赋和学习的持久愿望。如有学生表达意愿，"愿终身从宓学，并云，近来由精读《莎士比亚集》及《圣经新旧约》，而推知宇宙人生之公共要理，知道德为政治社会一切之本，云云。溪能窥见及此，殊不易"[1]。也有学生行古礼拜师，自称"窥见最高之理想，而终落第二流之庸俗人"[2]。该生却江湖气十足，吴宓给他解释《白屋吴生诗稿》，嘱咐"勿在小事琐处为宓效劳，应承受宓所授之大道理、好文章，至若行志传道，身后付托遗稿，乃为师者宓所望于门人者耳。骐不甚省，但涕泣自陈其对宓忠贞之意"[3]。吴宓希望他能"从宓受学而少交际"，谁知第二天该生再访，送上血书"永忠宓师"。当天下午，吴宓一个人沿嘉陵江到北温泉步行，"嘉陵江水，深绿可爱，此景观之十年，而人事大改矣"[4]。后来，吴宓还为学生讲希腊哲学，讲苏格拉底和柏拉图，"念宓只得此二人讲学，不胜伤心"[5]。吴宓似乎有些寂寞，好为人师，却有些对牛弹琴。如1968年4月21日，重庆钢铁公司工人陈道荣来，吴宓上午为他讲《审安斋诗集》中《晚凉即景》《宵来风雨》《枕上偶成》等篇，还讲《吴宓诗集》中《苏格拉底像赞》兼及希腊哲学，下午为其讲吴梅村的《圆圆曲》等。诗词也好，哲学也罢，听者如何懂得？不过是为了混两顿饭吃。

在吴宓解放后私相授课的学生中，有一位学生需要特别提及，那就是蓝仁哲。蓝仁哲（1940—2012），当时是四川外语学院英文

[1] 《吴宓日记续编》第5册，生活·读书·新知三联书店，2006年，第426页。
[2] 《吴宓日记续编》第4册，生活·读书·新知三联书店，2006年，第31页。
[3] 同上书，第51-52页。
[4] 同上书，第52页。
[5] 同上书，第74页。

系第一届学生，学院师资有限，几乎没开设外国文学课程，他却很喜欢外国文学。他在《重庆日报》看到西南师范学院优秀教授的报道，于是就给吴宓写信相识，成为吴宓的私淑弟子，后来留校任教，曾担任四川外语学院院长，兼任中国加拿大研究会会长，成为外国文学翻译家和福克纳研究专家，翻译的主要作品有《西方文艺批评的五种模式》《加拿大短篇小说选》《现代英国散文选》《野棕榈》《我弥留之际》，等等。吴宓认为他是"优秀学生"，"聪明好学，而仁厚多情"，当作"私淑学生"[1]。自 1962 年 8 月至 1972 年 8 月，吴宓日记有多处与蓝仁哲见面的记载。1962 年 8 月 2 日，"复外语学院英语系三年级学生蓝仁哲七月四日函，寄还其中英文函及撰译诗稿，指示其向邹抚民，王世垣二师求教，并可径来谒宓"[2]。8 月 12 日上午，他们见面，"外语学院英三（一）学生蓝仁哲来，俊秀而温恭，求教（1）英国文学（2）英诗（3）中诗。宓借与（i）《英诗韵律》手稿。（ii）《中诗韵律》油印稿（iii）《中西诗韵律综合简表》手稿，命其抄读。又借与（iv）黑皮《英国文学史》（v）标准本《吴宓诗集》，命其携归阅读。指示其先读某段，然后为细讲温庭筠《苏武庙》诗一律及英诗数行"[3]。初次相见，吴宓借与书籍和手稿，其中不乏珍贵手迹。第二天，又给蓝仁哲写信，"申说昨所指示，招其再来见"[4]。信中说："昨值星期日，客多，劳烦，致宓性情激躁，讲说未详，接待未周，甚歉。今后请在星期一二三四五来，上下午及晚，皆可——如遇宓不在本室，可读书等候。今应先将表格及英诗韵律（手稿）抄完，将

［1］ 吴宓：《致李赋宁》，载《吴宓书信集》，生活·读书·新知三联书店，2011 年，第 388 页。
［2］ 《吴宓日记续编》第 5 册，生活·读书·新知三联书店，2006 年，第 389 页。
［3］ 同上书，第 397 页。
［4］ 同上书，第 398 页。

中国诗韵律（油印）读完，再来见宓。来时，祈（一）将以上各稿归还。（二）诗集（厚册）带还，宓另换一册给您，因此册是宓修订自藏本也。（三）英国文学史（黑皮）亦可带来，俾可择讲其中之诗文一段为要。在开学前，即暑假中，您最好再见宓两次（至少），则用举一反三（模范示例）之法，对你欲知之三方面，皆可贡献其要旨。以后只须自己勤读精思，便能一切了悟，逐渐深造矣。……以上为对您课外之补充指导，略答请教之诚意而已。余容面述。即问日佳。"[1] 吴宓真是喜爱读书求学的人，在信中具体指导如何读书。8月16日，蓝仁哲来还书，吴宓为其讲解中西诗，"答其所问"，晚饭后，还一起"游步校园"[2]。8月19日，吴宓生日，蓝仁哲来拜寿，吴宓为其改诗，讲解白屋诗二首，"教以精细研读之方法"，当晚住宓处。第二天黎明即起，接着讲诗，直至9点后辞去，感觉蓝仁哲对《白屋诗稿》"尚未能笃嗜与深解也"[3]。他的指导也不分场合，不分时间，随时进行。1962年9月23日，"午饭甫毕，蓝仁哲来，请问人生道德之要。乃与蓝生坐办公大楼内（梯际）为述儒佛及希腊哲学、基督教之要，导以正信与卓行，凡讲约二小时"[4]。1962年10月7日上午，"携蓝仁哲入碚市游观，至北碚公园登高。坐石台上，蓝生自述身世，并询宓之生活，欲久从学云。风物清肃，景色郁秀"[5]。日记记载，1972年8月1日，蓝仁哲来吴宓住处，"述近况"，"俱酣眠，各自入寐"[6]。

---

[1] 吴宓：《致蓝仁哲》，载《吴宓书信集》，生活·读书·新知三联书店，2011年，第411页。

[2] 《吴宓日记续编》第5册，生活·读书·新知三联书店，2006年，第401页。

[3] 同上书，第404页。

[4] 同上书，第430页。

[5] 同上书，第440页。

[6] 《吴宓日记续编》第10册，生活·读书·新知三联书店，2006年，第156页。

三、教学活动：小脚女人

尽管吴宓教学十分认真，但却常常被教研室批评，被年轻教师搞得七窍生烟。1955年4月16日，教学中期检查，老师们提了不少意见，吴宓辩驳。4月18日，又作教学中期检查报告。19日讨论，其中就有老师批评吴宓，"不注意自己教学之实在效果如何"，"讲话太快"，学生记不下来。有课代表反映学生对吴宓的教学亦不满意，吴宓感到"意兴索然，知教课之难好。宓振作应世之无术矣"[1]。5月9日，又有学生课代表反映对吴宓的教学颇为满意，吴宓即有"小惭小好，大惭大好"之感。6月14日，系主任孙培良转告吴宓学生意见，说他"不能结合政治观点，于奴隶起义等事所讲甚少"，还说，今之学生不同于过去，从口味到语词"已造成一通行之定式，非极力迁就与之结合不可"，学生听课，"不重知识内容，只凭政治观点"。吴宓听到这些，感到"万感丛生，惭愤交作，又有迟早自沉嘉陵江之心矣"[2]。吴宓教学非常认真，但并没得到认同，还被提了不少意见。8月9日，吴宓找系领导反映助教孙甫儒对他《世界古代史》的教学多有攻讦，谁知领导却告诉他，像这样的老师，"仅读过二三本汉译之苏联课本及参考书，但合乎马列主义之观点立场，便是好老师。而非博学通识、精读史籍原著以及通悉古今西洋文字语言之人。即王静安、梁任公、陈寅恪诸先生，在今亦不必见重。公应明知此情形"，并为他出谋划策，"只有努力学习马列主义"，在"精通之后"，"出马列主义"再与他们

---

[1]《吴宓日记续编》第2册，生活·读书·新知三联书店，2006年，第157页。
[2] 同上书，第198页。

"周旋"，"庶可以其人之道还治其人而求胜之，此外无他途"，并且说像这样的年轻助教，不止一个系、一所学院"乃至全中国之教师与助教皆孙甫儒也"[1]。吴宓由此想到系领导的称呼变化，"始则曰雨僧先生，继则曰吴宓先生，今乃曰吴宓同志矣"[2]。虽是"大势所趋"，也让吴宓内心受到伤害。

这些讨论作为教学中的评价机制，目的是对教学内容和过程的规范化，特别是为了统一教学计划和教学大纲。自 1952 年，高校开始使用统一的教学计划、教材、教学讲义（教案）和教学日历，教学计划包括开设课程、课程大纲和课程目标等。教学大纲包括章节内容及时间。教案则是围绕教学计划和教学大纲编写的讲稿。教学日历即是具体的教学施工图。吴宓日记对有关教学活动记录清晰，如 1955 年 9 月 27 日，填写《教学日历》，1955 年 10 月 3 日—11 月 3 日，编写讲义。1958 年 8 月—1959 年 12 月 17 日，编写《外国文学讲义》共 28 章，修订《外国文学教学大纲》。他常为填写各种表格而苦恼。他说："在今教课不难，办事亦不难，惟编制各种详密繁琐之计划，严行检查，则费时费力极多，为之甚苦。而究之毫无实益。盖由不许有'心'而只'唯物'，不信人而但恃法，舍本而逐末。此在经济实业等事，对下劣庸俗之人，或为有用；而施之于思想文艺之域，对高明博学上智之人，则此等办法，非徒无益，而又害之。然而我辈苦矣！如宓者，今既不敢言其志，亦不得用其学。在校则惟填表格、开会，出校则做政治上之傀儡、列席、发言，而使宓等疲惫不堪，至乃损其天年，徒作牺牲，不亦可悲之甚者耶？"[3] 填完各种教学表格和计划，教学就按表格行

［1］《吴宓日记续编》第 2 册，生活·读书·新知三联书店，2006 年，第 228 页。
［2］ 同上书，第 229 页。
［3］ 同上书，第 125 页。

事。1955 年 2 月 24 日，高教部下发十余种表格，吴宓需填写三四种，他感到这是"重实功，严督责，而过于琐屑，舍本逐末。若此类表格填写，以及教学大纲之撰作，教师成绩之检查，教课日历之编制，实皆无裨于教学，更无关于学问。用之于财政，或可节流而稽弊；施之于庸俗，亦能惩惰而励勤；然在教育与学问中，决无是处。以教育首重心灵之启发，不能束缚整齐以求划一。学问更必沉浸融贯，需充裕之暇时，广读而深思。此类表格，徒耗费教师之时力，尤妨碍学问之进修。今只以其为苏联之定式，故中国一切遵用而已"[1]。在吴宓眼里，教学计划、教学大纲和教学日历，让教学活动"整齐"而"划一"，"无裨于教学"，还耗费老师大量时间和精力，却无暇于读书，做学问。并且，还使教师失去了教学自主性，学生失去了学习创造性，"一切学习苏联""用口试""不用笔试"，"学生上课，惟事听讲、抄笔记，而不肯细读印就发给之《课本》"，"一切脱离文字，脱离书籍。呜呼，如此安言'学术'？安言'教育'？"[2] 在他看来，学习即是读书，读书需要书籍和教材，只是听讲，抄笔记，而不看教材，不读书也就不算是真正的学习。

1955 年，吴宓担任世界古代史、中世史教研组主任，担任"世界古代史"上学期教学任务，集体备课，讨论教材，共同辅导，各作预备研究。下学期由助教讲课。该课由孙甫儒、王兴运、陈济沧组成授课组。吴宓感觉受"羁绊"，与助教讨论，不时发生争论，"受其龃龉，实至困苦"。学校上面说是尊贤，到了系一级和教研

---

[1] 《吴宓日记续编》第 2 册，生活·读书·新知三联书店，2006 年，第 128-129 页。
[2] 同上书，第 287 页。

室，则是"受宠增忧而已"[1]，"如马缚腿而众人鞭之使弛"[2]。吴宓所编教案多受年轻助教的批评，教学内容也被学生否定，在每周的经验交流和批评鉴定会，也让吴宓身负重担，不得不依照年轻助教意见，采用马克思主义阶级眼光教学。他几乎每次备课、每次讲课及观点，都受到助教们的批评，而苦不堪言，多有抱怨，"按宓为兴、甫挟制，一言一字，均须听其命而讲出。若偶有争执，不相下，则必断为宓错而彼二人是"[3]。他成了教学木偶，不能动弹，也没主张。他曾向系上反映受助教牵制过多，却被告知学校"甚钦佩宓之学问渊博，培养助教尤赖多多尽力"，结果成了他自己没有做好，又表示"竭尽其力，以报学校平日对宓优待之意"[4]。折腾一番，还是他的错。

吴宓不是不努力，也想让师生满意，只是转不过弯，在课堂上讲不来、课后说不来那套时代话语，也常被批评不懂马克思主义，系主任就授其秘诀，教他上课时，"每句皆取自苏联译籍，更须多征引马恩列斯经典著作之语句，并指明某章某节出处，则学生咸惊服，过数周后，一切悉不费力矣"，并且，用字造句也须"迎合现今学生之习惯及标准"，如"王"要称为"军事领袖"，"不嫌其长"，"造句亦勿避欧化之冗长繁复。倘以中国旧文中之语辞代之，力求简捷，彼反惊顾却走，不可不注意"[5]。可惜吴宓不会话语转换，当然，主要来自他的思想没有转变。他对怎么教学有自己的看法，如主张讲课精简，讲义详博，两者"并行不悖"，可使"讲授

---

[1] 《吴宓日记续编》第2册，生活·读书·新知三联书店，2006年，第256页。
[2] 同上书，第257页。
[3] 同上书，第278页。
[4] 同上书，第258页。
[5] 同上书，第257页。

之有术"[1]。1959 年 9 月 14 日，他给中文系四年级讲外国文学课，两个小时里，讲希腊历史、文学史及神话、史诗、戏剧之主要作者及内容，他感觉自己是"精简扼要，条理清晰，大纲完整"，且不无自夸地说道："非熟于希腊史而又有综合之长才者莫办"，"方自觉今日所讲殊为成功，窃自欣喜"，结果却是学生"甚不满意"，批评他讲历史多了，讲文学少了，又讲得太快，记不下来，材料太多，掌握不了。两小时讲出这么多内容，确实证明吴宓不太善于组织课堂内容。他在讲课中说罗马人征服了希腊，希腊人成了奴隶，罗马少年却要向希腊学者问学，其身份也成了奴隶，由此堪比"不为奴隶式之教师而不可得也"[2]，做这样的内容引申或表达不满，虽不乏隐喻，但也有麻烦和风险。

　　1955 年 9 月 10 日，在《世界古代史》讲稿讨论会上，有助教指出吴宓的讲稿对历史唯物主义的理解不深透，要用助教讲稿上课[3]。这也就是后来被媒体报道的"背诵助教的讲稿"，挟马列以令教授事件[4]。吴宓 11 日备课，想起 1930 年 9 月 12 日离京欧游与友话别之场景及"欢乐情趣"，"与今真成千年异世之判分矣"[5]。12 日，新生上课，讲"世界古代史"，"讲历史唯物主义"，全用助教所撰之稿，"宓宣示于众而已"，晚上填写教学日历。13 日，晚上与助教讨论讲稿，十点半助教离开后，吴宓又自行修订至 12 点就寝。15 日又与助教讨论讲稿，"宓苦之"。16 日，

[１]　《吴宓日记续编》第 2 册，生活·读书·新知三联书店，2006 年，第 530 页。
[２]　《吴宓日记续编》第 4 册，生活·读书·新知三联书店，2006 年，第 168 页。
[３]　《吴宓日记续编》第 2 册，生活·读书·新知三联书店，2006 年，第 263 页。
[４]　陈仲丹：《背诵助教的讲稿：吴宓教"世界古代史"》，《南方周末》，2009 年 7 月 15 日；王兴运：《我所接触和了解的吴宓教授》，《南方周末》，2009 年 10 月 1 日；卫方：《有职有权的吴宓？》，《南方周末》，2009 年 12 月 3 日。
[５]　《吴宓日记续编》第 2 册，生活·读书·新知三联书店，2006 年，第 265 页。

上课，感到"上课成为'背诵'助教所制定之讲稿，乌能发挥教师之特长？"[1] 这种集体备课费时费力，"甚觉劳倦"。18 日，编讲稿。晚上助教再来，"除以其讲稿授宓外，更多所指示束缚。去后，宓又自读编至深宵乃寝"[2]。19 日，上课后，两助教阅读吴宓讲课内容，"多作纠弹改正，或更事增补"，"多所主张，层层规定"，吴宓感到"苛刻琐细"，"不免深文曲解"且"愤然"[3]。22 日讨论吴宓的讲稿。25 日晚，两位助教以"车轮战"方式轮番找吴宓谈话修改讲稿。26 日，吴宓向学校反映免去上课职务。28 日，三人在一起讨论教学内容，也让宓"愤愤不平"。29 日，学校不同意吴宓不上课的诉求。他找赖以庄教授诉授课情形，"均为助教所苦"，"学生多偏袒助教者"。30 日，在教研组会上，吴宓又提出课程"由宓自决"，不然辞职；还对助教制度发表意见，预备下期教学内容，或自读有关著作，或聆听主讲教师部分内容，或学习外语，谁知助教"言词傲慢"。10 月 13 日，吴宓备课编讲稿，并将其给助教传阅。14 日，将与助教的"争执"看作是争战，"当竭力支持过此半年，功罪是非不论矣"[4]。15 日晚上，又抄写教学日历。17 日，编讲稿。20 日，填写各种教学表格，"晚饭前后，始事填表，直至深宵，填就宓之教师个人工作计划表格一份，并校阅良、沧、甫、兴所填各一份，细加核算，改正其数目字之错误处。既毕，乃填写世界古代史、中世史教研组之工作计划表格，填成一份，复细加审核，改正错误，卒使纵横总计之数均合，乃寝"[5]。第二天，"未晓即起，抄写世界史、中世史教研组之工作计划表格

［1］《吴宓日记续编》第 2 册，生活·读书·新知三联书店，2006 年，第 268 页。
［2］同上书，第 270 页。
［3］同上书，第 271 页。
［4］同上书，第 292 页。
［5］同上书，第 295 页。

二份，连昨共成三份。匆匆早餐，赶速填写世界古代史、中世史教研组工作计划量统计表凡四份，甚简短。以上各件，与上午 10 时亲送史系交季平收转呈院长室"[1]。这就是吴宓教学工作中的填表。今天也一样，都在作表格教授。24 日，对助教所编写的讲稿不再作批评，只求"多作几件事"，"敷衍过去"就行。25 日，编讲稿，助教拿去传阅。27 日，感到每天都在上课、写讲稿、开会如车轮般旋转，"各种应完工作，应缴之件纷至沓来。且催逼甚急，不得不如期赶缴，其实皆无益之事，只为遵行功令而已"，"连日劳倦过甚"，出现"耳鸣脑沸，脊痛腿软，神情恍惚"等情形[2]。后来几天也忙着编写讲稿。11 月 2 日，开会学习，读亚历山大罗夫的《辩证唯物主义》，讨论五年计划，准备参加庆祝苏联革命建国 38 年等会，"我辈以所有之时间精力投入，亦不能完其所指定之各事。深矣其劳也！"[3] 11 月 5 日，参加院务会，从 2∶30 到 7∶30方散，"时已昏黑，电灯已灭"。看样子，过去和现在，学校还是一样，在开会中学习和解决问题。11 月 7 日，教研组会讨论指导实习，助教们大谈"空泛"理论，惹恼系主任和吴宓，命其退出，助教"自去而又返"。9 日，续编讲稿。10 日，修改讲稿。11 日，重抄所修改之讲稿。16 日，下午参加院务会，散会"已昏黑"。18 日，助教将 7 日争论上诉到学校。21 日下午，教研组主任会，晚上 7∶30—10∶00 又是教研组教学中期检查会。22 日，历史系一年级学生对吴宓《世界古代史》课提意见，说他的授课无系统，"不突出重点，往往牵涉甚远，而不能说明问题，使学生茫然不知所以"；罗列事实，"不加分析批判"；无次序。"宓阅之甚痛愤"，

---

[1] 《吴宓日记续编》第 2 册，生活·读书·新知三联书店，2006 年，第 296 页。
[2] 同上书，第 302 页。
[3] 同上书，第 304 页。

感到"如上下两磨石夹碾我肉身，厄于二者之间，无所逃命"，"学生视历史如政治课，只喜听讲宣传煽动之材料，而其能力与知识又极缺乏"，"会后仍多悲戚"，"夫忧（虑祸患）劳（忙碌）愤（生气）三者皆能伤人。而宓今兼之，何以久生?"他想辞去课任老师，"院长偏不许，必命宓主讲"。他想精简内容，助教却说力求详尽，学生也"视历史如政治课，只喜听讲宣传煽动之材料"，如此这般，夹在中间的吴宓，哪能不出现"心所不愿为，力又不能为，不亦苦哉!"[1]

如此密集的教学活动，吴宓只能惟命是从。"宓本学期授课之内容与方法，不能自主，为甫、兴所挟持，惟命是从，如大车之辕骡为三梢骡强拽以乱驰"。他既"咎有应得"，也"代人受过"，留下许多无奈和悲哀，他甚至怀疑是否"当局有意鼓励年少而思想前进者来攻击我辈年老而博学笃旧之教授"，"促成一次之代谢与淘汰"。他看到领导之间也有矛盾和斗争，"以阳刚之良对阴柔之豫，恐良终将失败。然此又如笼中鸡互斗、槽头马互踢，终不胜鸡叟与马夫之鞭叱耳"[2]。1955年11月25日晚上，第三次教学中期检查，助教提意见，吴宓再次感到"如法官之断狱，类严师之训蒙"，刚开始他还反驳，后想到如意论师之"党援之众，无竞大义。群迷之中，无辩正论"而释怀。唐僧玄奘所著《大唐西域记》中有一故事。超日王为了羞辱佛家，召集各派宗教辩论。佛家的如意论师胜了99个对手，只剩最后一个。最后的辩论，提及"火烟"一词，国王和对手们都纷纷起哄说先有烟后有火是常识，如意论师错了。如意论师百般解释也没人听，愤而写下"党援之众，无竞大义。群

---

[1]《吴宓日记续编》第2册，生活·读书·新知三联书店，2006年，第318页。
[2] 同上书，第320页。

迷之中，无辩正论"，咬断舌头而死。它的意思是，在结成朋党的众人当中，不要争论重要义理；在迷失本性的众生中，不要去讨论真正的学说。11 月 28 日，期中教学检查，写总结交学校教务处，由助教执笔，写好后念给教研室老师听，吴宓不说话，最后说了一句，恨不得杀了他，日记记载是"暴怒"，"欲除之而后快"[1]。后来，当事人回忆此事说，当时作为从外校分来的一个助教，"在这里立足是很不容易"，加上"当时年轻，有点年轻气盛"，吴宓讲课，"没有成套的讲义，他主要在信封、破纸片上写一点提纲"，他又不懂马列主义，与年轻助教观点不同，于是发生矛盾，出现争吵[2]。11 月 30 日，在辅导学生时，吴宓发现同学中"好学深思之少年随处有之"。12 月 2 日，他向系领导反映，却被告诫，"与学生谈话，字字句句必悉遵党国政府之训示，不可稍露己意"，吴宓"怃然"，"往昔宓慕顾亭林，欲留播中国文化种子，今惟求速死耳"[3]。吴宓的"发现"犯了方向性错误。12 月 12 日，大家商量决定，吴宓不需再编撰讲义，只写出大纲，再由助教撰写，但助教不答应，谁愿意做这种费力不讨好的事？1956 年 1 月 6 日下午，参加教学讨论，吴宓被助教陈相武、王兴运、孙甫儒等讥为对社会主义建设热诚不足的"小脚女人"，吴宓为自己辩护："今使有'小脚女人'能担嘉陵江之水两巨桶上坡，入市，而另有天足之健妇三人，空手相伴而行，不为援助，则吾宁取彼'小足女人'也矣！"认为助教不去向学生代他作解释，却"恒挟学生以制宓，在任何场合讨论中，皆以攻诋宓为事"[4]。"小脚女人"之说非常形

［1］《吴宓日记续编》第 2 册，生活·读书·新知三联书店，2006 年，第 324 页。
［2］王兴运、王维江：《王兴运教授访谈录》，载《古典学评论》第 2 辑，上海三联书店，2016 年。
［3］《吴宓日记续编》第 2 册，生活·读书·新知三联书店，2006 年，第 326 页。
［4］同上书，第 349 页。

象，问题在谁是缠足者，为什么缠足？命名者心知肚明，他们或许希望吴宓成为小脚女人，从而也有批判和指责的理由了。

1956年1月9日，教研组商量考试办法，吴宓极力隐忍，只求助教们能帮他完成考试，"使宓轻松过去，则幸甚矣"[1]。11日，主动找助教"和衷共济，不再闹意气"。27日，学校领导来访，问及与助教争执事，吴宓回答问题已解决，"同心黾勉于工作"[2]，商量由助教孙甫儒担任下学期《世界古代史》课程老师，吴宓担任指导教师，帮他看讲稿。实际上，吴宓不受尊重，发生矛盾也不少。2月27日，吴宓参加重庆市知识分子代表大会，在小组会上发言，除对个人生活和待遇表示满意和感激外，还以《世界古代史》为例，谈到助教制度，认为新老教师要做到"善意合作，互谅互敬"，"化争执为协力"，需要布置得宜，计划敏密。他还特别为新教师呼吁，希望他们宜早开课早升迁，不要拘于年限，同时新教师也应尽可能知晓老教师的特长，真心信服，而不是礼貌虚文，做做样子[3]。应该说，在吴宓与助教之间，尽管发生了这么多的不愉快，吴宓依然是善良而包容的。

这门课程及教学活动算是完成，由此可见，做教师的吴宓在教学上的辛苦和劳累，这对一位60岁老人而言，已是身体和心理承受的极限了。20世纪50年代，在思想改造、胡风批判和教育振兴的多重背景下，助教制度的设立意在积极培养新人，发挥老教师"传帮带"作用，又防止他们受到落后思想的影响，但当时凡有学问、有资历的老教师几乎都来自1949年以前，这必然带来矛盾。让老教师指导年轻教师，自然会出现思想和知识上的两难，在知识

---

[1] 《吴宓日记续编》第2册，生活·读书·新知三联书店，2006年，第352页。
[2] 同上书，第362页。
[3] 同上书，第382页。

学问方面，肯定没有任何问题，但他们的思想观念并不完全合乎时代要求，这就使助教制度难以真正落实。年轻助教确是解放后教育培养的产物，他们的思想情感和知识结构不同于老教授，立场端正，根正苗红，气势凌人，谁愿屈尊？像吴宓这样的老教授，沐浴西方教育之风，深受传统文化影响，进过私塾，留学海外，新旧杂糅，中西混合，传统思想和现代理念并存于思想之中。所以，吴宓和助教们发生冲突也是自然的事，加上吴宓本身不善于沟通，弱于人事，看人看事总拿老眼光，也常产生种种误会。在今天看来，不用去责怪谁，谁也不是完全责任人，都不过是特定时代的产物。吴宓自尊、心细，对人对事比较敏感，他的日记记录比较真切，但也带有个人情绪，读起来虽别有意味，但也不可能是绝对真实客观。只是这些具体而琐碎的日记为我们今天提供了一份丰富而完整的教学档案，让后人见证了那个时代的教学活动，两相对照，有变和不变，有今胜于昨的欣喜，也有今夕是何夕的感慨。

在这里，还有一个疑问，为什么吴宓没有在共和国时代培养出杰出学者？尽管后来有不少人自称是吴宓弟子，但相对他在清华和西南联大培养的钱锺书、曹禺、李健吾、张俊祥、季羡林、李赋宁、王岷源、王佐良、周珏良、杨周翰、许国璋、赵瑞蕻、李鲸石、袁可嘉等名家，在西南师院学生中的名家则甚为稀少。李赋宁曾说："回顾先生的一生，我们可以肯定地说：吴宓先生是一位杰出的教育家、学者和诗人。他为我国培养了一批又一批的文学家、历史家、哲学家、翻译家、剧作家和诗人。他为我国的外语教学事业和外国文学研究和翻译事业，打下了良好的、牢靠的基础。他在我国开创了世界文学和比较文学的研究。"[1]"一批又一批"的人才主要还是出在民国时代。他在西南师范学院工作二十多年，科学研究暂且不说，对教学活动，他也是最认真的，受业于他，成为教学名家或学术大家的却相对较少。这有社会时代因素，也与解放后师范学院的办学定位和学校环境有关。学校的办学定位和学风校风，肯定会影响到学生的成长目标和老师的教学科研。另外，也与学校师生如何看待吴宓的教学有关，吴宓的课堂教学，在知识层面肯定不是问题，在思想层面不能被真正理解和接受，确是一个问题，对吴宓的品行和人格，也缺乏基本的宽容和尊重，更是一个大问题。人之成长，在家仿父母，在校学老师。老师的学问和品德会影响学生一生，如果不尊重老师，不把学问当学问，甚至批判、侮辱和斗争他，这样的教育环境和师生关系，当然培养不出优秀学生，这样的老师，实际上也是有名无实。后来，在人们的记忆里，吴宓的形象虽日益高大起来，但终究不过是记忆而已。

---

[1] 李赋宁：《怀念恩师吴宓教授》，载黄世坦编《回忆吴宓先生》，陕西人民出版社，1990年，第12页。

第十三章　学习改造：疲劳奔命

《吴宓日记续编》记录最多、最为详细的是他参加政治学习和个人检讨。解放后的吴宓如同他在自寿诗里所言："六十经世变，百事与心违。七十犹苟活，安顺待全归。"[1] 他几乎经受了所有社会运动，如"肃反"、批胡适、批胡风、"三反五反""反右""大跃进""社教及四清""文化大革命"，等等。每一次运动都让他疲于应对。吴宓生性率直，拙于周旋，不善伪饰，一波又一波的运动风潮远比日常生活复杂，力道甚为深厚，他也临深履薄，胆战心惊，时常自保不及，从没有缓过神气来。

一、学习谈话

当代社会运动接连不断，会议学习、集体讨论和个人发言成了社会生活的一部分。根据吴宓日记，1951 年平均一天两小时，1952年则为平均每天 4 小时，吴宓不无怨言，"今全国之人，皆忙于开会、学习、运动、调查、审讯、告讦、谈论，批评，而事业停顿，

---

[1]　吴宓：《七十生日诗》，载《吴宓诗集》，商务印书馆，2004 年，第 524 页。

学术废弃，更不必言'其细已甚'与'民不堪命'也!"[1] 从1958年开始，政治活动已成了人们社会生活的全部内容，"众皆忙于提意见，写大字报，公务几全停顿，无暇办事"[2]。各种思想汇报，撰写"大字报"，学生和老师日夜赶工，"诸人之辛苦奋力，尤以学生为难能，数日不回寝室，在教室中倦则伏案而寐，焦思苦行，不断挥毫书写"[3]。在教育"大跃进"运动中，他赶写"大字报"到深夜，夜晚一点钟再起，写至五点，疲于应付，终日愁苦忧思，时常失眠。到了"文革"，被关进牛棚接受改造，除参与生产劳动外，其余时间都参与学习，撰写交代材料，"士劳忙不暇用思"。可以说，吴宓后半生终日为思想改造所劳累、所苦闷，不得休息，他也多次表达不满和不快，"赴第一小组学习会，心甚不快。勉强发言一次"[4]，"循例随众，不得不言，既违良心，又不合时宜，殊自愧自恨也"[5]。这样的例证，在日记里随处可见。他也以各种理由拒绝，但多数时候不可避免，享受不到陈寅恪在中山大学的待遇，如不参加政治学习，不接受思想改造，不尊奉马列主义，1950、1960年代在全国也没几人能有如此条件。

吴宓参加了无数次学习谈话，撰写了大量的汇报材料。《重庆日报》征文，拟请吴宓撰文。他感叹："呜呼，当局焉知吾心，吾宁甘减薪降级调职，而不愿作文登报。此吾特有之苦衷，不敢对人言者。宓自视如无物，然人犹以往昔之虚名而尊我或用我，哀哉名之为累也!"[6] 受名之所累，"心死身为赘，名残节已亏"，但他

---

[1] 《吴宓日记续编》第1册，生活·读书·新知三联书店，2006年，第327页。
[2] 《吴宓日记续编》第3册，生活·读书·新知三联书店，2006年，第247页。
[3] 同上书，第331页。
[4] 《吴宓日记续编》第1册，生活·读书·新知三联书店，2006年，第24页。
[5] 同上书，第24-25页。
[6] 《吴宓日记续编》第2册，生活·读书·新知三联书店，2006年，第62页。

也没办法，不得不去做，内心郁闷，惟祈求早死，"明月在天，会中积百感，惟求速死，以逃避此种种"[1]。从 1965 年 3 月 15 日到 4 月 7 日，吴宓写"自我检查"14 页，对报告会、座谈会都做了记录，"粘存"于日记，后来被搜走，遗失。从 1966 年 9 月到 1967 年 4 月，他撰写述说检讨文章数十万言。从 1958 年 5 月 15 日到 8 月 9 日，全是交心讨论，以"大字报"、交心剖析材料、审查讲义，批评与自我批评，学习讨论方式，开展资产阶级个人主义思想批判。吴宓写交心材料，回答有关"继母说"、中国文化、简体字、年老退休、思想改造和与右派的交往情况，等等。6 月 3 日，吴宓发言《最后之交心及批判》，众批评，主要强调阶级立场、阶级观点和文字的阶级性[2]。6 月 9—10 日，吴宓写"大字报"20 张。有教师表态每人写"大字报"1000 张。有学生来向吴宓借《学衡》，"从中检查宓昔之旧思想，观其今是否犹存留者"，"宓颇怒"，"苦不堪受"[3]。6 月 11 日，得诗句："速死为安伤老马，余生何望比僵蚕"，随众学习唱《红旗歌》[4]。6 月 12 日下午，写了 24 张"大字报"，"在史系几为最少最慢者"[5]。6 月 13 日，在参观返回的路上，因走小路责骂了引路者，被要求写 500 张"大字报"，吴宓"惟有投嘉陵江而死，请君陪伴我往可也"[6]。14 日，历史系"大字报"评比，吴宓以 123 张居末，因骂人还在全系作了自我检讨。

　　1958 年 6 月 15 日，因自定"大字报"指标数过高，无法完

［1］《吴宓日记续编》第 3 册，生活·读书·新知三联书店，2006 年，第 314 页。
［2］ 同上书，第 320 页。
［3］ 同上书，第 326 页。
［4］ 同上书，第 327 页。
［5］ 同上。
［6］ 同上书，第 329 页。

成，而感叹道："呜呼，何苦来哉！诸人之辛苦奋力，尤以学生为难能，数日不回寝室，在教室中倦则伏案而寐，焦思苦行，不能挥毫书写云。学生张绳于各教研室，史系学生所写之大字报，一律送至本人（教师）之教研室中，挂满墙壁，复高堆地板上。呜呼，使学生能如此奋力于学术，岂非佳事，今劳苦何益？"这样做的结果，"只在使民贫、民愚。而士劳忙不暇用思，又中于宣传，厄于命令，遂不思逞，不敢叛而已矣！"[1] 在得知农村饿饭，兄妹为一粒干胡豆而争打，反思"大跃进""上下相蒙，惟求贯彻执行命令，多得显示成绩，故相与为伪"[2]。到 6 月 22 日，他写了 274 张"大字报"，装订成册。

吴宓日记或详或略地记录了众多人和事，以及他的思想和感受。1955 年 2 月 25 日写道："最近半年来，奉命完成之工作日重，自晨至晚，不获须臾休息，尚苦堆积填委，不能如期完缴"[3]，如批判胡适、政治思想学习、开会及组织学习、讨论、检查、批判不休……于是，他感叹："宓有限之光阴、宝贵之精力，尽耗于上列十事之中，而犹患不给。身为'人民教师'而无暇备课，奉命'学习苏联'而无暇细读译出之苏联教本《世界古代史》诸书……在此杂乱繁复之章程政令与严急督责之下，无人能尽职完责，只得草率敷衍，虚饰空谈，以了'公事'而已。是故宓近半年来，未尝为预备教课而读书。"[4] 他身心疲惫，神思昏聩，"诗不作，课外之书不读，更不亲圣贤典籍、古典名著，于是志愈摧、气愈塞、情愈枯、智愈晦、神愈昏、思愈滞，而身愈瘦、肢愈弱、目愈眩、发

---

[1]《吴宓日记续编》第 3 册，生活·读书·新知三联书店，2006 年，第 331 页。
[2] 同上书，第 332 页。
[3]《吴宓日记续编》第 2 册，生活·读书·新知三联书店，2006 年，第 131 页。
[4] 同上书，第 132 页。

愈白、容愈蹙、胆愈怯，尚为不足为重轻者矣！"[1] 他的主要工作用在填写各种教学表格，参加政治学习，承担院务委员、教学小组长、系务委员、工会活动，出席政协会议等各种事务十余项。1957年7月4日，参加反击右派学习会，"终日参加此运动，神经受到刺激过度，久久不能成寐"[2]。7月11日，"连日开会，宓虽未受检讨，且少发言，亦已极昏倦，夜遂失眠。神经受刺激太多，耳鸣不止"[3]。12日，"月明，夜中屡醒"[4]。他一发言就错，因为他不懂得如何表态。1959年1月24日，中文系政治学习，吴宓发言，却"未合机宜"，"盖宓天性真而挚，不能为政治性之言词。近者屡次发言，意在表示宓在用心学习，又拥护政策，服从改造；乃其所得之结果往往相反，他人竟以宓为顽固自矜，标奇立异，敢于反对政策，拒绝改造"[5]。因为真诚，不说假话，每说话就犯错，只好沉默。"故今后决当超处静观，凝重自持，宁以沉默获咎，毋再以多言受辱。自安义命，不务逢迎，生死不系乎心，则荣辱得失不能伤我矣。"[6]

1964年11月30日，中文系举办运动座谈会，开展思想斗争，与吴宓有关的就有十余项，如：顽固坚持封建主义思想，反党反人民政府；反对文字改革；以党和国家之钱资助地主亲戚；以资产阶级恋爱观接吻拥抱腐蚀党员助教，致犯错误；以编辑《学衡》为功，"保存该杂志，且以示人"；在给进修班授课，"取法国修正主义者阿拉贡之书为教材，并写眉批：'凡以主义、观点、立场讲论文学，

[1] 《吴宓日记续编》第2册，生活·读书·新知三联书店，2006年，第132页。
[2] 《吴宓日记续编》第3册，生活·读书·新知三联书店，2006年，第124页。
[3] 同上书，第128页。
[4] 同上书，第129页。
[5] 《吴宓日记续编》第4册，生活·读书·新知三联书店，2006年，第22页。
[6] 同上书，第23页。

即是大错大误’，此何语耶！"给进修生讲狄更斯小说的人道主义，
"此岂可宣扬者耶？"以政协餐券赐予邹开桂招友往政协俱乐部餐厅
恣食；与"反革命家庭"出身女职员甚熟，每月发薪后即去她家，
还一同入城看电影，等等。吴宓看到他人相互攻讦而"大惊"，对
他的攻讦反而让他"憬然"，觉得所举事例皆1952年、1958年已
经暴露和批判过，"且已邀赦免之事，或其事之前因后果皆可解释
而宓得告无罪者，于是坦然无忧，静聆诸君陈辞而已"[1]。他没有
政治觉悟和斗争经验，以为过去了的事，不会再提出来，实际上，
历史是现实的需要，古为今用，只要现实需要，历史就不会放过，
并且还有更大风险。上面所列事例，无论是历史还是现实，任何一
条都可与资产阶级、封建主义、地主阶级挂上联系。事情虽说是芝
麻小事，如上纲上线，所谓透过现象看本质，都可能成为大问题。

　　12月7日，继续参加运动座谈会，审讯徐永年和其他中文系领
导，"宓深恨诸人语气神态之粗恶横暴，私叹旧中国与今之欧美皆
无如此之审判方式。不幸哉，吾侪乃生于此时代之中国也！又不幸
哉，宓不早死！倘在1964年8月以前，宓即死去，亦可免见类此
之奇耻大辱。今陷身此运动中，真有‘求生不易，求死亦不得’之
苦况也"[2]。9日，到大礼堂听报告，吴宓发现残酷斗争让人们相
互猜忌和提防，"徐永年、李淑清夫妇坐宓右，众皆视为罪人，不
与交言，亦不与郑思虞言。田志远等似亦不屑与宓言，盖宓固有
罪，惟较轻耳。至宓与郑思虞则故意互相隐避，不敢行近，免群众
疑我等私作密谈，有所商量图谋也"[3]。因政治运动，人人自危，
人和人之间的关系也变了。他在致金月波的信中也说到这种情形：

[1]《吴宓日记续编》第6册，生活·读书·新知三联书店，2006年，第425页。
[2] 同上书，第434页。
[3] 同上书，第435页。

"一般教职员，互相隐避，不敢交言。"[1] 11 日，吴宓写《交代我与中文系同志数人之关系》四篇，分别介绍与苏鸿昌、徐永年、郑思虞、谭优学的关系。12 日，又写《交代我与外语系助教江家骏之关系》，下午发言"宓在中文系之日短，故与本系之人皆生疏，而所知之事极少。因此，宓不能有所评发，惟有关于宓之人和事，宓已写出交代，呈交工作团矣。宓所写缴之材料，说自己，说他人，一体真实，'知无不言，言无不尽'。既不花言巧语，陷人于罪，亦不隐瞒包庇，有所讳藏。盖宓自幼而老，在旧时代及新时代，皆诚实坦率，言必由衷。不忮不求，少烦人事。有关政治者，则胆小怕事，一切甘愿服从，惟待指令"[2]。会后，参加会议的领导则说："极望人人努力参加运动，即是多多供出评发他人之材料，为无产阶级在阶级斗争中之利益及胜利。""宓思如此，直为办法"，觉得采用这样的办法"似巧而实是大愚者也"[3]。平素同仁，瞬间反目，捏造附会，落井下石，继而跌入深渊。30 日开会，矛头没有对准吴宓，"宓近日甚畏惧运动座谈会，每至星期一三六，辄忧心惴惴，到会时，宓心脏大跳动，若有大祸降临者。今日的平安轻舒度过，难得也已！"[4]

二、自我检讨

面对各种社会运动，吴宓不仅要参加学习，而且还要自我检讨

---

[1] 吴宓：《致金月波》，载《吴宓书信集》，生活·读书·新知三联书店，2011 年，第 341 页。

[2] 《吴宓日记续编》第 6 册，生活·读书·新知三联书店，2006 年，第 438 页。

[3] 同上。

[4] 同上书，第 461 页。

和自我批判，由此才能完成思想改造。1951 年 11 月 23 日，在小组学习批评《武训传》会上，他检讨自己有雇佣观点、纯技术观点和超政治的清高思想，以及温情主义，主要表现在喜爱浪漫主义与爱美写情的文学，有人道主义思想，喜欢和平，不喜斗争[1]。他自称温情主义者，有仁慈之心和人道主义立场，每当看到学生宣布与家庭决裂，或参与批斗他人，他就怒而叱责，或起身离开。在 1952 年 1 月 12 日的小组学习会上，他感受到只有自己"一人不上进，不争先"。1958 年 9 月 30 日，从历史系转入中文系，当天还在历史系接受批判，"宓极愤懑痛苦。不意宓在史系之最后一日，史系同人犹对宓如此酷虐"[2]，他感到"中文系纪律不如历史系之严，行动步伐亦不如历史系之整齐"[3]，这只是他的一厢情愿。1959 年 1 月 24 日，中文系政治学习，他感到"今日发言，未合机宜，又深悔。盖宓天性真而挚，不能为政治性之言词。近者屡次发言，意在表示宓在用心学习，又拥护政策，服从改造；乃其所得之结果往往相反，他人竟以宓为顽固自矜，标奇立异，敢于反对政策，拒绝改造"[4]，"故今后决当超处静观，凝重自持，宁以沉默获咎，毋再以多言受辱。自安义命，不务逢迎，生死不系乎心，则荣辱得失不能伤我矣"[5]。9 月 13 日，在会上暴露思想，吴宓说自己一向不关心政治革命及个人经济状况，他只挂念文化文字和诗歌。谈到学习，他说："此所谓'学习'，无异'逼供'，实苦无词可陈出。呜呼，生此国，堕此世中，虽得安居乐业，亦惧不免提心吊胆，盖党及政府，由阶级观点，始终视我等为敌人及异类，而疑惧、防闲、

［1］《吴宓日记续编》第 1 册，生活·读书·新知三联书店，2006 年，第 246 页。
［2］《吴宓日记续编》第 3 册，生活·读书·新知三联书店，2006 年，第 488 页。
［3］ 同上书，第 491 页。
［4］《吴宓日记续编》第 4 册，生活·读书·新知三联书店，2006 年，第 22 页。
［5］ 同上书，第 23 页。

考察、惩治乃无已时。被统治者诚为不幸，而统治者亦良苦矣。"[1]

1964 年年底，吴宓的交代材料已完备，得到工作队认可，认为"一切问题，都已清结了，今后只是思想改造"，但又留了一条尾巴，认为："宓之思想极顽固，离开无产阶级立场、观点尚甚远，改造甚不容易。尚须努力"，而吴宓却"苦于'不知如何说法'，不能效他人巧言，非不肯屈服、效颦也"[2]。1965 年 1 月 3 日，在古典文学教研组座谈会上，众人又"集矢于宓"，要求他断绝与父友关系，不再祭拜父亲，交代与张宗芬的关系，另外，"众责宓年老，不应对女子殷勤"[3]。晚上，以高亨之《周易古经今注》卜，即或出词诬罔，昧我良心，力求过关，斯亦可耳[4]。会上，耿振华还教授吴宓思想改造之法，要忍痛坚持，"一割再割"，会后归途，还传授方法，"应就宓所犯罪案之重大者立言，以达到原则之结论"[5]。

1965 年 1 月 4 日，吴宓主动申请撰写长文作深刻检查。2 月 11 日，感到"此次社会主义教育运动之对宓之斗争，已破毁宓之身体健康及宓之精神意志矣"[6]。2 月 23 日，被问到运动感受，吴宓回答："宓对国家、无产阶级、社会主义之大好形势及前途极乐观；而对宓自己则甚悲观。宓虽应思想改造，然对新国家、新社会实无多用处。宓之精力及生命已垂尽。"[7] 对社会乐观，对自己却悲

---

［1］《吴宓日记续编》第 4 册，生活·读书·新知三联书店，2006 年，第 167 页。

［2］吴宓：《致金月波》，载《吴宓书信集》，生活·读书·新知三联书店，2011 年，第 344 页。

［3］《吴宓日记续编》第 7 册，生活·读书·新知三联书店，2006 年，第 5 页。

［4］同上书，第 6 页。

［5］同上书，第 5 页。

［6］同上书，第 38 页。

［7］同上书，第 56 页。

观，这有反讽意味。1965 年 3 月 15 日，写"放下包袱"自我检查，其中第一条就是思想上"崇仰中国历史、文化，宝爱中国文字、文学"，晚上被谈话后，向邻居倾诉："近日郁闷之极，惟其速死，非由畏祸之心，但觉宓已老而生无可乐故耳。"[1] 3 月 26 日，在学校举行的座谈会上发言，说"愿乘此机会，决心改造，拟多研读毛主席著作，改变我之世界观及立场，以为无产阶级及社会主义服务"[2]。3 月 29 日，在座谈会后，与耿振华和朱静秋交谈，他们劝他学习著作，努力改造，"必须慎默，勿与任何人轻谈说，勿以自己之思想感情向人宣泄，方可免祸"[3]。到了座谈会上，他们多次发言批评吴宓，吴宓则小心翼翼，他被批评怕了，于是向他们求助方法。他把思想改造理解成人际关系，一个劲儿找批评者述说，加以沟通和交流，希望改善个人关系，免除批判。这怎么可能呢？他哪里知道，思想改造和教育运动是社会大势，需要批评者，需要斗争对象，只是在历史大潮之中，他们不过是小小的浪花而已。吴宓的任何解释都不起作用。5 月 3 日，连续四小时听耿振华等批判，而感到"诬蔑中国礼俗文化，斥骂我辈之语，宓心极愤恨不平，强作和颜忍受，中怀甚苦"[4]。耿振华（1913—1985），河北人，1939 年毕业于北平师范大学，1952 年到西南师范学院工作，副教授，著有《毛泽东诗词注解》《风雨十年》。诗集《风雨十年》由楚图南题字，陈白尘和黎澍作序，主要写于抗战时期，刊于成都的《艺坛》和《华西日报》之副刊"每周文艺"。陈白尘称其为

---

[1] 《吴宓日记续编》第 7 册，生活·读书·新知三联书店，2006 年，第 75 页。
[2] 同上书，第 79 页。
[3] 同上书，第 83 页。
[4] 同上书，第 107 页。

"抗战的诗史"[1]。耿振华解放后为民盟盟员，在吴宓日记记录的社会运动中，他在政治上非常成熟，判断敏锐，对吴宓在运动中的种种"笨拙"和"颠顸"情形，也多加批评、指导乃至嘲笑。1967年3月18日，他"有意对宓侮辱讥笑，以自取乐"，"将宓描画成一奇人、怪物，行事笨拙，但可供耿君等之笑乐而已。宓心中至不快，但忍无可忍，而又不得不强忍，宓诚苦矣"[2]。在劳动改造队里，吴宓成了孔乙己，耿振华是小队长，就是鲁迅所说的奴隶总管。吴宓既怨怒又畏惧，"情绪至为复杂"，"呜呼，已到宓之年龄与处境，犹感人情之恶，与遇合之难，亦可悲矣！"[3] 人在机会或危机面前，互利是有的，伤害更是常见，人性丑陋，人心不善，社会在发展，历史也在进步，但人性和人心并没像外在世界变化那样快，那样大。

1967年3月30日，吴宓与杨欣安谈话，感叹队员之间不但不"同病相怜"，还"同行相忌"。杨欣安回答说："我等皆是'敌人'，以分化、离间为策，队员同人亦皆以进谗、告密、竞图自进、自脱，故我辈不可多与队员同人交谈，而应守沉默。"[4] 4月1日，"聆成、杨二君之言，始知中文系劳改队之某某诸人，对成、杨及宓等，告密、诬陷、造谣、多方中伤，以此立功自进。按，此等习俗行事，诚新时代之污点也矣"[5]。"杨"即杨欣安，"成"即成文辉。"立功自进"，至少可自保，并不是社会政治运动中的稀少现象。4月2日夕，杨欣安再劝吴宓慎言。4月3日，又说"决当冷

[1] 陈白尘：《序诗集〈风雨十年〉》，载《风雨十年》，西南师范大学出版社，1985年，第2页。
[2] 《吴宓日记续编》第8册，生活·读书·新知三联书店，2006年，第72-73页。
[3] 同上书，第78页。
[4] 同上书，第86页。
[5] 同上书，第89页。

静沉默，且加简约"，只是吴宓甚感"数十年以此自勖自训，今老年仍不异，足见知之易者其行犹甚难也"[1]。在 1965 年思想改造学习运动中，吴宓虽然多次主动暴露分析自己的错误，仍然受人责评。5 月 10 日，吴宓检讨的问题主要在两个方面，一是思想上的保守主义，如对中国文化、文字、文学的崇爱；二是生活中对爱情有兴趣，喜欢阅读爱情诗歌和小说。前者是封建主义，后者是小资产阶级作祟[2]。

这里，需要提到方敬对吴宓的指导和关照。5 月 12 日，"散会，出，方公与宓握手，步谈。宓言：骏事，宓愧有负方公之知遇与委任。方公劝宓应自认对骏之影响及责任，如宓自述生活琐事，并以照像示骏等，一也。骏爱女生 C 而未及于乱时，宓何不乘机劝阻，二也。总之，知过即当力改，俾他日再培养助教时，不至重蹈前非。但望宓勿忧，院长亦惟恐宓太过忧惧，云云。宓申谢"[3]。这里"方公与宓握手，步谈"，吴宓"愧有负方公之知遇与委任"，方敬予以劝告和指导，"劝宓应自认对骏之影响及责任，如宓自述生活琐事，并以照像示骏等"，将吴宓的自我检查转向人们关心的生活情况，同时"望宓勿忧，院长亦惟恐宓太过忧惧"，这些宽慰有助于缓解吴宓一段时间的忧惧和紧张。在第二天的小组会上，吴宓就以"不应在课外与骏太亲密，近接而无界限，不应示以照片，述宓往史，而影响了骏之思想与生活，宓诚不能逃其重责"作为问题。三天后，5 月 15 日，"4—5 时，方敬院长，招宓至北厢一小室对谈。宓先述对党由忠诚'投降'，愿一切'服从''信受'，以旧道德修养而能适应，故三年大灾中毫无怨尤与忧虑。又以相信毛主

［1］《吴宓日记续编》第 8 册，生活·读书·新知三联书店，2006 年，第 90 页。
［2］《吴宓日记续编》第 7 册，生活·读书·新知三联书店，2006 年，第 115-116 页。
［3］ 同上书，第 118 页。

席领导世界人民革命，如下围棋，扩及全盘，定获全胜，其方策亦必尽善，而吾侪决不能赞一辞，只有遵行，故宓对三面红旗决无怀疑，亦无评论，云云。方公分析宓之全部思想及所犯错误，谓应归纳于地主阶级出身之主因，而应承认（1）祭祀或纪念＝封建迷信。（2）偶在必要时，以微资汇助地主阶级亲友，事亦可行，但思想上必须与地主阶级亲友（无问存殁）一律划清界限。（3）宓以婚姻恋爱之往事述告骏，且示以诸女友像片，实是教导骏走入邪路。骏有妻室而爱 C 女至蹈罪，其责宓不能不负，云云。方公命宓按照以上之分析撰作发言稿，（i）先在小组讲出。（ii）修改后，如出色，可如昨诸君之例，在大组讲出。宓表示欣愿遵行。于是宓仍回小组，乘他人发言时，宓自草成发言稿之最简提纲。"[1]

此长段文字详细地叙述了方敬对吴宓的具体指导，"招宓至北厢一小室对谈"，表明方敬有意对他特别指导，真心帮助他能够在思想改造中顺利渡过难关。在指导内容上，也是巧妙而精准，一是将"地主阶级出身"作为原因，表明出身无法改变的事实，错误的主观性就自然降低了。二是将资助亲友，作为"偶然"，"在必要时"，且是"微资"，还是"可行"之事，只是需在"思想上"与地主阶级划清了界限。这是多么机智的建议，既说明原因，又改变了事物性质，吴宓的责任自然就小多了。至于在助教指导上的问题，也是具体方法上的失误，而不是思想观念问题，也大大降低了吴宓的责任。并且指导吴宓的检查方式，先小组后大组，先在小范围听听意见，看看反应，再作调整和修改。听了方敬的指导，吴宓"欣愿遵行"，很快就草成发言稿提纲。从"由阶级观点，即由我的地主阶级出身检查我犯之错误（宓之全面的自我检查）"到

---

[1]《吴宓日记续编》第 7 册，生活·读书·新知三联书店，2006 年，第 121-122 页。

"对封建地主家庭及亲戚，具有深厚之同情（表现在一、年节祭祀。二、汇款济助之二事）——今应与以上划清思想、感情之界限（无产阶级立场）"，再到"宓述说故事并出示像片等，卒引致骏与 C 恋爱而犯大错误"等为内容框架，全面采纳方敬的指导。只是会后，吴宓又向他人汇报方敬的召示，被批评"愚直、热诚、简朴"，批评得真是到位。万幸的是，方敬没有说违规的话，万一有出格违规之语，那不将方敬也出卖了？这也是吴宓的"愚直"之处。

1965 年 5 月 17 日，吴宓在中文系小组作全面自我检查发言，"照五月十五夕草成之简稿讲出，又注释其中若干事实，毕，众加以评论"。依然是套话，却获得指导组同志"宓题甚好"的肯定[1]，他也感叹"吾侪不幸而生于今日之中国，而需受此'思想改造'之苦也"[2]。在路上有年青老师问候他，遇见他曾辅导过的女助教，他竟不认识，"宓百感摧心，几同痴呆"[3]。次日，吴宓在写日记时，还为助教未访而伤怀。"今宓以负罪之身，凤归，近在咫尺，竟不敢往访"，"呜呼，伤已！"又想起自去年 9、10 月已与自己疏远，"而宓之萦怀深思，皆是多事，而可不必者矣"[4]。人人都忙于运动过关，只有吴宓还在念旧情！1965 年 5 月 18 日下午，在大组会发言，吴宓"不看简稿，从容安舒而谈，作真心愧悔之状，至 4：10 毕。（如释重负）"[5]。方敬帮助吴宓暂时通关了。他"作真心愧悔之状"，恐怕也并非"真心"，不无表演成分。

方敬在学校长期负责统战工作和教学工作，吴宓是最主要的统战对象，他不但在政治上关心爱护吴宓，在工作和生活上也尽可能

---

［1］ 《吴宓日记续编》第 7 册，生活·读书·新知三联书店，2006 年，第 124 页。

［2］ 同上书，第 125—126 页。

［3］ 同上书，第 130 页。

［4］ 同上书，第 131 页。

［5］ 同上书，第 127 页。

地关照他，吴宓也比较信任方敬，"遇到事情，无论大小，愿意找他商量，征求意见和看法"[1]。他们平常交往比较多。1951年元旦，时任外文系主任方敬就到吴宓寝室小坐，5月18日，方敬告知吴宓被选为西师校务委员，"当局借重虚名，不必实负责任"[2]。12月27日，方敬给吴宓英文版《联共党史》，供其学习阅读。1964年2月14日，吴宓生病、卧床，方敬来拜访慰问。1965年2月5日，学校要求古典文学教师可多读现代文学作品，吴宓找方敬说不想上课，但可培养青年教师，或做文献材料方面的工作，方敬表示可由中文系安排。1966年7月5日，学校出现"大字报"，攻击方敬厚爱吴宓。8月1日，工作队将学校副院长王逐萍、方敬以"资产阶级修正主义路线"代表打倒，晚上中文系举行古典文学组"文化大革命"运动学习会，批判王逐萍，批判方敬，吴宓只"发言一次，敷衍而已"，并在日记中记下："今知运动转入批判斗争阶段，宓不胜忧惧。众对王逐萍及方敬皆'墙倒众人推'，纷纷从井下石。其实西师领导人中，能知晓教育、学校及学术、课程、业务为何事者，仅一方敬而已。宓以方敬为西师惟一功臣，亦宓之知己，今见其覆亡，不敢效蔡邕之哭董卓矣。"[3] 在如此严峻的形势下，他以"仅一方敬""惟一功臣"和"知己"评价方敬，足见吴宓的刚直不阿、不趋时流的高尚品格，而"不敢效蔡邕之哭董卓矣"，则流露以董卓之赏识蔡邕，"重邕才学，厚相遇待"[4]，相比方敬的厚爱。"蔡邕哭董卓之死，为王允所杀"[5]，吴宓则因害

[1] 方小早、方小明：《吴宓与方敬》，载王泉根主编《多维视野中的吴宓》，重庆出版社，2001年，第109页。

[2] 《吴宓日记续编》第1册，生活·读书·新知三联书店，2006年，第137页。

[3] 《吴宓日记续编》第7册，生活·读书·新知三联书店，2006年，第503页。

[4] 范晔：《后汉书·蔡邕列传》，中华书局，1965年，第2006页。

[5] 《吴宓日记续编》第7册，生活·读书·新知三联书店，2006年，第504页。

怕而自忏。8月2日晚，在工会组织的生活会上，吴宓发言说："（一）西师领导人中，惟敬是文化人、知识分子，曾在大学与教育界，懂学问与业务，（二）进修班，以及研究生，提高业务等办法，在当时似由中央教育部发出指示，全国一致（恐非敬个人主张）。"[1] 吴宓为方敬辩护，虽无法改变人们对方敬的攻讦，他也"诚悔多言之失矣"，但确显示出吴宓不畏人言的行事品格。"在那个背信弃义、落井下石，甚至亲人反目的时代，吴先生写下的这封信，至今仍然让人心灵感到震撼，昭示着什么是真正的人格操守，什么是真正的高尚精神。"[2] 9月5日，吴宓带上"反共老手吴宓"纸牌，作为王逐萍、方敬两副院长之陪从犯，在大操场受到全校师生批斗，成为"牛鬼蛇神"，受"红卫兵"管制、监督劳动改造。

三、执念如旧

1951年4月29日，吴宓参加一次座谈会，领导发表"冗长重复"的讲话，他注意到其中的一句话——本校每一教职员均需完成"意识改造，阶级转变"[3]。1952年3月16日，他与朋友谈及思想改造，"甚忧能否度过此关"，他内心想的是，"彼千万好名好利、专图官职之国民党政府人员，本无宗旨与信仰，走越走胡，事齐事楚，恒无所择，惟视环境之推移，向新朝而效忠，既乏节操，自乐从顺，其痛詈前王，雅崇今哲，只为己利，亦非伪饰。其他万

---

[1]《吴宓日记续编》第7册，生活·读书·新知三联书店，2006年，第504-505页。
[2] 方小早、方小明：《吴宓与方敬》，载王泉根主编《多维视野中的吴宓》，重庆出版社，2001年，第112页。
[3]《吴宓日记续编》第1册，生活·读书·新知三联书店，2006年，第125页。

事，在彼均无所不可，则其思想之改造固极易矣。乃有三数真诚之士，平日志慕伯夷、叔齐，既不沾染旧朝，复何求于新代。其尊仰儒佛，笃行道德，研精学艺，工著文章，乃由本性，终身不变。今欲其改变思想，强者则殉道死节，弱者则空言伪饰。当局可以改变其笔与口，讵能改变其心耶？是故由共产党、人民政府观之，前一种人是无足重轻，甘为吾所役使。若夫后一种人，乃无术改造、断不能改造者，而其潜德幽光，影响真实，足为吾之阻害，则非诛戮而尽去之，不可矣。宓虽无心干与世事，而甚忧人之视我者如此，故深自危也。而况宓又寸心内疚，不工巧言伪饰乎？"[1] 在他看来，思想改造对那些好名好利、专图官职的国民党政府人员，他们无信仰节操，见风使舵，朝秦暮楚，极其容易，而对少数真诚之士，他们笃行道德，潜心学术，改变其思想就有难度，可以改变他们的"笔与口"，"讵能改变其心耶？"他显然属于那些"无术改造、断不能改造者"，他的思想不能改，也不愿改，但也十分担心，为受"诛戮而尽去"而"深自危也"。他不想"作伪"，"如耍猴戏，猴但畏场下幕后之鞭笞而已"[2]，也不懂巧言伪饰，所以忧且惧。谁知只要承认错误检讨思想就行，于是，他放下包袱，坦白自己的雇佣观点和清高思想，即获认可，学校广播还称赞吴宓学习进步，《新华日报》记者约写文章，他谈思想改造的文章还被译成英文。1952 年 8 月，学习运动告一段落，吴宓暂获喘息，心生快慰，有如驾车之骡马，略得休憩，在"忙碌激扰，应接不暇"之后能得清闲，"弥觉其可乐已"[3]。谁知接连而来的一场又一场思想改造

---

[１] 《吴宓日记续编》第 1 册，生活・读书・新知三联书店，2006 年，第 309 页。

[２] 同上书，第 335 页。

[３] 同上书，第 397 页。

运动，让他"身多疾病心先馁，境处忧危语禁呻"[1]，外在环境让他越来越不适应了。

1951 年 7 月 11 日，吴宓观看学生演剧，意在宣传"昨全非而今全是"，让吴宓感觉到"无非强迫改造，使老少师生、男女民众，悉合于此一陶铸之模型"，"但以力服，以威迫，使人莫敢不趋从，莫取不就范。呜呼，生此时代之中国人，真禽犊之不若，悉为牺牲。幸宓年已衰老，尚获优容，而不日便死，眼不见为净耳"[2]。已学习好几年了，1955 年，他还不明就里，生有疑问："日日斥'剥削'，试问谁在剥削？人人怜'奴隶'，究竟谁是奴隶？"[3] 从 1955 年 8 月 17 日到 28 日，全校集中学习，开展肃反运动，要求全校停止娱乐，按时学习，不迟到，不早退。吴宓想请学校派人代他送钱物给正在城里治病的邹兰芳，却招来一顿斥责和攻讦。这让他很生气，感到学习如同"演戏"，"当局既已搜获材料，明知底细，复又布置做作此一番，以教育群众"，于是反问"此宁非形式主义耶？呜呼，古今一辙，此李广之所以不能对吏簿而自杀也"，反省自己"愚忠"，不会"以智巧应世，深藏不露，随众行事"[4]。他不懂"背对背"是"避开本人，询问调查"之意[5]，不懂得学习表态那套语言修辞，不熟悉那套话语方式，认为"无非搬弄名词，以艰深文浅陋，使人如堕五里雾中"[6]，"驱人相率流于作伪，口是心非"[7]。1964 年 7 月 7 日，在回复吴学昭的信里，他说："自

————————

[1] 吴宓：《感事（五）》，载《吴宓诗集》，商务印书馆，2004 年，第 468 页。
[2] 《吴宓日记续编》第 1 册，生活·读书·新知三联书店，2006 年，第 171 页。
[3] 《吴宓日记续编》第 2 册，生活·读书·新知三联书店，2006 年，第 163 页。
[4] 同上书，第 238 页。
[5] 《吴宓日记续编》第 6 册，生活·读书·新知三联书店，2006 年，第 141 页。
[6] 《吴宓日记续编》第 2 册，生活·读书·新知三联书店，2006 年，第 203 页。
[7] 《吴宓日记续编》第 3 册，生活·读书·新知三联书店，2006 年，第 238 页。

1957—1958 以后，所有知识分子（尤其民主人士）无不极力揣摩迎合遵照当前之政策、运动及领导人、上级之意旨而发言，而决不表露自己之思想、看法，决不作任何建议主张，至多只增饰词藻，或联系自己，以示忠诚而已。"[1] 这里也不无深邃的眼光。

他不了解社会运动方式，不喜欢"竞事赞颂发挥"的学习方式[2]，也不接受阶级斗争观念，认为"每受一次阶级教育、阶级斗争之训示，辄增反感"，"宓本不知宓是地主阶级、是资产阶级思想，今积年累月，以此加诸我，则我渐增其'非我族类'与斗争反抗之心矣"[3]。他认为这种阶级运动方式，主要采用批判和否定，其效果适得其反，提出应"以孔子学说为中心基础之人文主义，实为救世化民之惟一准确法门，无分东西，无间治乱，皆可行也"[4]。显然是书生之见。

1966 年 4 月 6 日，吴宓带着怨气和怒气，在讨论会上发言，质疑阶级出身论，认为地主及资产阶级出身者，"决不能有任何善言善行"，"亦无一好人"，"无一长可取"，"如此，焉得为真，焉得云乎？故学习会中之发言者，率皆依据公式、定则，而巧其辞，自贬自责，言不由衷，即座中听其言者，亦共知其非诚，然必如此乃可生存栖息于今之学校、社会。呜呼，是教民相率趋于诈伪而已。"[5] 他说的的确是真话，反对阶级命定论，对政治学习模式化也有自己的看法，犹如《皇帝的新装》中的小孩子，看到了事物的虚假性。他不知政治学习只是手段，目的在于改造知识分子思想，而他却认为行动上可以服从，思想上却难做到，"如何而以马列主

---

[1]《吴宓日记续编》第 6 册，生活·读书·新知三联书店，2006 年，第 267 页。

[2]《吴宓日记续编》第 1 册，生活·读书·新知三联书店，2006 年，第 200 页。

[3]《吴宓日记续编》第 6 册，生活·读书·新知三联书店，2006 年，第 79 页。

[4] 同上。

[5]《吴宓日记续编》第 7 册，生活·读书·新知三联书店，2006 年，第 408 页。

义与中西历史学术文艺相结合，而恰如其分，正确精当，则甚难，宓自审力不及此"。如"谈论李商隐之诗、李易安之词，则宓不敢轻言"，"宓窃观近五十年之论著，大率议论多、批判多，而知识与材料太少。其所知之中国古史旧学固不足，而所知之西史西事，所读过之西国古今要籍原书，尤极有限，故宓皆不敢倾服；即如孔子之真价值与其特长，宓认为尚未见有能说出者，甚矣，此事之难也。是故若是之宓，只拟于工具、方法、材料上，对青年同志们略作指助，此外皆不敢涉及，岂甘自暴自弃哉!"[1] 吴宓以一己之力，去做一件推石头上山的事情。他"念及中国文化德政迁流堕落，不胜悲愤，而不获掩饰"，表示即是由此得祸，也"无可如何也已"[2]。他已准备为传统文化献祭，作牺牲，结果确是如此。

吴宓经历了不少社会运动和思想学习，但他除身体受残、疾病缠身外，思想几乎没大的变化，执念如旧。有人批评吴宓的保守主义，吴宓自辩："宓之保守主义，乃深知灼见中外古今各时代文明之精华珍宝（精神+物质）之价值，思欲在任何国家、任何时代图保存之，以为世用而有益于人，非为我自己。解放后，此一切被斥为'封建资产阶级思想'遗物，宓尤有'守先待后'之志，其后乃勉强服从，接受改造。其成绩不佳，半由宓之惰，半由命令布置繁多，无多读细思之暇。另一方面，感情须自动渐改，有时太紧张，无息无乐，无自己精神之食粮，则自己失控制力，易爆发。"如果要问"今问宓之真实态度：则'愿服从，努力改造'乃最大之努力及让步；必责宓以'尽去旧而革新'又'内外一致'，则实不能，只有伪言以应付耳"。如果将《学衡》科以为罪，吴宓表

---

[1] 《吴宓日记续编》第6册，生活·读书·新知三联书店，2006年，第133页。
[2] 同上。

示："任何刑罚，所甘受已！"[1]

1958 年 7 月 13 日，众人对吴宓提出批评，吴宓则说："宓之学术思想，有能改变者，有终不能且不愿改变者"，政治上服从，学术上不愿改变者至多，所以他愿意降薪级，"诚恳之请求与希望"作资料员或翻译员，不上课，作图书西文书籍编目或翻译要籍[2]，但不愿意改变思想。1960 年 8 月 17 日，心理学教授叶麐称赞吴宓"学问博，经历富，而志业与风度始终一贯，虽遭世变，随改造，亦无大变异，为不易及，而可歆羡"[3]。1964 年 11 月 26 日，吴宓被约谈话，述其生活经历及思想改造情形，最后，领导做出如下结论："（一）立场：极端顽固的封建主义（地主阶级）立场。（二）思想：崇拜孔子之儒家人文主义思想；且欲将旧理想、旧事物尽量运入新时代、新社会。（三）态度：对无产阶级专政及社会主义，仅能做到表面奉行与实际服从之态度。"[4] 所以，希望他"大力转变，迅求进步，方可此次过关，过社会主义阶级斗争之关"。1965年元旦，谈到思想改造，他说："决心改造思想"，"自我革新"，但又认为："旧时著作（《学衡》杂志及《吴宓诗集》）定即毁弃或秘藏，今后不再示任何人，亦不道及，但在宓心中则未能忘记其内容。正如宓今后不再拈香叩拜，祭祀父及友、妻，然心中定时时出现吾父等人之影像，而未能去怀也。总之，宓极欣愿改造，然以宓之年老，在旧社会中生活之岁月甚久长，譬如赤身站立在染坊之靛汁瓮中者，靛汁浸透其人之全身自颠以下，欲其人洗清体肤，同

［1］《吴宓日记续编》第 3 册，生活·读书·新知三联书店，2006 年，第 352 页。
［2］同上书，第 404 页。
［3］《吴宓日记续编》第 4 册，生活·读书·新知三联书店，2006 年，第 410 页。
［4］《吴宓日记续编》第 6 册，生活·读书·新知三联书店，2006 年，第 419 页。

他人之白净，岂易事哉？"[1] 这里的"靛汁浸身"比喻，非常形象精准，也是他的真心话。历史成了负担，犹如原罪，即使想改变，也难以一时如愿。吴宓早有如此看法，1951 年 12 月 12 日，在小组会上，方敬发言，大家评议。吴宓发言说，他认为当时的标准，分派的工作，"任何人竭力尽智决不能做到或办完"，谈到思想改造，吴宓希望"得一批判之标准，藉能将一生所知中国旧学与西洋文学中之材料思想，分别择取其有价值与无危害之部分，运输介绍，为人民政府与人民教育之用"，再就是，他感到，"此改造对宓特为艰难且痛苦，以宓年老濡染于旧者深且久，又生性善感而多感情之系恋，譬如海水洗墨，刮骨疗毒，故自难与众同也"[2]。

吴宓自知难被改造，所以他也拒绝改造，甚至不惜与家人疏远，与老友绝交。1954 年，他在给柳诒徵的信中说："宓近年与济波极亲厚，所异者，济波热心改造，宓虽刊文自责忏，内心仍完全是《学衡》初刊时之思想。"[3] 态度之决绝到这种地步，表面接受也是"降志辱身"[4]，他人劝告虽"是善意忠言"，"然若衣饰形貌之见于外者，宓尚可以改；其学术思想之在内心、精神者，宓实不愿改，且决不能改也。祸福死生，听之而已矣！"[5] 吴宓的态度，用一句话表达：我就这样了，随你们的便吧。直至 1971 年，他还委婉地说自己"素怯懦守法，今目盲耳塞，生命垂尽，恐难思

[1] 《吴宓日记续编》第 7 册，生活·读书·新知三联书店，2006 年，第 3 页。
[2] 《吴宓日记续编》第 1 册，生活·读书·新知三联书店，2006 年，第 257 页。
[3] 吴宓：《致柳诒徵》，载《吴宓书信集》，生活·读书·新知三联书店，2011 年，第 401 页。
[4] 吴宓：《致黄有敏》，载《吴宓书信集》，生活·读书·新知三联书店，2011 年，第 403 页。
[5] 《吴宓日记续编》第 8 册，生活·读书·新知三联书店，2006 年，第 345 页。

想改造及格"[1]。他不愿变化自己的思想，也看不惯他人的作伪、"自炫"和表演，"翻读新书，学得一套术语及说法，以为应世而自炫之具"[2]。他认为，逼他改造的小组长，"皆极恶之小人"，"此等人毫无仁心，擅作威福"，如"彼乡间之农协，狱中之小卒"[3]。思想改造的目的是思想统一，害怕思想的危害，不知思想的性质和力量。李大钊说过，"思想本身没丝毫危险的性质，只有愚暗与虚伪是顶危险的东西，只有禁止思想是顶危险的行为"，"禁止思想是绝对不可能的，因为思想有超越一切的力量"，"你要禁止他，他的力量便跟着你的禁止越发强大。你怎样禁止他、制抑他、绝灭他、摧残他，他便怎样生存、发展、传播、滋荣，因为思想的性质力量，本来如此"[4]。"思想"具有超越一切的力量，确是至理名言。

他不接受改造，也不愿意改造，因此，有人侮辱他，说他是"茅厕里的石头，又臭又硬"。在日记中记录，有同事和学生批评他是"老古董"[5]，"老旧、顽固，无法改变之人，其性行愚痴可笑"[6]；"无往而不愚谬"[7]；"其思想自五四运动迄今毫无变化"[8]。吴宓的迂执顽梗，异于常人，在当代中国也属少见。1966年6月4日，他在发言后，又"嫌自抒己见，恐遭责诋，尚不如与

[1]《吴宓日记续编》第9册，生活·读书·新知三联书店，2006年，第292页。
[2]《吴宓日记续编》第1册，生活·读书·新知三联书店，2006年，第111页。
[3] 同上书，第143页。
[4] 李大钊：《危险思想与言论自由》，载《李大钊全集》第2卷，人民出版社，2006年，第344-346页。
[5]《吴宓日记续编》第8册，生活·读书·新知三联书店，2006年，第340页。
[6] 同上书，第362页。
[7] 同上书，第29-30页。
[8] 同上书，第395页。

人雷同，无所别异之为愈也"[1]，应与批判者"划清界限，并随众声讨其罪"[2] 才好。劳改队同人也认为，他的态度"应如'鱼相忘于江湖'，我在众中，绝无特立独异之处，与众亲近和睦而为一体"，如此才能获得安全，小组会上，"不能与诸君和洽无间，每有评论及宓，宓即矜持对抗，难矣哉！"[3] 同事们劝他"若不能与群众和同、融洽，仿效群众之思想、言词、态度，而矫然特异，则不仅将来大批判、受斗争（作为'反动学术权威'）时，不易过关，且直不能在此时代、此社会中生活下去"[4]。若不改变，则不能生活。话说到这个分上，他还是依然故我，哪怕有负好心人的护助和期望。

他拒绝改造，认为人之思想不能也难以改造。他对解放后冯友兰的表现十分愤怒，"恒必作文登报，如以掌自批其颊，不顾羞耻"[5]，也鄙夷熊十力的《乾坤衍》，批评说"未免比附阿时，无异康有为之说孔子托古改制以赞戊戌维新耳"[6]，对老朋友汤用彤以今日之我否定昨日之我，也多有不屑，"昨在文史图书馆，见1955 出版之《印度哲学史》及《魏晋哲学史论稿》，书中彤所作自序，则对自己平生所学，全部蔑弃而加责评，且以责参加反动的《学衡》及以文言撰述，深自引咎，云云。噫嘻，此彤所以能任北京大学副校长至十年以上，而恒得安富尊荣也，岂无故哉"。老朋友纷纷表现，相比陈寅恪的"不降其志，不辱其身"，且有"天子不得而臣，诸侯不得而友"之气概节操，汤用彤这个昔日老友就是

[1] 《吴宓日记续编》第 7 册，生活·读书·新知三联书店，2006 年，第 448 页。
[2] 同上书，第 452 页。
[3] 《吴宓日记续编》第 8 册，生活·读书·新知三联书店，2006 年，第 371 页。
[4] 同上书，第 469 页。
[5] 《吴宓日记续编》第 2 册，生活·读书·新知三联书店，2006 年，第 228 页。
[6] 《吴宓日记续编》第 5 册，生活·读书·新知三联书店，2006 年，第 163 页。

"今之冯道"[1]。冯道（882—954），为五代十国时期的著名宰相，历经四朝十代君王，世称"十朝元老"。后世史家对其多有不齿，欧阳修说他"自述以为荣，其可谓无廉耻者矣"[2]，司马光更斥其为"奸臣之尤"[3]。说吴宓顽固，确实顽固不化。一波又一波的社会运动，"百炼钢"也可能成为"绕指柔"，何况那些无刚性者！吴宓谈不上孤傲，而是谦卑，希望人们忘掉自己，放过自己，只要能读书、写诗就行，做一个闲人。他自知不适于社会，一再恳求退休，或降职降薪，但都未获批准，被要求参加各种社会运动，直到"文化大革命"浩劫。1974 年"批林批孔"运动，吴宓还明确表示："批林，我没意见；批孔，把我杀了，我也不批。"再次作为"现行反革命分子"被批斗。学校革委会报请上级党委批准为吴宓判刑戴帽，重庆市委仍未予批准，让"背靠背、不点名地批判"[4]。置身大变动的时世，他经历了该经历的，承担了该承担的，也承受了不得不承受的。这句"把我杀了，我也不批"，让我们看到本性柔弱的吴宓，到了关键时候也会怒目圆睁，从柔弱变刚烈，实为对世事彻底绝望了，包括对自己。

————————

[1]《吴宓日记续编》第 5 册，生活·读书·新知三联书店，2006 年，第 463-464 页。
[2]〔宋〕欧阳修：《新五代史》，吉林人民出版社，1995 年，第 347 页。
[3]〔宋〕司马光：《资治通鉴》，北岳文艺出版社，1995 年，第 2057 页。
[4]《吴宓日记续编》第 10 册，生活·读书·新知三联书店，2006 年，第 570 页。

第十四章　恭守静默：开口即错

翻看《吴宓日记续编》，会发现一些有趣的事情，吴宓常常主动或被动发言，但又因失言而后悔。他一开始就知道会说错话，为何还要说呢？似乎一切都是他没有办法掌控的。不说也不行，说了即失言，由失言而懊悔，由懊悔而无助。外在情势和个人性格，让他不得不说，于是，在真实与伪饰之间做选择，在言说与懊悔之间瞎折腾，直至掉入说与不说的两难困境。他不能沉默，也做不到慎言，在自我与环境、真实与虚伪、慎言与巧言的世界，他坚持言为心声，言行一致，言而有德，即使失言，增加精神压力，也始终坚守真实和良知的底线。他虽因失言而懊悔，但懊悔后，依然失言，劳而无功，但仍坚持到底。言行一致，谨言慎行，讷言敏行，本是儒家传统，吴宓也崇奉儒家，但处境完全变化了。如不言，他过不了关，慎言，又不合他的性格，失言也就在所难免，他的苦恼、懊悔和无助全在心里，说与不说都是两难。

一、默处深居最我益

1949 年以前的吴宓日记，内容简洁，多记交友、读书和教学，"体例一取简赅，以期能不中断，如电铃之扣码、书库之目录。凡藏诸脑海者，他日就此记之关键，一按即得，故惟示纲目，而不细叙，藉免费时而旋中辍云"[1]。1949 年后的吴宓日记，则要繁杂丰富得多，也更有研究价值。它在记录社会历史变迁和个人命运沉浮，呈现历史现场、表达个人感受等方面，都是一份复杂历史和特异人生的原始档案。

按常理，吴宓不应是学校教学科研活动中的主要人物，历史阴差阳错地却将他推到社会运动中心，成了必须作发言和表态的代表人物。这就有些奇怪了。这样的情形还一直延续到他的晚年。1951 年 1 月 3 日，吴宓参加小组学习会，"勉强发言"，"谓早知美国之弱点"，作战必遭败绩，又说只有"全亚洲解放，乃得和平"，"循例随众，不得不言，既违良心，又不合时宜，殊自愧自恨也"[2]。从众随例，发言说话，虽然保险，但他又觉有违良心，甚感自愧，于是，走上了一条矛盾痛苦的道路。1951 年 4 月 25 日，吴宓从学校到市里参加宣传工作会议，他在会上批评当时用人方式，"不行分工，不用专才，而使一切人遍作各种事，劳忙已极而效果未睹，可谓不经济之甚矣"，觉得 1949 年后高校的教学科研工作忙乱，"遍作各种事"，各个部门，上上下下，似乎都安排老师做事。他说的是实情，就在今天的高校还不是如此？但在会后"颇自悔责"，觉得自己"太真率而动感情"，虽"说出心中之善言正理"，却"违背'随众假意敷衍，但求全生免祸'之旨矣！况今何时何地而可进忠言乎？"的确，他怕得有理，发现了他自己的毛病，"患在不能忍，后当更戒之"[3]。6 月 12 日，吴宓作为院务委员出席第三次院务会，讨论后勤总务问题，又积极发言，"会后深自悔责"，担

［1］《吴宓日记》第 2 册，生活·读书·新知三联书店，1998 年，第 19 页。
［2］《吴宓日记续编》第 1 册，生活·读书·新知三联书店，2006 年，第 24-25 页。
［3］同上书，第 121 页。

心"如此年龄，处今何国何世，犹不能超脱沉默"，有"牵入是非"，"自蹈祸机"[1] 的危险。他也切身感受到社会变化，已到"随众假意敷衍，但求全生免祸"的时代，即使"进忠言"，也应注意分寸，考虑场合，讲究"何时何地"。

吴宓还是敏感的，自我提醒和告诫也比较及时，但却没什么效果。为什么呢？因为他自己忍不住。就在该年的10月24日，他受邀参加重庆市文联第三次执委会，会议由沙汀主持，任白戈作报告，报告提出文学创作应积极描写新社会之功绩，弘扬爱国主义精神。讨论时，宓即兴发言，对重庆市文联常委人员提出建议，说如有调离者，可再作补充，特别对那些不常出席会议者，可准予他们请辞另选，"补入各协会之接近群众，真知实情之士"。不知吴宓是为自己的离开找理由呢，还是真正想充分发挥文联常委的作用？他的发言"虽简短"，却"不合开会集议之本旨"，人们也"毫无反响"，他自己也"甚悔之"，还作诗一首："多此一行犹自可，发言无当悔难追。集思广益原虚样，默处深居最我益。"[2] 他的发言变相否定了参会的意义，质疑了会议走过场，想到这些，他也追悔莫及。事实上，吴宓所提意见的确与会议中心议题关系不甚紧密，属于细枝末节的问题。但他自己觉得，说的都是切身感受，与会议主事者的预期有差距，没被认同，也在情理之中。他由此也长了一智，提醒自己今后应"默处深居"，不再作"无当"之发言。谁知在一年后，1952年3月4日，他又对用人失当问题发表个人意见，说："今之为国者，方大事清洗，必于经济、思想各方面将全国上下之人完全涤清之后，而分别泾渭，但择其完全同我者而用之，否

[1]《吴宓日记续编》第1册，生活·读书·新知三联书店，2006年，第154页。
[2] 同上书，第234页。

则见遗或遭毁，不问才与不才、德与不德也。"[1] 表面上是提意见，实在是批评党同伐异，批评当时思想"清洗"。尽管他知道"此时竭忠陈策，务远图功，徒遭厌弃与摧残耳"，仍"以'谨言慎行，恭默自守'为箴"，自己在"会中又发言而实可不必"，他也有些后怕，第二天还感到"夜多杂梦，皆缘偷生畏祸之心"[2]。他的恐惧不无道理。

十多天后的 3 月 21 日，文教部派人来学校听取思想改造意见，表示"政府对诸先生之学问甚为宝重，盖知今后将不可再得"，吴宓有些犯晕乎，积极发言，"太详，又过多"，言后又感"忧谗畏祸"，应"求苟全之意"，取"人问我答，物来顺应，以一语答一问"方式，他却在"不知人之意思何在"的前提下，"径将我之一切和盘托出"，既"不合处世之道"，也让人"殊居愚稚甚矣"[3]。这样的例证，在日记里有不少。因失言而懊悔和恐惧，伴随着他的后半生。

1954 年 6 月 16 日，历史系组织学习讨论宪法初稿的修正条文，邀请大家谈认识体会。吴宓在听了他人发言后，觉得"无非揣摩、逢迎、歌颂而已。诸君言皆得体、措辞工巧"，他有些无法忍受，称赞该法案"极自然、真实、完善，合于吾侪之所想象、所臆度，为主义、理想、时代、历史、现实、方向、需要等共同产生之结晶。既非空文，亦非虚饰，尤能明标宗旨，严列畛域"[4]。这样的赞颂之辞，很少出现在吴宓日记，也会令相关人员满意，谁知他话锋一转，露出自己的马脚，说他尤其"欢喜"宪法中所列之各种

[1] 《吴宓日记续编》第 1 册，生活·读书·新知三联书店，2006 年，第 302 页。
[2] 同上书，第 304 页。
[3] 同上书，第 311 页。
[4] 《吴宓日记续编》第 2 册，生活·读书·新知三联书店，2006 年，第 37 页。

"自由"，如书信自由、宗教信仰自由等，还特别声明："以上颂扬，语皆真实。"还在日记里，自作聪明地认为自己"所长即其所短，褒处正即贬词，尚有其他意思与感想，隐含不露，但恐为人窥破"。他本来是想隐藏自己的真实想法，但又"深悔宓又不守沉默之戒，将以招祸而危身"。果然，事后不久，学校广播在介绍与会情形时，特别点名，"吴宓同志甚喜得到宗教信仰之自由"，他才感到将大祸临头，"此语虽非大不利，亦可证宓发言之为多事妄动矣。今后更当恭默自守，戒之戒之"[1]。一篇新闻报道，就让吴宓恐惧害怕，可见当时社会氛围之严肃、吴宓心理的紧张。吴宓，一介书生，不懂政治，不懂社会，不懂世故，对社会政治缺乏常识。1962 年 12 月 26 日，参加政治学习，讨论人之阶级意识。在当代社会，"阶级"是一个高频率词语。吴宓不懂得，也不顾忌，发言说："一人之言行虽由阶级决定，似仅大处如是，非事事皆然；间接如是，非每一末节琐事皆全为阶级之表现者也；又其阶级志趣之表露，实出于有意或出之无心（非恶），亦未可一概而论。"[2] 他不理解阶级意识之含义，而将阶级意识泛化和扩大化，又作具体化理解，这在一定程度上，就弱化或误读了社会阶级意识，也忽视了自己正处于一个以阶级为划分标准的时代。他的发言显然不合时宜，也有失言风险。

二、开口即错

那么，他是否可以不说话，谨言慎行呢？中国自古就有慎言传

---

[１] 《吴宓日记续编》第 2 册，生活·读书·新知三联书店，2006 年，第 38 页。
[２] 《吴宓日记续编》第 5 册，生活·读书·新知三联书店，2006 年，第 520 页。

统，讲究说话谨慎，言行一致，言而有信，不说自己做不到的话。孔子《论语》也有多处论断，如"君子食无求饱，居无求安，敏于事而慎于言，就有道而正焉，可谓好学也已"[1]，又如"君子欲讷于言，而敏于行"[2]。"敏于事而慎于言"是指"慎言力行"或"行胜于言"。"谨言慎行"成了古人做事原则。墨子也讲"初之列士桀大夫，慎言知行"[3]。孔子并不是只要求沉默寡言，该发声时还得发声，他对"八佾舞于庭"的僭越行为，也表达"是可忍也，孰不可忍也"[4]，对随声附和的好好先生也十分厌恶。他提倡说话应考虑对象、时机和场合，"侃侃如也"和"訚訚如也"[5]的不同在于说话对象，"邦有道，危言危行。邦无道，危行言孙"[6]，讲的是说话有社会情势。该说不说是"失人"，不该说而说，则是"失言"，在该说时才说，可产生"时然后言，人不厌其言"[7]之效。孔子主张"慎言"，也要"善言"，说话背后是立德和人格，是合于"仁"，所以有"刚毅木讷，近仁"[8]和"巧言令色，鲜矣仁"[9]的区分。朴质内敛近于至善，花言巧语就背离了人的诚实。在孔子看来，行难言易，做事比说话艰难得多，所以，说话应谨慎，哪怕迟钝、木讷，"仁者，其言也讱"[10]，说的就是这个道理。吴宓一向尊奉儒家道德，慎言敏行也应成为他的行为准则，但

---

[1] 程树德：《论语集释》，中华书局，1990 年，第 52 页。

[2] 同上书，第 278 页。

[3] 〔清〕毕沅校注：《墨子》，上海古籍出版社，2014 年，第 149 页。

[4] 程树德：《论语集释》，中华书局，1990 年，第 136 页。

[5] 同上书，第 638 页。

[6] 同上书，第 950 页。

[7] 同上书，第 975 页。

[8] 同上书，第 940 页。

[9] 同上书，第 16 页。

[10] 同上书，第 826 页。

在他身上却没有真正践行，出现了那么多失言的懊悔和痛楚。

实际上，吴宓有他的苦衷。1949 年后，他在一段时间里，还是想用表态和发言证明自己思想的进步。1952 年 1 月 12 日下午，他参加政治学习，谈"三反"运动，看到其他人"皆力求进步，自责甚严，令人忆及中国理学家及英国清教徒之极端虚伪行事，实则诸君皆正代表中国社会圆滑巧诈、善用机变之处世才能"，觉得"独我一人不上进，不争先"，于是发了言，其结果"众皆不喟然"，显然是说错了，或者偏了题，于是，鼓励自己，今后"在学习中出席发言，但当依样葫芦，随众敷衍，以为应世悦人、避祸全身之具而已"[1]。他以发言求进步，却总踩不到节拍上。1952 年 5 月 5 日，他读到《新华日报》纪念马克思诞辰 134 年一文，以及楚图南、沙汀为达·芬奇诞生 500 年、雨果诞辰 150 年、果戈理逝世 100 年所撰写的纪念文章，感到"此类纪念文，西南文教部并不命宓撰作或供给材料。昨五四节红旗剧场之文艺纪念集会，文联亦不柬约宓赴会，足见当局对宓等所谓'旧智士分子'实并不推重，偶被赞为博学年高，或谬加礼赞，亦只虚文敷衍而已"，"由是，则宓等之正当自处之道，更当沉默、超脱、谨慎，以'无为'图自保，庶为得耳"[2]。他为没有受邀作文而失落，仍以"沉默、超脱、谨慎"自勉，却也不无牢骚。在他内心，还是想表现自己，用发言、表态方式证明自己，得到社会认可。1953 年 5 月 2 日，吴宓赴俄语系参加欢迎苏籍教授晚会，学校及学院相关领导均出席，场面热烈，吴宓没有发言，"惟食糖果"，喝茶，"满饮数杯"。他想到自己"幼在宏道，尊事日教员；少入清华，尊事美教员；皆无如

---

[1] 《吴宓日记续编》第 1 册，生活·读书·新知三联书店，2006 年，第 278-279 页。
[2] 同上书，第 341 页。

今日尊事苏俄教员之甚者。昔来尚有讥弹，今则全国一致，上下争为媚悦，无人敢自觉其为中国人者"，还仿《红楼梦》"好了歌"占诗一首，"万事皆空，唯有文学好。一切无关，著作吾事了。恋爱休谈，六十身已老。辛苦为人，只自增烦恼"[1]，并私下决定："从今当奋迅解脱，一改前非。明日又撰成（一）忍（二）默（三）止（四）勤四字，为吾之座右铭。忍谓不动（至少不表现）感情；默谓不说话，不写信；止谓割断关系，停止追求；勤谓乘暇撰作《新旧因缘》小说，从今当勉行之。"[2] 从喝茶到感叹，再到占诗，一连串动作表达了吴宓的不满，包括以"忍、默、止、勤"为座右铭，也不过是宣泄不满的一种说辞，不无自己跟自己赌气的心理。

吴宓在政治学习活动中，容易犯失言之错，在教学活动中，他多言或发言也常成失言之据。1955 年 6 月 11 日，参加教学活动讨论发言，却招来他人批评，他"甚悔是日会中之多言"，身"为高年宿学之教授，又在人民政府及共产党之国立学院中，首宜谨慎自保，勿多预诸事，次当矜持养望，勿下亲琐屑，反致为人轻贱，何如超然深处，使人敬而不可测，且得自乐其乐之为愈哉！"并立下"忍默"箴言，却"卒莫能行"，"今拟再加静超二字，以求其必至，即恒念千古之真理，而轻视目前之幻象，庶能自己精神安定，而不为物役矣"[3]。他常常将"忍默超旷终为宓必当力行之格言"[4]，但似乎都没有付诸行动，产生实际效果。当天饭后散步，看到公安警察进入学校，以"反革命罪"逮捕地理系讲师陈平章，

[1] 《吴宓日记续编》第 1 册，生活·读书·新知三联书店，2006 年，第 525 页。
[2] 同上书，第 526 页。
[3] 《吴宓日记续编》第 2 册，生活·读书·新知三联书店，2006 年，第 195 页。
[4] 同上书，第 207 页。

回舍即读"昆明日记",深感自己"往昔行事多非,一生全归自误"[1]。自责归自责,失言照样重犯。1959年5月29日,学校组织教师座谈会,他还"递纸条请发言",述说自己上"英美文学史"和"外国文学"课程,任务重,学生多,难以胜任。他发言声音大,说起来自感舒适,事后又担心,怕被作为"倔强如故,口服而未心服",强烈感受到发言不过是"取祸之道","病在不能冷静、沉着、虚无、止默"。他虽然后悔不已,又有何用?只是"悔何及哉!"[2] 1960年6月19日,他反省自己,"近七八年来,宓屡以含忍止默四字自训诫,而终莫能改。以宓素性坦率,逆性为难。每欲以表现积极热心,勤劳而多成绩,为自保自全之计。然诸友之劝教,则与此适反,近一年来之学习所得,惟是加强阶级斗争之一事,处处视我等为'阶级敌人',作为自全之方,应效'不能鸣'之雁,即是藏拙守愚,退让隐避"[3]。吴宓发言,既受性情使然,也是想作为不断进步的证明,一经发言,所说内容以及情绪化表达,更透露出他思想的落后,特别是他喜欢评点时事,更是僭越之举,招来更多的批评,反而证明自己没有进步。1961年4月26日,中文系召开系务扩大会,讨论一年来工作报告,在所有非党员及老教师中,只有吴宓"一人发言多次",事后,却感觉自己"太质直、太热心",此乃"取祸之道"[4]。就是这样,他爱表达,常失言,说话激动,一激动就如竹筒倒豆子,一股脑儿说出自己的所有想法,虽然真实,却不合时宜。

随着"大鸣大放"和"反右"带来社会情势变化,民主党派

[1]《吴宓日记续编》第2册,生活·读书·新知三联书店,2006年,第195页。
[2]《吴宓日记续编》第4册,生活·读书·新知三联书店,2006年,第90页。
[3] 同上书,第379页。
[4]《吴宓日记续编》第5册,生活·读书·新知三联书店,2006年,第76页。

被批判，吴宓对发言可能伤及自身才真正有了真切的恐惧感，"不得不佩服"同事之"老成谙练"，且"自幸谨慎和平，尚无过分之言论，差可免祸全身也矣"，仍希望"今后恐即文字改革亦不敢参加异议，舍'忍含止默'外，无他途也"[1]。吴宓为自己慎言，暗自庆幸。实际上，他多次想表态，还参加了民盟活动，他只是在观望、等待时机，时机还没到来，却出了问题。他的幸运只是暂时的，发言终究会摊上事情。1958年9月20日下午，参加历史系政治学习活动，他"发言"依然"质直"，就招来他人的"轻鄙"，而感到"悔不能止默，发言太质直"[2]。这不过是事后诸葛亮，"止默"成了自我抚慰，于事无补，于己只是心安。由失言而懊悔，虽懊悔再失言，这样的循环心理在吴宓身上不计其数。1960年4月26日，在日记里，他总结自己的言行，发出无奈的感叹："宓十年来深心虑患，而恒不能自持，不能止默，每以多言致悔吝之凶，或以轻率热心，急公助人，而招渐辱，日记中记不胜记矣。"1949年后，"俯仰求活，思想既不能且不愿改造，仍坚信儒佛之教及西洋人文主义。学习发言，应事接物，全是作伪，违心做作，患得患失，琐屑计较，故触处碰壁，其苦弥甚"[3]。今后怎么办？"今后宓当致力于'乐死''盼死''不留恋''不贪生'之根本方法。其他皆当随缘应付，不介怀，不系心，庶有差乎？"[4]失言"记不胜记"，他也想"学习发言"，哪怕"违心做作"，但结果仍是"触处碰壁，其苦弥甚"，"欲求得安乐只有死去"，以盼速死得解脱，自怨自艾到如此地步，不免让人唏嘘不已。

[1] 《吴宓日记续编》第3册，生活·读书·新知三联书店，2006年，第108页。
[2] 同上书，第480页。
[3] 《吴宓日记续编》第4册，生活·读书·新知三联书店，2006年，第324页。
[4] 同上书，第325页。

"文革"中的吴宓，最大的困扰，更是开口便错，但又没有不开口的自由，拒绝表态也被作为顽固和抵抗姿态，他无可逃避。吴宓一再写到"表态"的压力，说"苦于'不知如何说法'，不能效他人巧言，非不肯屈服、效颦也"[1]。吴宓"不知如何"也"不能不"表态。早在1951年4月15日，有同事劝他，"宜翻读新书，学得一套术语及说法，以为应世而自炫之具"[2]。那种"应世而自炫"之技，也的确不是不学而会，只是吴宓不愿去迎合、学习。对吴宓而言，"开口便错"是常见事。1964年1月29日，他对"地富反坏"发言，也是错误，感到"且愧且忧，心情颓废"。不能不说，一说又错，这成了吴宓的话语困境。吴宓日记处处可见他的后悔，多是发言不当、不得体的记录，发言即错，接连出现"甚悔""深悔""大悔恨"和"十分悔痛"语句。不得已而发言，一发言就失言，又自恨多言，为了补救，再发言再失言，如此循环往复，明知不合时宜但又无计可施，只好在日记里一一记下，以作见证，以此存照。他也常因发言而结怨或招尤，更见其迂阔之至，表态或发言，对吴宓实在是堪称精神折磨。他虽不失天真，想说真话，表达真实思想和感情。有时候不让他说话，他还养成自言自语的习惯。1972年1月7日，吴宓开会时呢喃自语："怀德耶，抑畏威耶？"被周围人斥责，追问其所言何字，他"坚不吐露"，总算管住一回嘴巴。

失言也给同事带来恐慌，不得不忠告他，"年甚老，必无患，可勿忧；但必须慎默，勿与任何人轻谈说，勿以自己之思想感情向人宣泄，方可免祸。又谓此系忠言，至望采纳"[3]。1973年10月

---

[1] 吴宓：《致金月波》，载《吴宓书信集》，生活·读书·新知三联书店，2011年，第345页。

[2] 《吴宓日记续编》第1册，生活·读书·新知三联书店，2006年，第111页。

[3] 《吴宓日记续编》第7册，生活·读书·新知三联书店，2006年，第83页。

16 日，唐季华劝他，批判孔子"切勿发言。如必不得已，则人云亦云，自陈受孔子思想之毒害，今已切实改造矣，云云"[1]。他只将劝告记录在册，却不作改变，依然故我，再重复失言。1968 年 5 月 23 日，负责人找吴宓谈话，规定他不能随便走访和交流，有什么情况需及时汇报。他属于被管教对象，本来可以唯唯诺诺，谁知他却主动陈说自己平常在家读文史旧书，领导听后不以为然，责备他应多看当时的大报，细读毛主席著作，积极改造思想，还训斥他："我因爱护汝，乃如此说。否则，在今之情形下，我（或任何人）手指轻轻一拨，足置汝于死地矣！"吴宓做事太认真，过于质直，不该说的也说。他的同事劝他"可言，可不言，当止默"，"应力戒多言，止默最上"，"宜冷静，不可动辄愤激"。责怪他常犯"多言"毛病，"开口便错"。在多次政治活动中，安排同事帮助吴宓改造思想，但常常令同事失望，感叹："今后亦实难与宓共处矣。"吴宓还振振有词地反驳："宓在家，每日读报，又读毛主席著作之外，仍有多暇，所为何事？若说他事，曾恐不信；惟说宓读文史旧籍合乎宓之性格，则必见信。犹昔之吸鸦片者，直说我在家吸烟，以避参加外间某恶事某巨案之嫌疑耳。"[2] 他觉得自己考虑周全，理由充分，实际上却是弄巧成拙，此地无银三百两，担心被人质疑，擅作解释，谁知越抹越黑，反而引起他人猜疑。吴宓是个老实人，情感虽丰富，思想却迂阔，总按自己的经验说话做事，当代社会远比他所经历的人生复杂、多变，所以，每当他开口说话就会犯错，失言之事是肯定的了，懊悔也必不可少。如果只是失言而不懊悔，他也活得自在，大大咧咧，也未尝不可，只是他以谨言慎行为

[1]《吴宓日记续编》第 10 册，生活·读书·新知三联书店，2006 年，第 504 页。
[2]《吴宓日记续编》第 8 册，生活·读书·新知三联书店，2006 年，第 457-458 页。

原则，却又做不到，才少不了懊恼和痛苦。

三、不得不言

吴宓说还是不说都是一个两难问题。如果不言而止默，就可能被认作不接受改造，思想顽固，不求进步。如果积极发言，也会有两种情形，要么作伪说假话，这有违他的道德人格；如要说真话，但又跟不上时代潮流，也会被作为继续改造和批判的证据。这样，说与不说，说真话还是说假话都左右为难，结果都是一样的，都会陷入懊悔、痛苦和无奈，吴宓的言说行为显然就有某种荒诞性。

吴宓的反复失言和懊悔与其个人性格和时势环境都有关。1962年12月22日，中文系老教师政治学习，有教师先发言，提出政治学习不能"照题""交卷"，"敷衍塞责"，而应联系现实，"举所见所闻社会中（农村、市场）之各类事实新闻为资料及证据，如是方有益处，方可提高"。话一说完，吴宓就"不胜感愤，不能自抑制"，接着"慷慨"发言："政治学习及思想改造，首应视其人之实际行事如何，此不能作为，苟详实考察，必无遁形；至于伪饰辞说，空谈思想，未必即是真心"，认为观察一个人，不仅要听其言，还要观其行，那种"伪饰辞说，空谈思想"，"未必即是真心"，是言行分离、言而无行、言而无德的社会通病。如此大胆批评时代之病，可见其耿介质直的性格。他也时时解剖自己，"宓之本性，最能服从政府：在前清时，恶谈革命；入民国则忠于共和，惜袁氏帝制之错误，而一贯拥戴当时之政府，而痛恨犯上作乱者；及解放后，则以共产党及人民政府既已统一中国，为中国之正式政府，故宓仍秉持一贯之态度对之效忠，初未知有阶级斗争及思想改造也。1958春，'向党交心'，宓自言诚心服从并拥护党国之一切政令设施，惟不赞同文字改革云云。今若再行坦白，仍是此语；惟存之于心，不敢明言宓对文字改革之意见耳。今若以宓不赞同文字改革，将宓枪毙，宓欣慰受刑就死。若以其他罪状加宓惩处，则实属冤污：盖宓实不自命为地主后裔及资产阶级知识分子而对党国有破坏、叛乱之图谋也。"并且认为，看一个人不只看工作，还要看工作之外，不仅看他如何说，要看如何做，"且观人者，应察其闲暇休息之时所作何事，即其心之所爱好、所恒向往者，为何事何物，此中最可深入得真，不容作伪；夫宓闲暇时之最大快乐，厥为静读中西文学古籍与名著，尤以描写男女爱情之诗与小说为最（凡邻舍与熟友皆可窥知）。至于农村、市场之情况，各种食物及用品之种类及价格、酒馔之享受、衣被之购置，以及校内校外私人之行事，尤其违法营私牟利伤德之新闻，宓既少得知，亦不探问，盖宓对此一切实毫无兴趣者也。知人性情、嗜好、习惯、行为如此之宓，焉可疑其有反党、反人民政府之意图，以'阶级敌人'视之？何况宓'七十老翁何所求'"[1]。吴宓的本意是表白自己生性老实，一贯效忠，在平常也是如此，如要联系社会现实，因缺乏社会经验，就过不了关。他说的的确是事实，也是一片真心，也在为自己找理由。吴宓是一个典型的学院派知识分子，读书人，缺少社会体验和人生经验，他的思想和看法也多从书本上得来，有其迂阔、可爱之处，自然做不到与时俱进，在一个不断进步的时代，他确实是时代的落伍者。他说自己忠于政府，也是真心实意。他将"革命"理解成犯上作乱，显然是离题千里，不懂得"革命"的真正含义。所以，他往往一开口就错，说得越多错得越多。从中确能看见他的坦诚和老实，年近70岁，还说自己最喜欢阅读描写男女爱情的中外

---

[1] 《吴宓日记续编》第5册，生活·读书·新知三联书店，2006年，第516页。

诗歌和小说，确有一份真性情，不管是对社会还是说自己。

之所以出现那么多的失言和懊悔，也与他所处的大小环境有关。1949年以后，社会政治与个人的关系变得更为密切，政治时事也是吴宓日记记载的重要内容，它几乎记录了每一次重大政治事件，包括每次政治学习，都有会议内容和发言的详细记录，并在会后将其抄录粘存，并且还与同事和朋友一起讨论。除此之外，吴宓还保持看报习惯，哪怕到了1970年3月份以后，每月工资仅仅只有30多元，也会花1.3元订了一份《人民日报》，关心国家和社会大事。他口里说要保持距离，也想刻意疏远，但又无法真正远离社会政治。他的日记有这样的记录，"赴第一小组学习会，心甚不快。勉强发言一次"[1]。还有"循例随众，不得不言，既违良心，又不合时宜，殊自愧自恨也"[2]，这样的例证随处可见。他常以各种理由推脱参加会议和政治活动，有朋友请他为《大公报》撰写庆祝文章，他立即拒绝，还表示："若至万不得已时，被逼，宁甘一死耳。"[3] 1954年10月，《重庆日报》征文，学校拟确定由吴宓等教授撰写，吴宓叹道："呜呼，当局焉知吾心，吾宁甘减薪降级调职，而不愿作文登报。此吾特有之苦衷，不敢对人言者。宓自视如无物，然人犹以往昔之虚名而尊我或用我，哀哉名之为累也!"[4] 当得知自己1952年所谈思想改造一文被译成了英文，还向美国广播宣传，作为招降胡适之用，他甚悔，担心名节不保，"宓今愧若人矣"，并以诗铭志："心死身为赘，名残节已亏"[5]。他内心真不愿牵连政治而获名利，只希望保持独立品格，不为强权所迫和名

---

[1] 《吴宓日记续编》第1册，生活·读书·新知三联书店，2006年，第24页。
[2] 同上书，第24-25页。
[3] 同上书，第164页。
[4] 《吴宓日记续编》第2册，生活·读书·新知三联书店，2006年，第62页。
[5] 《吴宓日记续编》第1册，生活·读书·新知三联书店，2006年，第432页。

利所累，但社会政治却常常找上门来，将他纳入囊中，使之动弹不得。

社会小环境也让他意想不到，后悔不已。1964 年 12 月 24 日，他以"君子恶居下流"，"危邦不入，乱邦不居"为戒，心想"倘宓不在西师，祸累当不致如此之重也"[1]。这确实是他内心的真实想法。社会大环境导致吴宓不断受批判，学校小环境也让他常常失言而懊悔。1949 年后，偏居西南一隅，本想寻个安静环境，教书吃饭，读书养心，聊以度日就行。事物的变化全在他的意料之外，有关他在 1949 年和 1950 年间的生活、思想和心理感受，已不可察，因为该时间段的日记各一册，早被焚毁，无法查证。它们记载了中国社会大变革"惊心动魄、天翻地覆之情景"，也记录了吴宓辞去武汉大学教席，到北碚勉仁和相辉学院任教的所思所为。从他后来的零星书信、文章和"交待"材料里，可以找到一些蛛丝马迹。吴宓离开武汉，先是打算到成都"研修佛学"，"出家为僧"，他说："1948 年秋，我即决意辞卸国立武汉大学外文系主任职务，到成都任教，目的是要在王恩洋先生主办的东方文教学院研修佛学，慢慢地出家为僧，并撰作一部描写旧时代生活的长篇小说《新旧因缘》，以偿我多年的宿愿。直至 1949 年春夏之交，方能得来到重庆，暂止于北碚勉仁学院、相辉学院。"[2] 但到重庆后，确因交通困难，不能前往，就暂住于梁漱溟在北碚主办的勉仁文学院，兼在相辉学院任教。1950 年，两校并入西南师范学院。后来，他有过后悔，亲朋好友也曾动员和介绍他调往北京、西安高校任教，因他年岁偏大，环境又不熟悉，也害怕变化，不想再折腾，而选择长

---

[1] 《吴宓日记续编》第 6 册，生活·读书·新知三联书店，2006 年，第 452 页。

[2] 吴宓：《改造思想，站稳立场，勉为人民教师》，重庆《新华日报》，1952 年 7 月 8 日。

居于此。实际上，中国社会现代化，一直以城市为中心，从开放到封闭，由东向西，呈梯级延伸扩散。越是西部或乡下，其自由开放度越低，其正统程度恰成反比。人们的一般思维习惯，会觉得环境越偏僻，社会就越松散，就越有自由空间，但在一个思想高度集中、资源又极其贫乏的年代，其情形正好相反，处中心者资源多，思想反多自由，边缘者却只能想方设法争取资源，没办法时，乃至采取更为激进的方式。吴宓偏居西南，身负盛名，名望天下，自然是树大招风，具有典型性和代表性，加之他做事认真，不超脱，有热情，爱冲动，很多事情都会落到他的头上。

1966 年 8 月 23 日，政治的风声正紧，他在政治学习会上再次发言，当场即"遭众批判斥责"，事后，他也"悔痛莫及"，"既心痛数千年中国文化之亡，又忧宓本人在运动中能否过关之事，于是近两日心神恍惚，已不能神志清明地控制指导自己之言动，于是有今日错误之事"[1]。1967 年 11 月 22 日，中文系一行人杂谈人之才智和技能，他发了言，深感"不凝重、不能沉默，亦患急躁"[2]。不凝重，爱激动，是常见之事，他并不真正懂得慎言之要义。慎言并非与生俱来，也非一朝顿悟即可，要长期学习和训练，需经理性反思和道德实践方成。儒家认为，审慎要以思考为前提和基础，所谓"学而不思则罔，思而不学则殆"，学思结合，方有审慎之言，理性是慎言的基础，思考是审慎的关键。"慎思：视之所见，听之所闻，一切要个思字。君子有九思，思曰睿是也。"[3] 王阳明也认为"思曰睿，睿作圣"，"思其可少乎？沈空守寂与安排思索，正

---

[1] 《吴宓日记续编》第 7 册，生活·读书·新知三联书店，2006 年，第 529 页。

[2] 《吴宓日记续编》第 8 册，生活·读书·新知三联书店，2006 年，第 300 页。

[3] 〔元〕许衡：《许文正公遗书》卷一《语录上》，载罗国杰主编《中国传统道德》（教育修养卷），中国人民大学出版社，1995 年，第 213 页。

是自私用智，其为丧失良知，一也"[1]。并且，审慎之言要在实践中应用和完善。吴宓的表态和发言，在言说之前，他并非没有思考，只是遇事乱了方寸，现实生活与预先思想差得太远，根本做不到深思熟虑。

有时候，吴宓的生活经验和政治敏感还不如少年。1972年2月28日，吴宓见到邻居小林母子，当时小林还是一名初中学生，就劝他"须慎言慎行，力求沉默，勿评时事，亦勿写文章及日记"[2]。已近78岁的教授，且留过洋，东南西北海内外都去过，经历了不少事情，却被一少年教导，很让人意外，细想也在情理之中。有意思的是，吴宓还常向学生传授庄子处世之道，说"使此心超然物外，而随缘处顺，不忮不求，对人对事，则毫无我见，但求每一出戏演得（出）成功，则台下可各营得乐矣"。学生听后居然"如释重负"，"大喜而去"，称赞老师具有"wisdom 与 kindness 者"（明智和善意)[3]。他自己处世不及格，却好为人师，说道理是一套一套的，他自己在多数时候也做不到。如果他具有给学生讲的"看戏"心态，那么，他的后半生也许会少掉不少麻烦，自然也不会有那么多的后悔了。

说话并不是一件轻松容易的事情，尤其在言论和思想需受约束的年代，一旦不符合规定和要求，就可能失言招祸。《圣经》说过，言语表达本身就具有两面性，"舌头在百体里也是最小的，却能说大话。看哪，最小的火能点着最大的树林"，"舌头就是火"，它

[1] 邓艾民：《传习录注疏》，上海古籍出版社，2015年，第145页。
[2] 《吴宓日记续编》第10册，生活·读书·新知三联书店，2006年，第45页。
[3] 《吴宓日记续编》第5册，生活·读书·新知三联书店，2006年，第51页。

"是个罪恶的世界，能污秽全身，也能把生命的轮子点起来"[1]。语言可以激活生命，也可煽风点火，甚至引火烧身，吴宓失言就是一个例证。

---

[1]《新旧约全书·雅各书》第3章第5、6节，中国基督教协会印，南京爱德印刷厂，1988年，第307页。

第十五章　日记书写：历史之镜

一、镜与灯

自清以降，日记盛行，出现了不少浩瀚巨帙之作，有的甚至超过一二百万字。连清代官吏也有写日记的爱好，道咸时期，李慈铭的《越缦堂日记》在散文领域内独树一帜。同治、光绪时期的郭嵩焘、曾纪泽、薛福成、张德彝、刘锡鸿等的日记，呈现了中外交流的种种情形。有的日记时间跨度还非常长，如《翁文恭公日记》前后写了47年，有200多万言。王闿运的《湘绮楼日记》起于同治八年（1868），止于1916年，历经近半个世纪。叶昌炽的《缘督庐日记》上起1870年11月5日，下迄1917年10月30日，长达48年。在清代日记中，时间跨度最长的要数郑孝胥日记。郑孝胥（1860—1938）活了79年，却留下了56年不间断的日记，记录了在此期间中国发生的政治、军事、外交和文化上的种种变化，主要是他的经历和见闻。

现代文人也喜欢写日记，1933年，上海南强书局出版了阿英编选的《日记文学丛选》，分文言卷和语体卷两部分，文言卷辑录历代名人日记18篇，有范成大、陆游、黄淳耀、王士祯、姚鼐、陆陇其、王壬秋等；语体卷是现代日记总集。第 1 卷是记游日记，有陈衡哲的《北戴河一周间》、钟敬文的《海行日述》等；第 2 卷是社会考察日记，有郭沫若的《灾区视察日记》、巴金的《京沪五日间》等；第 3 卷是私生活日记，有周作人的《苦雨斋日记》、徐志摩的《眉轩琐语》等；第 4 卷读书日记，有鲁迅的《日记与夜记》、胡适《读书日记》等。1934 年，上海天马书店也出版了朱雯选编《中国文人日记抄》，收入欧阳修、郭畀、李日华、林则徐等人的日记。1938 年，长沙商务印书馆出版了汪馥泉选注《古今名人日记选》，选录历代名人日记 20 篇，有作者李翱、欧阳修、黄庭坚、陆游、归庄、林则徐、曾国藩等。1982 年，上海古籍出版社出版了《古代日记选注》，选录古人日记多种。1992 年，上海书店出版郑逸梅、陈左高主编《中国近代文学大系・书信日记集》第 1~2 集。从文献学而言，日记是文献世界的富矿，如钱锺书在《复堂日记・序》里所说："简册之文，莫或先乎日记，左右史记言动尚已。及学者为之，见彼不舍，安此日富。"[1] 这值得人们认真研究对待。

日记行文自如简便，到了民国，写日记已成一种社会时尚。在某种程度上，它是现代社会人的解放和文的解放的证明，是作家情感世界真实的投影。现代作家日记，也是数量巨大，内容丰富，隐含着许多社会历史和文学信息。比如，1916 年，胡适在日记里就宣告"造新文学，此业吾曹欲让谁?"[2] 交代了新文学改良主张的历史背景。吴宓更是钟情日记。日记之于吴宓，不同于现代学人，也有别于现代作家，独特而有意味。如果将吴宓日记和胡适日记、

---

[1] 钱锺书:《复堂日记・序》,《复堂日记》, 河北教育出版社, 2001 年, 第 1 页。
[2] 《胡适全集》第 28 卷, 安徽教育出版社, 2003 年, 第 353 页。

顾颉刚日记、夏鼐日记作比较，吴宓主要处在社会边缘，少了些宏观纪事，而多日常生活[1]，这或许就是吴宓日记的价值，拥有丰富的社会心理和人性内容。可以说，吴宓日记不可复制，也难以重现。"他的日记尤其宝贵：不仅是他自己一生的经历、思想的记录，又是社会变迁的实录"，是"时代的脚印"[2]。如果找一个参照物，可以说，吴宓日记相当于鲁迅杂文。吴宓日记是一面镜子，可以证史，也可自证，是社会生活和日常生活的见证，是一代知识分子的精神史和心灵史。吴宓早年写日记，是为了给小说《新旧因缘》提供创作素材，之后，日记就成了他的生活，成了情感的寄托，甚至生命的化身。他的爱与怨、烦与苦、思与感都在日记里了。晚年吴宓，长年独居，多愁善感，又屡遭厄难，日记就是他的朋友和爱人。"写日记已成为他宣泄情感、缓解痛苦的一种自我治疗，一种记取经验、保持清醒的积极方式，使他不至于疯狂或自杀的良好手段。"[3] 是吴宓成就了日记，同时日记也拯救了吴宓。

早年，吴宓记日记，是被作为"督责之课程"，所以，"体例一取简赅，以期能不中断，如电铃之扣码、书库之目录。凡藏诸脑海者，他日就此记之关键，一按即得，故惟示纲目，而不细叙，藉免费时而旋中辍"[4]。1919 年 8 月 1 日，他说："日记之作，去'修辞立其诚'之义，据事直书，故常不免琐屑猥陋之病。每一翻阅，殊自愧恶无敌。虽然，日记者，记宓之闻见行事，此后但自勖勉。使宓之识解修养，时有进功，则日记中疵亦可渐减；若不自检

[1] 史记会：《〈书信集〉呈现的吴宓晚年生活》，《中华读书报》，2012 年 2 月 29 日。
[2] 彭维金：《我的邻居吴宓先生》，载王泉根主编《多维视野中的吴宓》，重庆出版社，2001 年，第 100 页。
[3] 吴学昭：《吴宓日记续编·前言》，载《吴宓日记续编》第 1 册，生活·读书·新知三联书店，2006 年，第 6 页。
[4] 《吴宓日记》第 2 卷，生活·读书·新知三联书店，1998 年，第 19 页。

修，而徒讳之，岂作日记之初意哉！"[1] 1920 年 9 月，在读到曾国藩日记后，他感到，"日记也者，乃按日自行督责之课程，非寻常之习练文字也。以后作日记，宜注重修省之事，而略其余。苟有寸进，则亦曾公之赐也"[2]。这主要是指 1949 年前的日记，1949年后，吴宓日记又有新变化，多了新功能。记日记是为了"自己和自己作交代，和自己进行着亲切的密谈"，为了获得读日记的"无穷的快乐和安慰"[3]。这样，日记既是吴宓生活的一面镜子，也成了他的思想隐喻和情感幻象，是吴宓最为真实的自我世界。写日记如同照镜子，可作为自我检修和自我反省的手段。吴宓日记虽是个人的，也是历史见证，如吴宓女儿吴学昭所言，它"见证了历史，历史也通过日记确证了父亲及一代知识分子，在他们的心路历程留下浓重的痕迹，留给后人研究。也许，这正是《吴宓日记》的价值所在"[4]。吴宓日记可看作是社会和个人的"史记"。实际上，吴宓日记并不仅是个人生活记录，他有自己的述史意图，想保存一份真实的历史记录，存史以明鉴，希望"后之读宓日记者，可知宓近来每日费时费力于何等事"[5]。

吴宓喜欢阅读和翻检自己的日记。1954 年 12 月 18—19 日，阅读日记"直至深夜"，"如真如梦，亦喜亦悲。憬然回思，今者人间何世，此生人之日记，乃不异数千年前之古史矣"[6]。从日记里，他看到了历史和人生变迁，并且，在阅读日记过程中，还会产

---

[1]《吴宓日记》第 2 册，生活·读书·新知三联书店，1998 年，第 48 页。
[2] 同上书，第 181 页。
[3] 吴学昭：《吴宓日记续编·前言》，载《吴宓日记续编》第 1 册，生活·读书·新知三联书店，2006 年，第 3 页。
[4] 同上书，第 6 页。
[5]《吴宓日记续编》第 3 册，生活·读书·新知三联书店，2006 年，第 120 页。
[6]《吴宓日记续编》第 2 册，生活·读书·新知三联书店，2006 年，第 83 页。

生今夕是何夕的人生感慨。1955 年 1 月 9 日，他读抗战时期的昆明日记，引出自我反思和批评，"宓真下愚之尤者"，当时的境遇和机会都不错，只因自己"无处世"之才，又"乏决断"，"不守信义"，乃至"上不能'穷老益力'成其志业之大；中不能读书养志，完其学术之功、著述之愿；下亦不能遂情怡神、领受家庭婚姻之幸福"，"今悔痛已晚，一部《吴宓诗集》与多年之吴宓日记，仅成此一下愚可怜之人之写照。再则叙记杂事琐闻，可供史料，可资谈助而已"[1]。吴宓在"日记"里自艾自怜，也期望烦琐庞杂的日记或许可作为将来史证和谈资的材料。1964 年 2 月 17 日，重读 1947 年日记，觉得当时所思所行"多悖谬"，如"脾气暴躁"，不尽职兼课讲学多，"驰骛旁营，自苦自扰"，还与空军和银行人士交际，到处作《红楼梦》讲座，"以博得佳肴美馔及乘坐飞机之利益"，"全失身份，殊属贪鄙"，感到"愧对武大，愧对弘度兄也"[2]。

日记也是批评社会和反思自我的一面镜子。1955 年 6 月 11 日，吴宓到邻居钱泰奇家喝茶，读昆明日记，再次感"觉宓往昔行事多非，一生全归自误。盖宓本当专力于学问读书著述，而乃久久费时费力费财费心于诸多庸俗男女之交际周旋中，可悲孰甚。此巨大牺牲之结果，所成之日记，以太重个人之经验、主观之写实，虽细读之不无趣味，可裨史料与谈助，然其全部只是一愚人之感情生活史，庸俗愚暗，可笑可怜。以宓日记与碧柳之《书札》《日记》比，已成高下悬殊，小大不论；若与《大唐西域记》《慈恩法师传》较，与卜思威所撰之其师《约翰生博士传》较，更成天渊霄壤矣。哀哉

---

[1]《吴宓日记续编》第 2 册，生活·读书·新知三联书店，2006 年，第 95-96 页。
[2]《吴宓日记续编》第 6 册，生活·读书·新知三联书店，2006 年，第 163 页。

宓也，今悔何及！"[1] 吴宓日记多记与庸俗男女之交际，也记录主观感受和经验，读来趣味横生，但历史感和客观性也会受到一定影响。

吴宓有这样的看法，说明他非常清醒。1963 年 12 月 1 日，"细思生平，今者，宓以七十之年，始明悉爱情、人生及文学、事业之真际，而深悔宓前此五六十年机会境遇之佳而不能善用，资禀才智之富而不自坚持，以至百事无成，蹉跎一生。若以今之性情及修养，处理昔年之事，则对心一或不婚，婚必不离；对彦爱而不求婚，求婚则速成。至于《学衡》之坚持与扩大其影响，《大公报·文学副刊》之勤职与改进，皆义所当为而力能作到者，若夫《新旧因缘》及自传之终身大著作，倘移宓撰录历年日记及写信与亲、友、生之时力以从事，则数十万言之书早已作成或已印行矣。人皆庆宓之老健，宓亦自诩一生多庸福，岂知宓实应深深自责自悔者耶！"[2] 假设吴宓不"撰录历年日记"，少与"亲、友、生"周旋，用这些时间和精力去作著述，"则数十万言之书早已作成或已印行矣"。他自己认为，是记日记误了他的人生，日记犹如一把刀，把生活切割了，让生活碎片化了。把自己著述偏少归罪于写日记和书信，这显然夸大了日记的破坏作用。他疏于著书立说，一是性情使然，他的生活比较随性，做事理想化，不合现实，处世情绪化，难以持久，也无法静下心来做事，包括做学问。他的好友陈寅恪曾多次当面或以书信劝诫过他，做学问是苦行僧之事，他受不了这样的苦。二是社会现实不允许，他容易将社会现实带入教学活动，融入读书、思考和写作，有感而发，写日记可以，著书立说则更不

---

[1]《吴宓日记续编》第 2 册，生活·读书·新知三联书店，2006 年，第 195 页。
[2]《吴宓日记续编》第 6 册，生活·读书·新知三联书店，2006 年，第 103–104 页。

适宜。

吴宓日记也是他内心里的一盏灯，书写日记即担负历史使命。吴宓把日记与诗集、自传三者，看作"相辅而行"，"虽记私人生活事实，亦即此时代中国之野史。其作法亦即史法，虽以自己为线索，其书之内容实有可传之价值，而人之读之者，必亦觉其亲切有味也"[1]。诗集显情，日记重史，自传主要是个人行迹。所以，他才千方百计要找一个可靠之人，将日记和其他著述托付于他保存好。1968 年，重庆发生"造反派"和"春雷社"在北碚的大武斗，可外出避难或留校蛰居，"各自审慎决行"，学校大部分师生员工和家属都选择离开校园，到附近农村家暂居，而吴宓则"早决在校安居不动，死生恭俟天命，冀能如 1967 年之终得苟全，无灾无祸；每日惟恭肃书写日记，记此一段生活。——若遇难，到时乃辍笔耳！"[2] 留下来，做什么呢？写日记，他的日记攸关生死，需"恭肃书写"，且需"记此一段生活"，多么庄严而神圣的目的！1960 年 8 月 22 日，他给学生李赋宁写信，感到天命将近，"生死一切随缘，惟诗稿、日记、读书笔记若干册，欲得一人而付托之，只望其谨慎秘密保存，不给人看，不令人知，待过 100 年后，再取出给世人阅读，作为史料及文学资料，其价值自在也"[3]。在这里，他在日记的历史价值外，提到了文学价值，日记具有丰富的文学价值，显然值得高度重视。其所记录的日常生活及其思想感受，无所不包的写作体例，简赅而精到的笔法，都有鲜明而独特的文学性。正如有学者所说："《吴宓日记》，尤其是《吴宓日记续编》，除了具有

[1] 《吴宓日记续编》第 3 册，生活·读书·新知三联书店，2006 年，第 155 页。
[2] 《吴宓日记续编》第 8 册，生活·读书·新知三联书店，2006 年，第 420-421 页。
[3] 吴宓：《致李赋宁》，载《吴宓书信集》，生活·读书·新知三联书店，2011 年，第 379 页。

现当代中国的文献价值之外，更意味深长的还在于它生动地体现了'大文学'意义上的'文学'追求，属于现代中国文学中尚未引起足够重视的文类，而且就是在这样特别的文类写作中，现代中国知识分子的精神探求更为丰富和微妙的部分，获得了独特的呈现"，特别是其"日记意象"，"多种文体的综合性写作、自觉的读者意识以及与新文学创作主流的关系"都有一定的"文学意义。"[1]此论甚有道理。

二、苦与悲

在某种程度上，写日记也是吴宓的最大慰藉。他每天写日记，也不时读日记，他的情感和记忆全在日记里，夸大一点说，他就生活在日记里。人在现实中生活，日记本是现实的记录，现实充满风险，又将他逼进历史的记忆，于是就不得不生活在记忆世界。1956年1月4日，他读1949年11月和12月日记时，"百感交集"，且立下"忍、默、和、静"四字为人生箴训[2]。6月11日，再读1941—1942年昆明日记，"饶有趣味，遂至深夜而致失眠"[3]。9月14日，他在整理捐献学校书籍863册时，"恒在回味过去生活，再接昔年之人与事，体验当时之思想与感情"[4]。他读诗集和日记都有这样的情感。10月3日，他读旧时日记，后悔在与毛彦文交往时专横，而不能自制自克。1960年3月5日，与同事谈及北京清华、燕京中西人逸事，"盖我辈谈述旧时代之人物与生活，如梦

---

[1] 李怡：《大文学视野下的〈吴宓日记〉》，《文学评论》，2015年第3期。
[2] 《吴宓日记续编》第2册，生活·读书·新知三联书店，2006年，第347页。
[3] 同上书，第448页。
[4] 同上书，第511页。

如醉，确是一种快乐、一种安慰，初无关于当前之思想与行动也"[1]。吴宓在回忆中生活，日记就保存了这份记忆。

当然，日记不仅带给他幸福和快乐，也带给他不少痛苦。1973年5月25日，吴宓读"李园日记"，"觉1968年之宓，实为最紧张、最忙、最苦矣"[2]。1968年下半年至1969年，他的日记被"抄没"并构成其罪案；被扣发工资；居室为人觊觎，被强迫搬移到"狭小且极黑暗"之室，他说："今者'高明之家，鬼瞰其室'，已成风气。"[3] "高明之家，鬼瞰其室"语出西汉扬雄《解嘲》，意思是鬼神窥望显达富贵人家，将祸害其满盈之志。说"屡记De-Quincey'人生作任何事，明知其为最后一次，必生悲感'之言，不免凄然"[4]。同年2月10日日记，也提到这"最后一次"。他在该年元旦日记中说："宓生平过新年之孤独悲凄，未有如此次1968—1969之甚者：盖不仅1968六月二十二日（日记全部被抄去）以后所遭之大不幸，而除夕、元旦辛苦筹备迁居，生活无定，心情尤多烦恼也。"[5]在这两年时间里，吴宓被批斗，被痛殴，并随中文系下乡，过"集体管制生活"，经受过不少羞辱和困厄，还被批斗者命令当众背诵"老三篇"，被乳臭未干的儿童辱骂，被某"红卫兵"截击，不得不告饶。

吴宓坚持写日记，带给他的灾难更是不少。1966年9月2日，"红卫兵"到他的宿舍搜查取走了全套《学衡》、所有《吴宓诗集》及《吴宓日记》（1910—1966）后，他感到他的生命、感情和灵

---

[1] 《吴宓日记续编》第4册，生活·读书·新知三联书店，2006年，第318页。

[2] 《吴宓日记续编》第10册，生活·读书·新知三联书店，2006年，第395页。

[3] 《吴宓日记续编》第8册，生活·读书·新知三联书店，2006年，第650页。

[4] 《吴宓日记续编》第9册，生活·读书·新知三联书店，2006年，第6页。

[5] 同上书，第3页。

魂，全没有了，如同一具行尸走肉，在世上忍受寒冷和劳苦，接受谴责和惩罚，"过一日是一日，白吃人民的饭食，真是有愧而无益也"[1]。可见，日记对于他是何等重要，甚至超过了他的生命，一旦失去，在他心里，就什么都没有了。更让他痛心的，是"己丑日记、庚寅日记（1949—1950）各一册，藏在陈老新尼家者，陈老惧祸竟代为焚毁不留之一事。盖从二册日记，其中记叙宓由武汉飞渝在此度过解放"，"实最惊心动魄，天翻地覆之情景，附有宓作之诗及诸知友之诗词甚多且佳，日记外无存稿，至为可惜"[2]。1968年12月17日，他的全部日记再被抄走，"宓1967—1968对'文化大革命'之误解，又适成为宓'反对'毛主席最大之罪状，呜呼，哀哉！"[3] 日记成为批斗他的证据，材料"皆引据宓历年日记及《吴宓诗集》中例以实之；其所举1967—1968宓日记中之语句，对宓更为致命之伤。谓宓'罪该万死'诚是"，在会上被批斗，"受拳击"，散会后"仍被数人挟拥，翻滚地上，并施拳击"[4]。日记与诗集被看作他进行"反革命"活动的重要材料，他自己为自己提供"罪证"，这或许是世上最为荒诞的事了。批斗者"从吴宓日记（1910至1968）中，摘录出若干条，在大会中一一读出，作为宓的罪状，作为对宓的揭发和控诉"[5]。在"一打三反"运动中，他又被作为"反共老手""现行反革命分子"对象，有人主张将其送交公安局惩办。1968年12月19日，他为日记惹出的事端作辩护，说："宓写日记，乃因宓生性孤僻，不喜与众人接近，故自1910年以来，长有写日记之习惯：所写者无人得知，无人能见，宓随时自

---

[1] 《吴宓日记续编》第8册，生活·读书·新知三联书店，2006年，第38页。
[2] 同上书，第38-39页。
[3] 同上书，第659页。
[4] 同上书，第662页。
[5] 《吴宓日记续编》第9册，生活·读书·新知三联书店，2006年，第141页。

记录其零杂之见闻与感想，未加辨析，未多思考"，又因"不外出，一切事不知、不解，偶闻他人述说一新闻、一大字报或传单之内容，辄写入日记中"[1]。他还不无义正词严地声明，日记系他自己"坦白交出来的"，并不是"秘密私藏的材料"，"日记中摘录出的，尽是单词、只句，说的是好多年前的历史事实和社会环境"，"不能硬拿来适用于1970年"，并且，"日记中摘录出的，是文字，是表示着宓旧时代的错误的思想（不是现存的事实，不是活的行动）。错误的思想应该改造。宓正在改造。绝不当构成'文字狱'"[2]。吴宓的自我辩护，句句在理，但谁去听他说呢？

日记作为斗争武器，让吴宓无所遁形，成了思想和情感的裸体。到了"文革"，吴宓日记也有犯忌言论，如1967年4月13日，吴宓看见老师们为求自保而相互攻击，在斗争中玩"阴谋"，放"暗箭"，"对骂"不休，认为"此种种争闹，亦足见盛倡阶级斗争而不言道德教育，其结果为何如矣！"[3] 这似乎印证了他早年的顾虑，而不无暗自得意的心理。他看到校内有武斗人员侮辱、痛打教员，也发出感叹："呜呼，人道何存？公理何在？"[4] 在这个时候，他仍相信世界应有"人道"和"公理"。他在日记里还直接对运动发表议论，如，有人说："十年后运动再来'应是如何情形耶？'"吴宓直接插言，"届时已无文化存留，可资改革矣"[5]，吴宓成了预言家。他还感叹当时的报纸，"在其所载，无新闻，无纪事，只有宣传与教训（毛泽东思想）而已。学校中所谈所写所读者，亦惟是此种毛泽东思想之宣传与教训；至于中西古今之学术文化，已无

[1] 《吴宓日记续编》第8册，生活·读书·新知三联书店，2006年，第663页。
[2] 《吴宓日记续编》第9册，生活·读书·新知三联书店，2006年，第141-142页。
[3] 《吴宓日记续编》第8册，生活·读书·新知三联书店，2006年，第101页。
[4] 同上书，第465页。
[5] 同上书，第303页。

人眷念及称道及之者矣！"[1] 到了此时，他仍"眷恋"着中西古今学术文化，其心殷殷，其情切切，其心可鉴！

吴宓日记也让同事们紧张，给他们带来困扰。从1951年开始，同事就劝他烧毁日记及诗稿，以免招来祸端。1952年3月17日，高亨就劝他不作诗，"尤勿示人。以今人对一切事，与昔人观感全异也"[2]。但吴宓既"不能遵从"，也"难割爱"，并"且仍须续写"，他的理由却非常充分，"（1）日记所载，皆宓内心之感想，皆宓自言自语、自为问答之词。日记只供宓自读自阅，从未示人，更无意刊布。而宓所以必作此日记者，以宓为内心之人，处境孤独，愁苦烦郁至深且重，非书写出之，以代倾诉，以资宣泄，则我实不能自聊，无以自慰也。（2）宓只有感想而无行动。日记所述皆宓之真实见解及感触，然却无任何行事之计划及作用。日记之性质，无殊历史与小说而已。（3）日记中宓之感想，窃仿顾亭林《日知录》之例，皆论理而不论事，明道而不责人，皆不为今时此地立议陈情，而阐明天下万世文野升降之机，治乱兴衰之故。皆为证明大道，垂示来兹，所谓守先待后，而不图于数十年或百年内得有采用施行之机会，亦不敢望世中一切能稍随吾心而变迁"[3]。他为自己持续写日记，找了三条理由，一是情感慰藉，二是个人感念，三是论理明道。日记有吴宓的"知"和"情"，有他的"思"和"念"，日记是他的"朋友"和"亲人"，是他的另一个"自我"。

在日记里，他和自我对话，相拥取暖，任其倾诉，由其宣泄，随他唠叨，或是自言自语。一般的日记多记事，吴宓日记则将"记事""抒情"和"论理"相混杂，如同重庆煮火锅，将好多东西都

---

[1]《吴宓日记续编》第8册，生活·读书·新知三联书店，2006年，第391页。

[2]《吴宓日记续编》第1册，生活·读书·新知三联书店，2006年，第310页。

[3] 同上书，第111-112页。

煮在锅里面，天上飞的，地上跑的，水里游的，一应俱全。吴宓日记还记有种种怪诞现象，不无反讽意味，如1952年9月1日，小组学习会后，"众肆谈中外淫秽小说电影实事及巴黎玻璃房等"[1]。1967年5月19日，众人劳动，同坐工具房一边剥胡豆，一边"谈动物性交及解放前后江津等地兵匪杀戮惨状，宓殊不欲闻"[2]。又如1964年6月28日，据凌道新转述，学校有一人想盗汽车库之少许汽油，以充打火机之用，爬上汽油桶竟堕入其中不能出，又不敢呼叫，竟为汽油之味熏塞，窒息而死，"人之贪小利而不惜其身命如此！"[3]

他的同事、学生和友人都多次劝他改掉记日记的习惯，或者叮嘱他不要将自己写进日记，如果要写，也只写他自己的学习和思想改变。他不听建议，或在背后照记不误。他的日记为自己提供批判证据，也累及他人，为批判他人提供证据。别人劝他"勿写日记"，他直接将劝告写进日记。他人教他如何应付批斗，并提出建议，他也将原话记入日记。他还将监管人员的言行和训斥统统记入日记。他的日记被逐日"检阅"，也被当众引用，作为"揭发"他人的材料，还被刊登在"群众组织"之小报，供人阅读，他将如此种种全写在日记里。日记如档案，人与事，自己和他人，只要是他知道的，统统被归档。

吴宓日记连累他人，也一再被责难，他也将责难写入日记。他还想转移、托人保藏日记，交给谁放心，也记入日记。吴宓记日记之事，迁执至此，同情者和迫害者，都免不了哭笑不得。吴宓日记牵累他人，在某种程度上，也为加害和受害提供了材料，让同事时

---

[1] 《吴宓日记续编》第1册，生活·读书·新知三联书店，2006年，第409页。
[2] 《吴宓日记续编》第8册，生活·读书·新知三联书店，2006年，第134页。
[3] 《吴宓日记续编》第6册，生活·读书·新知三联书店，2006年，第257页。

时担惊受怕，但他仍顽固地坚持写日记，不顾忌他人感受。1971年1月12日，刘又辛担心吴宓日记，希望吴宓日记多写"学习毛主席思想之心得，及君自己改造思想之收获，斯为善矣"。宓曰"公知宓极深（意云，洞见宓之隐情）。宓实每日写日记，然宓今力求清除一切错误之思想、感情、行动，故凡书写于日记者，皆可公开，而不畏人知之、人见之者也"[1]。他似乎还很有道理，说"力求清除一切错误之思想、感情、行动"，他的"清除"不过是一己之见，怎能让他人放心？4月17日，吴宓邻居、图书管理员廖蜀儒也劝告他，"宓之获罪纯由写日记耳"[2]。廖曾是吴宓的爱慕者，4月20日，仍告知吴宓，他"一生之大错误，厥为写日记之习惯。宓之罪行，皆由于写日记。以宓凡事必写入日记，许多人畏受累，不敢与宓接近或因此而恨宓焉。宓应亟改之：日记中，勿写宓自己之思想、感情，而多写每日读马列主义及毛主席著作之心得则善矣"[3]。4月22日，再次劝告"勿写日记，以免自招祸患，而连累所有相识及来往之人"，"宓允遵办，而实未能改也"[4]。口头上答应，却不执行。这就是吴宓，他和日记的感情超过了朋友，超过了同事，超过了亲人。1973年元旦，邹果劝宓"勿写日记"，还说"诸多亲友，因畏宓日记中写入彼等，而不敢同宓往来，况前数年宓之罪过，皆由写日记得来，岂可不惩前毖后乎？"[5]他也将此话写进日记，致其同事对其不耐、不敬，多有挖苦。

如果说，吴宓自己因日记而受批判，让人怜惜，而不无同情和愤慨的话，他的自行其是，将他人言行写入日记，而危及他人，确

---

[1] 《吴宓日记续编》第9册，生活·读书·新知三联书店，2006年，第161页。
[2] 同上书，第258页。
[3] 同上书，第261-262页。
[4] 同上书，第263页。
[5] 《吴宓日记续编》第10册，生活·读书·新知三联书店，2006年，第269页。

让人有些无奈，甚至无语。吴宓作为受害者，他的日记被作为罪证，私人空间被任意践踏，毫无思想自由和个人隐私，当然值得同情。如他的日记为他人受害提供了线索和证据，那么，对因他而受害的人，他是否也负有一定的道义责任？这是一个敏感又复杂的问题，牵涉到法律和道德。吴宓不认为思想有错误之说，也无罪过之咎，他记录别人言行，得罪或连累到他人，他完全想不到会有这样的后果。即使被周围人"畏忌"、憎嫌、远避，他也不听劝告，甚至把他人的恳请也记录在案，从处世为人上，有些不可理喻，虽谈不上有多大的错，只是让日记本身增加了不少悬念，多了言外之意。20世纪50年代和60年代，也曾有过这样的社会现象，为了掌控他人思想，偷偷记录他人谈话，以用于汇报邀功。说话者知道言行可能会被记录，会十分谨慎。吴宓日记将他人谈话及行为，作为自己的"所见所闻"，作为自己生活和思想的一部分，他并不上报，也不邀功，只是他人并不知道会被记录，也不知晓吴宓会怎么理解和记录自己的谈话。虽然，他们都同时在场，但吴宓日记却由他个人完成，采取实名原话照录方式，在某种意义上，就存在不尊重他人之嫌疑，甚至侵害了他人权利，虽不算有多大的错，应属比较自私之行为。1964年，开展"社会主义教育运动"，有人发现他记录他人言论的纸片，提醒他"只记有关于宓自己者，余勿记"，"宓答：谨遵。"[1] 这种私人记录一旦公开，就可能暴露他人，何况吴宓的理解和记录并不一定客观完整。

徐洪火教授曾说起一件事。在"文革"中，吴宓受批判，既是学生，后又成了吴宓同事的他去吴宓家拜望，安慰他面对批判，"正确对待"，"要实事求是地交代自己的问题"，"实事求是就是有

---

[1] 《吴宓日记续编》第6册，生活·读书·新知三联书店，2006年，第456页。

什么问题交代什么问题，没有的事不要乱交代，这样会害人害己"。在他说话时，吴宓还一边点头称是，一番安慰后，他就回家了。谁知在当晚，吴宓就把他所说的话"一字不漏地记在日记中，末了还加了四个字的评语'此言有理'"。后来，吴宓日记被抄，有人发现有徐洪火老师所言之语，这让他"着实吃了一惊"，不得不埋怨吴宓的"糊涂"[1]。翻阅吴宓日记，有多处记载他与徐洪火一起参加古典文学教研室活动，其中1966年7月16日日记载，在当天古典组学习中途，徐洪火邀吴宓至室外谈话，徐洪火说："大字报之事实有出入，词句略严厉，此不足怪，亦不必忧。"这里的"不足怪，不必忧"显然是宽慰性的话，在整个运动中，吴宓也感到，"徐在运动中，对宓尚有礼貌"[2]。说话的地点，不在吴宓家里，但所说的意思也相差不大。

　　由日记得祸之事，屡见不鲜，但他并不吸取教训。1973年8月31日，他在《人民日报》上读到，因张铁生事件而"停止各地考选之事"，于是发表议论："此劣生之谰言，何足注意，政府大错矣。"[3]他抒发己见，天真而率性，其迂执处亦可见一斑。他自己始终认为，写日记无罪，说自己对"文化大革命"虽有误解，但"日记无错误，不应称曰'反动'，亦不能据日记以定宓罪"[4]。他认为一生的错误，主要在于学术文艺方面、在思想言论上面，但没有参与任何反革命活动和行为。

　　为了应对日记被检查，他曾将日记内容，限定在"当日之经历，而不涉及个人思想感情"，也将不适宜内容"另书于零星纸片，

[1] 徐洪火：《吴宓在西师中文系》，载王泉根主编《多维视野中的吴宓》，重庆出版社，2001年，第143页。
[2] 《吴宓日记续编》第7册，生活·读书·新知三联书店，2006年，第487页。
[3] 《吴宓日记续编》第10册，生活·读书·新知三联书店，2006年，第468页。
[4] 《吴宓日记续编》第9册，生活·读书·新知三联书店，2006年，第73页。

置于别处"。的确，在 1968 年 11 月以后，日记内容日趋简单，涉及人事，仍不避忌。一旦监控稍微松弛，他依然如故。部分日记也在被抄中淹没，在被审查中散失，1970 年全年日记也全部丢失。也有因托他人保管，而被要挟、索要钱财的情形，但吴宓仍然坚持写日记。在西南师范学院梁平分校的时候，曾受他日记牵累的刘又辛就说："人之本性难改：我知吴宓回到渝碚本院后，有暇，必仍续写其日记也。"吴宓还特在此语下加按语："此确系知我之言。"[1] 当然，"梁平日记"所记劳改队人员在此期间对他的"揭发"和"斥责"，带有表演性质，他们知道吴宓日记会被检查，将计就计，于是借吴宓日记记录作表演，反而希望他能记录下来，好由他人"检阅"。只是吴宓不知其意，也不知其计，一半生活在现实中，一半生活在非现实的理念世界。

换一个角度看，在特定的社会背景中，吴宓坚持如实记录个人的所思所感，不失为一种抗争行为。记录他人言行，拖累到他人，甚至被阻止记录，还坚持记录，这确实有些不负责任。就在今天，吴宓日记的出版也会对其中的当事人造成困扰和麻烦，特别是他出于个人情绪好恶的评判。吴宓日记成了一台戏，它记录、还原了一个又一个历史场景，主角与配角、唱的和说的、动作和旁白、布景和音响，什么都在里面。对今天的读者来说，自己看到了什么就是什么，是否相信，全由自己。当然，如根据私人日记或书信去坐实入罪，就很荒谬和恐怖了。我个人认为，吴宓日记所记人事并非完全是客观的，肯定存在个人偏见和成见，有客观事实呈现，也有个人情绪，特别是他的委屈、郁闷和愤懑不平，它们完全可能干扰他的记录和判断，何况他本人说话记事，也不免率性而为，肯定有

---

[1]《吴宓日记续编》第 9 册，生活·读书·新知三联书店，2006 年，第 122 页。

"隐讳、遗漏、与事实不符之处"[1]。所以，人们不能以日记之是非为是非。

———————————

[1] 王兴运：《我所接触和了解的吴宓教授》，《南方周末》，2009 年 10 月 1 日。

参考文献

《学衡》（第1~16册），江苏古籍出版社，2008年。

《吴宓日记》（10册），生活·读书·新知三联书店，1998—1999年。

《吴宓日记续编》（10册），生活·读书·新知三联书店，2006年。

吴宓：《文学与人生》，清华大学出版社，1993年。

吴宓：《世界文学史大纲》，商务印书馆，2020年。

吴宓：《吴宓诗集》，商务印书馆，2004年。

吴宓：《吴宓诗话》，商务印书馆，2007年。

吴宓：《吴宓自编年谱》，生活·读书·新知三联书店，1995年。

顾炎武著，吴宓评注：《吴宓评注顾亭林诗集》，人民文学出版社，2012年。

吴学昭：《吴宓书信集》，生活·读书·新知三联书店，2011年。

吴学昭：《吴宓与陈寅恪》，清华大学出版社，1992年。

潘伯鹰：《玄隐庐诗》，黄山书社，2009年。

北塔：《情痴诗僧吴宓传》，团结出版社，2000年。

卞孝萱：《现代国学大师学记》，中华书局，2006年。

段怀清：《新人文主义思潮——白璧德在中国》，江西高校出版社，2009年。

段怀清：《白璧德与中国文化》，首都师范大学出版社，2006年。

傅国涌：《1949年：中国知识分子的私人记录》，长江文艺出版社，2005年。

傅宏星：《吴宓评传》，华中师范大学出版社，2008年。

傅宏星：《吴芳吉全集》，华东师范大学出版社，2014年。

黄世坦：《回忆吴宓先生》，陕西人民出版社，1990年。

蒋进国：《吴宓视野里的新文学》，广西师范大学出版社，2015年。

蒋书丽：《坚守与开拓——吴宓的文化理想与实践》，社会科学文献出版社，2009年。

罗志田：《变动时代的文化履迹》，复旦大学出版社，2010年。

罗志田：《国家与学术：清季民初关于"国学"的思想论争》，生活·读书·新知三联书店，2003年。

罗志田：《裂变中的传承——20世纪前期的中国文化与学术》，中华书局，2003年。

罗志田：《二十世纪的中国思想与学术掠影》，广东教育出版社，2001年。

李赋宁、孙天义、蔡恒：《第一届吴宓学术研讨会论文选集》，陕西人民出版社，1992年。

李赋宁、孙天义、蔡恒：《第二届吴宓学术研讨会论文选集》，陕西人民出版社，1994年。

李继凯、刘瑞春：《追忆吴宓》，社会科学文献出版社，2001年。

李继凯、刘瑞春：《解析吴宓》，社会科学文献出版社，

2001 年。

刘梦溪：《学术思想与人物》，河北教育出版社，2004 年。

刘克敌：《困窘的潇洒：民国文人的日常生活》，广西师范大学出版社，2013 年。

刘克敌：《民国学风》，九州出版社，2019 年。

刘家全、蔡恒、石昀宪：《第三届吴宓学术研讨会论文选集》，西安地图出版社，2005 年。

黎汉基：《社会失范与道德实践：吴宓与吴芳吉》，巴蜀书社，2006 年。

吕效祖：《吴宓诗及其诗话》，陕西人民出版社，1992 年。

吕启祥、林东海：《红楼梦研究稀见资料汇编》（增订本）（上、下），人民文学出版社，2016 年。

吕坤：《呻吟语》，中华书局，2018 年。

马嘶：《百年冷暖：20 世纪中国知识分子生活状况》，北京图书馆出版社，2003 年。

钱理群：《岁月沧桑》，东方出版中心，2016 年。

桑兵：《晚清民国的国学研究》，上海古籍出版社，2001 年。

沈卫威：《"学衡派"谱系——历史与叙事》，南京大学出版社，2015 年。

沈卫威：《"学衡派"编年文事》，南京大学出版社，2015 年。

沈卫威：《情僧苦行：吴宓传》，东方出版社，2000 年。

沈卫威：《吴宓与〈学衡〉》，河南大学出版社，2000 年。

沈卫威：《民国大学的文脉》，人民文学出版社，2014 年。

孙尚扬、郭兰芳：《国故新知论——学衡派文化论著辑要》，中国广播电视出版社，1995 年。

孙媛：《叩问现代性的另外一种声音：王国维、吴宓、钱锺书诗学现代性建构理路研究》，中国社会科学出版社，2012年。

史元明：《好德好色：吴宓的坎坷人生》，东方出版社，2011年。

王泉根：《多维视野中的吴宓》，重庆出版社，2001年。

王文、蔡恒、刘家全：《第四届吴宓学术研讨会论文选集》，西安地图出版社，2005年。

徐葆耕：《会通派如是说——吴宓集》，上海文艺出版社，1998年。

于风政：《改造》，河南人民出版社，2001年。

杨毅丰、康慧茹：《民国思想文丛——学衡派》，长春出版社，2013年。

阎淑侠、许军娥：《〈学衡〉序言按语辑注》，三秦出版社，1998年。

周云：《学衡派思想研究》，甘肃人民出版社，2005年。

朱寿桐：《新人文主义的中国影迹》，中国社会科学出版社，2009年。

周佩瑶：《"学衡派"的身份想象》，福建教育出版社，2013年。

朱学勤：《道德理想国的覆灭——从卢梭到罗伯斯庇尔》，上海三联书店，1994年。

张源：《从"人文主义"到"保守主义"：〈学衡〉中的白璧德》，生活·读书·新知三联书店，2009年。

张弘：《吴宓：理想的使者》，北京大学出版社，2005年。

张尔田：《张尔田集辑校》，黄山书社，2018年。

赵园：《明清之际士大夫研究》，北京大学出版社，2014年。

赵柏田：《历史碎影——日常视野中的现代知识分子》，中华书局，2006年。

郑师渠：《在欧化与国粹之间——学衡派文化思想研究》，北京师范大学出版社，2001 年。

〔美〕欧文·白璧德：《文学与美国的大学》，张沛、张源译，北京大学出版社，2004 年。

〔美〕欧文·白璧德：《卢梭与浪漫主义》，孙宜学译，河北教育出版社，2003 年。

后 记

　　吴宓日记记录了社会风景，但不可当风景看。《吴宓日记续编》更有特别之处，它是吴宓个人命运和社会时代相交织的历史记录。吴宓偏居西南一隅，其人生和命运令人扼腕悲叹。他是一个非常奇特而又矛盾重重的人，留学西方，却维护旧学；坚持文言，又写作白话；提倡旧礼，却生性浪漫。1949 年以后，在他身上依然延续着种种矛盾，且各各生长，虽有消融、自省和检束，对传统文化道德的坚守和维护，却更趋迂阔、执拗和坚硬，古板得可敬，孤独得可怜。

　　吴宓一生成绩，已有不同定位，如创办《学衡》；操持清华国学院；研读红楼，创立新说；采用比较，成就翻译；教学多方，培养名家，等等。民间流传的，还有不少版本的逸闻逸事。他的那些浪漫情事，让当事人痛苦，却让旁观者想象着温馨；他那多舛的命运以及"宁肯杀头，也不批孔"的坚毅令人怃然喟叹。"日记续编"就记录了他从 1949 年到 1974 年长达 25 年的社会历史和个人言行及感受。其所记颇为详尽，大到历史运动，小到餐饭，碎到如厕，哪怕是日常收支，也一目了然，就是人事往来，也不嫌繁杂，一律收编。该日记的最大亮点，就是在其思想感情复与全世违异的情形下，仍坚守人格操守，捍卫传统文化，抨击极左思潮，以及真实表达世变中之种种个人生活体验。我想，如果讨论中国当代知识分子的生活和命运，《吴宓日记续编》应为不可或缺的材料。他所经历的时代风云、社会运动，他的所闻所思和所言，无疑具有某种文献学、精神史和思想史意义。

"最爱先生古道长"，取自1959年初吴其玉唱和吴宓之诗句。吴其玉原为燕京大学教授，解放后为西南政法大学教授，也是现代民族学家和法学专家。吴宓甚重道德，并忧国事，生活在晚清、民国和共和国等不同历史阶段，也有不同的人生体验。变化的是历史，不变的是个人。他维护道德，坚守文化，循旧礼，行古道。谁知，他曾经执念的，却被社会所批判和抛弃，他所顾虑和愤激的，又纷至沓来。因此，他不得不在拒绝和接受、逃避和迎合、孤寂和自适中苦苦挣扎。

在我心里，曾有一个待解的结，为什么吴宓在西南师范学院培养不出名家大师？这是准备讨论吴宓的原初想法。后来，我的想法变化了，对历史和现实，有了不少感受和理解。写作此书，我想取小视角观察大时代，从一个小切口进去，能够看到比较清晰的历史规律。全书以《吴宓日记续编》为中心，从生活细节切入，讨论吴宓1949年后生活的俗和雅、心里的苦和痛、思想的执和变，以及生命的轻与重，从读书、教书、交友、学习、思想、生活等角度进入吴宓的生活世界、思想情感和生命形态，分析他所行之"古风"，所持之"古道"，特别是在与社会时代变迁磨磋中，他所经受的生存处境以及所承担的精神困苦。吴宓的人生犹如陷入泥淖的骡马，踣地受笞，行动迟慢，也像嘉陵江上的纤夫，嘴硬，背沉，心在抖。吴宓的生活不浪漫，也不洒脱，有悲悯而无幽默。他爱认死理儿，说真话，好读书，写日记，生活得很苦，也很累。我不想为他立传，不想在螺蛳壳里做道场，也缺乏庖丁解牛的耐心，也不愿意将其逸闻趣事作为茶余饭后的消遣，虽有"了解之同情"，但仍担心缺乏评价这样一个人和这样一个时代的能力。在写作时，凡叙其事，述其理，引其言，多让材料说话，少论或不论，则是有意为之。我以前的学术兴趣主要在文学思潮、文学制度和文本细读上面，这次转向精神个体研究，想尝试一下个人史写作，探讨世变中的个体际遇，以及社会历史的变与不变，个人与社会的种种磋磨情形，如此而已。

在写作过程中，还有一细节。由于自己不小心搞丢了 U 盘上的文件资料，后交由他人修复，他更不小心，出现技术操作失误，改写 U 盘上的文件空间，将原文稿变成破碎文件，我的心如死灰，好长时间无法缓过神儿来，后来慢慢细想，人不能就这样被"意外"和"情绪"所打败，应有坚定的目标和沉潜的意志，于是，再重新翻阅资料，在乱码文件里翻检，不舍昼夜，终于写成了这个样子。在生活大概率上，此事是偶然，在人生中也是小事，在我，确值得一记。